2010 年国家社会科学基金一般项目（批准号：10BZW104）
　山东省一流学科山东师范大学文学院中国语言文学学科建设经费资助

民国教育体制与
中国现代文学

李宗刚　著

中国社会科学出版社

图书在版编目(CIP)数据

民国教育体制与中国现代文学／李宗刚著 . —北京：中国社会科学出版社，
2021.8

ISBN 978-7-5203-8912-9

Ⅰ.①民… Ⅱ.①李… Ⅲ.①教育制度—研究—中国—民国②中国文学—
现代文学—文学研究 Ⅳ.①G529.6②I206.6

中国版本图书馆 CIP 数据核字（2021）第 166051 号

出 版 人	赵剑英	
责任编辑	宫京蕾	周慧敏
责任校对	李 莉	
责任印制	郝美娜	

出　　版	中国社会科学出版社
社　　址	北京鼓楼西大街甲 158 号
邮　　编	100720
网　　址	http：//www.csspw.cn
发 行 部	010-84083685
门 市 部	010-84029450
经　　销	新华书店及其他书店

印刷装订	北京君升印刷有限公司
版　　次	2021 年 8 月第 1 版
印　　次	2021 年 8 月第 1 次印刷

开　　本	710×1000　1/16
印　　张	22.75
插　　页	2
字　　数	413 千字
定　　价	138.00 元

序

朱德发

"无专精则不能成，无涉猎则不能通"（梁启超语）。十多年前李宗刚教授攻读博士学位期间，既有专心精读的自觉又有广泛涉猎的兴趣，在现代中国人文社会科学知识海洋里，不仅聚精会神、废寝忘食地精读中国现代文学的丰赡文本，也对现代中国的教育制度及其与现代文学的互动关系格外关注；并逐步形成了现代中国文学与现代中国教育体制相互关系的跨学科研究的主攻方向。他把现代中国文学与现代中国教育体制这两大各自独立而又错综交织的文教系统，置于现代中国人文社会科学总系统的认知框架里，从宏观到微观，从微观到宏观，纵横开阖，由表及里，给予透析与研究，拟破译人文科学密码，探寻文学与教育互动规律。

"学贵专门，识须坚定"（章学诚语）。宗刚无论在任何语境与条件下，始终咬住这一学术研究的主攻方向与总体设计不放松，竭尽全力地遵循三个逻辑层次向前推进，致使这个"专门"学术课题的研究闪烁出耀眼的思想之光。第一个逻辑层次，博士学位论文选题是《新式教育与五四文学的发生》，经精心修改形成学术专著，由齐鲁书社2006年出版。第二个逻辑层次，赓续《新式教育与五四文学的发生》的总体思路，散发开去，扩而大之，以新视角透析新史料而设计出《民国教育体制与中国现代文学》新课题，被批准为2010年国家社会科学基金一般项目，结题后即将由中国社会科学出版社出版。第三个逻辑层次，在结题的基础上，宗刚发扬不惧辛劳连续作战的精神，新设计的《共和国教育与中国当代文学》，又被批准为2017年国家社会科学基金一般项目。我们即使不阅读上述著作，从国家社科基金支持的频率和力度上，也足见现代中国教育体制与现代中国文学互动关系研究的重要性及其学术水平所可能达到的期待高度。

对于《新式教育与五四文学的发生》的问世，笔者在序言中赞曰："本书作者围绕'新式教育与五四文学'互动关系这个中心点，充分发挥辐射思维的独特功能，从多侧面多维度展开发散以探索新式教育与五四文学发生的复杂深微关系。""这一发现为其五四文学发生学研究选定了新角度，展开了新视域，且形成了新理路。这不仅在很大程度上突破前人对五四文学发生学研究的整体框架，填补了长期被忽略的薄弱环节；而且也为五四文学发生学探讨开拓了新思路，展示出五四文学与现代教育跨学科研究的可能性和必要性。"

若说 2006 年出版的《新式教育与五四文学的发生》，是宗刚从现代中国教育与现代中国文学互动关系这个总论题研究中磨出的也是亮出的第一剑，仅仅是初露锋芒；那么即将问世的《民国教育体制与中国现代文学》则是经过 10 多年的焠磨而亮出的第二剑，其锋利的光芒主要是从本著作的突破点或创新点上反射而出。考察一部专著或一篇论文的突破点或创新点，既要与自己的既成著述相比较，更要与整个学术界同类或相似研究课题所问世的著述相比较，唯有从相互比照中方可发现所评述著作的突破点或创新点；只有抓住了突破点或创新点，才能断定该著述在现代学术史上有无价值或者有多大价值。虽然从比较中难以准确地发现并断定所评著述的突破点或创新点，但是为了学术研究的不断增值和永远发展，即使再难也要探察著述的突破点或创新点，哪怕对其认识不准或把握不牢也要挖掘出来。宗刚这部新著《民国教育体制与中国现代文学》较之《新式教育与五四文学的发生》，尽管都是着眼于教育与文学关系的研究，然而其研究的深广度却不限于某隅某角而带有全局性和整体性。它将民国教育与现代文学复杂关系的多方位考察完全纳入研究主体的学术视野，不论在逻辑框架的设计、理论观点的创新还是在资料信息的发掘、思维方法的运作方面，都有重大突破与总体创新。诚然，放眼全国学术界，热衷于民国教育与现代文学关系研究的学者大有人在，而且鸣世的学术成果也是目不暇接；但综合考之，这些学术著作主要集中于大学文化、文学教育、教育文化等维度与现代文学关系的考察与探讨，至于对民国教育体制与中国现代文学错综复杂多维关系的研究与洞察却是相当薄弱的，即使有些关注或涉及的研究课题也缺乏深入的开掘与独特的发现。基于这种研究现状，宗刚教授的新著则是全方位、整体性地聚焦于民国教育体制与中国现代文学错综复杂关系的切实而深入的探究。就其总体逻辑思路审之，新著从纵向上简略而精到地揭示了民国教育体制与中国现代文学发生关系的动因、态势及其所完成的既定学术目标，史论结合，论从史出，主体思维的超越性与史实的牢固性相融合迸发出耀目的思想火花；然后从横向上如同扇面展开，多维度多侧面地探察并论析民国教育体制与中国现代文学的综复深微关系。宗刚教授既考析了民国教育体制与现代期刊文学的发生、民国教育体制下文学课程的传授、文学认同与文学传承，以及民国教育体制与现代女作家的关系；又论述了民国教育体制内学校文学教育个案和作家影像及他者建构，从而建立起一套认知并表述民国教育体制与中国现代文学复杂关系的新颖独到而又丰实别致的话语体系。这对于同类研究课题已问世的学术成果来说，则是带有整体性的突破与创新，这也是本书重要的学术价值所在。

具体论之，本书的亮点之一是，论者革新了既往的作品论、作家论乃至文学史书写的范式，自觉地将现代文学史上的人物、文本、作家纳入民国教育体制内予以审视与分析，获取一些耳目一新之见或者一些原创性论断。如对徐枕亚及其《玉梨魂》的探讨，突破原先"通俗文学"的研究框架，纳入民国教育视野进行重读重解，得出许多新认知新见识新判断；对茅盾的研究也是这样，突破了一般现代小说研究模式而将其置于民国教育体制加以考察，得出许多新的发现新的见解。亮点之二是，论者并不热衷于民国教育体制与中国现代文学关系的一般化的缺乏新意的泛泛而论，乃是将两者的错综纠葛关系融入具体的作家作品进行探赜发微的透视，从人文、人性、人情的密码的破译中获取新颖独到的叙述见解。如以叶圣陶《倪焕之》为个案对民国教育的文学想象与文学书写的阐释，以冰心及其文学创作为例对民国体制下的现代女性作家的探讨，颇有些精彩的分析与理论判断，给人以别开生面之感。亮点之三是，宗刚通过对五四新文学发生缘由的深入研究，发现文学革命先驱们如胡适、陈独秀、李大钊、周氏二兄弟等都是父权缺失者，正是这种特殊的人生遭遇，促使他们通过新式教育或民国教育的渠道完成了自我人格从传统向现代的蜕变，以时代先锋的姿态充当了五四文学革命的弄潮儿。这一新鲜见解，曾获得不少学人的点赞。亮点之四是，论者以民国教育体制为视野窥探中国现代文学主将鲁迅是民国教育体制中人，既是教育部的金事又兼任通俗教育研究会小说股主任，并把小说创作和翻译文学纳入中华民国的政权诉求中，这就从体制上或理论上为新小说创作实践提供了保障。这不仅说明鲁迅创作首篇白话小说《狂人日记》既有《新青年》指派钱玄同的催稿，又表明鲁迅创作通俗白话小说是其就职于民国教育部的责任感所致；此种新发现，就能增加著作的新亮点。亮点之五是，论者极其重视原始资料的发掘和梳理，且通过民国教育体制的理论视野将其激活并给出有新意的逻辑阐释，决不放空炮发空论，让扎扎实实的史料讲话，言之有根论之有据，事实胜过空泛的雄辩；从而勘探出一些学界既往习焉不察的新论，甚至通过对真伪难辨的史料的层层剥离，将隐藏于历史乱象背后的本真面目展示出来或者把规律性的东西寻找出来，以形成一家之言。亮点之六是，论者总是以辩证思维来看待并辨析民国教育体制与中国现代文学之间的复杂关系，既没有在民国教育体制与中国现代文学之间画上等号，又没有将中国现代文学的生成发展完全归因于民国教育体制，更没有无原则地美化民国教育体制，过度拔高其对中国现代文学的意义；并从中体现出研究主体的一种求真务实的科学精神和论析复杂关系的难能可贵的分寸感。总之，从宏观的总体把握到微观的具体认知，全书显示出宗刚教授对民国教育体制与中国现代文学复杂关系的探讨与理解已达到一个新的学术层次。

由于民国教育体制与中国现代文学之间关系极为错综复杂，不可能在一两个研究课题中或者一两部专著里将其论析透彻，更不可能将其奥秘洞见清楚；宗刚的新著尽管有不少的突破与创新，为进一步深化研究奠定下良好基础，甚至提供了值得借用的宝贵史料、逻辑架构和方法论，然而不可忽略的却是遗留下一些不该遗留的缺憾与问题：一是全书由六章构成，每章可以独立成篇，章与章之间若有几条主线联结起来，那就能形成无懈可击的严密的逻辑结构；况且本书对民国教育体制与中国现代文学关系的考察主要从横断面展开，也就是从多个维面来探询两者之间的关系，若在探察过程中能够厘清各维面之间的层层推进的逻辑关系，那研究成果会给读者以厚重感或立体感，要是横向研究的各维面之间的逻辑关系理不顺、联不严，那给人的感觉则是"各自为政"的互不相关。二是民国教育体制与传统教育方式相比，它的根本特质是现代化的教育体制，即使它与传统教育模式有千丝万缕的联系，也难能改变其本质规定；正是这种本质规定决定了民国教育体制具有与中华民国政体国体相适应的民主性、科学性、平等性、独立性和自由性的功能特征或主要机制。这些现代性的功能机制通过与中国现代文学发生同质同构的联系，既培养了现代化的作家群又培养了现代化的读者群，为了适应读者的审美诉求，作家群以现代审美意识和审美形式营造了现代型的各体文学。如果认同这是民国教育体制与中国现代文学关系的内在本质联系，那就应该在新著中充分地深入地挖掘出这种联系，以作为全书的主线。三是民国教育体制应包括留学教育制度，正是留学生教育制度的坚持，不仅为中国现代文学的兴起与发展，造就了新文学的先驱者和重要的缔造者，而且使留学生所在国成为中国现代文学的策源地或者诸多现代文学社团流派的发祥地。宗刚教授在新著中虽然也触及留学生教育问题，但没有设专章以民国教育体制的视野来集中论述留学生教育与中国现代文学的重要关系，这不能不说是个遗憾。上述三点，只是我所感的不足，仅供进一步修改时参考。

近 10 年，在我看来是宗刚取得博士学位后最忙碌的 10 年，也是最有成就感的 10 年。所谓最忙碌的 10 年，主要是因为扮演了多种角色，在多条战线上拼搏。作为研究生导师，他既要亲自指导硕士生又要指导博士生，并为其开设必修课和选修课；作为《山东师范大学学报》主编，除了做好约稿、编稿、定稿等工作外，还承担着把学报提升到 CSSCI 来源期刊所要求的总体学术水平，这个压力够重了；作为人文科学的研究者，且不说其承担的省部级研究课题，单就国家社科基金研究项目来说他便先后主持两项，一项刚完成，新的一项又批下来。若是缺乏持之以恒的拼搏精神和坚韧不拔的毅力，那怎能出色地完成如此繁重忙碌的艰难任务？所谓最有成就感的 10 年，且不说宗刚晋升为正教授，遴选为博士生导师，指导出数量可观的优秀的硕博研究生，其所主编的学报也被评为 CSSCI 来源期刊扩展版；重要的是，这 10 年宗刚的科学研究进入生命创造力的爆发期，他并没有总是把全部精力与时间投入民国教育体制与中国现代文学关系的主攻目标，而是以此为研究轴心发散开去，从学术理论研究与文学史料汇编两个相辅相成的维面同时发力，收获颇丰。学术专著出版了《新式教育与五四文学的发生》（2012 年，花木兰文化出版社）、《中国现代文学史论》（2014 年，山东人民出版社）、《中国当代文学史论》（2014 年，山东人民出版社）、《行走于文学边缘》（2015 年，山东人民出版社）、《父权缺失与五四文学的发生》（2015 年，人民出版社）、《民国教育体制与中国现代文学》（即将出版）等 6 部之多；编选的资料汇编出版了《炮声与弦歌——国统区校园文学文献史料辑》（2014 年，人民出版社）、《杨振声文献史料汇编》（2016 年，山东人民出版社）、《杨振声研究资料选编》（2016 年，山东人民出版社）、《郭澄清研究资料》（2017 年，山东人民出版社）等，他还重新校订了《第三次国内革命战争时期解放区文艺运动资料汇编》（2018 年，辽宁人民出版社）；在《文学评论》《文史哲》等刊物上所发表的百多篇学术论文，有 20 多篇被《新华文摘》《中国社会科学文摘》《高校文科学术文摘》以及"报刊复印资料"等转载。这期间不只宗刚独撰的论著三次获得山东省社会科学优秀成果奖一、二、三等奖，他参编的《现代中国文学通鉴》既获得山东省社会科学优秀成果一等奖又获得国家教育部人文社会科学优秀成果二等奖。

宗刚教授志存高远，追求更高的学术目标。因此，他并不满足已取得的骄人学术成就，更不在意已有的学术地位；而是以"为人第一谦虚好，学问茫茫无尽期"[①] 的人生格言，自觉地以虚怀若谷、学无止境的精神，以勤思苦钻、自成其学、师人之长、补己之短、勇于探索、求实求新的风范，去汲取浩茫无际的学问，去攀登无限风光的人文科学险峰。由于宗刚具有这种"学以治之，思以精之，朋友以磨之，名誉以崇之，不倦以终之"[②] 的好学勤研态度，又能持之以恒坚持下去，永远进击下去；故而他不仅可以在更高的学术层级上完成新批准的国家社会科学基金研究项目，使第三个逻辑层次的《共和国教育与中国当代文学》的学术成果达到预期的高度，而且也可以实现其竭诚所追求的高远的学术理想，在不久的将来使之变成众人注目的光辉现实！是为序。

草于 2017 年 8 月上旬酷暑

① （明）冯梦龙：《警世通言·王安石三难苏学士》，天津古籍出版社 2004 年版，第 25 页。
② （汉）扬雄：《扬子法言·学行》，上海古籍出版社 1989 年版，第 3 页。

目　　录

绪论　民国教育体制与中国现代文学研究综述①

中国现代文学的发生与民国教育体制之间存在着密切的关系。民国教育特别是民国文学教育如何影响了现代中国文学的发生、发展与传播，这一问题自 20 世纪 80 年代末提出以来，与之相关的探讨和研究一直没有停止过。现代文学与现代教育的关系研究最初从"大学文化与文学"的关系探讨中延伸而来，又因"民国文学"概念的提出逐步走向深化，在当时是一种"学术试验"，如今却已成为中国现代文学研究中的"显学"。作为一种跨学科研究的尝试，"民国文学教育"这一概念虽已被诸多学者接纳，但是关于它的学术定义、研究对象与研究范围的界定仍然处在"散漫无序"的状态。2012 年，有学者使用了"民国文学教育"这一概念来探讨北京大学和"东南—中央大学"两所民国国立大学的文学教育和文学创作的差异。作者在文中采用了胡小石"文学教育，即文学之得列入大学分科"② 之说来定义"民国文学教育"③。据此民国文学教育当特指"民国国立大学中的文学教育"，但是由于文学与教育的关系研究从一开始就在"现代性话语"的支配下走向泛化，大部分学者并未考虑研究对象的界定，也缺乏一定的综述意识和问题推进意识。民国文学教育研究虽处在自由探索阶段，但多少也显示出"无秩序"的倾向。为了更清晰地呈现"民国文学教育"研究的历史脉络，总结"民国文学教育"研究的得失，本部分梳理了近 20 余年来的相关研究成果，从"历史缘起""现状考察"和"问题反思"3 个方面对此项研究加以综合考察。

---

① 本部分系笔者与博士生金星合作撰写，刊发于《北京联合大学学报》2017 年第 1 期。
② 胡小石：《南京与文学》，《胡小石论文集》，上海古籍出版社 1982 年版，第 139 页。
③ 沈卫威：《民国文学教育中的大历史与小细节》，《文艺研究》2012 年第 5 期。

第一节　中国现代文学与民国教育关系的历史缘起

　　就中国现代文学史研究的学术路径来看，从教育的角度来研究文学并探讨二者之间的关系，是文学外部研究在 20 世纪 90 年代取得突破性进展的重要标志之一。依学术史的脉络来看，它实际上是 20 世纪 80 年代"重写文学史"大讨论的一种精神延续与书写实践。"重写"是文学研究中常见的一种循环机制，它始终面临着补充、修正与完善的任务，视野的拓展和范式的更新是它的常见形态，其目的在于完成文学史书写的"学术化"，用史学的视野来叙述文学的发生、发展及其流变，准确地将中国现代文学作为"现代中国"文化的一个重要侧面反映出来。众所周知，20 世纪 80 年代的"重写文学史"思潮因为种种因素没有形成广泛而持久的讨论，但是它的精神余波却一直影响着后来中国现代文学史的书写。如果说 20 世纪 80 年代重写文学史的动机在于用"启蒙"的范式来修正中华人民共和国成立以来不断强化的"革命"范式，那么 20 世纪 90 年代及 21 世纪以来的重写文学史，虽然延续了"重写"的精神，但是这种延续并没有拘泥于"范式"或"理论"的优劣，而是力争回到具体的历史现场中，从历史的材料中寻找事件发生的真实状态，由此应运而生的"民国文学"概念成为近年来颇受学界关注的热点问题。按照学者李怡的观点，"重写文学史"最终的归宿不是一种"简单的好奇与怀旧"，"而是一种理性的深度追问：中国现代文学的历史叙述究竟如何更准确地反映中国历史的真实面貌"。① 从文学研究的角度出发，民国文学自然是重写文学史精神的一种延续，它更多地带有方法论上的意义，即将文学的发生与发展还原到广阔的历史空间去考察，跳出文学内部研究的纯文学机制和理论机制"审美蹈空"的状态，力争以史学叙事和美学叙事的结合来打通文学与历史的联系，建立一个相对科学完善的文学研究范式。或许正如陈思和所言，"重写文学史"对于中国现代文学史研究来说确实是一次学术的变革，它所引发的一系列文学史书写实践表明，文学史研究已经进入了"重写"的良性循环机制中，它从典型现象出发带来的是总揽全局的效果，跳出文学内部研究的局限，探讨文学与时代文化思潮、政治制度之间存在的关系，将文学从"革命范式"的叙事伦理中解救出来，

---

① 李怡：《民国经济与现代中国文学》，《成都大学学报》2012 年第 3 期。

研究它的"自治"与"控制"。关于中国现代文学与民国教育的关系研究，正是这一学术变革大背景下的一种积极的研究实践，然而要找寻它更具体的研究起点，还要回到 1988 年王瑶为北京大学 90 周年校庆而作的一篇文章。这篇文章叫作《希望看到这样一本书》，它收录在 1988 年出版的《精神的魅力》一书中。

王瑶想要看到什么书？为何选择在北大 90 周年的纪念会上提出来？我们为什么说他的这样一次谈话引发了中国现代文学史书写中的"教育热"？这里交集的一系列学术问题与时代问题是值得作细致分析的。1988 年，王瑶基于中国现代文学研究中的"政治疑虑"，试图从另一个角度打开中国现代文学研究的新格局。他在《希望看到这样一本书》中写道："由于我们今天仍然处在这个历史进程之中，因此要写出一本高质量的学术思想史或文化史还有很多困难，甚至象（像）黄宗羲《明儒学案》、梁启超《清代学术概论》这类综观全局的书籍，一时也还难以出现；因此我想如果只选择一个适当的角度或审视点，来考察中国在学术文化方面的现代化进程，可能是既具体有徵（征）而又能体现发展轨迹的，在现阶段也比较容易着手。我是从一个关心这方面问题的读者的需要提出这个希望的，并且认真想了一下，觉得如果把北大作为考察的角度或审视点，是相当典型的，容易说明全局性的问题和历史进程。我设想这本书的名字可以叫做《从历届北大校长看中国现代思潮》，我觉得中国现在需要这样一本书，我自己也希望看到这样一本书。"[1] 王瑶的愿望很快实现了，1988 年中国文化书院接受了王瑶的建议，并编写出版了《北大校长与中国文化》一书。或许在当时部分研究者看来，王瑶的这种观点有些"大题小做"，但是从后期的研究来看，这种"大题小做"中所包含的"问题意识"和"方法意识"对后来的研究者产生了深远的影响。从后来钱理群和陈平原关于教育与文学关系研究的文章中可以发现，王瑶当年的治学理念对二人的影响是巨大的。后来，陈平原在《文学史视野中的"大学叙事"》一文中将 1988 年出版的《笳吹弦诵情弥切——国立西南联合大学五十周年纪念文集》以及《精神的魅力》两本书作为影响"大学文化与文学"关系研究的重要书目来推介。而钱理群在《现当代文学与大学教育关系的历史考察》一文中将王瑶的"大题小做"表述为"通过某一审视点来总揽全局的'典型现象'的研究方法"，正是在王瑶的

---

[1]　王瑶：《希望看到这样一本书》，《精神的魅力》，北京大学出版社 1988 年版，第 52 页。

启发下，他提出了"二十世纪中国文学与大学文化"这一研究课题。

民国文学教育研究能够从北京大学起步，与其说是北大学人拥有"常为先锋"的学术精神，毋宁说它反映了一个历史事实：北京大学与中国现代文化思潮的发生发展存在着千丝万缕的联系，因此民国教育与中国现代文学之间的关系探究，在这种特定的"校史"研究中凸显出来，最终演化为学术研究中的"显学"。2012 年，陈平原在《"现代中国研究"的四重视野——大学·都市·图像·声音》一文中回顾自己的学术研究历程时，特别将"大学"研究放在了第一位。他说自己最早关注大学史的研究是在1994 年，彼时他正在东京大学访学，因为一个偶然的机会，看到一本东京大学为百年纪念而出版的图册。他注意到了一个有趣的现象："同是校庆纪念刊，凡在校生编的，都以批判为主；凡校友编的，全是怀念文字。"① 这样的情况在国内外大学都同样存在。陈平原认为研究者对待这些回忆录，不仅需要有兼听则明的智慧，还需要有"超越校史"的大视野，陈平原正是在"反思校史"的基础上开启了他的"北大研究"之旅。1997—1998 年，借助北京大学建校 100 周年的契机，他连续写出了多篇关于"老北大"的专题论文。在这一系列的论文中，《新教育与新文学——从京师大学堂到北京大学》一文首次运用他的"超越校史"的大视野，提出"新教育与新文学往往结伴而行"② 的观点，成为中国现代文学与民国教育关系研究的学术发轫点。中国现代文学与教育研究另一个值得关注的"北大现象"是，1999 年，钱理群在《现当代文学与大学教育关系的历史考察》一文中详细阐述的中国现代文学与大学教育研究的方法与计划。这篇文章同时也是"二十世纪中国文学与大学文化"丛书的序言。在这篇序言中，钱理群对"中国现代文学"和"现代教育"关系研究的兴起作了一番历史考察。他认为"现代文学与现代教育的关系研究"作为文学"外部研究"的一个具体的面向，最早受 20 世纪 80 年代"文化研究热"的启发，以"文化中介论"切入了文学与教育关系的研究，它在 20 世纪 90 年代逐步纳入影响中国现代

---

① 陈平原：《"现代中国研究"的四重视野——大学·都市·图像·声音》，《汉语言文学研究》2012 年第 1 期。

② 陈平原：《新教育与新文学——从京师大学堂到北京大学》，《学人》第 14 辑，江苏文艺出版社 1998 年版，第 13—40 页。

文学的三大文化之"大学文化"的研究中。① 钱理群认为："所谓'大学文化'主要是由校长、教授与学生的活动所创造的。其中包括了：校长的教育思想（观念），办学方针，教育体制，课程设置，教授的教学活动，科研工作，师生的社团活动，学校的图书馆，出版物（刊物，报纸，著作与翻译作品），学生文体活动，各种讲座，集会，社会工作，以及校长、教授、学生的衣、食、住、行、娱乐等日常生活等等。"② 钱理群的"大学文化"研究观，实际上采用一种"兼收并蓄"的方式来研究影响一所大学文学空间建构的种种因素。也许任何一项新的学术领域的诞生，不仅受到时代学术解放思潮的影响，也和学术教育中的师生传承与学术创新关系密切。实际上在重构"文学现代化叙事"的 20 世纪 90 年代，与陈平原、钱理群共同分享"文学与教育"这一"问题意识"的人还有青年学者罗岗。如果考虑到王瑶对钱理群、陈平原二人的影响，罗岗可以说是第一个提出要从文学教育角度来研究中国现代文学的学者。1995 年，罗岗在《今天》杂志第 4 期发表了《文学教育与文学史：中国现代"文学"观念建构的一个侧面》一文，他在现代作家周作人、梁实秋以及胡适等人对中国现代文学的定义中发现"现代文学"不仅诞生于观念的转变，而且与制度的保障以及作家的文学创作存在着密切的关联。文中写道："新的'文学'观念的发生当然需要倡导者在理论上鸣锣开道，同时它还必须一方面落实到文学具体实践活动中，显示出文学创作的'实绩'；另一方面则借助文学教育，重构人们关于文学秩序的想像结构。文学教育不仅指大学文学系的课程设置、教师配备、教材选择和学生来源，而且关涉整个语文教育。它通过对文学经典的确认，规范着人们如何想像文学，为一个社会提供认识、接受和欣赏文学的基本方法、途径和眼光。简言之，新的'文学'观念经由文学的学理阐释（理论研究）、文学写作及其相关体制（文学实践）和文学教育三方面共同建构起来。如果考虑到所有的文学'研究者'和'写作者'首先是'受教育者'，那么文学教育的作用就格外突出。"③ 从当下的学术研究情况来看，罗岗无疑在

---

① 钱理群：《现当代文学与大学教育关系的历史考察——"二十世纪中国文学与大学文化"丛书序》，《中国现代文学研究丛刊》1999 年第 1 期。

② 钱理群：《现当代文学与大学教育关系的历史考察——"二十世纪中国文学与大学文化"丛书序》，《中国现代文学研究丛刊》1999 年第 1 期。

③ 罗岗：《文学教育与文学史：中国现代"文学"观念建构的一个侧面》，《今天》1995 年第 4 期。

1995 年就站在了学理的高度上来看待"中国现代文学"研究，尽管当时罗岗对这些问题的表述尚显犹疑，但是基本上确立了从"教育""制度"和"作家"三个维度来研究中国现代文学。或许任何一项新的学术领域的诞生，总是集中了多位学者的创新思考。尽管它当初呈现出来的只是一种判断与设想，但是随着假设在学术实践中被具体化，它的潜流、主流、支流会一一凸显，最终在彼此交汇中形成研究的热潮。现在我们看到，在北大学者们系统确立"中国现代文学与民国教育"关系研究之前，关于"中国现代文学与民国教育"关系研究就已经成为部分学者的学术关注点。除罗岗外，还有一些学者也探索现代教育与中国现代文学关系的青年学者。1999 年，翟瑞青在已经完成的《现代作家和教育》的书稿绪言中谈到，早在 1995 年她就从当时已有的作家教育思想研究中发现"现代作家与教育"二者之间的关系，作者认为："这些研究大都还是把鲁迅等作家仅仅作为一个纯粹的教育者来看待和认识，却消解了他们的文学意识。即没有把他们放在现代文学这个大背景上去审视、考察和探析。或者只是研究了某一单个作家的个别方面。"因此，在断定"现代作家和教育这一研究领域，可以说至今在国际国内几乎还是一片空白"① 的前提下，作者开始了对二者关系探讨的尝试。在这本专著中，作者从现代作家的教育思想出发，注重探讨现代作家的留学教育背景与其文艺观之间的关系，突出从现代西方教育的文化背景考察对现代作家文学创作的影响。尽管著者在书中仅有部分篇章涉及二者之间的关系，但却是较早从"比较"视野出发来研究民国教育与中国现代文学关系的一次尝试。此种视角为后人研究留学教育与中国现代文学的关系提供了一些有益的理论参照，因此在民国教育与中国现代文学关系研究中的"比较学"一支，是有着开拓价值的。

考察民国教育与中国现代文学关系史研究的历史缘起不难发现，它有以下几个特点：首先，民国教育与中国现代文学关系的研究是在重写文学史思潮的推动下产生的，日后关于此项研究的种种方法、角度莫不与这次文学史书写的"启蒙"思潮密切关联。其次，中国现代文学与民国教育关系研究最初是从脱离独立的"教育"学科研究而走上交叉研究道路的。这独立的"教育"研究一方面指的是作家教育思想研究，另一方面指的是各种大学校史的修订以及周年纪念活动的开展。这些研究和纪念活动的开展为后来学人

---

① 翟瑞青：《现代作家和教育》，国际文化出版公司 1999 年版，第 15 页。

研究民国教育与中国现代文学的关系提供了契机。再次，中国现代文学与民国教育的关系研究起始于专注"大学文化与中国现代文学关系""中国现代作家与教育关系""文学教育与中国现代文学关系"等典型个案、典型线索的研究，它的一系列具体研究思路、方法为后来在更广阔的文化空间中言说"民国教育与中国现代文学"的关系，提供了理论和方法上的支持。最后，应该看到的是，作为文学外部研究中的"文学与教育关系"研究，是中国现代文学发生学研究的一支。它始终以中国现代文学为中心，具体到现代中国文学与民国教育之间的关系，纵向的传承影响研究与横向的比较影响研究，跨学科研究中的观念史、学术史、传播史等多种史学研究方法的综合运用，都体现了"后经学时代"学术研究多元化的繁盛局面。

第二节　中国现代文学与民国教育关系研究的现状综述

自 1999 年钱理群正式倡言研究大学文化与现代文学的关系以来，此项课题的研究历史已有 20 来年的时间。在这为时不长的历史"短时段"中，多位学者用各自的学术实践参与到这个当初并不能称为"显学"的话题研究中。然而，作为一种跨学科研究的学术尝试，其丰富性与多元化比单纯的文学内部研究要复杂得多，所以对中国现代文学与民国教育关系研究作一番综述确非易事。以 1995—2016 年 20 余年来的研究实践看，中国现代文学与现代教育关系研究主要分为以下四个类型："大学文化与中国现代文学关系"研究、"文学教育与中国现代文学关系"研究、"教育文化与中国现代文学关系"研究以及"教育体制与中国现代文学关系"研究。这四种研究分类中有彼此交叉的部分，但总体上却反映了当前中国现代文学研究中关注的 4 个热点："大学文化""学科教育""教育理念""教育体制"。

一　"大学文化与中国现代文学关系"研究

从近 20 年来学人对大学文化与中国现代文学关系研究的实践来看，最典型的研究成果当推由钱理群作序、多位学者参与撰写的"二十世纪中国文学与大学文化"丛书，该套丛书由广西师范大学出版，自 1999 年至 2002 年，先后出版了王培元著《抗战时期的延安鲁艺》（1999 年）、黄延复著《二三十年代清华校园文化》（2000 年）、姚丹著《西南联大历史情境中的文学活动》（2000 年）、高恒文著《东南大学与"学衡派"》（2002 年）共

4本专著，其中作者书写的研究思路基本上依据钱理群在《序言》中所构建起来的"校长、教授、学生"这一体系，突出书写作家在大学的文学活动以及带有特色的文学社团。区别于单纯的校史修订，作者在描写各个大学的文学教育时，以文学史料为基础力图勾勒出历史情境下的"校园文学"全貌，其中整套丛书以"文学性"和"学术性"兼顾为书写原则。继该套丛书出版之后，张玲霞又出版了《清华校园文学论稿（1911—1949）》一书，该书系统地研究了清华大学在1911—1949年的校园文艺社团、文学刊物以及师生的创作，既突出了清华校园文学的特色，也分析了"大学文化"和"现代思潮"之间的关系。① 以"青岛/山东大学"为研究对象的刘香在其博士学位论文《边缘的自由——1930—1937：国立青岛/山东大学"教授作家"研究》（2005年）中认为"对于中国来说，现代文学的发生、发展深受学院文化的影响，尤其是大学校园的文学创作与活动，构成了现代中国文学的重要组成部分。大学本身就是现代文化精神的一个载体，也是新文化传播的源头和集散地。现代大学的办学精神、教育理念、教育体制等等都会对整个新文学的发展产生一定的影响。事实上，中国现代文学的大部分思想资源、理论思潮、社团流派、文学期刊和创作成品，都产生于高等学府"②。王翠艳在2007年出版了《女子高等教育与中国现代女性文学的发生：以北京女子高等师范为中心》一书，该书着重探讨新式教育与现代女性文学发生之间的关系。作者认为："女子高等教育不仅以其迥异于传统闺阁教育的价值理念为具有主体意识的'新女性'的产生准备了必要条件，同时也以其独特的校园文化环境为'新女性'与'新文学'的结合提供了偶然的历史契机。"③ 2012年，姜丽静对北京女子高等师范学校的学术教育与现代女性知识分子形成之间的关系进行研究，认为北京女子高等师范的创立，"催生了中国本土培养的第一代女性知识分子"④。通过"女高师"的教育和"五四"精神的洗礼，第一代女性学生对现代知识分子身份产生了认同，她们"不但在文学创作抑或研究领域卓然成家，还自觉背负起那只有男性知

---

① 张玲霞：《清华校园文学论稿（1911—1949）》，清华大学出版社2002年版，第1页。
② 刘香：《边缘的自由》，山东人民出版社2012年版，第1页。
③ 王翠艳：《女子高等教育与中国现代女性文学的发生：以北京女子高等师范为中心》，文化艺术出版社2007年版，第2页。
④ 姜丽静：《历史的背影：一代女知识分子的教育记忆》，教育科学出版社2012年版，第6页。

识分子才秉承的就道与弘道精神"①。2011 年，李光荣、宣淑君的著作《季节燃起的花朵——西南联大文学社团研究》，首次对西南联大的"文学社团"作了细致的考察。2014 年，致力于西南联大研究的李光荣尝试用"民国视角"来研究西南联大的文学生产。凭借着对西南联大校园史料的充分把握，作者发现"在民国三十八年的历史范畴中，许多东西不从民国的观念与角度去解释，便会沦为悖论"②。实际上，正如学界在近 10 年持续发酵的"民国文学史"观点一样，它所承担的意义是一种历史研究的方法论意义，文学研究回归"美学的"与"历史的"维度是研究界的共识，而之所以要选择"回到民国"，与其说是为了高扬某种理论与理念，不如说人们在研究的推进中发现了"历史"的复杂性。从这个意义上讲，这本专著的研究思路同姚丹处理西南联大"校园文学"研究一样，更注重从当时的"历史情境"出发，对联大文学的产生、发展与流变作出一个合理的解释。如果说国内大学文化是影响中国现代文学发生发展的一个重要因素，那么考察晚清民国时期教会大学的文化对中国现代文学的影响则构成"大学文化与现代文学"关系研究的另一个重要侧面。目前对现代中国教会大学的"校园文学"研究尚零散地分布在"文学期刊"的研究中，作个案研究的专著并不多见。2013 年，张勇出版了以南京地域文学研究为中心的《文学南京——论二十世纪二三十年代南京文学生态》一书，该书中的"民国时期南京的校园文学社团与传媒"一节提及了胡小石担任金陵大学国文系主任时期的金陵大学文学社团与刊物的情况，尤其是在中国古典文学研究氛围浓厚的金陵大学中文系中出现了新诗社团"土星笔会"，陶行知担任《金陵光》杂志的中文主笔等一系列"新文学现象"都是值得深入探究的。2015 年，王翠艳继"女高师"研究之后，出版了《燕京大学与"五四"新文学》一书，可以说这是研究教会大学与中国现代文学关系的第一本专著。但是，西方教会大学的文学教育一般都以传统的国学教育为主，涉及新文学的教育并不多见，倘若能够跳出文学"新—旧""传统—现代"对立的框架，或许能够在教会大学的文学教育中发现更多有意味的历史细节。

---

① 姜丽静：《历史的背影：一代女知识分子的教育记忆》，教育科学出版社 2012 年版，第 9 页。

② 李光荣：《民国文学观念：西南联大文学例论》，商务印书馆 2014 年版，第 10 页。

二 "学科教育与中国现代文学关系" 研究

在"学科教育与中国现代文学关系"研究中，观念史、学科史、学术史的研究是几个大类。1995 年，罗岗提出要以"文学教育"为线索来考察现代教育在中国的确立，他所采用的是一种"观念史"的研究方法。2000 年，罗岗完成了博士学位论文《现代"文学"在中国的确立——以文学教育为线索的考察》。他首次尝试从"观念史"的角度来研究"中国现代文学"，研究它从名称到内涵及意义确立过程中那些人们"熟悉的但未必重视的"教育因素。他的学术计划是将"中国现代文学"这一知识概念在现代中国的发生、发展以及流变"历史化"，而"文学教育"是这一概念历史化进程中的一条重要线索，作者希望通过"文学教育"为核心的知识与学科的制度化生产和运作的分析"一方面力求破除'现代文学'是'自然之物'的迷思，揭示'知识与学科'背后的诸多权力关系；另一方面则试图重建'现代文学'和'现代生活'的内在联系，发现'文学'在反抗'制度化'的过程中体现出来的活力"①。2003 年，罗岗在《现代文学·教育体制·知识生产》一文中又一次重申这个观点。他在文中写道："现代意义上的'文学'既不是自然的产物，也不仅仅限于观念的领域。它有一个非常显豁的历史建构过程。在这一过程中，随着一个名叫'现代'的幽灵的神秘介入，各种力量（传统的与现代的，社会的与个人的，政治的与文化的，观念的与制度的……）开始簇拥着'文学'，并透过不同的途径和手段塑造了'文学'。因此，将'文学'作为'现代建制'的有机组成部分，进而检视、分析它的历史构成与现实构造，应该是文学理论研究和文学史研究自觉承担的任务。"② 可以看出，罗岗在刘禾"现代民族国家想象"这一具体的表达中找到了与他之前所论及的"观念/思想"的契合点，而他所追求的将"现代文学"历史化的研究路径，较为清晰地呈现在"思想/观念"与"体制/制度"两个方面。毫无疑问，这是一项宏大的学术计划。单就"文学教育"这一条线索，就已经是千头万绪、千差万别，要深入地研究现代中国思想史、制度史以及二者的关系对"现代文学"确立的影响，更是一项长远而

---

① 罗岗：《现代"文学"在中国的确立——以文学教育为线索的考察》，《中国现代文学研究丛刊》2001 年第 1 期。

② 罗岗：《现代文学·教育体制·知识生产》，《湖北大学学报》2003 年第 6 期。

艰巨的任务。基于一种"观念史"的研究角度，"文学教育"在他那里"不仅指大学文学系的课程设置、教师配备、教材选择和学生来源，而且关系到整个社会的语文教育。它通过对文学经典的确认、规范着人们如何想象文学，为社会提供一整套认识、接受和欣赏文学的基本方法、途径和眼光"①。在此种"知识考古"式思路的启发下，罗岗试图从一个"广义"的文学发生场域中来讨论"现代文学"与"现代教育"的关系问题。他认为："我们不仅需要讨论国立大学在'现代文学'确立的过程中发挥的作用，而且必须关注具备其他社会资源的大学——特别是教会大学——是怎样参与到这个过程之中并激发了何种新的可能性……只有把这些'校园内外'和'课堂上下'的各种力量一起汇聚起来，才能完整地重建'现代文学'是如何被建构的历史图景。"② 罗岗的这种观点，为我们研究"国立"大学之外的解放区大学的文学教育提供了重要的思路。相比于罗岗从"观念史"的角度来研究文学教育与中国现代文学的关系，陈平原和沈卫威更专注于从具体的大学、具体的文学教育实践中寻找文学教育与现代文学学科和现代学术之间的关系。1998 年，陈平原在《新教育与新文学——从京师大学堂到北京大学》一文中提出"新教育与新文学往往结伴而行"③ 的观点后，一直致力于文学教育与中国现代文学、现代学术发生发展的关系研究。1999 年陈平原出版论文集《文学史的形成与建构》，在这本论文集中坦言，正是因为自己在北大讲授"中国现代学术史"时所感到的"心虚力乏"，所以才决定痛下一番功夫对"老大学的兴衰现象"作全面考察，将"教育、思想、学术"三者熔为一炉，借以探讨"20 世纪中国的或一侧面"。④ 这本论文集展示了陈平原对文学史、学术史以及大学史三者关系的思考，这种思考使他对中国现代文学的研究逐渐由"文学"转向了"教育"。2005 年 5 月，在北京大学召开的"教育：知识生产与文学传播"学术研讨会上，陈平原本着对"问题复杂性"的考虑，希望更多的学者能够参与到"教育"与中国现代文学的关系研究中。后来，他在《知识生产与文学教育》一文中说："在我看

---

① 陈平原：《文学史的形成与建构》，广西教育出版社 1999 年版，第 1—2 页。

② 罗岗：《现代文学·教育体制·知识生产》，《湖北大学学报》2003 年第 6 期。

③ 陈平原：《新教育与新文学——从京师大学堂到北京大学》，《学人》第 14 辑，江苏文艺出版社 1998 年版，第 13 页。

④ 陈平原：《知识生产与文学教育》，《社会科学论坛》2006 年第 2 期。

来，教育既是一种社会实践，也是一种制度建设，还是一个专门学科、一种思想方式，甚至可以说是一套文本系统，有必要进行深入的探究。即便你只是想了解'什么是文学'或'怎么做文学'，你也必须介入到关于教育的讨论里来。"① 陈平原将更多的精力投入到研究自己身边的大学史上，他先后关注中国现代文学"学科史"、中国现代文学学术史、中国现代文学的"大学叙事"。2009 年，他将一系列思考回到"文学教育"这一核心命题上，并且在《北京大学学报》分两期发表长文《知识、技能与情怀——新文化运动时期北大国文系的文学教育》。基于数年来对"文学教育研究"的基本心得，他在这篇论文的开始就着重强调："作为知识生产的重要一环，古今中外的'文学教育'，相差何止十万八千里。这里有思想潮流的激荡，有教育理念的牵制，有文化传统的支持。此外，还有学校规模、经费、师资等实实在在的约束。不是所有的'柳暗花明'与'峰回路转'都有必要大张旗鼓地讨论。但五四新文化运动前后，发生在北京大学的有关'文学'的课程、课堂、教员、讲义等的变革，却因牵涉极为广泛，深刻影响了此后的教育思潮及文化进程，值得认真辨析。"② 在他看来，文学教育的问题尽管是一个时代文学思潮的投射和反映，但仍要回到具体的"历史情境"中去考察它的发生与开展，同时对每个学校"文学教育"的研究也因为细节的差别而必须先走"个案研究"的路径。在一系列学术实践中，陈平原不断追求研究视野的超越，从对"大学史"视野的超越到对"文学史"视野的超越。在深入研究文学教育与中国现代文学的关系中，他意识到与有形的文学教育相比，"无形"的独立精神与人文情怀是现代中国文化的宝贵资源。在 21 世纪初文学教育研究的热潮中，沈卫威虽是"迟到"的一位，但是长期致力于"学衡派"研究的他很快为"文学教育"的阐释带来新的观点。沈卫威在 2004 年提出"学分南北与东南学风"③ 这一命题后，逐渐确立起以民国"东南大学—中央大学"的文学教育考察为中心，以"保守"与"激进"现代学术两大传统为精神线索来考察中国现代文学教育变迁的研究思

---

① 陈平原：《知识生产与文学教育》，《社会科学论坛》2006 年第 2 期。

② 陈平原：《知识、技能与情怀（上）——新文化运动时期的北大国文系的文学教育》，《北京大学学报》2009 年第 6 期。

③ 沈卫威：《学分南北与东南学风——现代大学学术的南北差异》，汕头大学新国学研究中心编《新国学研究》第四辑，人民文学出版社 2006 年版，第 240—290 页。

路。作为"南京大学校史研究"的代表，沈卫威走了一条"为见树木，必入森林"的融合"学术史"和"文学史"的研究路径①，在探求"民国大学与民国文学"关系的过程中，通过对"北京大学"和"东南大学—中央大学"各自不同文学教育的比较，以宏观的"激进"和"保守"作为两大精神线索来梳理民国时期南北大学各自建立的学术传统，并结合民国教育体制的变革来窥探文学教育对"新旧"两条文脉的传承。为此，他给予那些有着"大学精神"和"学术传统"的大学以特别关注。在他看来："每一所大学都有属于自己的'历史'，但不是每所大学都形成了可以言说的属于自己的所谓'大学精神'和'学术传统'。中国大学很多，有学术特色，形成学派的却很少。"② 沈卫威对文学教育的研究更看重其背后的学术背景，而这种"保守"与"激进"的学术传统又影响了新文化的内部分流，对传统与现代不同文脉的延续最终影响了民国文学三大板块的生成："文言旧体文学（诗词曲文）"；"白话新体文学（诗歌、散文、小说、话剧）"；"文白混搭的通俗小说"。③ 以"学术史"和"文学史"融合的方式进入研究，以南北两所典型大学的文学教育作个案比较，沈卫威从文学的细节中透视了文化的"历史"。

三　"教育文化与中国现代文学关系"研究

在中国现代文学与民国教育的关系研究中，"教育文化""教育理念"对中国现代文学发生发展的影响也引起了相关学者的注意。实际上，这其中的某些问题已经隐现在"大学文化与中国现代文学关系"的探讨中。教育文化并非是两个名词的简单堆砌，而是一种传播社会经验的重要手段。它可以是一种教育理念、教育精神，也可以是一种教育方式。教育文化对中国现代文学产生影响主要是通过现代作家对西方教育文化的推崇与教育本土化实践完成的。如果说蔡元培主政北大是通过对德国教育文化的认同提出了"兼容并包"的大学教育理念，那么胡适则是在杜威教育思想的影响下在现代中国开启了"进步主义教育"的先河，进步主义教育反对形式主义的传

---

① 沈卫威：《民国大学的文脉与学统》，《探索与争鸣》2012 年第 11 期。
② 沈卫威：《现代大学的两大学统——以民国时期的北京大学、东南大学—中央大学为主线考察》，《学术月刊》2010 年第 1 期。
③ 沈卫威：《民国大学的文脉与学统》，《探索与争鸣》2012 年第 11 期。

统教育，构成了新式教育民主与实用的风格。1999 年，翟瑞青通过对现代作家的受教育经历和从事教育的经历作了详细梳理考证后得出结论："现代作家就是这样推动了教育现代化的历史进程并建立起自己的教育思想体系，且把它有机地融合在整个思想体系中去，体现在现代文学作品当中，构成了现代作家和教育之间一种特殊的密不可分的关系。同时，也确立了现代作家在现代教育发展史上的重要地位和历史作用。"① 与 "现代作家与教育" 研究相反相成的另一类研究是从教育对作家的影响角度出发，探讨 "留学教育" 与 "中国现代文学" 发生的关系。1997 年，王富仁在《影响 21 世纪中国文化的几个现实因素》一文中提出 "中国 20 世纪文化就是留学生文化" 的观点，王富仁认为西方现代教育中培养出来的知识分子意识更是决定现代中国文化的整体转型的根本原因。目前对留学教育探索的专著并不多见，有周晓明《多源与多元——从中国留学族到新月派》（2001 年）、郑春《留学背景与中国现代文学》（2002 年）、李怡《"日本体验" 与中国现代文学的发生》（2003 年）等。但需要注意的是，在重视现代作家留学国家的文学思潮、政治思潮的背景的同时，也有必要关注这些国家教育思潮、留学政策的变化，因为这种教育政策与理念转变的过程，影响了现代作家对文学、文化的选择与接纳，它对现代中国文学发生的影响与 "新文学" 进课堂是一样重要的。另外，留学教育中所结识的精神导师也是影响现代作家文学思想和创作实践的一个重要因素。以 "甲午战争" 为界，新学与旧学、中学与西学成为教育中两组重要的力量，而传统教育向民国教育的转型，莫不是从教育理念的转变开始，形式主义的教育文化的式微以及实用主义的教育文化的兴起，成为中国传统教育向民国教育转型的标志，科举制的取消与学堂教育的兴起，使新式教育很快在朝廷政治溃败中确立起来，它对文学形成的冲击无疑是巨大的。现代中国由 "传统" 向 "现代" 的社会文化转型与民国教育兴起有着极为密切的关系，以一个时代的 "教育之变" 观照文学的发生也成为研究者关注的热点话题。2006 年，李宗刚在《新式教育与五四文学的发生》一书中以 "科举制废除" 为历史节点，从新式教育的课程设置、教师群体、学生群体以及科学品格等几个方面对 "新式教育" 尤其是 "文学教育" 与五四文学的发生作了详细的历史考察，得出的结论是："教育对文学的作用，从来没有像五四文学发生时期这样紧密。新式教育与五四

---

① 翟瑞青：《现代作家和教育》，国际文化出版公司 1999 年版，第 14 页。

文学之间构成了复杂的连锁互动关系。正是新式教育促成了五四文学创建主体现代文化心理结构的建构；也正是新式教育促成了五四文学接受主体现代文化心理结构的建构。而五四文学则又促成了新式教育的发展。"① 从教育文化的角度来探讨五四文学发生问题，这是文学史研究的一个新的尝试，它同时也为我们探讨教育与现代中国文学的第二次转变——"新中国文学的发生"提供了重要的研究思路与方法。2015 年，李宗刚在《精神导师与五四文学的发生》一文中对留学文化作了更具体的补充，文章认为："随着新式教育的崛起，那些进入新式学堂或者留学国外的学生，在失却了'父'的精神导引之后又找寻到了心仪已久的精神导师。这些精神导师取代了其'父'的职能，在他们的精神成长过程中起到了极其重要的作用。"② 由于教育永远承担着知识传播与精神熏陶的作用，不论现代作家在留学生涯中所接纳的是何种教育，亲近的是哪一位精神导师，这些潜在的精神因素都有可能影响到他们各自的文学实践。分析这些因素不仅能够更好地把握作家的创作思想，也能够从中发现更多与中国现代文学发生息息相关的教育因素。

四 "教育体制与中国现代文学关系"研究

"体制"或者说"制度"向来是文学"自治"与"控制"研究中的重要一项。在罗岗当年设定的研究现代中国文学的方法——"制度、教育与作家"这一体系中，制度是最值得关注的一个环节，尤其是在现代性社会、现代民族国家确立的基础上，分析制度与文学的关系，更接近于问题的本身。因为研究教育体制对文学的影响不仅关乎当下文学的发展，也关乎一国教育的良性发展。教育体制对中国现代文学的影响集中体现在政府教育体制和大学教育体制两个方面，这两方面的关系在民国时期并非绝对的一致。民国大学对文学教育的学科划分，课程设置有着一定的自主权。早在 1930 年，周作人在《北大的支路》一文中就对当年北大增设德法俄日各文学系的做法予以很高的评价，认为其"很需要些明智与勇敢"③。实际上，周作人这里提及的文科改制，添设外国文学系，是一种大学内部的体制改革。而在大

---

① 李宗刚：《新式教育与五四文学的发生》，齐鲁书社 2006 年版，第 282 页。

② 李宗刚：《精神导师与五四文学的发生》，《中山大学学报》2015 年第 2 期。

③ 周作人：《北大的支路》，载钟叔河《周作人文选（1930—1936）》，广州出版社 1995 年版，第 37 页。

学体制之外，尚有政府教育体制对文学教育的影响，它不仅影响着白话文的合法性建立，也影响着新文学进课堂、作家兼课等一系列文学教育活动的生成。目前关于中国现代文学与民国教育的关系研究，从发生学研究的角度来看，依然存在着深入探讨的空间，尤其是制度史对中国现代文学发生发展产生的影响尚未有人进行系统研究。自 2002 年以来逐渐引起学界关注的 "民国文学" 概念的提出，虽然将中国现代文学现代制度之间关系的探讨引向深入，但是涉及民国教育体制与现代中国文学的关系研究，却并不多见。钱理群认为从 1917 年蔡元培出任北京大学校长起，到 20 世纪 20 年代末至 30 年代中期，中国的现代教育与中国现代文学都进入了一个 "定型化" 与 "建立规范" 的时期，它们之间的关系也发生了相应的变化。李兴华在《民国教育史》中认为："特别是在南京政府完成了全国的统一以后，国民党'以党治国'的模式，强化了思想控制，渗透了独裁精神。反映到教育方面，便是强调集权和统一，并通过教育立法和制度建设，把国民教育纳入国民党一党专制的轨道。与此同时，由于社会政局的相对稳定，教育投入的逐年增加，教育管理渐次完善。"① 钱理群认为："这种情况下，一方面，蔡元培主持的北京大学那样的相对独立的民间知识分子的自由集合体已不可能存在，大学（包括北京大学）已不再为中国的追求独立、自由的知识分子提供一个五四时期曾经提供过的自由的精神空间；另一方面，大学里的教授随着教育本身的体制化，也逐渐被吸纳到体制内，而日益显示出保守性的文化品格。在这种情况下，更具有独立意识、自由意志，坚持民间批判立场的知识分子，就必然与体制化的大学、体制内的知识分子（教授）发生冲突。"② 尽管民国教育体制与中国现代文学的关系在钱理群提出后很长时间内没有受到研究者的特别关注，但是在相应的制度与文学关系研究中出现了不少新的研究成果，其中以研究作家经济生活为主要学术方向的陈明远在《文人的经济生活》中已经触及了包括鲁迅在内的数十位现代作家在大学担任教职中所涉及的教育经费问题。③ 沈卫威在《新文学进课堂与中国现代文学学科的确立》（2005 年）和《现代大学的新文学空间 ——以二三十年代

① 李华兴:《民国教育史》，上海教育出版社 1997 年版，第 11 页。
② 钱理群:《现当代文学与大学教育关系的历史考察—— "二十世纪中国文学与大学文化" 丛书序》，《中国现代文学研究丛刊》1999 年第 1 期。
③ 陈明远:《文化人的经济生活》，文汇出版社 2005 年版，第 2 页。

大学中文系的师资与课程为视点》（2007 年）两篇文章中考察了新文学课程的开设之于中国现代文学学科建立的影响。2007 年，李宗刚在《文学教育与大学的文学传承》一文中指出中国现代文学在现代大学教育中得到传承的原因是大学和作家"双向选择"的结果，大学体制给予了作家以物质生活的保障和必要的社会声誉，而作家则在文学教育中传播了新文学思想，完善了教育体制。[①] 2001 年，陈平原在《阅读"南开"》一文的附记中写道："风云激荡的思潮，必须落实为平淡无奇的体制，方能真正'开花'、'结果'——学术思想的演进以及文学艺术的承传，其实与教育体制密不可分。"[②] 实际上，在民国文学教育研究中，最容易被遮蔽的是对教育体制的研究。在人们固有的观念中，民国教育体制往往被打上"现代性"和"创新"的烙印，而忽视了体制建立的过程本身就是一个"试验"的过程。因此，在关注民国教育体制对民国文学影响的同时，更应该详细考察体制本身的建构过程。

第三节　中国现代文学与民国教育关系研究的方法、问题与启示

在现代中国学术史上，关于"文学"与"教育"二者之间的关系研究始终不是文学研究或者教育研究的主流，但它的"边缘性"并不意味着研究的"边缘化"，它兴起的"迟到"也丝毫没有影响到它的"热门"。教育作为知识、文化传播的主要方式，与一国的政治、经济、文化等各个方面都保持着紧密的联系。在中国数千年的历史长河中，教育的兴废影响着国家兴衰存亡的历史教训可谓不胜枚举。固然，这种"历史的教训"并非表明教育是决定一国政治的唯一因素，但种种研究表明教育在任何一种社会形态中都存在着"牵一发而动全身"的文化影响力，它始终检验着一个国家政治、经济及军事等综合的文化实力并影响着一系列体制的生成与发展。以中国历史现实来看，隋唐时期确立的科举制作为封建教育的核心体制，支配了中国1300 余年封建社会的发展。科举制在 1905 年的废除不仅代表着晚清封建教育的终结，更是成为中国传统教育向现代教育转型的标志。国运的兴衰系于

---

① 李宗刚：《文学教育与大学的文学传承》，《文艺争鸣》2011 年第 7 期。

② 陈平原：《阅读"南开"》，《掬水集》，百花文艺出版社 2001 年版，第 113 页。

教育，而教育的发展重在"育人"。教育制度、教育内容不仅影响着一国政治的衰荣，也深刻影响着一国国民精神的整体风貌。早在新文化运动之初，胡适就敏锐地发现了中国文学实际上走着两条文脉"并行进化"的道路，上层的精英文学和底层的大众文学，表现在语言文体上是文言文和白话文之别。这两条文学脉流的发展虽然各有千秋，但是受教育体制的影响却非常明显，在中国文学与教育关系史上，如果说以科举制为中心的封建教育体制影响了文言文学在传统中国地位的确立，那么以"民主"与"科学"为核心精神的民国教育体制则影响了白话文学在现代中国的重新确立与发展。由此观之，研究现代中国文学，不得不关注民国教育，研究民国教育也必须关注现代中国文学。而区别于封建朝廷政治自上而下的统治策略，民国教育体制则在相对包容开放的历史空间中，让底层大众以及知识分子精英的文化理念以自下而上的方式影响着教育体制的更新与发展。历史的发展不断改变我们对某一个问题的传统看法，时至今日，我们对"民国文学"与"民国教育"关系研究的认识已经发生了不小的变化：它在时间上至少可以向前追溯到晚清"新式教育"的兴起，截至 1949 年中华人民共和国的建立；在空间上，不仅局限于考察中国本土的、区域的、个别的教育对文学产生的影响，也同时考察国外的"留学教育"对新文学产生的种种影响；在类型上，它既考察民国教育体制下的大、中、小学文学教育与新文学流变的关系，同时也注重那些从晚清开始的一系列受制于不同"体制"（私学和官学之分）、拥有不同"学制"的诸如"新式学堂""教会学校"等文学教育对新文学产生的影响。随着研究对象不断变化，一系列研究成果的出现也不断地冲击着我们先前对"文学与教育关系"的简单认知，"文学教育"不仅在历史深层语境如"现代民族国家""现代性"中获得了"本质性"的解读，也在不同大学的个案研究中显示出它的丰富多样。但是，民国文学教育研究也存在着一些明显的问题。首先，从研究方式上看，个案研究多于整体研究。个案研究主要是从一所大学的文化教育、校长理念以及一个文学教育的现象出发来研究其在整个中国现代文学发生发展中所起到的作用及其影响意义。它使用的研究方法更为灵活，社会学、教育学、人类学等研究方法都可以做到兼收并蓄。而整体研究，更近似于一种"文化史和思想史研究"。它专注的不是一所学校、一个校长的教学理念对中国现代文学产生的影响，而是力图将诸多教育影响文学的细节与时代的文化思潮、政治制度建立密切的联系，从中窥见教育影响文学或者文学影响教育的"外在力量"，此项研究不仅考验学者的学术视野，更考验学者运用材料的能力。其次，从研究对象上看，呈现出"大"多于"小"、"中"多于"西"的概况。也就是说，大学文学教育研究多于中小学文学教育概况，中国本土文学教育影响研究多于"留学教育"中的文学教育影响研究。此外值得注意的是，民国时期尚存在专门的教育，比如佛学院的佛学教育及乡村社会的平民教育等。研究现代教育与中国现代文学的关系，有着主次轻重之别，作为一种跨学科的研究尝试，它存在的难度与限度都有待突破。再次，从研究时间、范围的界定上看，将研究时间段界定在 1912—1949 年的合理性尚需要进一步阐释。考虑到民国文化语境的特殊性，1927 年国共两党的政治分流以及 1931 年东北沦陷，都造成了民国教育与文学版图的变迁，这一文化版图最终在 1937 年抗日战争全面爆发后演化为"解放区""国统区"以及"沦陷区"三个政治地理区域，三个区域内所施行的不同文教政策也对中国现代文学的流变产生了重要影响，这些也是将来研究中不可回避的问题。最后，从研究概念的界定上看，"民国时期的文学教育"和"民国文学教育"有着不同的内涵和外延，单就文学教育本身来看，"学校文学教育""家庭文学教育"和"社会文学教育"之间也存在着不小的差别。

陈平原认为，"'文学史'与'大学史'，虽仅有一字之差，其间讨论对象、研究方法以及问题意识等，均有很大距离"①。在"发生学"研究的大背景下，我们讨论中国现代文学与民国教育关系研究，又分为多种研究的支流，尤其是在"文学"与"教育"关系密切且互为影响的现代中国，究竟是文学影响了教育，还是教育影响了文学，还必须作"因时因地因人"的具体分析，以整齐划一的笼统研究来取代差异的甄别，不仅有悖于学术研究的规范，也无法明晰地窥见其问题所在，难免会落入"泛教育主义"或者"泛文学主义"的窠臼。20 余年来关于民国文学教育的研究，它的"内涵"和"外延"已经远远超出了话题发起人当初的设想。更重要的是，在书写民国教育与中国现代文学关系史的实践中，新出现的问题正逐步引发着研究者改变研究方法、调整研究策略，以弥补前期论断的不足。具体到民国教育体制的生成，它掺杂了救亡与启蒙的双重变奏，形成了复杂多变的格局。但是这种格局的主线却始终围绕着"知识分子"与"政府"二者关系这条线索展开，可以说"前瞻的文化理念"与"滞后的国家政治"之间的碰撞与

① 陈平原：《阅读"南开"》，《掬水集》，百花文艺出版社 2001 年版，第 113 页。

交流、对抗与妥协，最终形成了民国教育乃至整个民国文化的"肌理性"存在。民国教育"机制"因素的产生根源可以追溯到晚清以降的新式教育实践，而其真正成形却在五四新文化运动之后。对于民国教育体制的研究，因其千头万绪和千差万别，"因事因时因人因地"仍旧是一种研究的基本方法。应该看到，对现代教育与中国现代文学的关系研究出现在"文学史研究"由"纯文学史"转向"大文学史"的转型初期，它努力将"文学史"与文化史、政治史结合的过程中难免会出现"章法多样、丰富驳杂"的局面，它的"中心"和"边界"也成为研究者们极为关心的问题。借用胡适研究中国哲学的心得来说，如果不花大决心与大力气，将民国至今百十余年来"一半断烂，一半庞杂"的文学教育史理出一个头绪来，不仅很难给予中国现代文学研究一个合理的入门路径，也无法真正"以史为鉴"对当下的文教工作给予科学的精神引导。

第一章 民国教育体制与中国现代文学的发生

中国现代文学是在推翻帝制、建立民国的基础上发生和确立的。从历史的发展渊源来看，尽管晚清对中国现代文学的发生产生了积极作用，以至于有学者为此凸显了晚清在中国文学发展中的重要性，得出了"没有晚清，何来'五四'"的结论；但是，仅仅有晚清，而没有民国政体的确立，"五四"也不会自然而然地发生。因此，推翻帝制、建立民国是中国现代文学发生的根本原因，从民国政体衍生出来的民国教育体制，自然对中国现代文学的发生有着直接的奠基作用。

民国教育体制确立前后，中国现代文学的胚胎处于孕育和生成的关键期。那么，中国现代文学的胚胎是怎样孕育和生成的呢？这便得益于晚清新式教育和民国教育。如果我们认真地勘探那些参与了中国现代文学创建的创建主体，便可以发现，他们大都接受过新式教育和民国教育。而在传统教育依然占据主流位置的特殊历史时期，这些中国现代文学的创建主体之所以能够接受新式教育和民国教育，一方面与他们对新式教育和民国教育有着一定的亲和力有关，另一方面又与他们特殊的人生遭际有关，尤其是与他们的父权缺失有关。正是在父权缺失的缝隙中，他们完成了自我从传统向现代的蜕变，最终为他们创造出一代新文学拓展出广阔的空间。事实上，他们进入民国体制的通衢主要是民国教育，陈独秀、李大钊、胡适、鲁迅、周作人等人便是如此。[①] 然而，同为19世纪八九十年代出生的一代，由于错过了新式

---

① 至于第一代学生和第二代学生从传统教育怎样走向新式教育的论述，详见拙文《父权缺失与五四文学的发生》，原刊《文史哲》2014 年第 6 期，《新华文摘》2015 年第 5 期、《高校文科学术文摘》2015 年第 1 期、《文学研究文摘》2015 年第 1 期主体转载，《中国现代、当代文学研究》2015 年第 1 期全文转载；该文已经收入拙著《父权缺失与五四文学的发生》，人民出版社 2015 年版，为避免重复，本书不再收录。

教育，未能跟上历史大嬗变时期知识转型的节拍，依然固守传统文人的知识结构和生活方式的一部分人，则逐渐被边缘化，最终以悲剧的形式卸下人生厚重的帷幕。

在传统文人淡出历史舞台的同时，一大批接受了新式教育和民国教育的新人，则开始走向历史的舞台中央，利用民国政体以及民国教育体制赋予他们的权力，开始了革故鼎新、继往开来、卓有成效的艰辛工作。其中，具有代表性的是最初在教育部兼任通俗教育研究会小说股主任的鲁迅。鲁迅主导下的通俗教育研究会，把小说创作和翻译纳入了中华民国的政治诉求之中，这就从理论和实践上为新小说的创作提供了体制上的保障。尤其值得肯定的是，鲁迅正是凭借这一时期的理论思考和创作实践，开始了孕育新小说的痛苦过程。当《新青年》为中国现代文学的发生而摇旗呐喊时，对新小说有着深入思考的鲁迅创作出了真正具有现代意义的小说《狂人日记》，并刊发于《新青年》上。这意味着同属于民国教育体制制导下的通俗教育研究会和《新青年》得以贯通，中国现代小说也因此获得了真正意义上的确立。

第一节　民国教育体制与中国现代文学发生的文化语境

中华民国从 1912 年到 1949 年，其间经历了政权的多次更替，但新的执政人物及其执政集团，都没有从根本上否定中华民国这一政体的合法性及其合理性。他们均延续了中华民国这一国号，都把自我当作中华民国的合法代表。但是，这并不意味着中华民国由此构成了一个完整意义上的权力自然更迭体制。其间，后一个执政权力对前一个执政权力的否定与取代，并不仅仅是通过选举完成的，有时往往是通过"革命"完成的。如从"二次革命"到国民党所领导的北伐战争，都是在捍卫民国国体的前提下进行的。这就使封建的世袭权力制度被现代的选举权力制度所取代，从根本上改变了中国社会的结构，导致了民国教育体制迥然区别于封建教育体制，进而影响到中国现代文学的生成与发展。

一　封建专制权力制度的解纽

民国的总统选举制度，相对于传统的世袭制度来说，意味着权力的赋予方式发生了本质性的变革。这样的权力赋予方式，使总统的权力不再是由身为父亲的皇帝把权力传授给身为儿子的皇太子，而是由议会选举产生。这种权力更替形式，相对于传统的权力授予方式而言，其革命性意义是怎样估计都不过分的。

在清政府的专制体制下，其对国家权力的更替有着明晰的规定，那就是权力世袭不可动摇。1908 年，清政府公布了《钦定宪法大纲》，该大纲的第一条便规定："大清皇帝统治大清帝国，万世一系，永永尊戴。"第二条是："君上神圣尊严，不可侵犯。"对于其他各方面的权力，"议院不得干预"。① 清政府所主导的立宪，不仅没有动摇"皇帝"的权力，反而从宪法上确认了其存在的合理性，以至于"万世一系，永永尊戴"。皇帝如此钦定的宪法，自然就和"中华民国主权属于国民全体"无法在同一系统内兼容与共存。

客观地说，清政府在辛亥革命后之所以很快被推翻，是革命党人前赴后继进行革命行动的自然结果。如果没有孙中山领导的革命党人的抛头颅、洒热血的不懈斗争，清政府是不会主动地退出历史舞台的。在 20 世纪 90 年代，有学者在反思历史时曾经提出"告别革命"的口号。但是，他们没有看到，促成革命党人走上革命道路的驱动力量恰是清政府。革命的先行者孙中山一开始并不是直接奔向革命道路的，他不是不想改良，但是，满怀报国宏愿的孙中山，上书李鸿章，竟然被拒，这才把本来可以成为清政府的"修补者"，推到了"反对者"乃至"颠覆者"的行列中；孙中山在"告别改良"走上革命时，人们对他的革命的确抱有成见。孙中山在 1900 年 10 月 6 日发动了广东惠州起义。这次起义在坚持了一个月后失败。失败之后，孙中山这样描述人们对革命的认知态度变化："经此失败而后，回顾中国之人心，已觉与前有别矣。当初次之失败也，举国舆论莫不目予辈为乱臣贼子、大逆不道，咒诅谩骂之声，不绝于耳；吾人足迹所到，凡认识者，几视为毒蛇猛兽，而莫敢与吾人交游也。惟庚子失败之后，则鲜闻一般人之恶声相加，而有识之士且多为吾人扼腕叹惜，恨其事之不成矣。前后相较，差若天渊。"② 对此现象，金冲及有过这样的解释："为什么会发生这样大的变化？除了八国联军之役后人们痛感国家命运的危急、对清政府越来越不抱希望以外，还有很重要的一点：前面说到孙中山革命活动的开始标志着一种新的社会力量登上了中国政治舞台，但那种新的社会力量在国内毕竟太少，几乎微

---

① 《清末筹备立宪档案史料》上册，中华书局 1979 年版，第 58 页。
② 《孙中山全集》第 6 卷，中华书局 1985 年版，第 235 页。

不足道；进入二十世纪后，这种新的社会力量在比较短的时间内有了长足的进步。拿新式知识分子来说，最集中的地方，一个是留日学生中，另一个是上海。革命思潮也就在这两个地方首先高涨起来。"①　其实，金冲及固然是从知识分子的增加来进行阐释，但就其核心点来说，这正是社会心理随着社会实践的变化而发生变化的必然结果。随着社会危机的加深，清政府一味地拒绝革新，依然墨守成规，自然也就使人心发生变化。在此基础上，社会心理上对革命的认同就是必然的结果了。在辛亥革命之前，人们甚至还对革命形成了一种崇拜心理："立宪不可，必当革命；缓革不可，必当速革；小革不可，必当全革。能革则存，不革则亡；全革则强，小革亦亡。"②　正是在此历史的情形下，清政府把众多的修补者逐渐推到了自己的对立面，乃至使他们成为颠覆者。

　　当然，在辛亥革命的历史过程中，参与推翻清王朝腐朽帝制的，不仅仅是孙中山领导的革命党人，也不仅仅是接受了现代教育、具有现代意识的新军，而且还包括"历史合力"共同作用的其他社会各个阶层。我们过去特别地凸显了孙中山领导的革命党人对推翻帝制的作用，而忽视了诸多"历史合力"中的其他力量是怎样参与到了这股"合力"中来的，这就使我们的历史观没有能够很好地纳入现代的意识体系中，而仅仅停留在"二元对立"的逻辑框架中，依然是"你死我活"的"水火不容"的逻辑法则。

　　这诸多的历史力量中，袁世凯是其中极其重要的一股力量。当然，每股力量的动机不一样，每股力量的文化立场也不一样，甚至每股力量的目的也不一样，袁世凯参与推翻清政府的动机与目的是想"取而代之"，而不像孙中山一样，其目的在于建立"民主共和"的新政体。但是，就其推翻清政府这一点来说，他们的方向是一致的。

　　推翻一个腐朽透顶的政府而言，孙中山所代表的外来力量固然是最为核心和重要的，但是，如果没有这个政府自我的锈蚀，以至于原来隶属于其整体的部分部件出现了脱落的现象，那么，要彻底颠覆这样一个占据着全国资源、对全国的权力起着调配作用的政府，那将是非常困难的。一些本来还期望着能够和体制"相安无事"地"和谐共处"的大臣，变成了革命的投机

————————

①　金冲及：《二十世纪中国史纲》第 2 卷，社会科学文献出版社 2009 年版，第 59 页。

②　章开源：《辛亥革命与"只争朝夕"》，《辛亥革命史》，人民出版社 1981 年版，第 1481 页。

者，成了革命的同路人。袁世凯作为清王朝既有的帝制体制内的重要的组成部件，开始与清王朝这样一个有机体出现了"离心离德""三心二意"的游离。如果袁世凯不是作为这样的一股历史力量出现，而是以清王朝忠臣的面目出现，全力以赴地"剿灭"革命党人的武昌起义，那浇灭革命党人所点燃的烽火，并不是一件不可能的事情。实际上，早在太平天国起义时期，如果曾国藩不是忠心耿耿、死心塌地效忠朝廷，而是和袁世凯一样，采取一种离心离德、三心二意的政治态度，那么，太平天国也同样有取代清政府的可能。袁世凯在清王朝大厦出现倾斜危机时，不仅没有"挽大厦之将倾"，反而"落井下石"，加速了清王朝的覆亡，由此成为颠覆清王朝的历史力量。从这样的历史现象中我们可以发现，正是来自腐朽体内部的朽坏，才使外部的风吹草动成为压垮清王朝的"最后一根稻草"。由此可见，如果没有袁世凯对清王朝的决定性、颠覆性的作用，建立一个民国国体的现代国家，可能还要有一个漫长的历史过程。对于袁世凯的作用，有学者这样论述："辛亥革命的成果，就这样落到了北洋军阀首领袁世凯的手中。"[1] 但是，却没有看到，袁世凯在这场革命中并非"无功受禄"，他是压垮清王朝的"最后一根稻草"。

在推翻和解构清帝制的过程中，袁世凯固然起到了重要的作用，但其目的在于建立"袁氏家族"帝制。袁世凯作为推翻和解构清王朝的一股极其重要的力量，本身就是滋养辛亥革命这个"果实"的重要力量，只不过这股历史的力量和以孙中山为代表的建立现代国家国体的终极目标并不完全吻合罢了。袁世凯解构封建专制的清政府的目的，并不是要建立一个民主共和的现代国家，而是要建立一个属于自己的封建专制的袁氏家族的帝国，这便和历史发展的大潮背道而驰。孙中山作为一股进步的历史力量，要建立一个具有现代意义的民国国体，对中国历史的发展方向起着最为关键的制约规范作用，然而，这样的一个建国方向却受到了来自各方面的其他力量的制约和掣肘，进而使这样一种历史力量无法按照既定的方向发展；而袁世凯迫使清帝退位，则是孙中山能够辞去临时大总统、同意袁世凯担任首任大总统的重要原因。

对于辛亥革命以及由此建立起来的中华民国国家国体，有些学者评价偏低，认为辛亥革命是不彻底的，是对资产阶级、封建帝制的妥协，并没有彻

---

① 金冲及：《二十世纪中国史纲》第2卷，社会科学文献出版社2009年版，第88页。

底砸烂旧的国家体制，更没有建立起一个由革命党人主导的、没有晚清政府中那些"前清官员"参加的真正意义上的民国。然而，中华民国现代国体的价值和意义仍不可小觑，"从此以后，任何人想复辟君主专制制度，想穿龙袍、当皇帝，没有不遭到彻底失败的。"① 尽管历史的发展还会有反复，但专制制度要想再度获得人们的顶礼膜拜，已是非常困难的事情。辛亥革命已经在现实社会中终结了帝制，这使中国换了一个招牌。正是这个招牌，标志着辛亥革命并不是所谓的失败，而是一次伟大的成功的革命。从此以后，任何个人、领袖乃至政党，都受到了这个招牌的限制。这犹如一个藩篱，在中国社会中确立了一个不可逾越的鸿沟，从而保证了民主共和在任何时候，作为一块招牌，都无法涂抹掉它那熠熠生辉的字体。

辛亥革命后建立的民国体制，尽管有其不够彻底的一面，但我们同时应该更多地看到其积极的一面。民国体制建立起来之后，一个崭新的时代开启了。对此，身历这一历史巨变的林伯渠曾经这样回忆："不能因辛亥革命的失败，而忽视了它本身的光芒，以及由它而揭开的新的斗争的序幕。"② 历史学家也总结道："推翻君主专制制度，建立共和政体，它的意义不只是政治制度上的一大进步，而且牵动着整个社会以至思想文化等方面。"③ "第一，它将中国旧社会经营了千百年建立起来的统治秩序完全打乱了"；"第二，民众对自己在国家中所处的地位，从观念上发生了巨大变化"；"第三，它使中国人在思想上得到一次大解放"。④

二　中华民国的建立与现代选举制度的生成

德国学者韦伯把合法性权力划分为三种类型："其一是传统型权力；其二是个人魅力型权力；其三是法理型权力"⑤。如果我们按照这样的标准来审视清末民初的权力类型，可以发现，清政府的权力类型是典型的传统型权力。这种权力恰是建立在中国传统社会对于皇权的认同乃至归依基础之上，所谓的"莫非王土""莫非王民"，便是这种权力作用的体现。孙中山这样

---

① 李新：《中华民国史》第 1 编（上），中华书局 1981 年版，第 5 页。
② 林伯渠：《荏苒三十年》，延安《解放日报》1941 年 10 月 10 日。
③ 金冲及：《二十世纪中国史纲》第 2 卷，社会科学文献出版社 2009 年版，第 90 页。
④ 金冲及：《二十世纪中国史纲》第 2 卷，社会科学文献出版社 2009 年版，第 91 页。
⑤ 周三多：《管理原理》，南京大学出版社 1992 年版，第 56—57 页。

一位一生致力于"天下为公"的革命家，其担任中华民国的临时大总统，便可以看作他拥有个人魅力型权力的表现形式。至于中华民国建立之后，权力则属于法理型权力，权力的更替依据的是对选举制度的合法化信念基础。由此可以看到，中华民国的权力尽管落到了袁世凯这样的投机者手中，但是就权力类型来说，袁世凯之所以能够取得中华民国大总统的权力，依据的既不是传统型权力，也不是个人魅力型权力，而是法理型权力。这样说来，中华民国所确立的权力更替方式，便不仅是形式上的变革，而且还是内容上的变革——正是在这种形式的背后，意味着封建专制权力的世袭方式已经不再具有合法性，取而代之的是人们对法理型权力的认同和归依。以此为肇始点，中国社会的权力更替方式，已经从形式上完成了历史性的蜕变，任何人再想建立起"家天下"，由此使权力通过世袭的方式传之子孙万代，都不再具有合法性。

1912 年 1 月 1 日，中华民国临时政府在南京成立。中华民国成立之后公布的《中华民国临时约法》规定："宪法未施行以前，本约法之效力与宪法等。"① 对此，孙中山有过这样的解释："在南京所订民国约法，内中只有'中华民国主权属于国民全体'一条是兄弟所主张的。"② 1912 年 2 月 12 日，清廷在接受优待条件后宣布退位。15 日，南方的参议院改举袁世凯为临时大总统。1912 年 3 月 10 日到 1916 年 6 月 6 日，袁世凯接替孙中山临时大总统职位，担任了中华民国的首任大总统。

中华民国的新秩序的建构过程，是一个破除既有秩序的干扰建构起一个新秩序的过程，既有秩序的惯性和新秩序的崛起交互消长。新的秩序强大了，既有的秩序就会退缩；一旦新的秩序没有带来预期的效果，既有的秩序就会进行反扑，要重新整合已经被颠覆了的秩序。这种历史的反复和较量，不仅表现在袁世凯的称帝上，而且还表现在张勋的复辟上。然而，人们尽管对新的秩序还不满意，但是，要回到既有的秩序中，更是不会答应。从这两次历史反复的过程来看，民国初期的共和政体开始深入人心。这就使中国不再是中华"帝"之"国"，而是中华"民"之"国"。这样的政体，正是在这种看似乱象、实则反复较量的过程中确立起来的。这样一来，就使中国现代文学的发生和发展获得了来自中华民国宪法的保障。

---

① 《中华民国史档案资料汇编》第 1 辑，江苏人民出版社 1981 年版，第 110 页。
② 《孙中山全集》第 5 卷，中华书局 1985 年版，第 497 页。

因为民国脱胎于晚清帝国，在皇权至上的社会思潮的影响下，人们对皇权以及权力的推崇观念根深蒂固，这便决定了人们在建构一个现代国家的过程中，皇权思想以及权力崇拜作为一种潜意识，将会深刻地影响到具体的建构过程。从中华民国的政体来说，尽管已经初步确立了民主共和的政府结构形态，但这并不意味着在建构这一形态的过程中就不会出现偏差。毕竟，从根本上说，建构这样的现代政体，还得依靠那些掌握着一定权力的各级官员来具体落实。这些官员并不都是那些接受了现代政体的管理者，往往鱼龙混杂，泥沙俱下。在这些官员中，既有像袁世凯那样从晚清的官吏"摇身一变"为中华民国的官员，也有像孙中山、廖仲恺那样从晚清的叛逆者跻身于中华民国的官员。这样一种大杂烩、拼盘式的政府结构，在具体落实中华民国国体的过程中难免出现诸多的偏差。

身在民国体制中的袁世凯，尽管从心理深处对帝制有着深深的眷恋，但在民国体制的制衡下，也不得不做出服膺民主共和的姿态。在袁世凯的心里深处，他虽没有像革命党人那样，具有建设民主共和政体的自觉意识和革命诉求，而是依然沉浸于帝制这一泥沼之中，冥顽不化，但在口头上还是宣誓效忠共和。"民国建设造端，百凡待治。世凯深愿竭其能力，发扬共和之精神，涤荡专制之瑕秽，谨守宪法，依国民之愿望，蕲达国家于安全强固之域，俾五大民族，同臻乐利。"① 这种表态甚至连孙中山也很认同："他不承认共和则已，既已承认共和，若是一朝反悔，就将失信于天下，外国人也有不能答应的。"② 这就使中华民国从一开始就确立了一套较完整的、具有天然的合法性和合理性的宪政路向，成为套在任何一个具有独裁倾向的总统的脖子上的枷锁。在民国宪法制定的过程中，宪法的制定者和执行者本身也有一个权力分开的问题，尤其是孙中山在退让临时大总统之前，其所制定的《临时宪法》本身就是为了限定即将担任总统的袁世凯的权力的。这样，立法和行政的分开，相对地就避免了一种文化现象的发生，那就是规范约束权力的制定者和权力的执行者二者"合体"的现象。因此，不管从哪个方面来说，宪法对权力的制衡都是非常明显的。这就确保了民主政体有了形式上的保证。孙中山正是站在非执政者的文化立场上，努力制定出了一套较完整的限定总统权力的宪法，从而确保了现代政治发展的基本方向。以后的斗争

① 徐有明：《袁大总统书牍汇编》，新中国图书局1931年版，卷首，第1页。
② 《孙中山全集》第2卷，中华书局1982年版，第445页。

无非就是努力地促成宪政的具体落实和实施而已，这也就使后来的护法运动具有了天然的合法性。

在制宪的过程中，作为孙中山所领导的革命党，在退让临时大总统的过程中，其所制定的限制大总统权力的一系列法案，不仅对于担任大总统的个人有着极大的限制，像袁世凯等人，就是因为临时宪法而被限定了自己的权力，以至于在想恢复帝制时，不仅遭到了革命党的讨伐，也遭到了社会各界的强烈反对，这种情形还对以后的政党政治有着深刻的影响。因此，从某种意义上说，中华民国和蒋介石所建立的国民政府之间，并不是等同的关系。尤其值得玩味的是，由孙中山所主导下的中华民国的宪法，侧重凸显的是对权力的限制，而不是对权力的扩张。这样的一种制宪的路向，当然是由其文化立场所决定的，那就是孙中山不是作为权力的拥有者，而是作为通过对权力的限制而确保自我作为非拥有者这样的一个文化立场所制定的。从这样的意义上说，中华民国的宪法在确立的过程中，便先验地不再是对自我权力的维护，也不是作为权力的拥有者对自我权力的自我限定，而是作为权力的制约面来制定的宪法。这就使得民国宪法具有了现代意义，也给随后的政党政治介入民国权力，套上了一个无法回避、也无法挣脱的缰绳。

当然，共和政体确立后，在相当长的历史时期，军阀的混战使共和政体成为停留在纸上的空文。但不容忽视的是，这样一张停留在纸上的空文，并不是可有可无的，也不是毫无作用的。在某种程度上，历史的演进还是证明了这样的一个法则，依然起着极其重要的作用。这主要体现为民主共和的国体，不管怎样地转换着总统的角色，但其所确立的选举等基本法则，还是起着极其重要的制衡作用。这就使那些掌握权力的人，必须获得国会的认同，这和农民起义中占山为王还是有着形式上的差异，并且这种形式上的差异，也隐含了内容和思想上的差异。即便是蒋介石这样一个鼎力倡导一个政党、一个领袖、一个主义的党魁来说，也需要通过"民主"选举的形式，完成自我的加冕，这就使"国会"会议还具有某种标志性的仪式作用。但是，这样的形式，和那种真正的民主共和国体所确立的社会秩序是无法兼容的，这便导致了社会对其统治的合法性和合理性的质疑。正是在这种质疑中，一方面，国民党及其统领下的国民政府，对其合法性和合理性本身就底气不足；另一方面，结成了极其广泛的统一战线来对抗国民政府的持有不同政见的个人、组织、团体乃至政党，恰好在对国民政府的质疑中，获得了共同的话语形式和言说空间。这里所谓的话语形式，主要是指他们的话语的出发点和归结点是不同的，但在反抗国民政府的话语形式中，他们的话语是具有某种"异质同构"的属性的；至于其言说空间，自然也是这具有不同质的话语形式，其可以共存于一个共同接纳的言说空间中，进而使他们获得了某种共鸣和谐振。

民国初期还没有来得及建立起完整的意识形态的控制，从而使意识形态获得了自由成长的空间。中华民国建立之后，皇权坍塌，群雄逐鹿，这客观上对民主政治的生成起到了推波助澜的作用。袁世凯一度成为革命党人的同路人，但由于他的历史动机是要建立帝制国家，所以，他不仅遭到以孙中山为代表的革命力量的反对，而且也遭到了那些跟随他南征北战的老部下的反对。从某种意义上说，让一些原来称兄道弟、平起平坐的人，再来执臣子之规、行叩拜之礼，即便是那些当事人也是无法接受的。这也正是袁世凯称帝时，为什么得不到原来那些拥趸支持的重要原因所在。毕竟，相对于清朝皇帝来说，大臣们行叩拜礼，尊臣子顺序，是早已经内化于其文化心理结构深处的一种集体无意识了，但要让他们转而去叩拜那些当初和自己一样的大臣，则无法获得这样的一种意识的认同和归依。由此我们可以想见，连袁世凯的老部下也反对他称帝，那还有谁可以帮助袁世凯支撑起一个帝制国家呢？

袁世凯短暂的复辟帝制覆灭之后，中华民国的权力类型又恢复为法理型权力。权力的更替，需要在选举的基础上才具有合法性。袁世凯死后，随之而崛起的军阀已经是群龙无首，民国初年的政治秩序既有些混乱，又有些短暂，总统的更替像走马灯一般频繁。尤其值得关注的是，根据中华民国的宪法，总统和总理之间的权力已经具有了"分庭抗礼"的意味，这就使封建专制时代那种"一人之下、万人之上"的权力不复存在，也由此导致了总统和总理之间的权力争斗。这在客观上为中国现代文学的发生奠定了良好的外部政治环境。

袁世凯死后，黎元洪担任总统（1916年6月7日到1917年7月1日）。但是，因与总理段祺瑞有"院府之争"，总统黎元洪最后被总理段祺瑞驱走。根据中华民国宪法的规定，副总统冯国璋代理大总统（1917年7月12日到1918年10月10日）。冯国璋"代理"大总统结束后，徐世昌被选举为总统（1918年10月10日到1922年6月2日）。随后，不管中华民国的权力更替怎样无序，但就其根本来讲，通过选举产生总统，这样的形式已经开始成为人们遵循的基本"规则"。

　　总的来看，中华民国从 1912 年到 1949 年，虽有袁世凯称帝、张勋复辟的闹剧，同时还有贿选等丑闻，但不管怎样，从权力的赋予方式来看，除了袁世凯试图废除民国政体，明目张胆地改为封建帝制这样的大倒退之外，其他任何形式的总统更替都是在民国体制内进行的，都是打着民国的旗号进行的。相对来说，这就和清政府以及中国历史上的历代王朝更替有着本质的不同，总统已经不再是世袭的，而是通过选举才能够获得其合法性。尽管刚刚形成的民国政体还显得比较稚嫩，选举也往往流于形式，但这样的形式已经不再仅仅是形式，而是包含着深刻的内容。自然，在这一形式的背后，还可能出现一些混乱，但这种混乱，相对于皇位那种有秩序的世袭法则来说，其历史的进步价值和意义之大，可谓天壤之别。

第二节　民国教育体制的确立与传统文人的边缘化
——以徐枕亚的文学创作为例

　　在中国现代文学孕育和生成的早期，引领了新文学发展方向的作家，大都接受过新式教育，同时也有留学海外的文化背景。从其出生的年代来看，这些作家大都出生于 19 世纪八九十年代；从学术的代际传承来看，则大都属于第一代学生影响卜成长起来的第二代学生。[①] 这些学生站在第一代学生的肩上，最终促成了中国现代文学的诞生和发展。

　　随着中华民国的建立，第二代学生正是以其所接受的新式教育为基点，接受和归依了西学所张扬的科学、民主等现代意识，由此使他们在新式学校中切合了新式教育的现实要求，在中华民国的教育体制中获得了稳定的教职，从而使他们的学术再生产有了可靠的物质保障。除了新式学校之外，新式报馆和新式书局也为这些接受了新式教育熏染的第二代学生提供了职位。但是，新式报馆和新式书局大都属于民间性质，难以获得来自民国政府直接的庇护。由此说来，第二代学生进入民国体制的通衢主要是民国教育，陈独秀、李大钊、胡适、鲁迅、周作人等人便是如此。与此相对应的是，同样为19 世纪八九十年代出生的一代，但他们源于错过了新式教育，未能跟上历

---

　　① 详见拙作《新式教育与五四文学的发生》（齐鲁书社 2006 年版）一书的划分。在该书中，笔者把 19 世纪五六十年代出生，且接受过新式教育熏染的学生称第一代学生，八九十年代出生，且接受过新式教育熏染的学生称第二代学生。

史大嬗变时期知识转型的节拍，依然固守着传统文人的知识结构和生活方式，最终被时代所遗弃。在民国初年便创作出影响甚大的《玉梨魂》的徐枕亚，便是这样一个值得我们认真解析的"范本"。

一

徐枕亚出生于 1889 年，卒于 1937 年。从其所处的时代来看，他比出生于 1881 年的鲁迅还小 8 岁，比出生于 1885 年的周作人也小 4 岁，比出生于 1891 年的胡适仅年长 3 岁。这说明徐枕亚所面临的时代，恰好与第二代学生同属于一个历史区间。然而，同样的时代并没有造就同样的人生，从历史的维度来看，甚至差异甚大，有的人彪炳史册，成为历史无法绕开的关键人物；有的人则昙花一现，成为历史匆忙的过客。那么，造成如此之大的差异的内在原因是什么呢？诸如江苏的无锡等地与浙江的绍兴等地区域文化上的差异、家庭文化教育环境的不同、个人性情上的个体差异等，都无疑是其中的原因。但是，我们如果抛开其他因素，单就一个因素加以考辨的话，便会发现，导致他人生显现出这么大差异的更为重要的原因，还是在于他们所接受的教育有着显著的差异：徐枕亚在同时代的其他人已经接受新式教育熏染的情形下，依然浸淫于中国传统文化之中，这样的教育上的毫厘之差，便导致了他们未来人生的千里之别。

徐枕亚家学渊源很深。其祖父徐鸿基是本乡名儒，饱读经书。父亲徐懋生喜欢赋诗作词，著有《有怡堂丛钞》。徐枕亚 5 岁时，开始接受启蒙教育。在父亲的指点下，10 岁左右的徐枕亚便能写作诗词，俨然是一个"神童"。

1903 年，徐枕亚入常熟虞南师范学校。这个学校是在晚清政府主导下设立的新式学堂。在此期间，徐枕亚和吴双热（1884—1934）同窗。吴双热同样是出身书香门第，他们两人的审美情趣有着相似之处，都沉浸于中国传统的笔墨之中。这从侧面表明，徐枕亚在常熟虞南师范学校就读期间，尽管身处新式学堂，接受的是新式教育，但就其整体而言，他所接受的还多是中国传统文化的熏染，即便是身边的同学，也多是游离于新式教育的边缘。如此的情景就决定了徐枕亚及其同学吴双热与新式教育擦肩而过。尤其值得关注的是，他们在新式学堂接受新式教育的熏染仅仅有一年左右。在这一年左右的时间里，他们还大都是浸淫于中国传统文学之中，在这一年左右的时间结束之后，徐枕亚如果受到其他同学影响，或者是得到其他老师的提携，并最终走上新的求学历程，也许会逐渐地远离传统文学，逐渐地走上西方文化所张扬的新天地中，但是，这样的假设显然没有发生在徐枕亚的身上，客观的真实情形则是，这在同时代的其他人身上也是一种普遍的教育现象。然而，与徐枕亚同时期接受新式教育熏染的鲁迅，则比徐枕亚幸运得多。鲁迅在接受了新式教育的熏染后，最终获得了留学日本的机缘，由此开启了鲁迅现代知识体系建构的新历程，也真正地拉开了和传统之间的距离。

1904 年，年仅 15 岁的徐枕亚师范学校毕业后，便在本乡担任小学教师。1909—1911 年，徐枕亚执教于无锡西仓镇小学。执教期间，徐枕亚大量阅读的是古典小说，热衷于旧体诗词的创作，在此期间共写了 800 余首诗词①，尤其值得一提的是，徐枕亚与陈佩芬暗生情愫，但他们"发乎情止乎礼义"，最终还是有情人难成眷属。这给徐枕亚带来了极大的情感创伤。最后，陈佩芬将其侄女蔡蕊珠嫁给徐枕亚为妻。② 但是，这样的人生素养和遭际，却为他日后的小说创作打下了坚实的旧学根基，当然，这也为他日后的小说创作远离新文学竖起了一层坚硬的屏蔽。从这样的人生经历来看，在 1912 年，已经 23 岁的徐枕亚，其人生的基本格局已经大体上得到了确立。与此相反，1912 年之前的鲁迅，则开始具有了世界眼光，关注并思考国民性的文化改造问题，并赋予了文学以"启蒙"的功能。这样的差异，显然起源于他们所接受的教育的不同。

1912 年，在其兄徐天啸推荐下，徐枕亚出任《民权报》编辑。他在编报的同时，开始撰写文言通俗小说《玉梨魂》，并在《民权报》副刊上连载。

1914 年，徐枕亚任《小说丛报》主编。他将《玉梨魂》充实整理，改名《雪鸿泪史》刊行。对此，有学者有过这样的叙述："在主编《小说丛报》时期，徐枕亚进入创作的'高产'期。但'高产'并没能孕育突破的'种子'。徐枕亚继《玉梨魂》《雪鸿泪史》之后的小说，都没有突破自己的'框框'，只是在旧的'框框'里换上新的人物。他在《雪鸿泪史》问世后，不无得意地说：'此后《玉梨魂》可以尽毁，而于言情小说，亦未免有崔灏上头之感，江郎才尽，从此搁笔矣！'他并没有'从此搁笔'，但其

---

① 栾梅健编：《哀情巨子》，南京出版社 1994 年版，第 250 页。

② 时萌：《玉梨魂真相大白》，《苏州杂志》1997 年第 1 期。

后的小说确实有点'江郎才尽'的气象。"①

　　1918年，徐枕亚独资创办清华书局，并发行《小说季报》，1920年，以营业不振停业。在《小说季报》发刊弁言中，徐枕亚有这样一段表白："鄙人不敏，以无聊文字与诸君相见，六七年于兹矣。昔编辑某报，颇荷社会赞许，初亦欲聚精会神，贯彻最初目的，为社会教育之一助，竭我驽钝，宏启士林。而共事者意见纷歧，以文字生涯，为利名渊薮，忌克之深，转为倾轧，知非同志，能不灰心？一再因循，徒留得敷衍之成绩，自知深负阅者，然不得已也。大丈夫不能负长枪大戟，为国家干城；又不能著书立说，以经世有用之文章，先觉觉后觉。徒恃此雕虫小技，与天下相见，已自可羞，而况居心秽浊，见利忘义，腆为文人，而行为之卑污苟贱，有为市侩所不屑为者。此中国人心之所不可问也。"② 这表明，徐枕亚从事报刊编辑工作，更多地着眼于其社会价值。

　　徐枕亚尽管向往自由的婚姻，但他的个人婚姻始终没有走出传统的桎梏，他以及他的前后妻子最终都成了封建礼教的牺牲品。徐忱亚的母亲性情暴戾，虐待儿媳，她强逼徐枕亚与其妻蔡蕊珠离婚。无奈之下，他们办理了假离婚手续，私下秘密同居；蔡蕊珠生下孩子后不幸去世。徐枕亚哀痛之余，创作了《悼亡词》100首，印成小册，以赠朋友。这时，北京刘春霖状元之女刘沅颖，读了《玉梨魂》与《悼亡词》，对徐枕亚特别推崇仰慕。徐枕亚"从厚厚一沓信札里突然发现中间有封从北京寄来的信，紫色椭圆形邮戳像一抹胭脂，清丽娟秀的笔迹，勾起他无穷的想象。他立刻展开细看，不觉为之动容。写信的女子叫刘沅颖，是他的忠实读者，她倾慕他的才华，同情他的家庭不幸，她坦诚地说愿以书信为媒，结识知交，拜他为师。信件的结尾，还附了她新作的诗词。徐枕亚一口气读完后，只觉得情思流溢，满纸烟霞，大受感染，马上提笔给她回信。从此，二人诗简往还，时相唱和。"③ 他们之间书信往来，历经万难，终成眷属，但自由的婚姻之花并没有盛开在自由的天地里，而是依然植根于大家庭中，这使争取到婚姻自由的刘沅颖，最终也抑郁致病而逝。

　　1934年，徐枕亚将经营不善的清华书局盘给大众书局，回到常熟，设

---

①　栾梅健编：《哀情巨子》，南京出版社1994年版，第259页。

②　徐枕亚：《〈小说季报〉发刊弁言》，《小说季报》1918年第1期。

③　施立松：《民国风月·未跳完的狐步舞》，浙江文艺出版社2010年版，第224页。

"乐真庐"，鬻字、篆刻兼营古董生意。其间，徐枕亚在观看了上海民兴舞台排演《玉梨魂》后，作了《情天劫后诗六首》，含泪咽悲，至为情深："不是著书空造孽，误人误己自疑猜，忽然再见如花影，泪眼双枯不敢开。我生常戴奈何天，死别悠悠已四年，毕竟殉情浑说谎，只今无以慰重泉。今朝都到眼前来，不会泉台会舞台。人世凄凉犹有我，可怜玉骨早成灰！一番惨剧又开场，痛忆当年合断肠，如听马嵬坡下鬼，一声声骂李三郎。电光一瞥可怜春，雾鬓风鬟幻似真，仔细认来犹仿佛，不知身是剧中人。旧境当前若可寻，层层节节痛余心，梦圆一幕能如愿，我愧偷生直到今。"这样的悲凉话语，显示了徐枕亚终其一生，都没有走出自我所设置的情感樊篱，这与同时代的中国现代文学作家相比，正可谓有天壤之别！此时的鲁迅，同在上海，通过杂文写作找寻到了自我社会价值实现的新途径；而徐枕亚则落得个生活困窘，他既无法进入民国教育体制之内，谋得其中的一个教职，也无法在自由竞争的报馆书局中争得一席之地，更无法依靠其既有的文学盛名再造文学辉煌，他犹如旧时代渐行渐远的一抹余晖，活画出了中国传统文人在新时代被边缘化乃至被抛弃的真实影像。

徐枕亚循着既有的人生轨迹，离开上海，回到了故乡，但故乡已经无法医治他那遍体鳞伤的心灵，生活的困窘加剧了他的痛楚的情感，痛楚的情感使他更加沉湎其中难以自拔。他纵酒无度，不仅"不复从事小说家言，且颇为过去'喜事涂抹'而自悔"①。1937年，徐枕亚在贫病交加中病逝于落寞的乡间。在新旧时代嬗变之际，本来可以乘着时代的东风自由飞翔的徐枕亚，就因为他的翅膀上承载了传统的负累，最终消弭于杂草丛生的精神荒野。

徐枕亚的人生悲剧，从根本上说，还是源于自我无法走出传统，无法真正地和自我所固守的传统家园决裂，并最终成为这个传统的殉葬者。但是，从时代来看，徐枕亚的悲剧还昭示了，在新式教育来临之际，他与新式教育失之交臂，这才是他的人生悲剧最为根本的原因，由此使他失却了自我精神蜕变的外在温床。我们需要从这一个案中来认识这个问题，然后再用对比的方法来说明，像徐枕亚这样的作家，尽管能够领一个时代的风骚，但由于他未能顺势而为，不断地改变自己的文学创作的路径，做到"与时俱进"，最后，落得一个连晚年都无法生活的地步。这种现象说明，徐枕亚所生活的时

---

① 邵迎武：《南社人物吟评》，社会科学文献出版社1994年版，第246—247页。

代，在外来诸多因素的影响下，尤其是随着时代大变革的迅猛突进，很多作家很快就被时代所抛弃了，而徐枕亚则是这样的一个典型个案，他的文学创作从"一时的辉煌"到"明日黄花"，正是这个狂飙突进的时代特有的文学现象。

徐枕亚正因为没有走出传统，自然也就无法在新的时代到来之际，能够快速地融入时代的大潮之中，这也是他为什么最后被时代遗弃的内在缘由。那么，作为知识分子融入时代大潮中的途径又有哪些呢？一般来说，其主要途径是进入民国教育体制之内，进入大学"边教边写"，做到教书育人与文学创作两不误。像沈从文便是如此。按常理来说，沈从文所接受的新式教育并不是很多，但是，他通过创作新文学作品，却获得了进入大学从事文学创作课的教学资质，由此支持他能够在"衣食无忧"的状态下从事文学创作；而徐枕亚则不然，他尽管接受了一点新式教育，但从骨子里还是一个充满了传统审美趣味的人，这既使他无法融入新文学的创作洪流之中，也无法汇聚到新式学校这个被民国教育体制纳入其中的熔炉之中，由此成为游离于新文学、游离于民国教育体制的"多余人"，最后只能在"自怨自艾"中"郁郁终生"，成为民国教育体制确立后传统文人被边缘化的一个"范本"。

二

徐枕亚的代表性作品和成名作是他的《玉梨魂》。《玉梨魂》问世后，便超出了作者和报刊编辑的预想，产生了巨大的社会反响，这不仅使连载小说的报刊一时洛阳纸贵，而且作者徐枕亚也因之声名鹊起。然而，对于《玉梨魂》的认识，人们却没有从深层来细究其所蕴含的深刻思想是什么，而只是以鸳鸯蝴蝶派而简单地否认其思想价值。实际上，《玉梨魂》不仅通过爱情悲剧形象地展现了礼教吃人的罪恶，而且还彰显了人生存在的深刻哲理，并且在表现这样的深刻的主题的过程中，它还通过填补个体与社会的鸿沟，使之获得了植根于个体情爱而又超越于个体情爱的社会价值和意义。这一主题的背后，蕴含着身处传统与现代夹缝中的传统文人，在民国教育体制确立之初，既有对新时代的期盼，也有对旧时代的眷恋，但最终还是因为无法实现和传统的切割而成了旧时代的殉葬者。

《玉梨魂》作为中华民国建立之初的通俗小说，曾被誉为"言情小说之祖"。小说发表后，一方面获得了众多读者的钟爱，并风行一时，"再版数十次，销行几十万册，远至新加坡、香港亦多次翻印"[1]；另一方面也受到了一些批评和指责，被看作"眼泪鼻涕小说"[2]，至于其在新文学家的眼里，更是被看作"只写了些佯啼假笑的不自然的恶札"[3]。此后的评论界对这部小说也给予了严厉的批判。20 世纪末，学界对《玉梨魂》的评价开始转向，并逐渐地回归到学理的层面。如有学者认为《玉梨魂》是"对封建礼教的'质疑'"[4]，但遗憾的是没有从民国教育体制确立之初这一历史维度上对徐枕亚的人生悲剧予以深入的解读。

第一，徐枕亚作为身在旧时代的传统文人，一方面接受了一点新式教育的熏染，另一方面又背负着传统审美情趣所赋予的重荷，这便使他所创作的《玉梨魂》，能够通过爱情悲剧形象地展现礼教吃人的罪恶。《玉梨魂》主要围绕着何梦霞与白梨影、崔筠倩之间的情感纠葛展开。何梦霞和寡妇白梨影深深相爱，但其爱情为礼教所不允，何梦霞下决心终身不娶；而白梨影不忍让何梦霞孤独终身，便李代桃僵，把小姑子崔筠倩许配给他。白梨影为了最终成全何梦霞和崔筠倩，选择了自戕而死。崔筠倩在了解事情真相后，为白梨影和何梦霞的爱情所感动，也选择了死亡。最后，何梦霞遵从白梨影的叮嘱，留学日本，归国后参加武昌起义并为国捐躯，这就把爱情悲剧和封建礼教之间的因果关系凸显了出来。其实，在这样的叙事背后，隐含的是徐枕亚作为传统文人，承接了中国传统文人的那种"天下意识"，甘愿把自己的命运和国家的命运结合起来，这也是他加入南社的内在动因所在。但是，传统的审美情趣又赋予他多愁善感的性情、优柔寡断的性格和自怨自艾的心理，这又使他尽管向往"留学日本"，但这在他自己来说，却有着"虽心向往之但不能至"的现实无奈。

《玉梨魂》围绕着何梦霞与白梨影、崔筠倩之间的悲欢离合，形象地说明了礼教不仅把相爱的人无情地吞噬掉，而且还把已经觉醒过来的人再次同化掉，从而使礼教吃人的罪恶跃然纸上。这样的血泪之言，正是中华民国建立之初，许多读者共有的人生体验，自然也是读者产生共鸣的基础所在。

---

① 吴组缃：《中国近代文学大系·小说集6》，上海书店 1991 年版，第 426 页。
② 平襟亚：《"鸳鸯蝴蝶派"命名的故事》，魏绍昌编《鸳鸯蝴蝶派研究资料》，上海文艺出版社 1984 年版。
③ 沈雁冰：《自然主义与中国现代小说》，《小说月报》第 13 卷第 7 号，1922 年 7 月。
④ 范伯群：《中国近现代通俗文学史》，江苏教育出版社 1999 年版，第 269 页。

第二，徐枕亚作为过渡时代的"多余人"，他所接受的新式教育在和他所浸淫其中的传统文化发生碰撞时，觉醒的自我意识自然会参悟到更为普遍的人生哲理，这是现代人产生自我意识之后所独有的人生体验，这种体验与西方的围城意象有着异曲同工之妙。徐枕亚创作出来的《玉梨魂》，之所以能够产生如此巨大的艺术魅力，不仅在于其表现了爱情悲剧，还在于其表现了深刻哲理，即它形象地揭示了人的心理结构和外在对象无法对象化时，内在的心理结构就会对外在对象以想象性建构，从而进一步强化心理结构对象化的动能；一旦心理结构实现对象化，心理结构的想象性建构便失却了前行的动能。

在围城现象中，城里的人想出来，而城外的人则想进去，这形象地展现了人的心理结构和外在对象之间的复杂关系，即人的心理结构和外在对象没有实现对象化时，人渴望实现对象化，而一旦对象化之后，则这种渴望因为已经实现而对对象转变为平淡，从而表现为围城所指代的特点。《玉梨魂》便通过形象的方式演绎了围城现象中复杂的心理结构与对象之间的关系。

《玉梨魂》之所以蕴含着如此深刻的哲理，与徐枕亚的人生体验有着深刻的关联。徐枕亚在娶了蔡蕊珠之后，并没有终结他在心理结构上对陈佩芬的对象化进程，以至于到了 20 世纪 20 年代他还把陈佩芬的照片放到客厅；后蔡蕊珠去世，徐枕亚写了大量的悼亡诗，其情其文还打动了状元女儿刘沅颖，并在费尽周折后结为秦晋之好，但好景不长，一心走进围城的刘沅颖，最后还是带着满身伤痕折戟于围城之中。徐枕亚所经历的悲欢离合以及由此获得的人生体验，正暗合了围城所蕴含的深刻哲理，这便为《玉梨魂》的创作奠定了坚实的基础。在小说世界中，徐枕亚所建构起来的悲剧性艺术世界尽管和现实世界有着非常大的差距，但是，这并不妨碍徐枕亚在小说中强化围城现象所蕴含的哲理。在《玉梨魂》中，何梦霞渴望的是和白梨影一起走进围城，但最后的结果却是阴差阳错，可谓有心栽花花不发，无意插柳柳成荫。何梦霞最后携手崔筠倩走进了围城，但走进围城的何梦霞并没有就此停止走出围城的想象。白梨影为了断绝何梦霞走出围城的念头，毅然决然地自戕而死。实际上，白梨影自戕而亡，与其说是为了断绝何梦霞走出围城的念头，不如说是为了断绝自己走进围城的念头。这样，《玉梨魂》就把人生中带有普遍性的生存境遇及心理结构发展变化的规律形象地揭示了出来，使读者在"同声一哭"中，既为小说中人物的悲剧命运而哭，也为自己而哭，对于读者来说，起到了借他人之酒杯浇自我胸中之块垒的作用。

第三，徐枕亚身处国家危亡之秋，自然也怀抱着大丈夫为国捐躯的宏愿，这便赋予了《玉梨魂》更多的社会使命，它填平了个体男女情爱与社会责任的鸿沟，使之获得了植根于个体情爱而又超然于个体情爱的社会价值和意义。

总的来说，徐枕亚尽管接受了新式教育的熏染，但从总体上并没有真正由传统向现代转型。然而，正是身处传统与现代的夹缝之中，徐枕亚才会在人们习焉不察的现实中发出了苦闷的呼喊。但是，长期浸淫于中国传统文化之中，又使他最终错失了全面接受新式教育的机缘，最终成为新式教育的匆匆过客。随着民国教育体制的确立，徐枕亚最终失却了进入民国教育体制之内的机缘；而这种带骈体文的文言通俗小说，又随着时代大潮的汹涌奔腾，早就失却了存在的土壤，而依然抱着传统审美趣味不放的徐枕亚，也就在历史大潮的拍打下，从弄潮儿变为折戟于浅滩的"多余人"。他创作的《玉梨魂》也从引领中华民国初期通俗小说创作潮流，最终成为中国现代文学大潮的一池再也难以泛起美丽浪花的"死水"。尽管如此，当我们审视徐枕亚创作的《玉梨魂》时，依然可以发现，艺术形象构建起来的艺术世界，还是大于思想黏合起来的艺术世界。《玉梨魂》之所以会迅即流行的社会根源，在于它是国人情感觉醒在文学上的折射。诚如美国学者佩瑞·林克所分析的那样，作品虽然一再向读者提出勿沉溺于情的警告，但这"几乎没有在青年读者中唤起任何对浪漫爱情的鉴戒，恰恰相反，它却引起了读者对'情'的更加迷恋"，因而，"使得徐枕亚及其模仿者们所创作的同类作品源源涌现"。[①] 夏志清也侧重指出："那个时代的人，若非感情过甚，《花月痕》和《玉梨魂》怎有可能写成？怎样可能赢得千千万万读者的心？"[②] 从这样的意义上说，以《玉梨魂》为代表的民初通俗小说正是因应了过渡时代读者阅读的心理期待而生的，是文学创作对社会的一次真实的回应，其历史作用是不容忽视的。这一方面使《玉梨魂》的"有情人难成眷属"的"终天之恨"，成为五四小说所宣示的礼教吃人的精神源头，另一方面也哺育了能够接受和创造新文学的读者和作者。这正如丁玲在回忆中所说的那样："读不太懂的骈体文鸳鸯蝴蝶派的《玉梨魂》都比《阿 Q 正传》更能

---

① ［美］佩里·林克：《鸳鸯蝴蝶派——二十世纪初期的中国城市通俗文学》，加利福尼亚大学，1981 年。

② 夏志清：《台湾·香港·海外学者论中国近代小说》，百花洲文艺出版社 1991 年版。

迷住我。"① 这从一个侧面说明了《玉梨魂》以其深刻的反对礼教的文化立场、深度的人生哲理、浓郁的人文情怀和源远流长的诗化品格，给中国现代文学以深刻的熏染。而遗憾的是，这个本来可以汇入中国现代文学主潮中的作家，却成为民国教育体制确立后的"多余人"，他与他的朋辈一起，成为新时代到来之际被边缘化的"范本"。

第三节　通俗教育研究会与鲁迅现代小说的生成②

通俗教育研究会，作为民国教育体制内的一个半官方机构，对中国现代小说的生成有着极其深刻的影响。但是，学者们在对中国现代小说发生的阐释中，却忽视了这个半官方机构的重要作用。因此，重新审视通俗教育研究会这一民国教育体制内的机构，审视其对现代小说的发生所产生的影响，以及这些影响是通过怎样的方式实现的，应该具有非常重要的历史意义。

鲁迅对自己为什么从事现代小说创作，曾经这样说过："大约所仰仗的全在先前看过的百来篇外国作品和一点医学上的知识，此外的准备，一点也没有。"③ 学术界也基本上顺承了鲁迅的自我言说并予以分析论证。但是，这样的解释无法说明，同是受外国作品和医学影响的鲁迅，为什么没有赋予《怀旧》以现代的品格，却将这一现代品格赋予了《狂人日记》？从鲁迅现代小说创作的阶段来看，这固然与正在兴起的五四新文化运动有着紧密的联系，但为什么同处于这个历史时期的其他作家，却没有最早创作出现代小说？其实，中国现代小说之所以能够在鲁迅的手中生成，与鲁迅在现代小说理论认识上的飞跃是分不开的。通俗教育研究会正是促成鲁迅对现代小说的认识产生质的飞跃的节点所在。

一

中华民国成立后，为了能够较好地完成与晚清专制政体的切割，同时适应民国政体的现实要求，在文化教育等诸多方面作出了政策上的调整。一方

---

① 丁玲：《鲁迅先生于我》，《新文学史料》1981 年第 3 期。

② 原刊于《文学评论》2016 年第 2 期，《中国现代、当代文学研究》2016 年第 7 期全文转载，《新华文摘》2016 年第 14 期、《高校文科学术文摘》2016 年第 5 期论点摘要。

③ 鲁迅：《我怎么做起小说来》，《鲁迅全集》第 4 卷，人民文学出版社 1981 年版，第 512 页。

面，把学校教育纳入民国教育体制之内。具体到教科书的编撰上，删除了那些不符合民国政府要求的话语。另一方面，把学校之外的社会教育也纳入民国教育体制之内，在教育部首设了社会教育司，专门掌管社会文化教育，与普通教育司、专门教育司并立。"教育部官制于普通司专门司之外，特设社会教育司实力督促进行。"① 教育部为了能够更有效地推进通俗教育的发展，于1915年增设了"通俗教育研究会"这一半官方机构。该会"以研究通俗教育事项改良社会普及教育为宗旨"②。该会由教育部设立，受教育总长直接监督，会长、各股主任均由教育总长指定，会员由教育部职员以及学务局、教育部直辖学校、京师劝学所、京师教育会、京师通俗教育会的成员充任。对此，有学者认为"通俗教育研究会与教育部之间仍存在着千丝万缕的联系"③。其实，通俗教育研究会与教育部之间并不仅仅存在着"千丝万缕的联系"，它本身便是在教育部主导下设置的，并履行了教育部的某些行政职能。因此，对通俗教育研究会的准确定位应该是：它是隶属于教育部，但与教育部又有所疏离的半官方机构，与纯粹的社会团体有着显著的区别。

通俗教育研究会作为半官方的机构，又分为三股：小说股、戏剧股、讲演股。其中，小说股负责对新旧小说的调查、审核、选择、编辑、撰译、改良等工作，除设一名主任主持办理股内事务外，又设调查、审核、编辑干事各三人分工负责股内工作。④ 作为半官方机构的通俗教育研究会，其各股的主任是由教育部任命的，那么，担任小说股主任的候选人，不仅要熟悉中外小说翻译和小说创作实践，而且还要获得教育部总长的认可。显然，鲁迅⑤正适合这一要求。早在留学期间，鲁迅便刊发了《摩罗诗力说》等介绍外国文学的文章，还翻译了《域外小说集》，可谓对中外小说翻译有着较为

---

① 《会务纪要》，《通俗教育研究录》1912年第1期。

② 《通俗教育研究会章程》，《教育公报》1915年7月第4期。

③ 施克灿、李凯一：《江湖与庙堂：北洋政府时期社会教育的路径选择——以通俗教育研究会为考查对象》，《清华大学教育研究》2012年第5期。

④ 《通俗教育研究会章程》，《教育公报》1915年7月第4期。

⑤ 关于鲁迅（周树人）担任小说股主任的区间以及所作所为，陈漱渝在《鲁迅与通俗教育研究会》一文中进行了详细的考证。该文还针对沈鹏年刊发于《学术月刊》1963年第6期的长文《鲁迅在"五四"以前对文坛逆流的斗争》进行了反驳。这里重点阐释的是鲁迅主持制定的审核小说标准对他创作出中国第一部现代小说的作用。应该说明的是，"鲁迅"作为周树人的笔名，是后来才使用的，其在担任小说股主任时，官方采用的名字是"周树人"。为了行文的方便，笔者也延续了前人惯常使用的"鲁迅"来指代周树人。

深入的了解。与此同时，鲁迅还创作了《怀旧》这部文言短篇小说。显然，深谙中外小说创作和翻译的鲁迅，从专业素养上是最适合担任这一职务的人选。当然，作为带有半官方性质机构的主任，还需要承载官方的意志，否则的话，专业素养再高，也无法担此大任。从做人行事来看，这一时期的鲁迅，与上级的关系还没有像后来那样，搞到剑拔弩张甚至对簿公堂的地步；从政治思想来看，此时的鲁迅正好暂时收起了自己的文学启蒙之梦，专注于抄古碑和研究古代小说，这种困顿的人生状态，相对于官场来说，恰好是其在政治上走向成熟的标志；从文艺思想来看，鲁迅还没有完成对既有的传统审美法则的决裂，其小说翻译和创作，依然使用文言文，这在人们既有的文化心理结构深处，反而是一个人学养深厚的象征。正是这诸多因素的综合作用，鲁迅被任命为小说股主任，并主导起草了《小说股办事细则》，规范了有关审核小说的范围及程序等事项。这说明，小说作为通俗教育的一翼被提到了重要的位置，并通过制定有关小说创作及其奖赏体系，对小说的创作和翻译起着导引作用。

细读《小说股办事细则》：第一节作为"总纲"主要是对整个小说股的工作进行全面界定。第二节对调查进行了全面的规范，指出："不论内外国新旧小说，本股均应设法调查。"① 这样一来，就把通俗教育研究会对小说的调查，扩充到了"内外国新旧小说"这样一个相对宽泛的范围中。这一界定，对扩展小说股主任和相关人员的"训查"意识具有导引作用。然而，要想对小说做出较好的"训查"结果，调查员不仅需要深入实际，到社会中去，还要带着一种审视的眼光，得出"意见"，这一"意见"再经过"本股主任"提交给"委员会"。第三节主要是就审核的办事细则进行规范，指出"本股得调查员之报告后，应按照调查目录分别搜集，交由审核员审核"，特别强调"审核员应加具评论及意见书交由本股主任经由股员会报告大会"。这就使审核员兼具了批评家的职能，要对其搜集到的小说作出评判，然后呈交给主任。自然，经过主任过目的"评论及意见书"，便不再是"审核员"的个人评论和意见，而是获得了主任认可的评论和意见。其中，那些在主任看来不符合要求的评论和意见，就会被屏蔽掉。然而，在这一工作过程中，由于"审核员"和"主任"所站的文化立场的不同，他们作出

① 《通俗教育研究会第一次报告书》。参阅孙瑛《鲁迅在教育部》，天津人民出版社 1979 年版，第 49—51 页。

的评论和意见不可能完全一致，这就使内部的"评论和意见"恰如社会上的"评论和意见"一样，都显现出一种矛盾的状态。第四节的编译细则和第三节的审核细则基本上相似。最后的附则强调《小说股办事细则》需经过"教育部核准"①之后才能有效，这就突出了小说股对小说的审核权力恰是来自民国教育体制的赋予。将小说股及其所管理的小说纳入民国教育体制中，这既是对民国教育体制下的小说股权力的认同，也是对小说作为一种通俗教育形式，已经在民国教育体制内获得了存在的合法性和合理性的确认。它为"新小说"的诞生提供了体制上的保障。

　　小说股在制定了较为详尽的办事细则之后，又在第四次、第五次会议上确立了《审核小说之标准》。在小说股对小说制定的小说审核标准中，有以下几个方面值得关注。

　　首先，小说股对小说进行类型划分，突破了传统的题材疆域。在中国传统小说中，尽管人们对小说有所分类，但是分类还是比较粗疏的。总的来说，传统小说分类显然没有像民国初期所制定的审核标准那样细致。因此，我们如果从分类的角度来看，在传统小说中被置于边缘乃至被抑制的小说书写对象，开始进入了小说家的视野中，这就为现代小说逸出传统小说的疆域提供了诸多的可能性和合法性。

　　小说股对小说的分类，主要是从题材的维度进行了较为细致的划分。值得追问的是，这个时期小说股为什么会从题材的维度上对小说进行分类，而不是根据其创作方法来进行分类呢？这或许与以下两个因素有关：一是客观社会现实的需要。在中国传统小说中，题材并不仅是一个文学题材的问题，而是一个隐含在题材之上的政治问题。从政治的维度来看，有些题材是不允许书写的，像政治小说便是如此，否则的话，如果小说涉嫌影射或诋毁政府，就会使书写者锒铛入狱。在清政府那里，不但有关政治题材的作品不允许书写，而且即便是那些"自然书写"也被置于政治的维度而予以查禁，这便封杀了诸多题材书写的合法性。二是为了区别于中国传统小说划分的传统。中国传统小说往往是根据其题材进行大而化之的划分，如《西游记》被当作志怪小说，《三国演义》被当作历史小说。这种划分标准，与西方小说侧重现实主义、浪漫主义、现代主义等创作方法来进行划分具有显著的差

――――――――――

① 《通俗教育研究会第一次报告书》。参阅孙瑛《鲁迅在教育部》，天津人民出版社 1979 年版，第 49—51 页。

异。因此，在民国教育体制下，从题材入手，尤其是从社会现实客观存在的题材入手，来划分小说类型，这就为小说由题材的属性划分向以创作方法属性为标准的划分推进了一步。

在民国教育体制的保障下，小说创作的题材在法理上已经没有了政治禁区，小说创作得到了极大的解放。小说股把小说主要划分为教育之小说、政事之小说、哲学及宗教之小说、历史地理之小说、实质科学之小说、社会情况之小说、寓言及谐语之小说等七类①，在这七类之外的小说则被纳入"杂记一类"中。在这种小说类型的划分中，教育、政事、社会情况三类是根据社会客观存在进行划分的；哲学及宗教、历史地理、实质科学、寓言及谐语四类是从思想层面上确定的。就前者而言，客观现实题材突破了传统的政治禁区；就后者而言，哲学及宗教层面的思想题材，则突破了传统的思想禁锢，这就为思想解放拓展了空间。

其次，小说股对小说类型的评审标准进行了界定。对教育之小说的最高要求是"理论真切，合于我国之国情者，为上等"；对政事之小说的最高要求是"宗旨纯正，叙述详明，有益国民之常识者，为上等"；对哲学及宗教之小说的最高要求是"理想高尚纯洁，足以补助道德之不逮者，为上等"；对历史地理之小说的最高要求是"取材精审足资观感者，为上等"；其对实质科学之小说的最高要求是"阐明真理，有裨学识者，为上等"；对社会情况之小说的最高要求是"以改良社会为宗旨，词意俱精美者，为上等"；对寓言及谐语之小说的最高要求是"言近指远，发人深省者，为上等"。小说股对各类小说的这种评审标准，从理论话语的表述来看，尽管对各种标准的内涵尚没有明确的界定，但这种建立于宽泛标准之上的理论表述，便为审核者依照其所认同的"理论"来裁定小说之上乘与否提供了可能性。

小说股的主导者对小说审核标准之所以采取了这种表述方式，其背后的动因在于对这种政治修辞策略的认同。从中华民国的建立来看，民国体制无疑已经得到了确立，但在用什么思想作为中华民国的指导思想上还存在着争议。孙中山热切地期盼的中华民国的指导思想是资产阶级思想，其所归依的是民主共和的国体。袁世凯梦寐以求的中华民国的指导思想则是封建专制思想，他所归依的是专制独裁的帝制国体，他对小说的要求是"寓忠孝节义

---

① 《学事一束》，《教育杂志》7卷12号。参阅孙瑛《鲁迅在教育部》，天津人民出版社1979年版，第51—52页。

之意"。除孙中山、袁世凯之外，还有一批以知识分子为代表的人物，如康有为等，则主张中间路线，他们期望着实行杂糅西方现代思想和中国传统思想的君主立宪的国体。只不过第三种路线仅仅停留在思想和言论上，并没有强有力的承载主体。因此，就其根本来说，"两条路线"的斗争还是社会的主要矛盾。在此情形下，小说股的制定者对小说审核标准的确立上，如果要采取一种明晰的话语表述方式，如采用民主、科学、平等等话语来表述，则会受到以袁世凯为代表的政治势力的激烈反对；要采用专制、独裁、等级等话语体系来表述，则有悖于中华民国作为现代国体的基本要求。正是基于这种复杂境况的考量，他们只能采取一种较为普泛性的表述方式，从而为持有不同思想、站在不同政治立场上的人提供"话语各表"的足够空间。唯有如此，小说股所制定的有关"标准"，才会在袁世凯主导下的教育部获得通过。

二

关于鲁迅在通俗教育研究会工作的意义，尽管人们也作了很多的阐释，但这些阐释更多地是从政治上确认了鲁迅，认为他"从思想政治方面有力地坚持了民主革命的基本方向，直接地抵制了帝制复辟主义者们妄图利用小说股作为反革命舆论阵地的阴谋活动"[①]。这一立论产生于 20 世纪 70 年代末，当时的主流话语还是把政治置于至高无上的位置。在此情形下，人们将鲁迅在通俗教育研究会的意义停留在政治层面加以确认，自然是可以理解的。但是，在中国社会和思想发生了巨大变化的今天，学界对鲁迅在通俗教育研究会的意义依然缺乏深入研究。那么，通俗教育研究会之于鲁迅的意义，究竟表现在哪些方面呢？我们认为，这更多地体现在其对现代小说的孕育和生成上。换言之，鲁迅在通俗教育研究会的工作，对其小说创作从传统小说《怀旧》到现代小说《狂人日记》的转变而言是一个极其重要的节点。

鲁迅在创作《狂人日记》之前，既不是纯粹意义上的小说家，更不是纯粹意义上的大学教师，而是一个在教育部有一定职级的官员。他这个教育部的官员，还不是纯粹行政意义上的官员，而是一个具有自己独立思想和操守的人，这种独立思想和操守有时会和现实政治发生矛盾。实际情况也的确如此，在教育部任职时期，鲁迅对教育部颁发的那些与自己的认同相悖的行

---

① 孙瑛：《鲁迅在教育部》，天津人民出版社 1979 年版，第 61—62 页。

政命令，采取了"有权在手，便当任意作之，何必参考愚说耶"① 等对抗措施。这样一来，鲁迅担任小说股主任，在起草有关标准时，能够较好地灌注进自我的意愿。

通俗教育研究会小说股主任这一角色，使鲁迅从如何建构民国国体这一根本点上来考虑新小说的发展。从鲁迅在这一阶段的文化身份来看，作为小说股主任的鲁迅，自然就要站在民国教育的基点上，思考如何利用新小说来为新建立的民国国体服务等根本问题。这样的社会角色，客观上便需要鲁迅有更为宏观的文化视野，而不再是就小说论小说，也不是就通俗教育论通俗教育。身在教育部，鲁迅更多地感受到袁世凯为了称帝而实施的尊孔教育是对中华民国国体所宣示的民主思想的背离。通俗教育研究会"第二次全体会员大会于十月二十八日正式开场。新经任命的教育总长张一麐在会上大肆鼓吹封建主义，公然为卖国贼袁世凯复辟帝制大吹喇叭，他说什么：'……中国社会自游牧时代进入宗法时代，而宗法社会遂为中国社会之精神，一家人咸听命于其家长，孝悌贞节，皆为美德，著于人心，蒸为风俗，此诚我国社会之特长也……'等等，……为此目的，当他在后面讲到小说股的任务时，就搬出了腐朽不堪的孔孟之道：'而积极一方面，则编辑极有趣味之小说，寓忠孝节义之意，又必文词情节，在在能引人入胜，使社会上多读，……'并'极望''本会会员'能'戮力同心，进行不懈，务使于一年二年之后成绩日进。'"② "企图尽量缩短审核时间，以便仍能'尽快编译'那些宣扬所谓'忠孝节义'的东西。鲁迅对此坚不相让，他针锋相对地坚持'此期限规定极难'，结果这次会议以议决'审核时间暂不规定'作为结束。"③ 这说明鲁迅在教育部期间，对袁世凯要求宣扬"忠孝节义"之类的东西，从内心里是排斥的，在行动上是抵制的，只不过这种排斥和抵制并没有达到"针锋相对"的地步而已。至于教育部官员秉承袁世凯的旨意对通俗教育研究会提出的诸多要求，鲁迅有了切实的感性体验和深刻的理性审视，所以，鲁迅在制定小说股审核小说的标准上，便自然地卷入到政治的旋涡之中：一方面，由其主导制定的审核小说的标准，自然要体现出鲁迅本

---

① 鲁迅：《180820 致许寿裳》，《鲁迅全集》第 11 卷，人民文学出版社 2005 年版，第 353 页。

② 《通俗教育研究会第一次报告书》。参见孙瑛《鲁迅在教育部》，天津人民出版社 1979 年版，第 53—54 页。

③ 孙瑛：《鲁迅在教育部》，天津人民出版社 1979 年版，第 54 页。

人的意志和思想；另一方面，作为教育部制导下的小说股，制定出来的审核小说的标准，更要体现出教育部尤其是身为中华民国大总统袁世凯的意志和思想。毕竟，通俗教育研究会的再次设立，本身就是袁世凯推动的结果，而袁世凯之所以要设立这一研究会，自然是把研究会的职能纳入他的政治意志，即把中华民国颠覆之后建立的"帝制"之中。这样一来，鲁迅在制定小说股审核小说的标准上，就会与教育部代表袁世凯意志和思想的一部分人发生冲突。实际情况也的确如此，鲁迅在制定出小说股的审核小说标准之后，还是辞去了小说股主任这一职务。这使鲁迅对中国社会现实有了更真切的体验，情感和思想有了更大程度上的压抑，这就为其后来的爆发积蓄了能量。这恐怕也正是鲁迅在五四新文化运动时期发出诸如"救救孩子"之类的"呐喊"愈加沉郁和愤激的内在缘由。由此说来，鲁迅在教育部这个官场所获得的情感体验和理性认知，就使他比创作《怀旧》时有了较大的提升，这便为鲁迅成长为文学大家所必需的文化品格奠定了坚实的基础。

正是由于鲁迅置身于复杂的社会矛盾中，才使他对礼教等一套规范体系有了更真切的认知，使他创作出来的小说主题总是能够回应社会关切的重大问题，从而使"狂人"的形象从历史的雾霾中走了出来，成为第一个承载起反封建礼教主题的勇士形象。鲁迅在创作《狂人日记》时，在对现实社会富有深度把握的基础上，结合自我的人生感悟，先创造出"狂人"这样的一个人物形象，再把"狂人"这个人物的社会关系创造出来，又把这个人物与社会的关系相互作用下的矛盾创造出来，这恰恰是小说超越前人的关键所在。中国历史上不乏类似狂人这样的人物，但他们大都被看作"疯子"，没有在小说中获得正面的书写。所以，鲁迅塑造的狂人这一人物形象，相对于中国几千年来的文化传统来说，无疑具有惊世骇俗、振聋发聩之效能。

值得深思的是，鲁迅通过狂人这一人物形象传达给读者的"言外之意、象外之旨"是什么？这与鲁迅切身体验到的社会现实有着极大关联。创作《狂人日记》时的鲁迅，不是一个偏于一隅、与时代激流毫无干系的纯粹意义上的作家，而是一个置身于社会旋涡的中心，既切身感受到袁世凯倒行逆施推崇专制的寒意，也切身感受到陈独秀为"总司令"的新文化运动所带来的科学、民主的春意的作家。这样的双重体验赋予了鲁迅创作的《狂人日记》以双重文化品格：一是对旧文化的反叛和清理，这表现为对被奉为圭臬、且是"历来如此"的"吃人"礼教的否定；二是对新文化的归依和呼唤，这表现为"救救孩子"的吁求。显然，这样的立意，如果没有对袁世凯为代表的帝制及其所推崇的对传统文化的全盘继承的清醒认知，没有对大转折时代价值体系的紊乱所带来的底层阻力的切身体验，那种既接"地气"，又回应"天气"的囊括时代风云之作，便失却了孕育和生成的机缘。正是这种情感体验和理性认知，使鲁迅的小说主题达到了时代所能企及的深度和广度。如果说"文章合为时而作"是一切优秀的作家成长为文学大家的必要条件的话，那么，亲炙时代风霜雪雨的鲁迅，其所发出的每一声呐喊，每一次反抗，不仅是听从于己方的将令，更是积极主动地剑指对峙的敌方，这恰是其成长为文学大家必不可少的前提条件。从这个意义上来说，鲁迅的思想正是植根于中国社会最为坚实的文化土壤之中的。离开了这一点，我们就无从把握鲁迅的思想会达到如此高度的原因。显然，这一角色定位使鲁迅超越了传统意义上的小说家，更不会像传统意义上的小说家那样，循着既有的小说路径进行小说创作，而是要在新文化发展基点上，赋予新小说参与建构新文化的现代品格。通俗教育研究会小说股主任的职责，使鲁迅对新小说如何发展具有了宏观的视野。所以，在新文化运动氤氲之际，鲁迅便感知到了时代欲来的风雨，并作出迅即回应。这便是鲁迅在《狂人日记》这一日记体小说中所表现出来的深刻主题，以教育作为切入点，指出封建礼教的吃人本质。这样的主题，既是对以袁世凯为代表的专制行为的强有力回击，又是对社会上复古思潮的坚决回应，由此使其创作出来的小说《狂人日记》不再是游离于社会主潮之外的"风花雪月"，而是紧随着时代的脚步而发出的"铿锵之声"。

通俗教育研究会小说股主任这一角色，还使鲁迅从政府官员的身份向现代小说作者的身份转变提供了可能性。鲁迅要制定带有指导性的新小说发展方略，就需要对中国小说进行理论上的反思，其具体表现就在于鲁迅通过对"内外国"和"新旧小说"的界定，隐含了对"新小说"的想象性建构。

在通俗教育研究会对小说的阐释中，关键的两对概念得到确立，一是中西的小说概念，二是新旧的小说概念。就前者而言，中国的小说和外国的小说概念，是从中西两个空间的维度上确立了中国小说的发展方向。在传统的文学观念中，我们往往片面地把中国的小说视为正宗的小说，而将西方的小说，视为偏离了正宗的小说。这种观念随着晚清翻译小说的传播，尤其是林译小说的传播而发生改变，人们逐渐接受了西方的小说，尤其像具有中西一体的某些共同特征的林译小说。林纾在其翻译的《美洲童子万里寻亲记》

序言中，便把瞿、翁视为"两孝子而已"①。其实，林纾对西方小说有所保留地认同乃至推崇的思想，对中国传统的士大夫而言是痛楚的。他们承认中国在"物"的层面上不如西方的同时，往往认为自己的文学要高出西方小说不知道多少倍。因此，在由教育部主导下的有关通俗教育的条文中，把西方小说和中国小说置于同一平台上，便表明了士大夫已经开始承认西方小说和中国小说处于平等的地位，这为人们理解和借鉴西方小说打开了无限的想象空间。

　　就后者而言，是从新旧出发而确立了新旧小说概念。新小说和旧小说是自晚清以来就逐渐确立起了概念，当正统的古典小说被视为旧小说时，那种与旧小说面貌截然不同的小说，便不再被人们视为离经叛道而受到排斥，相反还被人们冠之以新小说的名目而得到承认。甚至在某种程度上，这里的"新"比"旧"更带有值得肯定的价值，这种情形相对于那些推崇古人乃至古典的人们来说，其进化的意味是显而易见的。正是建立了新旧的小说概念，人们自然对新小说怀有更多的期待和遐想，也就自然地为创造出新小说提供了更多的精神支持。从这样的意义上说，新旧小说概念的确立就为新小说的诞生提供了温床。至于谁能在这温床上分娩出中国第一部真正意义上的新小说，那最大的可能便是规划这种新旧小说的设计者了。毕竟，当这样的设计者开始确立了新旧小说概念时，便会在主观上开始谋划着区别于旧小说的新小说将以何种面貌示人。既然这种小说规划，除了小说新旧概念之外，还有"内外国"的空间概念，那么我们可以期许的是，其所创作出来的新小说既区别于中国的旧小说，又自然地会汲取西方小说的精华，用我们惯常的说法，则是中国的新小说，是中西小说的"宁馨儿"。

　　在中国现代小说的发生过程中，如果说是先有一种蓝图然后才能创造出一种新小说的话，那么，小说股对小说审核标准的确立，便为中国现代小说的发生提供了理论上的支持，其意义是怎样估计都不过分的。从人类创造出来的物质文明和精神文明的方式来看，任何一种新形态的物质和精神的创造，都是在大脑中通过想象等方式先勾画出来，然后再把勾画出来的想象物外化出来。作为新小说，从其被创作出来的路径看，也应该是先有了作家在头脑中的勾画，然后再根据勾画出来的小说样式创作出来。从鲁迅对新小说

―――――――――

　　① 林纾：《〈美洲童子万里寻亲记〉序》，《二十世纪中国小说理论资料》，北京大学出版社1989年版，第140页。

的想象性建构来看，其所要创作出来的新小说自然是"由旧到新"的蜕变之作，是"新旧杂糅"的过渡之作。实际上，鲁迅创作出来的真正意义上的现代小说《狂人日记》，正是这样的作品。

从小说形式来看，《狂人日记》与中国传统的小说形式相比，不仅在于它采用了日记的体裁，而在于它采用了横断面的体式。对于"横断面"的小说形式，胡适在论及中国传统小说时曾有过专门的论述："短篇小说是用最经济的文学手段，描写事实中最精彩的一段，或一方面，而能使人充分满意的文章。"① 据此，胡适对中国传统短篇小说"某生，某处人，幼负异才，……一日，游某园，遇一女郎，睨之，天人也……"② 的一派烂调书写方式进行了尖锐的批评。在那种流水账式的短篇小说形式中，其所注重的不是对人的性格的描写，也不是对人的自身本质的呈现，而是注重人与社会的矛盾冲突的书写，这就在一定程度上既遮蔽了人的主体性，也遮蔽了人的性格，更不会像"特写"那样，通过一种深入的解剖对人的性格进行深层次的透视，进而发掘出其所承载的文化的、社会的、政治的、经济的等诸多社会关系。中国的传统短篇小说仅仅通过人与社会关系的书写，来展示其矛盾冲突，尤其是注重小说情节的营构。因之，融合在这种短篇小说形式之中的人物形象塑造，往往成了像木偶一样演绎故事和理念的符号。正是基于这一点，胡适通过对西方短篇小说的深入解读，从理论上深入阐释了现代短篇小说的形式及其形式的思想意义，这就从理论上把握了短篇小说的现代品格。显然，胡适对西方现代小说的解读与鲁迅的短篇小说创作实践具有异曲同工之妙。

三

鲁迅担任通俗教育研究会小说股主任时制定的"审核小说之标准"，在鲁迅蜕变为新小说作家的过程中占有极其重要的地位，起到了极其重要的作用。至于后来鲁迅被小说股聘任为审核员对《欧美名家短篇小说丛刊》所作的审读报告，作为历史进化中不可或缺的一个链条，同样参与了鲁迅蜕变为现代小说作家的过程。这不仅促成了鲁迅对新小说现代思想的赋予，而且还促成了他对新小说的想象性建构。

---

① 胡适：《论短篇小说》，《胡适全集》第 1 卷，安徽教育出版社 2003 年版，第 125 页。
② 胡适：《论短篇小说》，《胡适全集》第 1 卷，安徽教育出版社 2003 年版，第 124 页。

鲁迅作为小说股的主任，其工作职责并不仅仅是停留在审查中国小说上，还要审查那些翻译过来的外国小说及理论。如此一来，鲁迅就把"内外国"小说都纳入到一个公共平台上进行审查，其所使用的审查标准自然也是一以贯之的。这种打通"内外国"小说之间壁垒的做法，自然就规避了过去那种排斥外国小说的成见，从而使小说审查者具有世界小说的意识，这为他在创作小说时赋予小说以世界性的品格奠定了坚实基础。

鲁迅作为晚清时期便开始翻译外国小说的翻译者，对外国小说及其翻译的内在规律是有着切身体会的。鲁迅和其弟周作人合作翻译的《域外小说集》，尽管并没有获得他们所想象的那种成功，但从他们自身对文学特别是对域外小说的翻译的认识来说，其所接受的影响是显而易见的。鲁迅正是从翻译《域外小说集》出发，获得了汲取域外小说之精华来建构中国新小说的切身体验。他由此意识到，翻译西方小说不仅要注重选择那些与中国国情有所关涉的小说，而且还要采取"拿来主义"的翻译方略，唯此，翻译出来的西方小说才会获得中国读者的认可和推崇，才会对中国小说的营构起到应有的作用。也许正是基于这一考量，鲁迅虽然辞去了小说股主任一职，但是，基于他对外国小说有更多的了解，他还是成了周瘦鹃所译外国小说集《欧美名家短篇小说丛刊》的审核者。

《欧美名家短篇小说丛刊》由中华书局于1917年3月出版。3月份，鲁迅向蔡元培介绍周作人到北京大学任职，获得了蔡元培的同意。4月1日，周作人从浙江到北京。对此，鲁迅在日记中这样记载："夜二弟自越至，……翻书谈说至夜分方睡。"[1] 到了5月13日，鲁迅在日记中又记下了这样的话："九日发，又《或外小说集》十册。"[2] 该审读报告尽管于11月30日刊登于《教育公报》上，但教育部的"褒状"所署颁奖日期却为1917年9月24日。该"褒状"这样写道："兹审核得中华书局出版周瘦鹃所译之《欧美名家短篇小说丛刊》三册，与奖励小说章程第三条相合，应给予乙种褒状，经本会呈奉教育部核准，特行发给以资鼓励。此状　右给周瘦鹃收执　通俗教育研究会会长袁希涛（签章）。"[3] 这说明，鲁迅审读该小说的时间区间在3月到9月，最大的可能是在4月到8月。

---

① 《鲁迅全集》第14卷，人民文学出版社1981年版，第270页。

② 《鲁迅全集》第14卷，人民文学出版社1981年版，第274页。

③ 桑农：《读书抽茧录》，上海辞书出版社2013年版，第2—3页。

这一时间节点看似平淡，但如果把这一时间节点放在鲁迅创造现代小说的前夕加以审视，我们就会发现，鲁迅于 1918 年在《新青年》刊发的《狂人日记》恰是在这一时期进入了孕育期和成形期。也就是说，这个时期鲁迅担任小说股主任、出任小说股审核者等一系列活动，对其孕育《狂人日记》不可能不产生显性或隐性的影响。鲁迅审读《欧美名家短篇小说丛刊》有三个因素值得重视：一是鲁迅担任小说股主任时期制定的《审核小说之标准》，真正地开始了与审核对象的对接，由此更加清晰地印证了鲁迅对翻译过来的外国小说评判时所操持的"标准"，而这样的标准对即将出世的《狂人日记》不能不产生某些影响；二是与鲁迅合作翻译过《域外小说集》的周作人，已经到达北京，因而周氏兄弟合作审读了这部翻译小说，并合拟了这份审读报告，这对《狂人日记》中所表现出来的兄弟关系不能不产生某些影响；三是周氏兄弟合作翻译的《域外小说集》依然作为一种在场因素，对他们撰写的审读报告产生着潜在影响，尤其是对他们的小说观产生某些深刻影响。周氏兄弟合作翻译的《域外小说集》反响寥寥，周瘦鹃翻译的外国小说集《欧美名家短篇小说丛刊》上中下三卷却受到读者的欢迎，两相对比，不能不对鲁迅即将创作的《狂人日记》起到某种制导作用。可以说，这三大因素综合构成了鲁迅孕育和创作现代小说《狂人日记》的直接语境。

那么，鲁迅对《欧美名家短篇小说丛刊》是如何评价的呢？我们不妨对 1917 年 11 月 30 日《教育公报》上刊出的《通俗教育研究会审核小说报告》加以解读。该报告属于鲁迅和周作人合拟，至于是谁草拟，谁来定稿，没有更多的资料可以佐证。但是，不管是谁来起草，这一报告体现了鲁迅的意志和思想是无可置疑的。该报告这样写道：《欧美名家短篇小说丛刊》"凡欧美四十七家著作，国别计十有四，其中意、西、瑞典、荷兰、塞尔维亚，在中国皆属创见，所选亦多佳作。又每一篇署著者名氏，并附小像略传，用心颇为恳挚，不仅志在娱悦俗人之耳目，足为近来译事之光。惟诸篇似因陆续登载杂志，故体例未能统一。命题造语，又系用本国成语，原本固未尝有此，未免不诚。书中所收，以英国小说为最多；唯短篇小说在英文学中，原少佳制，古尔斯密及兰姆之文，系杂著性质，于小说为不类。欧陆著作，则大抵以不易入手，故尚未能为相当之绍介；又况以国分类，而诸国不以种族次第，亦为小失。然当此淫佚文字充塞坊肆时，得此一书，俾读者知所谓哀情惨情之外，尚有更纯洁之作，则固亦昏夜之微光，鸡群之鸣鹤矣。"① 鲁迅的这份审读报告，既是对周瘦鹃翻译作品的审读意见，也是鲁迅自我文学思想和趣味的外化。具体来说，主要体现在以下几个方面：首先，该审读报告对其翻译过来的小说的国别进行了大体的介绍，对其所翻译过来的是五个国家的小说特别肯定，认为这在中国"皆属创见"，这便肯定了其开拓性的价值，而这样的开拓之作"亦多佳作"。这说明了鲁迅特别看重欧美弱小国家的短篇小说。鲁迅于 1933 年谈及自己最初介绍和翻译外国文学作品时就说过："尤其注重于短篇，特别是被压迫的民族中的作者的作品。因为那时正盛行着排满论，有些青年，都引那叫喊和反抗的作者为同调的。"② 因此，鲁迅对周瘦鹃翻译弱小国家的短篇小说这一举动给予了特别的认同和推崇；相对而言，对英国小说的认同和推崇就远不如前者了。其次，鲁迅对"每一篇署著者名氏，并附小像略传"③ 的做法给予了大力肯定，甚至由此提升到"足为近来译事之光"的高度予以推崇。其实，就翻译而言，每一篇署著者名氏，并附小像略传，这种做法的确有助于读者了解作者的情况，尤其是"小像"这样的图片，对读者感性地"认识"作者具有积极的作用，二者正可谓"相得益彰"。鲁迅在作出这一价值判断的背后，隐含的正是他对装帧图画设计等形式的特别看重。我们知道，鲁迅在从事文学创作之外，对图书的装帧图画设计也非常看重。为此，他经常亲自设计图书的封面，努力追求文学内容和形式的统一。如鲁迅亲自为自己的小说集《呐喊》设计了封面；他还为许钦文编选的短篇小说集设计了封面，用了一幅《大红袍》的图。许钦文在《鲁迅和陶元庆》中写道：鲁迅看到了《大红袍》，认为"有力量；对照强烈，仍然调和，鲜明。握剑的姿态很醒目"，于是便建议"把《大红袍》用作《故乡》的封面"④；鲁迅对陶元庆设计的《彷徨》封面非常欣赏，便在 1926 年 10 月 29 日给陶元庆的信中写道："《彷徨》的书面实在非常有力，看了使人感动。"⑤ 所有这些都说明，鲁迅所拥有的身份并不是单纯的文学意义上的作家，而是一个全面发展的

---

① 《教育公报》第 4 年第 15 期，1917 年 11 月 30 日（本引文原句读皆为句号）。

② 鲁迅：《我怎么做起小说来》，《鲁迅全集》第 4 卷，人民文学出版社 1981 年版，第 511 页。

③ 陈子善、张铁荣：《周作人集外文》（上册），海南国际新闻出版中心 1995 年版，第 249 页。

④ 许钦文：《鲁迅和陶元庆》，《〈鲁迅日记〉中的我》，浙江人民出版社 1979 年版，第 86 页。

⑤ 《鲁迅全集》第 11 卷，人民文学出版社 1981 年版，第 491 页。

人。五四新文化运动时期，多才多艺和学识渊博的巨人频出这一现象，恰如欧洲文艺复兴时期的巨人频出现象一样，标志着这"是一个需要巨人而且产生了巨人——在思维能力、热情和性格方面，在多才多艺和学识渊博方面的巨人的时代"①。如果我们把这句话的前后次序颠倒过来，也可以说是频出的巨人创造了历史上从未有过的新时代，而他们则成为人的诸多方面素养都得到全面健康发展的典范。鲁迅正是基于这一品格，将《欧美名家短篇小说丛刊》小说这一主体之外"附小像略传"的设计看作"近来译事之光"。显然，如果我们把这种看法放在中国小说历史长河中，尤其是结合蔡元培提出的"美育"教育思想加以审视的话，此种"新做派"的确像他即将面世的《狂人日记》一样开启了一个新时代。

　　鲁迅在充分肯定《欧美名家短篇小说丛刊》的同时，还对其体例未能统一和命题造语略有微词。如果说指出体例未能统一这样的问题还略显中立的价值判断的话，那么，对"命题造语"问题的批评便深刻地反映了鲁迅的小说翻译观。鲁迅认为"命题造语，又系用本国成语，原本国未尝有此，未免不诚"。这表现了鲁迅在翻译中更注重"硬译"。鲁迅的翻译，努力保持着原作的口吻和精神，即"竭力想保存原书的口吻，大抵连语句的前后次序也不甚颠倒"②。但是，依据这样的原则翻译出来的小说，在实际传播过程中并没有达到预期的效果，如周氏兄弟合作翻译的《域外小说集》竟然到了没有几个读者购买的地步。相反，一些不注重"硬译"的翻译，像林译小说恰是通过意译乃至改译，得以赢得中国读者的欢迎。与此类似的是，被鲁迅视为"未免不诚"的《欧美名家短篇小说丛刊》反而拥有了更多的读者。这恰恰说明，鲁迅在翻译的"理想国"中坚守的"硬译"原则，从理论上说是切实可行的，从实践上说也是切实可行的，但就其特定时空下的特定读者来说，在"硬译"的同时如果不重视"意译"，其"诚"倒是做到了，但由"诚"而来的翻译则成为没有几个读者能读懂的"天书"（林语堂语）。如此说来，那翻译者努力得来的"诚"又有多少意义呢？

　　从理论上说，"诚"既然有其二重性，那么，鲁迅在审读时推崇的"诚"到底有没有值得肯定的方面呢？显然，这便涉及鲁迅对"诚"带有偏

---

① 《马克思恩格斯选集》第4卷，人民出版社1995年版，第262页。
② 鲁迅：《〈出了象牙之塔〉后记》，《鲁迅全集》第10卷，人民文学出版社1981年版，第245页。

执性的追求了。就翻译作品而言，对"诚"当然可以见仁见智。但是，对
"诚"的执着追求对于鲁迅孕育和创作《狂人日记》来说，则是必不可少的
一种"原则"。鲁迅的文化视域下的"诚"，并不是一个"如何变通"的问
题，而是一个关乎国民性格的大问题。鲁迅早在1907年论及国民性时便这
样说过："当时我们觉得我们民族最缺乏的东西是诚和爱，——换句话说：
便是深中了诈伪无耻和猜疑相贼的毛病。"① 与对"诚和爱"的推崇相对应
的是，鲁迅把"瞒和骗"看作国民性的弱点："中国人的不敢正视各方面，
用瞒和骗，造出奇妙的逃路来，而自以为正路。在这路上，就证明着国民性
的怯弱，懒惰，而又巧滑。"② 这一正反对比，表明了鲁迅是把"诚"上升
到我们民族最缺乏的两种品格之一的高度来看待的。也唯其如此，鲁迅才会
在评判翻译时特别凸显"诚"的原则；唯其如此，鲁迅才会在孕育和创作
《狂人日记》时规避了文艺上"瞒和骗"③ 这一老路上的陷阱，创作出中国
历史上真正具有现代意义上的小说，开启了"新小说"的崭新范式。

　　鲁迅对《欧美名家短篇小说丛刊》存在的其他"小失"虽然也有所提
及，但总体上来说，在鲁迅的审读报告中依然肯定了这部翻译小说之于
"当此"这一时间节点上的意义："然当此淫佚文字充塞坊肆时，得此一书，
俾读者知所谓哀情、惨情之外，尚有更纯洁之作，则固亦昏夜之微光，鸡群
之鸣鹤矣。"显然，鲁迅对长期以来的文学界现状是非常不满的，即便是在
新文化运动风起云涌之际，这种现状也没有得到有效的改观。在鲁迅看来，
文学界流行的以言情为主的通俗小说是一些一味地凸显"哀情""惨情"的
"淫佚文字"。在此情况下，《欧美名家短篇小说丛刊》作为"更纯洁之作"
便犹如"昏夜之微光，鸡群之鸣鹤"，弥显珍贵。鲁迅在此发出的议论具有
两重含义：一是对文学界流行的文学作品极为不满，这便意味着，如果鲁迅
要着手进行小说创作的话，自然不会随波逐流，而会另辟蹊径，创作出迥异
于既有的通俗小说之品格的"更纯洁之作"。二是表明对"昏夜之微光，鸡
群之鸣鹤"的文学境界的神往之心。如果鲁迅要着手进行小说创作的话，

---

　　①　许寿裳：《回忆鲁迅》，《新华日报》（重庆）1944年10月25日。

　　②　鲁迅：《论睁了眼看》，《鲁迅全集》第1卷，人民文学出版社1981年版，第240页。

　　③　鲁迅曾经这样说过："中国人向来因为不敢正视人生，只好瞒和骗，由此也生出瞒和骗的
文艺来，由这文艺，更令中国人更深地陷入瞒和骗的大泽中，甚而至于已经自己不觉得。"鲁迅：
《论睁了眼看》，《鲁迅全集》第1卷，人民文学出版社1981年版，第240—241页。

便会自觉地追求小说应达到昏夜里的微光、鸡群里的鸣鹤之境界，以一种前无古人、后启来者的姿势，成为中国社会里几千年的"昏夜"里照亮人们心灵世界的第一缕微光。实际情况也的确如此，当鲁迅在嗣后创作《狂人日记》时，便把"昏夜"意象纳入作品之中，诸如"全是发昏""全没有月光""半夜""胡涂""黑漆漆的，不知是日是夜""屋里面全是黑沉沉的""太阳也不出""四千年来时时吃人的地方"等，都为我们营构了"昏夜"的意境。而作为"人之子"的狂人在觉醒后发出的第一声"呐喊"——"救救孩子"①，则犹如洞穿这漫漫黑夜的一缕"微光"，照亮了这千年以来的"昏夜"，新世纪的曙光由此开始降临了。

　　总的来看，当我们把通俗教育研究会纳入历史的视野加以审视时，便会发现，《新青年》并非中国现代小说发生的唯一源头，通俗教育研究会同样对中国现代文学的发生产生重要的作用。具体来说，《新青年》以其显性的形式，以文学革命等口号用鲜明的话语把文学革命的诉求提了出来，并借助北京大学这一公共领域迅疾使文学革命成为名噪一时的文学运动；而通俗教育研究会则以隐形的形式，把小说创作和翻译纳入中华民国的政治诉求之中，用相对温和的话语，从理论上和实践上为新小说的创作提供了体制上的保障。鲁迅正是在通俗教育研究会对如何创作中国"新小说"有了现实的调研和理论的思考，并初步形成了现代小说的意识。因此，当时间的脚步迈进到1918年4月时，怀抱着创造中国之"更纯洁之作"这一豪迈激情的鲁迅，在S会馆里创作出了别离"哀情"和"惨情"，饱含着"诚和爱"的现代小说——《狂人日记》，并刊发于《新青年》，这意味着通俗教育研究会和《新青年》这两大阵营得到了贯通，中国现代小说也因此获得了真正意义上的确立。

---

　　① 鲁迅：《狂人日记》，《鲁迅全集》第1卷，人民文学出版社1981年版，第432页。

第二章　民国教育体制与中国现代文学的关系

民国教育体制与中国现代文学有着千丝万缕的内在联系。试想，如果没有民国教育体制，我们不仅无法全面地阐释中国现代文学发生、发展的内在动因，而且也无法有效地梳理中国现代文学发生和发展的脉络。因此，民国教育体制对中国现代文学发生和发展到底产生了怎样的作用？中国现代文学关于民国教育的文学想象与文学书写是怎样展开的？实际上，中国现代文学关于民国教育的这些文学想象性书写，对民国教育健康发展有了更大的促进作用，同时也丰富了中国现代文学的表现力。因此，就中国现代文学对民国教育的想象性书写进行深入探讨，不仅对我们把握民国教育有着积极的作用，而且对我们理解中国现代文学也有着不可忽视的作用。

如何辩证地看待民国教育体制与中国现代文学之间的关系，避免出现认知上、价值判断上的偏差，同样显得尤为重要。对待民国教育体制与中国现代文学的关系，一方面，我们要坚持实事求是的基本原则；另一方面，又要秉持客观公正的立场。也就是说，应该辩证地看待二者之间的关系，万不可把中国现代文学的发展全都归因于民国教育体制，也不能在中国现代文学和民国教育体制之间画上等号，更不能无原则地美化民国教育体制，过分拔高其之于中国现代文学的意义和作用。

民国教育体制尽管存在着诸多问题，但其出现的一些历史空隙又为中国现代文学的发展提供了诸多的可能性。其中，最典型的就是民国教育体制具有一定的兼容性。这种兼容性体现在：一方面，民国教育体制确保了中国现代文学的发生和发展有了相对自由的空间；另一方面，北洋政府以及国民政府的专制统治又限制了中国现代文学的发生和发展，失却了更为广阔的空间。尽管如此，民国体制相对于晚清政府的封建专制来讲，依然显现出诸多进化的迹象。其中，文人之间的论争可以在法理许可的空间里相对自由地开展，这对中国现代文学的发生和发展产生的积极作用是不容小觑的。论争在中国现代文学的发生与发展中产生了极其重要的作用。这种兼容性使作家之间的文学论争得以展开，自然也促成了中国现代文学向着纵深发展。因此，我们对鲁迅与其他文人的论争研究，目的正是要对民国教育的兼容性作出深入解读。

第一节　民国教育体制对中国现代文学的作用

民国教育体制与中国现代文学之间有无关系？这是本课题展开的重要前提。从中国现代作家的成长经历来看，他们与民国教育体制有着千丝万缕的联系，这一结论有着大量的事例作支撑。只不过在学术界既有的研究成果中，尚没有特别凸显出二者之间的内在关系，仅仅满足于就教育谈教育，就文学谈文学，而没有从教育的视点来审视和阐释文学。好在这种情形随着学术界研究的深入逐渐有所改变。二者之间的关系问题，已经开始引起有关学者重视，也有许多研究成果对这二者之间的关系进行了较为深入的探讨。但遗憾的是，民国教育体制与中国现代文学之间的内在关系到底是怎样的？学界对这一问题尚缺乏更加深入细致的探析。事实上，如果没有民国教育体制，我们不但无法解释中国现代文学是怎样发生和确立的，而且也无法解释中国现代文学是怎样发展变化的。具体来说，民国教育体制对中国现代文学的作用可以从以下几个方面加以确认。

一

民国教育体制对中国现代文学的整体发展方向起到了奠基作用，它从整体上确立了中国现代文学的整体风貌。

中国现代文学从孕育到发展壮大，自然离不开政治体制的支持。共和政体为中国现代文学的发生和发展提供了"观念的引导"和"体制的保障"。这就是说，所谓的文化革命、思想革命、文学革命，并没有超越政治革命的基本诉求，而是全部建立在构建现代民族国家这一历史基石之上。

与共和政体相对应的是，共和精神成为争论的话题。"何谓共和精神？共和乃是与专制相对的政体形式，它奠基于某种程度的平等原则之上，所以有不同利益集团的共和形式。近代西方资产阶级的民主共和政体，建立于从文艺复兴到启蒙运动的思想家们所充分揭示的理性、人权、自由、平等、博爱等信条上。理性与人权将欧洲从中世纪宗教统治下解放出来，人们相信自己，相信科学；自由、平等、博爱则成为民主共和政治最动听也最诱人的自我推销的广告词。因而，所谓共和精神，不外相信理性，尊重人权，讲究自由、平等、博爱的精神，用新文化运动的口号，可表述为民主与科学的精神。"①

然而，在我们的主流意识形态话语中，共和政体和共和精神对中国现代文学的重要作用，并未引起相关研究人员的重视。② 其实，辛亥革命不仅是赶跑了皇帝，而且也把专制制度一同驱逐了出去，尽管历史的发展还会有反复，但专制制度要想获得人们的再度顶礼膜拜，已经是非常困难的事情了。正如有学者认为的那样："从此以后，任何人想复辟君主专制制度，想穿龙袍、当皇帝，没有不遭到彻底失败的。"③

辛亥革命成功后，革命党人放眼未来共和政体建设需要，极为重视社会教育。他们认为社会教育之于动员广大青年及成人参加革命作用重大。为此，在组建南京临时政府教育部时增设社会教育司，并通电各省都督筹办社会教育："惟社会教育，亦为今日急务。入手之方，宜先注重宣讲"；"至宣讲标准，大致应专注此次革新之事实，共和国民之权利、义务，及尚武、实业诸端，而尤注重于公民之道德"。④ 由此显示了他们对社会教育的重视。

事实上，共和政体确立后，教育即被纳入政治目标的诉求中。如黄兴在1912年11月8日出席湖南学界召开的欢迎会上，就积极鼓励发展湖南的教育。他说："回忆兄弟初出湖南时，公立、私立之学校尚不过数处。此次归来，公私学校至一百三十余所之多。而革命中之有功者犹复求学不倦，足见湖南教育界之进步。……造成民国者为教育，建设民国者亦为教育。不受教育，于个人尚难自立，况一国乎！廿世纪之文明，为物质的，非有完全科学不能占世界优异之地位。"⑤ 同月15日，在湘潭各界欢迎会上，黄兴更加明

① 董宝良等主编：《中国近现代教育思潮与流派》，人民教育出版社1997年版，第120页。
② 陈方竞在《对新青年发动批孔以文学革命的再认识》一文中，曾经从"共和制情结"出发，对《新青年》从提倡思想启蒙入手介入现实政治的原因进行了剖析。该文见《中国现代文学传统》，人民文学出版社2002年版。
③ 李新主编：《中华民国史》第1卷（1894—1912）上·序言，中华书局1981年版，第5页。
④ 陈元晖主编：《中国近代教育史资料汇编·学制演变》，上海教育出版社2007年版，第610。
⑤ 《长沙日报》1912年11月9日，转引自毛注青编著《黄兴年谱长编》，中华书局1991年版，第356页。

确地强调教育的重要性："今日最大事件，即为教育、实业两项。"①

从理论上说，民国政体的确立，既是通过暴力的革命斗争实现的，也是通过温和的思想改良实现的，二者相互纠缠在一起，互为因果，交互作用。从晚清政府来说，面对诸多的社会危机，要实现自我统治的长久性和有序性，就要通过变革来不断适应已经变化发展了的现实。但是，这样的改革自然不是一种自我革命，而是以政治统治为中心的制度改良。这就使任何形式的改良，都以保全既有的体制为前提，任何推翻既有体制的改良，在晚清政府看来都是无法接受的，也是无法容忍的。即便是这样的改良，也不是可以轻而易举实现的。像光绪皇帝主导下的戊戌变法，最终还是因为触动慈禧太后的权力而被罢黜了。然而，历史的发展是不以个人的意志为转移的，当晚清政府要保全既有体制时，革命便成为另一部分人的选择。二者纠结在一起，最终促成了辛亥革命爆发。在此历史情景下，晚清皇帝在袁世凯等人的要挟下最终退位，民国政体得到确立。我们可以想见，通过如此方式确立起来的民国政体，必然是混合型的政体——从形式上来看，民主共和的现代政体已经建立了起来；但从内容上来看，民主共和的现代政体并不是都掌握在具有现代思想的革命者手中，其中还有不少权力掌握在晚清政府"老把总"手中。从民国教育体制来看，民国教育体制理论上是和民主共和的现代政体相对接的，而在实际上，民国教育体制又承接了晚清教育体制的很多内容，只不过在名称上稍稍作了更改。这种情形持续到了五四新文化运动之前。及至五四新文化兴起之时，民国教育则逐渐向现代教育过渡，甚至在 1922 年还专门向民国教育体制内的所有学校发布规定，废除了文言文的合法地位，取而代之的是给予白话文以合法地位，学校的国文课都以白话文为主，国文课中的作文写作也以语体文为主。这就从根本上改写了既有的教育版图，使民国教育呈现出前所未有的发展新态势。

根据中华民国宪法的规定，国家认同和推崇的是"民主""共和"的政体。这就从根本上确立了中国现代文学对"民主"诉求的合理性和合法性。试想，在专制政体下，民主是和专制相对抗的一个概念范畴，二者之间没有兼容性。只要搞民主，就没有了专制的立足之点；如果有专制，就没有民主的立足之本。在民主共和的政体下，宪法赋予了公民极大的权利，这正是晚

---

① 《长沙日报》1912 年 11 月 9 日，转引自毛注青编著《黄兴年谱长编》，中华书局 1991 年版，第 356 页。

清专制社会所不具备的。宪法规定公民拥有言论的自由，拥有结社的自由，拥有出版的自由。

从这样的意义上说，民主的观念既是中国现代文学的核心概念，更是国家宪法的核心概念。因此，从民国政体来看，中国现代文学能够发生和发展，正是由民国政体所决定的。离开了民国政体来谈中国现代文学的发生和发展，就是无稽之谈。由此说来，中国现代文学的真正历史脉络应该是"没有民国，何来'五四'"，而不是"没有晚清，何来'五四'"①。

从中国现代文学的发生来看，如果没有言论自由作为保障，就不可能颠覆被晚清政府奉为圭臬的三纲五常等伦理法则，自然就不会有个性张扬与个性解放；如果没有结社的自由，作为以《新青年》为纽带的《新青年》同人，就难以形成一个具有准社团组织的《新青年》阵营；如果没有出版的自由，自然就没有《新青年》《新潮》等现代期刊的横空出世，也就没有了直接的物质载体。这种情形，如果以戊戌变法前后来进行对照，就可以发现，在戊戌变法之前和甲午战争之后，以初步觉醒了的知识分子为主的"公车上书"，既没有言论自由，也没有结社自由，更没有出版的自由。晚清政府对"康梁逆党"采取的镇压政策，正是从社会体制上堵死了知识分子通向现代文化的道路。但是，民国体制的确立，则从国家体制上确保了民主共和等观念存在的合理性与合法性。尽管在实施民主共和的道路上确实有很多曲折的道路要走，但从政府的层面来说，毕竟已经无法否认民主这一核心理念的合理性了。五四文学在弘扬民主这一诉求上，正是对中华民国政体的回应，是在文化上为中华民国政体的确立扫清障碍。这样的同质同构特点，说明了中国现代文学是对辛亥革命建立的中华民国政体之文化认同的文学表现。这种情形即便到了国民政府时期，也没有从法理上对中华民国确立的民主科学等诉求予以全盘否定。蒋介石"独裁"下的国民党，也没有从党章上全面否定民主与科学的合理性及其合法性。

在民国威权处于失落的状态下，人逐渐地获得了张扬自我主体性的机缘。人的主体性的凸显，使民国在社会秩序重构过程中充满了无限生机。在本质上说来，百家争鸣的局面从外在形态看来，显得乱象丛生，但究其实质而言，既有秩序，尤其是既有专制秩序的消解，恰好成为新秩序重构的肇

① 王德威：《被压抑的现代性：没有晚清，何来"五四"》，《想象中国的方法：历史·小说·叙事》，生活·读书·新知三联书店1998年版，第3页。

端。实际上，备受后人诟病的袁世凯，也参与了推翻晚清王朝的历史进程，但他没有顺承时代的要求，反而要逆民主时代潮流而动，最终落得身败名裂的悲惨结局。其实，我们且不说袁世凯本人如何，单就那些追随袁世凯的"奴才"来说，他们也并非心甘情愿地在袁世凯面前称臣，而是各藏心机，甚至在最后关键时刻背叛了袁世凯的帝制路线。这种人心向背恰好代表了大多数的国民对政治民主的精神诉求，为袁世凯洪宪帝制崩溃后，使中华民国重新回归民主共和的基石上起到了积极的促进作用。那些曾经跟随袁世凯的部下，甚至还循着民主共和的路线，发生了所谓的府院之争，这种走马灯式的"你方唱罢我登场"的轮番表演，正是威权失落之后的社会表现形式。显然，这种社会政治态势，便为中国现代文学的发生和发展提供了无限的可能性。从某种意义上说，陈独秀、胡适、李大钊、周作人、鲁迅等从社会的边缘走向中心，异军突起为新文化运动的领导者，正是群雄逐鹿的自然结果。

由此看来，正是随着民国政体的确立，才使民主、共和等现代思想获得了合法地位。与此相关联，民国教育体制对民主、共和、自由、平等和科学等现代价值的确认和推崇，也就相应地使其获得了民国政体的保障。在此基点上展开的文学教育，便为中国现代文学的整体发展确立了新的方向，同时也为中国现代文学的主题、形式、语言等诸多范式的确立奠定了坚实的基础。

二

民国教育体制为中国现代文学作家提供了赖以从事文学创作的栖身之地，为中国现代文学的良性生产提供了条件。

中国现代文学作家大都寄身于民国教育体制内的各级学校，身兼教师与作家二重角色。胡适、陈独秀、李大钊、周作人、鲁迅、沈尹默、钱玄同、叶圣陶、徐志摩、闻一多、梁实秋、老舍、朱自清、杨振声、顾颉刚、罗家伦、俞平伯、林语堂、凌叔华、许地山、沈从文、冯沅君、钱锺书、冯至等人，均是如此。笔者对人们常见的中国现代文学史①所重点阐述的作家进行统计，发现设立专节予以介绍的中国现代文学作家约73人，其中担任过教

---

① 本次统计所使用的是普通高等教育"十一五"国家级规划教材《中国现代文学史》（孔范今主编，人民教育出版社2012年版，该书60万字）。

师的有 65 人，没有担任过教师的有 8 人。如此算来，担任教师的中国现代文学作家占到了总数的 89%，没有担任过教师的中国现代文学作家仅占总数的 11%。①特别值得关注的是，那些在中国现代文学史上占有极其重要地位的作家，大都担任教师；那些没有担任过教师的作家，则是通俗小说作家、话剧和电影等方面的作家。对这些寄身于民国教育体制内的各级学校中的教师，要较好地还原他们从事文学创作的内在规律，就要把他们纳入民国教育体制中，还原他们建构中国现代文学的真实场域，才能较好地阐释民国教育体制与中国现代文学的密切关系。

作家仅靠创作来养活自己，是难以为继的。在西南联大为贫穷作家发起的募捐活动中，我们就可以发现，其所救济的对象大多是未能进入体制内的作家。这些作家，因为没有进入体制，自然就没有体制内的物质保障。毕竟从商品交换的角度来看，作家创作出来的文学作品，要想最终转化为自己可以依赖的物质形式，需要通过交换，也就是作为文化商品，先进入文学流通的渠道，获得期刊的接纳，在刊发出来后，才会换回养家糊口所需要的货币，然后作家再用货币换回自己所需要的生活资料，为自己继续从事文学生产提供一个可以无限展开的循环形式。但是，文学作品作为一种特殊的商品，毕竟和物质的商品有着显著的不同。其作为精神商品，具有某种虚拟性。在物质匮乏的时代里，精神的需求显然要让位于物质的需要。因此，一个作家如果没有进入一个国家的体制内，而仅仅依靠文学创作来获得自己赖以生存和发展的物质基础，那将是异常艰难的。也正是基于这一点，很多新文学作家能够进入大学体制内，进而在教书中谋取生存所需的稻粱，自然就是一种终南捷径了。然而，一个作家要进入大学这个崇尚知识的学术殿堂，远非文学创作可以支持和驱动，由于人们推崇的多是那种所谓高深的学问，文学创作这样的技能在大学校园里则会受到严重的排挤。

从大学的体制来看，其物质上的保障能力是非常强的。如果说在封建社会中，科举是士子们进入国家体制唯一方式的话，那么，中华民国建立后，知识分子进入国家体制的方式则变得多元化起来。尤其值得推崇的是，教育的兴办使知识分子有了更多的进入国家体制的通衢，从小学到高级小学，再到初级和高级中学，然后是专科和大学等，层次不等的教育体系，使得文化

---

①　关于该统计的详细信息见本书的附录。为了便于读者对此有个清晰的认识，笔者专门把那些担任过教师的作家，按照年龄长幼次序进行了排列。

水准层次不同的知识分子，都有了进入体制内的可能。进入大学教育体制之内的作家，则获得了更好的物质基础。1917 年 9 月，教育部颁布《修正大学令》。同年 5 月公布的《国立大学职员任用及薪俸规程》规定："职员方面——校长分为三级，月薪分别为一级 600 元、二级 500 元、三级 400 元；学长分为四级，一级 450 元、二级 400 元、三级 350 元、四级 300 元；图书馆主任、庶务主任及校医分为五级，一级 200 元、二级 180 元、三级 160元、四级 140 元、五级 120 元；事务员分为二等八级，前四级为一等事务员，后四级为二等事务员，级差 10 元，月薪分别从 100 元到 30 元。教师方面——正教授分为六级，从一级到六级月薪分别为 400 元、380 元、360 元、340 元、320 元、300 元；助教授分为六级，月薪从 110 元至 50 元；讲师为非常设教席，视教学需要聘用，薪俸以课时计，视难易程度从 2—5 元不等。"[1] 1927 年 6 月，国民政府公布的《大学教员资格条例》规定："大学教员月薪：教授为 600 元—400 元，副教授 400 元—260 元，讲师 260 元—160 元，助教 160 元—100 元。同 1917 年 5 月北京政府的规定相比，大学教授最高月薪从 400 元增加到了 600 元，与大学一级校长相等，助教的最低月薪从 50 元增加到了 100 元。"[2] 这就说明，在民国教育体制内，大学教师的薪俸收入是非常可观的，不同职级之间的差别也是非常明显的，其收入也呈现出递增的趋势。大学教师在社会的诸多阶层中，无疑属于较高收入的阶层。沈从文在从事教师工作之前，对职业作家养活自己的能力也心存疑虑，为此他对大学教师的职位却非常向往："当时还少有人听说做'职业作家'，即鲁迅也得靠做事才能维持生活。记得郁达夫在北大和师大教书，有一月得三十六元薪水，还算是幸运。"[3] 这就说明，在 20 世纪 20 年代，大学教职收入 36 元，在很多人看来便有非常大的吸引力。实际上，作家单纯地依靠写作来养家糊口是非常困难的，而大学教职则基本上确保了他们衣食无忧。

民国教育体制内的大学教职，为作家从事文学创作解除了物质上的后顾之忧。但是，要进入民国教育体制内的各级学校谋得一份教职，也不是容易的事情。好在民国教育体制对大学教师身份有着明确的指认，那就是在某一方面具有专长、没有接受过系统的大学教育的普通作者，也可以进入大学从

---

① 李华兴主编：《民国教育史》，上海教育出版社 1997 年版，第 514 页。

② 李华兴主编：《民国教育史》，上海教育出版社 1997 年版，第 517 页。

③ 沈从文：《沈从文集》，花城出版社 2007 年版，第 499 页。

事教学工作。1927 年教育部颁布的《大学教员资格条例》之第十九条规定："凡于学术有特别研究而无学位者，经大学之评议会议决，可充大学助教或讲师。"① 这样较低的门槛，便为作家进入大学奠定了法理基础，为大学内部的文学传承提供了便利。没有学历的沈从文，之所以能够进入大学，正是得力于他对新文学"有特别研究"这一专长。沈从文凭借着在新文学创作方面的实绩，而不是所谓的学术研究专家，最终走上了大学讲坛。当然，根据教育部颁布的任职资格条例，厘定一个人是否对"学术有特别研究"，则取决于大学之"评议会"的"议决"。由此说来，那些掌握着大学学术权力的校长、教务长等人，便起着举足轻重的作用。实际上，像沈从文这样没有文凭的人，不仅获得一般大学的教职，而且还获得了西南联大这样优秀大学的青睐，的确是幸运的。像那些没有文凭而获得教职的人，在学校里备受排挤，也不在少数："没有大学文凭，被人歧视、排挤打击，好容易经过长期奋斗，由一个中学教师，当上了大学教授，又引起同事中的嫉妒、猜疑，甚至迫害，精神上至感不安。"② 当然，排挤也好，歧视也好，从教师任职的资格来看，民国教育体制并没有将这些没有文凭的人一棍子打死，反而向他们敞开大门，此种民主的风范还是值得称赞的。

作家进入民国教育体制内，谋得一份教职固然不易，但更为不易的是，谋得了这份教职之后，如何在大学里站稳脚跟。我们知道，教师在学校里所教授的课，应该是在民国教育体制内预设好了的课程。如果没有这门课程，那教师自然就失却了用武之地，这就需要大学所设置的课程与作家擅长的知识体系吻合起来。从这样的意义上说，像沈从文这样一些并没有多少"学问"的作家进入大学，恰好源于他们擅长新文学创作。他们的新文学创作与大学预设的国文写作课程有了对接，这才使作家型教师进入民国教育体制内的良好愿望有了转变为现实的机缘。

探究在民国教育体制内，大学开设了哪些文学课程，对我们了解和把握大学的文学教育有着极其重要的作用。显而易见，民国教育体制内的课程设置与其要培养什么样的学生紧密相关。换言之，大学的课程设置，正是大学培养目标的实现方式。中国现代文学作为一门课程，在大学里之所以能够发生和发展，严格来讲，既是大学课程自觉引导的结果，也是阴差阳错的结

---

① 教育部编：《教育法令汇编》第 1 辑，上海商务印书馆 1936 年版，第 146 页。
② 浙江日报编辑部：《学人谈治学》，浙江文艺出版社 1982 年版，第 243 页。

果，正所谓"有心栽花花不发，无心插柳柳成行"。像这种情形，我们不妨通过那个时期身处大学校园的学生的回忆得到印证："记得十二年前，清华大学中文系的一个学生曾在《清华周刊》上表示过他对于本系的失望。他说，清华中文系的教授如朱自清俞平伯闻一多诸先生都是新文学家，然而他们在课堂上只谈考据，不谈新文学。言下大有悔入中文系之慨。等到那年秋季开学的时候，照例系主任或系教授须向新生说明系的旨趣，闻一多先生坦白地对新生们说：'这里中文系是谈考据的，不是谈新文学的，你们如果不喜欢，请不要进中文系来。'我不知道闻先生近年来的主张变了没有；我呢，始终认为当时闻先生的话是对的，不过，考据二字不要看得太呆板，主要只是看重于研究工作（research works）就是了。"① 这意味着西南联大尽管名流荟萃，但就其所开设的课程来说，大都是学术性的课程，而关于新文学的课程远没有像古典文学课程那样受到推崇，这说明其影响力在大学课堂还较弱。对此情形，汪曾祺曾有过这样的回忆与阐释："我们当时的系主任罗常培先生就说过：大学是不培养作家的，作家是社会培养的。这话有道理。沈先生自己就没有上过什么大学。他教的学生后来成为作家的，也极少。但是也不是绝对不能教。沈先生的学生现在能算是作家的，也还有那么几个。问题是由什么样的人来教，用什么方法教"；"教创作主要是让学生自己'写'。沈先生把他的课叫做'习作'、'实习'很能说明问题。如果要讲，那'讲'要在'写'之后。就学生的作业，讲他的得失"。② 我们通过汪曾祺的这番阐释可以发现，在民国教育体制内，作家型教师以及他们所承担的"习作""实习"之类的文学创作课程，并不像我们想象的那样备受推崇，而是处于大学教育的边缘地带。尽管如此，新文学毕竟在大学里占据了一席之地，这也是非常了不起的事情。

　　当作家进入大学担任了国文课程的教学任务之后，如何评定其学术水准的高低，便是随之而来的新问题。具体到沈从文来说，他在大学的职称到底该怎样评定？这与民国教育体制的内在规定有着紧密的联系。其实，作家型教师身在大学内的学问固然是评定其职称的重要依据，但同样重要的还有他们所担任的课程是否被特别看重。如沈从文在大学的地位，便与他所执教的大一国文这门课程的地位有着内在的联系。沈从文固然受到了来自各方面的

①　王了一：《大学中文系和新文艺的创造》，《国文月刊》第43—44期合刊，1946年。
②　汪曾祺：《沈从文先生在西南联大》，《人民文学》1986年第5期。

挤压，但其背后所隐含的核心问题还不仅是沈从文本人的问题，而是他所承担的新文学课程的地位问题。新文学搬进大学课堂，对诸多教师业已建构起来的关于知识的价值尺度来说，是有巨大历史缝隙的。从诸多教师的学术背景来看，传统文人"厚古薄今"的价值取向可谓根深蒂固。正是在这种价值取向的作用下，刘文典才会把自己所讲授的《庄子》，看得比沈从文所讲授的"大一国文"更为神圣。事实上，不仅教师有如此的成见，而且学生也有如此的偏见。像穆旦作为新文学阵营的后来者，他所接受的本是现代教育，应该对沈从文这样的新文学作家持认同态度。但实际情况并非如此。穆旦对沈从文持有一种否定性的判定，认为西南联大让沈从文这样的人来从事大学教育，实在是不应该的。据《杨振声编年事辑初稿》一书记载，穆旦说："沈从文这样的人到联大来教书，就是杨振声这样没有眼光的人引荐来的。"① 其实，穆旦这种观点代表了不少学生的看法。这恐怕是穆旦所秉承的诗人立场与沈从文所秉承的小说家立场相冲突的缘故。具体体现在文体不同、文学追求不同、审美趣味不同等方面。这诸多的不同，使他们无法兼容在一起。这种情形，对身在大学体制内处于弱势地位的沈从文来说，自然就产生了情绪上的不平之感，由此体现在沈从文的演讲上，便是他对杂文等文体也带有贬抑的态度。② 然而，值得关注的是，这样的门户之见，恰如一种相互制衡的生态，不仅没有窒息中国现代文学在大学里的发展，反而极大地促进了中国现代文学在大学里的争鸣和发展。

三

民国教育体制确立了白话文的合法地位，这为中国现代文学健康发展奠定了坚实的基石。

1922 年，北京政府教育部颁布的白话文取代文言文的决定，便在民国教育体制内确立了白话文的合法地位。1927 年，各省又进一步明确了小学要采用白话文。如浙江大学区便限令禁止各小学采用古话文，"规定从 1928 年 2 月起，本省各小学无论初级高级，一律不得再用古话文的教科书和教材。否则应勒令该校校长将该教员立即辞退改聘。如果校长违抗命令，应该

---

① 季培刚：《杨振声编年事辑初稿》，黄河出版社 2007 年版，第 409 页。
② 关于这一问题的论述，可详见本课题关于沈从文的《短篇小说》演讲稿的阐释。

立即撤换"①。如此严厉的举措,为在全国范围内确保教科书和教材统一使用白话文,奠定了坚实的基础。1930年,国民政府教育部通令:"中小学教员一律以与国语相近之语言为教授用语,以利国语的推行。教育行政机关应设法开班,使教员有练习国语的机会,以便应用。"② 1932年1月,国民政府教育部通令:"禁止小学再用文言教科书,各小学应严格推行小学国语课程暂行标准。2月17日,国民政府通令各省市:以后编辑初中教科书,除'国文'得兼用文言语体外,其余一律用语体文编辑。"③ 白话文取代文言文的规定,直接改变了学生既有的文学心理结构,使他们的文化心理结构在奠基期的底色便是白话文,这与那些从小浸染于"四书五经"等文言文中的学生,有了根本的变化。这意味着中国现代文学的诉求从个体的诉求升华为群体的诉求之后,最终也得到了官方的接纳和推崇,借此机遇中国现代文学的地位获得了最终的确立。

在民国教育体制内确立白话文的合法地位,对中国现代文化发展的影响同样是不可估量的。学生从中小学时期便开始接受白话文,其对文言文的接纳文化心理基点便一下子从古代位移到了现代。如果没有这个变化,20世纪的学生和中国历史上的所有学生的文化心理基点一样便都是从"四书五经"开始的,相似的阅读内容决定了他们之间的文化心理结构也是相似的;但事实上,随着民国教育体制对文言文正统地位的废除,20世纪的学生所接触到的国文课程,便不再是"四书五经",而是由现代人创造出来的现代作品,因此,他们的文化心理结构便和古人接受教育的基点出现了根本性的差距。这样一来,文言文在教育传承中的链条,便开始出现某种程度的断裂。试想,文言文作为一套从历史上流传下来的书面语言,也许其诞生之初是先人所使用的口头语言,但随着语言的进化,书面的语言却逐渐地演变为一套完整的文言文语言体系,而口语则逐渐地演变为白话文语言体系,这两个体系尽管发端自同一源头,但就其流变过程而言,则已经出现深刻变异,以至于在很大的程度上不仅泾渭分明,而且难以互通。然而,作为封建统治者,从推崇儒家的文化入手,依然把承载了儒家文化意识形态的文言文当作唯一合法的语言,这就使文言文成为僵而不死的语言。尤其值得关注的是,

---

① 宋荐戈:《中华近世通史》(教育专卷),中国广播电视出版社2000年版,第370页。

② 宋荐戈:《中华近世通史》(教育专卷),中国广播电视出版社2000年版,第376页。

③ 宋荐戈:《中华近世通史》(教育专卷),中国广播电视出版社2000年版,第378—379页。

这套僵而不死的语言，还依然获得封建统治者的钟情，成为其选拔官员的唯一语言，自然也是社会底层的人跃进到上流社会的唯一通衢。而远离了这套语言系统、没有经过专门培训的普通人，则成为这套语言的局外人，其社会地位也很难保障。

白话文作为民国教育体制下所认同和推崇的法规政策，在民国教育体制下获得了存在的根基之后，任何排斥白话文的诉求，将会变得更加艰难。通过白话文培养起来的新一代学生，当他们成长为中国现代文学的主力军时，便会对那些压抑白话文的政策持有抵触和对抗的文化姿态。实际情况也是如此。1934年，南京国民政府教育部推行"尊孔读经""文言复兴"等语文政策时，便受到了那些已经接受了白话文的人的坚决抵制。1934年6月，陈望道、沈雁冰、胡愈之、叶圣陶、陈子展、乐嗣炳等人，针对国民党的"文言复兴运动"，发动了"大众语运动"。①

当然，白话文在确立了主导地位之后，随之而来的新问题，便是对于文言文及其所体载的文化如何创造性地继承和扬弃的问题。这也正是胡适等整理国故，试图通过对传统的文化资源的重新整合，获得新文化、新文学发展的内在资源所要解决的问题。胡适作为一个学者，从学理的层面上，试图通过整理国故，来获取可供中国现代文学发展的可资借鉴的资源，是无可厚非的。但是，如果把这样的学理上的问题纳入现实的层面进行考量，我们会发现，对于刚刚生成的中国现代文学形态来说，当时最为迫切的问题不是胡适的这种整理国故，而是如何巩固和发展中国现代文学。毕竟，在那种历史情形下，国故还盘踞在人们的思想和情感深处，即便是不加整理，也会依照其惯性，继续发挥着其既有的文化主导地位。

民国教育体制对中国现代文学的作用，除了以上所谈三个方面之外，还有民国教育体制确保了掌握着科学民主等现代话语权的校长、教务长占据核心位置，从严复、梁启超、康有为到林纾等人的被边缘化，整个中国文化和教育的话语权，逐渐地位移到了具有西学背景的第二代学生的手中，从蔡元培到其他大学的校长，大都是深受西学影响的现代学生，他们以其掌握的教育话语权，横扫了原来盘踞在中国教育方面的晚清遗老遗少，以打扫厅堂迎接新生的姿势完成了一个时代的过渡。与此同时，那些以中学为主的教师，则难以在大学里找到立锥之地，至于其所培育出来的学生，也就自然成了新

---

①　陈望道：《陈望道文集》第2卷，上海人民出版社1980年版，第14—15页。

文学的认同者和推崇者，为中国现代文学从边缘到中心的过渡打下了良好的基础。随着大学的改革，那些单纯地掌握着中国传统文化的教师，逐渐被具有现代意识的校长排挤了出去。像林纾便是如此，这恰是晚清以来的改良文化从核心走向边缘的真实写照。如果没有民国教育体制下培养的如此庞大的学生群体，那中国现代文学的发生、发展几乎就是无法想象的事情。尤其值得关注的是，他们中的很多人也在嗣后成长为中国现代文学的创建主体。如此说来，这种新的格局，便从文化传承、文学传承等诸维度上，奠定了中国现代文学的整体发展方向。

第二节　中国现代文学对民国教育的想象性书写①

中国现代文学和民国教育体制之间存在着密切的关系，这种关系不仅表现在民国教育体制对中国现代文学产生了极其深远的影响，而且还体现在中国现代文学对民国教育有着诸多的想象性书写。这些文学想象性书写，对民国教育有了更为真切的观照，对民国教育的健康发展有了更大的促进作用，自然也丰富了中国现代文学的表现力。因此，就中国现代文学对民国教育的想象性书写进行深入探析，不仅对我们把握民国教育有着积极的作用，而且对我们理解中国现代文学也有着不可忽视的作用。

在既有的中国现代文学史中，对中国现代文学阶段的划分是不同的。在20 世纪八九十年代的中国现代文学史中，一般是划分为三个阶段："一九一七年到一九二七年为第一个时期，这是五四新文学运动的产生和向革命文学发展时期。一九二七年到一九三七年为第二个时期，这是左翼文学运动的形成和壮大时期。一九三七年到一九四九年为第三个时期，这是抗战的民主的文学运动的勃兴和繁盛时期。"② 在此后出版的其他文学史著作中，其对阶段的划分大同小异，大都凸显了中华民国内部的权力更替对文学史演变的作用。但是，从历史发展的维度来看，权力的更替固然会对文学创作产生影响，而这种影响并不一定会立马得到呈现。况且，从文学创作的内部规律来看，一些文学作品的出版时间和其创作时间也是不对等的。这种情形在中国现代文学对民国教育的想象性书写中，体现得更为充分。因此，从文学书写

---

① 本节缩减后刊发于《山东大学学报》（哲学社会科学版）2017 年第 5 期。

② 冯光廉、朱德发等：《中国现代文学史教程》上册，山东教育出版社 1984 年版，第 6 页。

和文学作品面世的时间差来看，我把民国教育体制影响下的中国现代文学的历史发展划分为这样三个阶段：1912 年到 1928 年是第一个历史阶段；1928 年到 1937 年是第二个历史阶段；1937 年到 1949 年是第三个历史阶段。这样的划分可以使我们清晰地看到在民国教育体制影响下，中国现代文学发展的历史阶段性。

一

在第一个历史阶段，中国现代文学对民国教育的想象性书写需要关注的文学作品是很多的，但真正产生了深远影响的并不多见。其中，被文学史书写青睐的作品有鲁迅的短篇小说《怀旧》（1912 年）、《高老夫子》（1925 年）、《伤逝》（1925 年）、《孤独者》（1926 年）等；叶圣陶的短篇小说《校长》（1923 年）、《潘先生在难中》（1925 年）、《搭班子》（1926 年）、《倪焕之》（1928 年）等；茅盾的《蚀》（1928 年），冰心的短篇小说《斯人独憔悴》（1928 年），庐隐的短篇小说《两个小学生》（1921 年）、《海滨故人》（1924 年），老舍的长篇小说《老张的哲学》（1925 年）、《赵子曰》（1926 年），郑伯奇的短篇小说《最初之课》（1928 年），王统照的《遗音》（1921 年），郁达夫的《茫茫夜》（1922 年）等。

在第一个历史阶段，中国现代文学对民国教育的想象性书写，呈现出纷繁复杂的态势，其中既有对传统教育的批判性书写，又有对民国教育的肯定性书写。但不管怎样，这个时期的中国现代文学对民国教育的想象性书写，基本上呈现出认同大于否定、反思大于肯定的趋势。其实，这恰是鱼龙混杂的过渡时期必然产生的文学现象。

中国现代文学对民国教育的想象性书写，与时代的特点相吻合，也呈现出纷繁复杂的态势。新的民主共和国家的建立，并不是只通过改帜易旗就可以完成。1912 年 1 月，中华民国建立。在辛亥革命成功之后，人民对共和的认识还是非常不统一的。孙中山认为："现在人民每谓共和不如专制，不知共和之结果，须在十年以后。譬如生子虽好，返哺必在廿年以后，若产下数月，即望食报可乎。"[1] 在轰轰烈烈的革命之后，随之而来的依然是既有秩序的延续，而既有的教育也没有随着民国教育体制的确立立即得到应有的改变。这种情形在中国乡村更是如此。乡村的教育以其固有的惯性，依然故

---

① 孙中山：《对粤报记者的演说》，《孙中山全集》第 2 卷，中华书局 2011 年版，第 349 页。

我地运行着。传统的私塾教育，依然占据着乡村的核心位置。对这种新旧混杂的历史过渡时期所独有的现象，诸多文学作品中都有着清晰的呈现。如鲁迅的《怀旧》，便是通过中国乡村的私塾对辛亥革命的反映，说明了辛亥革命对乡村的影响微不足道，这种表达与民主共和等现代政体建立后应该具有的"开天辟地"的气势，自然是相去甚远。至于鲁迅后来创作的《白光》《高老夫子》《孤独者》《伤逝》等作品，其对晚清教育和民国教育的文学书写，本来应该有新旧之分，但从总体上来说，接受了民国教育的子君和涓生（《伤逝》）与接受私塾教育的陈士成等人的命运大同小异，他们的人生都以悲剧而告终。

20 世纪 20 年代，对辛亥革命的反思，随着文化启蒙的深入开始走向深入。鲁迅在 1921 年发表的小说《阿 Q 正传》中，便反思了辛亥革命的局限，指出既有的社会秩序在辛亥革命后依然故我地运行着的客观现实。这种反思，到 20 年代后期，也依然在中国现代文学的想象性书写中一再地被强化。正是在这样的时代背景下，受过新式教育熏陶的学生，便通过自己的作品，表达了对这一时期学校教育的感受和认识。北大学生汪敬熙在《新潮》上发表的有关民国教育的文学作品是《一个勤学的学生！》。汪敬熙之所以在作品的标题中加上了一个感叹号，就在于他对这样"一个勤学的学生"的讽刺。在中国传统文化的影响下，读书人总是怀揣着"朝为牧牛郎，暮登天子堂"的梦想。作品中描写的是学生丁怡在新式教育下依然如此"勤学"，他梦想着有朝一日考上高等文官，便可以妻妾成群、富贵荣华。如果我们了解该小说创作的特定时代背景，便可以发现，作者汪敬熙作为在五四新文化运动洗礼下成长起来的年轻一代，对那种把读书做官视为坦途的传统观念进行的无情讽刺，显示了他们对自我独立的社会价值的重新定位，表明了他们与传统腐朽文化的彻底决裂。至于同时期罗家伦在《新潮》上发表的小说《是爱情还是苦痛？》，则表现了个体在情感觉醒之后，对父母之命、媒妁之言的反叛，这种思想恰是接受了西方个性主义的思想，表达的是对传统婚姻的深刻反思和对现代爱情的深情向往。其实，不管是汪敬熙还是罗家伦，他们之所以能够创作出这样的现代小说，恰是源于他们置身于民国教育体制制导下的北京大学的缘故。

老舍在《老张的哲学》中，则为我们刻画了老张这样一位历史过渡时期的教师形象。老张在北京城外的小镇上开了一个小学堂，同时兼开杂货铺。在老张的思想深处，他把教育和商业融为一体，教育是为了赚钱，商业也是为了赚钱。为此，他不惜勒索学生家长。但是，就是这样的人，竟然做了南方某省的教育厅长，还娶了两个妾。老舍在作品中把这一时期新式教育中存在的乱象呈现出来，由此使《老张的哲学》成为批判和反思教育的一个范本。

在这一历史时期，中国现代文学在对民国教育中封建文化劣根性进行批判性书写的同时，又站在民主科学的基点上，对民国教育中的进步思想与意识进行了肯定性书写。其中的一些书写，具有深刻的警醒品格。可以说，这一时期对民国教育的书写，呈现出整体上的认同性书写。

在这个历史阶段，民国教育处于新旧更替的过渡时期，民国的教育制度、教育法规和教育政策也从无到有。这些重大的教育变革，自然应该在中国现代文学对民国教育的想象性书写中得到应有的呈现。在叶圣陶的长篇小说《倪焕之》中，我们便可以清晰地看到这一点。①

如果说叶圣陶作为切身体验了民国教育的教师，其在想象性书写过程中注重"实录"的文学手法，那么，在身为批评家的茅盾那里，则对民国教育有着更为思辨的把握，这一特点在他的小说《蚀》（1928 年）中有着清晰的体现。《蚀》这部小说为我们展现了民国教育体制获得确立之后，在普通学校发生的具有历史意义的事件。从新式学校走出来、具有鲜明的启蒙思想的国文教师，到学校讲授国文课程时，不屑于传统的国文教育方式，而是用他所接受的现代学校的教育方式，把白话文等新文学抬到了重要的地位。正是这样一批接受了民国教育的学生，在他们从事文学教育时，便自然会利用自己手中掌握的权力，在编写讲义时不再以文言文等传统经典为主，而是以那些"新"字排行杂志里的白话文为主。这种情形不仅体现在文学教育中，也体现在其他课程的讲授中。如历史教师走上讲台，也不再是手捧着"子曰诗云"或者《史记》，而是空手走上讲台，大讲特讲"社会的进化"和"人的发现"。这些关于"社会的进化"和"人的发现"的知识，显然已经逸出了中国传统典籍的疆域，而是通过民国教育体制制导下的大学课堂从西方现代历史学学习过来的。当老师们把自己所接受的现代知识传授给学生时，那些处于历史转折的学生，迅即回应了老师们的文化启蒙诉求。学校走出了"死水"般的沉寂，现代学校所具有的某些因子开始萌发，像成立

---

①　叶圣陶在长篇小说《倪焕之》中关于民国教育的文学想象与文学书写，详见本章的第三节。

了学生会、筹备了新剧团，酝酿着出版刊物，"一种异样的紧张的空气布满了全校了"①。这正说明，在民国教育的影响下，学校已经开始孕育社会变革的因子，老师们开始赋予教育以启蒙的文化意义。

师陀在小说《春梦》中，同样为我们塑造了一个大学毕业后到农村从事教育的教师尤楚的形象。当尤楚来到乡村成为一名教师时，他对未来充满了无限美好的憧憬。这种憧憬是接受了现代教育之后，具有了理想和激情的一代知识分子，给平凡的教师职业赋予了启蒙的使命之后，而产生的自我人生归宿感和自我认同感。文中这样写道："在他看来：人类还需要聪明，社会还需要聪明的人前去改革，他自己却又恰恰负着教人向上的责任。"② "他把他们看成一畦苗芽，他看得见他们在慢慢的生长，从他们那里他开始了解生命的意义，使他意识到自己的责任的重大。"③ 显然，尤楚的这一思想情感，恰是一个新时代到来之际教师的普遍性心理期待，即通过教育真正地引领学生不断向上，这便形象地把民国教育与传统教育在目的上的差异性表现了出来。

对民国教育的肯定性书写，除了一些作品从正面进行书写之外，有些作品还从侧面进行书写，充分肯定了在民国教育熏染下成长起来的一代学生。王统照创作于1921年的短篇小说《遗音》④，便是一部代表性作品。在小说《遗音》中，接受了民国教育的"他"，毕业后到一所女子高等小学校当教员。但是，在传统文化依然占据着统治地位的乡村，却凭空生出了许多谣言。为此，校董将"他"辞退。"他"迫于谣言和母亲的压力，也最终放弃了爱情。显然，这部短篇小说的不同凡响之处在于，它真切地反映了民国教育已经开始从都市里的大学向农村里的小学挺进，尽管在其挺进的过程中，还会出现一些反复乃至倒退，但历史的方向已经无法更改。

在第一个十年的中国现代文学时期，男性作家固然还占据着文学书写的中心位置，但是，女性作家已经不再像中国文学史的其他历史时期那样处于缺席状态。她们以自己独具女性特征的文学创作，走到了中国现代文学这个大舞台上，展现了她们在文学书写中的独特风采，为我们留下了女性视域下

---

① 茅盾：《蚀》，《茅盾全集》第2卷，人民文学出版社1984年版，第41页。
② 师陀：《师陀全集》第1卷（上册），河南大学出版社2004年版，第355页。
③ 师陀：《师陀全集》第1卷（上册），河南大学出版社2004年版，第356页。
④ 王统照：《遗音》，《小说月报》1921年3月第12卷第3期。

的重大历史观照。其中，值得关注的女性作家有冰心、庐隐、丁玲等。

民国成立后，冰心进入了学校，在此期间，她的写作能力得到了提升，这为她从事文学创作奠定了坚实的基础。早在女子师范学校预科期间，冰心的国文成绩就得到了国文老师林步瀛的赏识。五四新文化运动兴起之后，冰心开始踏上文学创作的道路，其作品多是对民国教育的想象性书写。如冰心在《两个家庭》中，便通过一个女学生的目光审视两种不同女性为各自家庭带来的幸福和烦扰；在《是谁断送了你》中，其主人公怡萱争取的是上学的权利；在《秋风秋雨愁煞人》《庄鸿的姐姐》中，其主人公也都是在学校里接受现代教育的"女学生"。即便成为大学教师后，冰心也依然对"女学生"这一角色情有独钟。显然，冰心对民国教育的想象性书写，恰是女性在民国教育中获得受教育的权利，并由此进入学校获得了真实的人生体验的自然表现。

庐隐作为"五四的产儿"，其代表作是小说《海滨故人》。它通过小说的形式，真实地折射出自己深刻的人生体验，可谓作家的"啼血"之作。庐隐的《海滨故人》为我们清晰地勾勒出一批接受了五四新文化运动洗礼的学生，从觉醒到追求、再到幻灭的痛楚的心灵历程。作品着力塑造了露莎、玲玉、莲裳、云青、宗莹等学生形象，她们带着不同的文化背景到女高师读书，这本身便带有重大的历史史实价值。从某种意义上说，女性从社会的边缘走向中心必不可少的桥梁，便是具有现代意义的学校。中华民国建立之后，女性从法律的层面上获得了读书的权利，但是，女性在"浮出历史的地表"的过程中，积淀了几千年的历史"地壳"，又是何其坚硬！这使在民国教育体制制导下的学校，又不得不分为带有森严壁垒和鸿沟的男子学校和女子学校。这种情形从 20 世纪 20 年代的北京大学开始招收女学生才得以改善，"学校"才真正地回归其真实的位置。与此相对应的是，北京女子高等师范学校因为性别壁垒的拆除，和北京师范大学合并，这意味着"女性"真正地获得了与"男性"同等的法律地位。但是，这种法律意义上的地位，也是在中华民国建立十多年之后才落到实处。由此可以看出，历史的脚步是何其蹒跚，历史的嬗变又是何其艰难！尽管如此，庐隐所塑造的这几位女性，依然为我们展现了她们作为已经觉醒了的女性，在五四新文化运动的熏染下，个性意识开始觉醒。她们反对封建礼教、追求人的解放，尤其难能可贵的是开始把"探索人生"作为己任，思考着"人生到底是什么"这样带有根本性的哲学问题。无疑，这标志着她们不但从男性占据着霸权地位的社会中走了出来，而且也从小我的人生天地中走了出来。她们的人生天地，不再像中国传统女性那样，仅仅局限于家庭这方寸之地，而是胸怀社会，渴望自己的人生价值能够具有社会性，也就是要做一个"社会的人"。她们"都是很有抱负的人，和那醉生梦死的不同"。在她们身上，我们已经看不到中国传统女性那种内敛矜持与作茧自缚。她们在五四新文化运动的洗礼下，吸纳着自由的空气，舒展了板结的身体，开始尽情地吟唱："对着白浪低吟，对着激越高歌"，这确是一幅女性觉醒后的真实影像。当然，在她们从觉醒走向社会实践的历史过程中，她们也会"不幸接二连三都卷入愁海"，但是，这里的"愁海"比那种沉寂的"死海"，不啻天壤之别。无怪乎茅盾说："我们现在读庐隐的全部著作，就仿佛再呼吸着'五四'时期的空气，我们看见一些'追求人生意义'的热情的然而空想的青年们在书中苦闷地徘徊，我们又看见一些负荷着几千年传统思想束缚的青年们在书中叫着'自我发展'，可是他们的脆弱的心灵却又动辄多所顾忌。"① 其实，庐隐之所以能够使读者"呼吸着'五四'时期的空气"，恰是因为她能够忠于自我的真实的人生感受，敢于大胆地表露自我真实的人生情感。对此，对庐隐有深度理解的苏雪林就有过这样的评说："现代有几个人不曾感觉到？经验过？但别人讳莫如深，唯恐人知，庐隐却很坦白地暴露出来，又能从世俗非笑中毅然决然找寻她苦闷的出路；这就是她的天真可爱和伟大处。"② 从这样的意义上说，人们指认"《海滨故人》是庐隐前半生的自传，露沙就是庐隐自己"③，也不是没有道理的，可谓切中肯綮之论。从这样的评价的背后，我们可以看到，庐隐的文学创作具有鲜明的时代特点，其人其文带有为历史发展存真的效能。冯沅君作为和庐隐齐名的女性作家，她的代表性的小说集是《卷葹》，鲁迅把五四新文化期间的冯沅君看作中国的"苦恼的夜莺"④。

　　中国现代文学对民国教育的想象性书写，除了冰心、庐隐和冯沅君这样具有代表性的作家之外，还有苏雪林［代表性作品为（《我自己升学的经过》）、丁玲（代表性作品为《梦珂》《莎菲女士的日记》）、凌淑华（代表性作品为《酒后》《画之寺》《春天》］等都是我们不应该忘记的女性

①　茅盾：《庐隐传》，载肖凤《庐隐评传》，中国社会出版社 2008 年版，第 228 页。

②　苏雪林：《关于庐隐的回忆》，载肖凤《庐隐》，人民文学出版社 1984 年版，第 271 页。

③　刘大杰：《黄庐隐》，载肖凤《庐隐》，人民文学出版社 1984 年版，第 263 页。

④　鲁迅：《〈中国新文学大系·小说二集〉导言》，上海文艺出版社 1981 年版，第 7 页。

作家。

二

在第二个历史阶段，中国现代文学对民国教育的想象性书写，开始呈现出多样化的态势。这个时期产生了较大影响的作品有柔石的中篇小说《二月》、老舍的小说《大悲寺外》、巴金的长篇小说《家》、沈从文的短篇小说《八骏图》、萧乾的长篇小说《梦之谷》、张恨水的长篇小说《啼笑因缘》等。

柔石的小说《二月》（1929 年），可谓反映民国中学教育的优秀小说，其塑造的萧涧秋这一形象，既有现代学生所拥有的改造社会的抱负，又有传统文人的多情善感的优柔气质，二者的有机结合形象地展现了民国时期中学教师真实的生存状态和情感状态，具有存史的独到艺术价值。大革命失败后，精神苦闷而又有所追求的萧涧秋从城市来到乡村，投入芙蓉镇的中学教育中，犹如"寻梦者"一般，在孩子们中间重新找寻人生的价值和意义。因此，他来到芙蓉镇的这所中学后，立志教育改革，把孩子视为"人类纯洁而天真的花"[1]。但是，他"极想有为，怀着热爱，而有所顾惜，过于矜持"[2]；因此，当遇到现实矛盾时，尤其是在面对情感的纠葛，也就是对文嫂的同情与对陶岚的爱情时，面对学校和乡村的流言蜚语，他最终只能选择了逃离。柔石这种带有无限伤感韵味的书写，为我们展现了 20 世纪 20 年代社会发生巨变的特定历史时期，从民国教育体制中走出来的学生在改造社会的历史过程中存在的理想和现实之间的巨大落差。它犹如一道难以跨越的鸿沟，对实现教育改造社会的理想构成了严峻的挑战，甚至还会使教育的理想之花凋零在春暖乍寒的"二月"里。从这样的意义上说，柔石在《二月》这篇小说中所表现出来的主题，是整个中国社会在相当长的历史时期里无法绕开的难题，这也正是这部关于民国教育的想象性书写之作，之所以直到今天依然焕发着艺术魅力的原因所在。

如果说柔石的小说创作根植于中国社会现实大地，具有浓郁的中国传统气派与现代韵味，那么，从英国讲学归来的老舍，则以其所接受的西方现代

---

① 柔石：《二月》，中国青年出版社 2004 年版，第 8 页。

② 鲁迅：《柔石作〈二月〉小引》，《鲁迅全集》第 4 卷，人民文学出版社 1981 年版，第
149 页。

文化、基督教文化和中国传统文化，创作出了既有中国传统底蕴，更有西方文化韵味的现代小说，这便是他的小说《大悲寺外》。这部小说是老舍从伦敦、新加坡回到中国后，在济南写就的。源于报社催稿，老舍认为这部短篇小说是尚未经过细细推敲的随意之作。其实，正是没有细细推敲，才使这篇小说显示了老舍本真的精神，表现了中国传统文化与西方现代文化、基督教文化相遇时的真实反应情形，反而使其具有了值得研读的价值和意义。这部小说以北方某城一座普通的师范学校为场景，通过 20 世纪 20 年代初惯常出现的"学潮"，凸显了人物形象丰富的文化底蕴。其中，既有人与人的矛盾冲突，又有人与鬼的冲突，它融汇了中国小说的志怪传统，又糅合了西方的基督教神灵的精髓，是一部亦中亦西的独特小说。这篇小说塑造了两个主要人物形象，一个是学监黄先生，另一个是学生丁庚。黄先生在师范学校里担任学监，办任何事都是既讲原则，更讲人情："凡关乎人情的，以人情的办法办；凡关乎校规的，校规是校规。"① 但是，就是这样一个富有菩萨心肠和基督情怀的学监，最后却被他所关爱的学生打成重伤，以至于最终身亡。在死前，他对学生们说："无论是谁打我来着，我决不，决不计较！"② 而获得了赦免的学生丁庚，并没有因为老师的"决不计较"而释然，相反，他倒是陷入终身难以自拔的痛苦深渊之中。为此，他最终出了家，住在黄先生墓旁，继续着人与鬼的对话。这篇小说，看似老舍的"随意之作"，其实，这恰是深潜于老舍内心深处的诸多文化传统融汇的自然之果。其一，这篇小说对五四新文化运动以来的学生运动，给予了文学上的某种"拨乱反正"，也就是在这篇小说中，"学潮"已经不再具有五四新文化运动时期那种天然的合法性合理性，而是值得反思的运动，在 30 年代社会矛盾依然对峙的大背景下，老舍的这种指认是有目的的，那就是"学潮"并不必然地带来民国教育的发展和繁荣，而可能会带来某种毁灭性的灾难。其二，这篇小说针对当时尖锐的阶级对峙提出了一条中间路线的解决方案，那就是通过基督教的宽恕，使离经叛道者"幡然醒悟"，真正地做到"回头是岸"，这就把复杂的社会问题文化化了，其结局只能是一种乌托邦的文学想象而已。其三，这篇小说反映了老舍思想的复杂斑驳的特点。老舍作为旗人，在辛亥革命中，从社会的中心被赶到了边缘，这不可能不带来某种失落的情愫，所以，

---

① 老舍：《大悲寺外》，《老舍全集》（第 7 卷），人民出版社 2013 年版，第 30 页。
② 老舍：《大悲寺外》，《老舍全集》（第 7 卷），人民出版社 2013 年版，第 38 页。

"决不计较"似乎正代表了被赶出社会中心的贵族一代的某种复杂心理。与此相对应，老舍作为深受基督教影响的学生，对基督所宣扬的宽恕精神有着某种认同，而儒家文化所讲究的中庸之道也含有宽恕的之意，所有东西融汇起来便外化为老舍的这篇率真之作。由此说来，老舍的这篇小说可谓是对民国教育的想象性书写中最为复杂的小说之一。

老舍在到英国留学之前，便已经接触到基督教，这对他接受西方现代文化，提供了某种便利。而巴金则不然，他到法国留学之前，并没有想到要创作小说，也没有想到通过小说创作来安身立命。但是，郁积于内心的情愫，在不吐不快的时候，巴金毅然拿起了笔，开始向他的哥哥倾诉内心的苦闷，这便造就了他的长篇小说《灭亡》。如果说长篇小说《灭亡》缺少小说意识的话，那么，到了20世纪30年代，巴金在创作长篇小说《家》时，情形却大不一样了，这是巴金在接受了系统的民国教育之后，在较为自觉状态下完成的一部长篇小说。严格来讲，其重点并不在于对民国教育进行想象性书写，正如其书名《家》所表示的，其重点是表现"家"。但是，这部小说在某些章节对民国教育还是有着较为详细的书写。巴金就如何创作小说《家》曾说过："我要写这种家庭怎样必然地走上崩溃的路，走到它自己亲手掘成的墓穴。我要写包含在那里面的倾轧、斗争和悲剧。我要写一些可爱的年轻的生命怎样在那里面受苦、挣扎而终于不免灭亡。我最后还要写一个旧礼教的叛徒，一个幼稚然而大胆的叛徒。我要把希望寄托在他的身上，要他给我们带来一点新鲜空气，在那个旧家庭里面我们是闷得透不过气来了。"① 小说塑造的主人公觉慧正是这样一个"幼稚而大胆的叛徒"。而觉慧之所以成长为旧文化的"叛徒"，又与他所接受的民国教育分不开。在学校里，五四新文化运动的思潮通过学生、期刊等诸多方式传播到了偏远的中等学校，由此引发了层层涟漪。作为居于偏远地区的学校，他们自主创办了刊物，然后再把北京大学的《新青年》等杂志上的文章，通过转播的形式，进行二次的扩放和传播，使五四新文化运动从社会的中心向社会的边缘扩散。对此情形，巴金在小说《家》中是这样展现的："新的刊物又出版了三种。觉民弟兄的几个同学也创刊了一种《黎明周报》，刊载新文化运动的消息，介绍新的思想，批评和攻击不合理的旧制度和旧思想。觉慧热心地参加

---

① 巴金：《关于〈家〉（十版代序）》，《巴金全集》第 1 卷，人民文学出版社 1986 年版，第 443—444 页。

了周报的工作，他经常在周报上发表文章。自然这些文章的材料和论点大半是从上海、北京等处的新杂志上找来的，因为他对于新思想还没有作深刻的研究，对于社会情况他也没有作精细的观察。他所有的只是一些生活经验，一些从书本上得来的知识和青年的热情。"① 这说明，五四新文化运动由北京扩散到全国各地的方式便是"上海、北京等处的新杂志"。这些新杂志犹如火种，点燃了偏远地区的"干柴"。同时，他们所出版的刊物又不是简单地照搬上海、北京等处的新杂志上的文章，而是在青年学生的吸收和转化之后，用"书本上得来的知识"融汇了自己身为"青年的热情"而写就的文章。这样的文章，自然就更契合中等学校的实际，为五四新文化运动轰轰烈烈的发展奠定了坚实的基础。

在五四新文化思想的激荡下，学生在课堂上已经无法安心聆听国文老师讲解《师说》之类的古文了，相反，他们那蒙昧的心灵，在自由地舒展之后，已经萌发出嫩嫩的幼芽。巴金在《家》这部小说中便为我们展现了这一特殊景观："在课堂里许倩如和琴同坐在一张小书桌后面。一个将近五十岁的戴了老光眼镜的国文教员捧着一本《古文观止》在讲台上面讲解韩愈的《师说》。学生们也很用心地工作。"但是，"学生们也很用心地工作"是指什么呢？显然，他们用心地工作已经不再是国文课堂上的诵读《古文观止》了，而是另一番新的工作："有的摊开小说在看，有的拿了英文课本小声在读，有的在编织东西，有的在跟同伴咬耳朵谈心。"② 这样的景观，说明了民国教育新旧混合的复杂情形：作为深受私塾排斥的小说已经进入了课堂，英文已经成为学生们自觉掌握的语言，即便是编织东西、谈心等看似毫无意义的工作也已经超越了古文。这正是新旧时代更替时期独有的教育景观。

在民国教育体制的制导下，如果说学校所设立的国文课《古文观止》无法深受学生服膺的话，那么与此相反，英国教员和法国教员所讲授的外语课则填补了这一空缺，成为学生欢迎的课程："课堂里响着英国教员朱孔阳的声音，他正读着《复活》里的句子。觉慧跟别的同学一样也注意地在听讲，他准备着回答教员的随时的发问。"③ 如果我们把国文课堂上讲解《师

---

① 巴金：《家》，《巴金全集》第 1 卷，人民文学出版社 1986 年版，第 231 页。

② 巴金：《家》，《巴金全集》第 1 卷，人民文学出版社 1986 年版，第 242 页。

③ 巴金：《家》，《巴金全集》第 1 卷，人民文学出版社 1986 年版，第 267 页。

说》的情形进行对比便会发现，英国教员的课堂不再是死气沉沉的，而是充满了活力乃至挑战，这恰是新文化运动得到扩放的又一重要途径。青年学生在这样的讲堂上，由此开始萌发出新的思想和情愫，以至于当他们遇到人生的难题时，他们所汲取的已经不再是中国传统文化资源，而是西方现代的文化资源："他（觉慧——引者注）走过觉新的窗下，看见明亮的灯光，听见温和的人声，他觉得好象是从另一个世界里逃回来了一样。他忽然记起了前几天法国教员邓孟德在讲堂上说的话：'法国青年在你们这样的年纪是不懂得悲哀的。'然而他，一个中国青年，在这样轻的年纪就已经被悲哀压倒了。"① 当觉慧回到"家"之后，他所感受到的是"从另一个世界里逃回来了一样"，由此产生无限"悲哀"的感觉。这正是觉慧要离家出走、到异地寻找别样的朋友们的根本动因，也是他把束缚个性自由发展的家当作"狭小的笼"和"埋葬青年理想和幸福的坟墓"的内在缘由。所以，离开这个"家"便成为觉慧追求个性解放的第一步，而民国教育则为觉醒的青年学生离开"家"提供了无限的空间。这正如小说中的黄存仁所说："觉慧，你何必说这些话！你的家庭环境是那样，能够早脱离一天好一天。你到下面去，在学识和见闻两方面，都会有很大的进步。"② 这表明，不管是觉慧，还是觉慧的同学黄存仁，都把"家"视为个性发展的桎梏，而外面的世界则"开通些"，志同道合的"新朋友"自然也会多起来，工作也会"更有意义"。这样的思想，正反映出深受五四新文化运动影响而鼓荡起人生风帆的青年学生，借助民国教育体制内的学校这一平台，完成了对于传统文化的反叛和对于现代生活的归依。

如果说巴金是深受五四新文化运动的洗礼而走上了文学创作道路的话，那么，沈从文则是从自我人生的乡村体验出发，在走进城市后才逐渐完成对新文化的归依。这种独特的人生道路，必然会使沈从文在小说创作中表现出"乡下人"对现代文化的"另类"审视特点。沈从文创作的《八骏图》（1935 年）便是具有代表性的小说。这部小说是沈从文在国立青岛大学任教期间创作的小说，在其创作中渗透了作者的大学体验。这部小说通过一个知识分子到外校讲学的所见所闻，完成了对大学的文学课程以及栖身于大学校园的八位教授的生存状态的书写。在既有的小说解读中，其主旨常常被视为

①　巴金：《家》，《巴金全集》第 1 卷，人民文学出版社 1986 年版，第 305—306。
②　巴金：《家》，《巴金全集》第 1 卷，人民文学出版社 1986 年版，第 414 页。

对"八位教授"的讽刺，尚未有人把这部小说置于民国教育的视点进行深入阐释，因而忽略了该部小说之于民国教育的文学书写的价值和意义。首先，沈从文通过对 20 世纪 30 年代的大学课程及其大学学术讲演的展现，把30 年代文学教育的原生态较好地呈现给了读者。在 30 年代的文学教育中，新文学从京城向外省传播时，大学有着相对多的自主权，这使教师的流动有了更大的自由空间。"我"之所以到青岛的这所大学讲演，便是如此。在"我"的"十二个讲演"中，其中"有八个讲演"是"我在北京学校教过的那些东西"："我已经过教务处把我那十二个讲演时间排定了。所有时间皆在上午十点前。有八个讲演，讨论的问题，全是我在北京学校教过的那些东西，我不用预备就可以把它讲得很好。"至于所讲演的内容，则包括了"现代中国文学"，这表明该内容已经在大学所排定的讲演中占据了重要位置。尤其值得注意的是，这些内容已经获得了学生们的积极回应："另外我还担任四点钟现代中国文学，两点钟讨论几个现代中国小说家所代表的倾向。你想象得出，这些问题我上堂同他们讨论时，一定能够引起他们的兴味。"① 这样的"想象"，恰是现代中国文学以及现代中国小说家走进学生们心中的真实写照。其次，沈从文在小说中还书写了大学这一公共领域之中的专家之间的冲突和融会的校园生态。大学作为民国教育体制制约下的公共领域，不仅设置了不同的院系，而且还把具有不同学术背景的专家也集纳到了大学这个公共领域中。他们之间必然会带着自己业已形成的有色眼镜，来审视另外的学科以及另外的专家，由此使专家之间不可避免地产生冲突和融会。像"我"这样一个"不到三十岁的小说作家"，在那些老成的"古典派"眼里，便是"浪漫派"："我很觉得高兴，到这里认识了这些人，从这些专家方面，学了许多应学的东西。这些专家年龄有的已经五十四岁，有的还只三十左右。正仿佛他们一生所有的只是专门知识，这些知识有的同'历史'或'公式'不能分开，因此为人显得很庄严，很老成。但这就同人性有点冲突，有点不大自然。一个不到三十岁的小说作家，年龄同事业，从这些专家看来，大约应当属于'浪漫派'。正因为他们是'古典派'，所以对我这个'浪漫派'发生了兴味，发生了友谊。"② 然而，大学的魅力在于，"古典派"和"浪漫派"不仅没有势不两立，反而在"冲突"中共生共长。

---

① 《沈从文全集》第 8 卷，北岳文艺出版社 2002 年版，第 200 页。
② 《沈从文全集》第 8 卷，北岳文艺出版社 2002 年版，第 206 页。

再次，沈从文还通过粗线条的笔墨，把 20 世纪 30 年代大学教授的原初情感状态表现了出来。无可讳言，那些 20 世纪 30 年代的大学教授，尽管接受了西方现代科学的熏染，但是，他们的情感状态依然深深地打上传统的底色，与此相关联，他们的情感也呈现出新旧杂陈的状态。而 20 世纪 30 年代那些教授们的独居生活，又为他们的情感自由成长提供了无限的可能。正如沈从文所书写的那样："这些人虽富于学识，却不曾享受过什么人生。便是一种心灵上的欲望，也被抑制着，堵塞着。我从这儿得到一点珍贵知识，原来十多年大家叫喊着'恋爱自由'这个名词，这些过渡人物所受的刺激，以及在这种刺激之下，藏了多少悲剧，这悲剧又如何普遍存在。"① 然而，沈从文这种"写实笔法"，却引起了"对号入座"的教授们的不满，以至于由此导致这部小说备受非议。最后，沈从文还为我们提供了接受大学教育的女性进入社会后的情感的、社会的生存状态。他在《八骏图》中，就描写了一个"或毕业于北平故都的国立大学，所学的是历史，对诗词具有兴味"的女子的生存状态："从×大学历史系毕业后，就来到××女子中学教书，每星期约教十八点钟课，收入约一百元左右。在学校中很受同事与学生敬爱。"② 这里的"女子中学"教职以及由该教职而来的"一百元左右"的收入，说明了女性已经得到社会的认可，获得了与男性对等的社会职业，由此使"同事与学生敬爱"有加。所有这一切，恰是民国教育所倡导的男女平等等观念已经深入人心的结果。

在这一时期的民国教育想象性书写中，萧乾的长篇小说《梦之谷》是不能不提及的一部小说。这部长篇小说的创作始于 1937 年春，萧乾 1938 年才完成了整部小说的创作。这部小说可谓跨越了 1937 年全面抗战前后，但考虑到该小说在 1937 年春便已经动手写作，整部小说的基本结构理应是胸有成竹的，再加上这部小说是以 1928 年冬天为背景展开其文学叙事，具有某种自传的特点，所以，在此便将其作为第二个历史时期的殿后之作。1928 年，正是大革命失败之后，国民党对共产党采取了高压杀戮的政策，一大批共产党人被杀害，萧乾则因闹学潮的罪名给崇实赶了出来，又听到了自己上了市党部的黑名单，被迫南下，在汕头落了脚，谋得一份国语教员的职位，也就是"在美丽的角石——面对大海的半山坡上一家学堂里，找到一个凭

---

① 《沈从文全集》第 8 卷，北岳文艺出版社 2002 年版，第 206 页。
② 《沈从文全集》第 8 卷，北岳文艺出版社 2002 年版，第 219 页。

喉咙换饭吃的职业"①。"我"在这所中学里教语文课时，萧乾为了能够推广统一言语，组织话剧团排演，印刷说教的讲义，"我举出我所有的实例，彩蛋店的误会，新朋友和我的隔膜，说明方言的该铲除，为了文化，为了民族，也为了每一个人。如果这古老民族还想存在下去，一个标准的统一的言语是一条不须选择的正路。"② 在其带有自传体的《梦之谷》这部长篇小说中，萧乾把"我"对国语的认识提升到了关乎国家的统一和民族的生存这样的高度，这样的认知。在日本侵略面前，越发显得重要，这不禁使人想到早期五四新文学运动时期人们翻译的都德的小说《最后的一课》中的情景。所以，萧乾在此凸显了国语的重要性：一方面，我们可以将其看作国语运动发展到一定阶段的产物；另一方面，我们也可以把它看作古老民族还想存在下去的需要。正是在这种情形下，东方的萧乾便和西方的都德有了心有灵犀的机缘。当然，萧乾在这部长篇小说中除了对学校的教育有着直接的书写之外，还融汇了其觉醒后的自我的情感体验："就在那里，我第一次尝到恋爱的滋味——或者不如说苦味，懂得了在现实生活里，两人相爱并不就能成为眷属。……是初恋，也是脆弱心灵上一次沉重的打击。"③ 这样的切肤之感，自然也在《梦之谷》这部小说中得到了真实的折射。

在这一历史阶段，中国现代文学对民国教育的想象性书写，如果说在五四新文学作家或者那些接受过五四新文学熏染的学生中成长起来的作家那里，得到了全面的继承和发展，还在情理之中的话，那么一些并不是深受新文学影响的通俗文学作家，也在其文学创作中表现出对民国教育的想象性书写，便有其更加特殊的意义。它意味着中国现代文学中的通俗文学也跻身其中，成为不可忽视的一翼。其中，最值得一提的是张恨水的章回小说《啼笑因缘》。

张恨水的章回小说具有较为广泛的读者群，不仅妇孺咸宜，而且接受了民国教育的青年也甚是喜欢。对此，当时的青年就曾提出这样的疑问："为什么这些害人的旧小说还可以风行一时？为什么偏有许多人会入他们的迷途

① 萧乾：《未带地图的旅人》，《萧乾选集》（第3卷），四川人民出版社1984年版，第356—357页。

② 萧乾：《皈依》，京华出版社2005年版，第215页。

③ 萧乾：《未带地图的旅人》，《萧乾选集》（第3卷），四川人民出版社1984年版，第357页。

呢？譬如《啼笑因缘》，在目前出版界，依然是一部销行最广的小说。"① 针对这样的疑问，时人夏征农曾经这样回答道："《啼笑因缘》所摄取的，虽然是些浮雕，但这样融合'上下古今'千余年的不同的生活样式于一处，正是它能迎合一般游离市民层的脾胃地方。"② 当然，夏征农也意识到了《啼笑因缘》之所以获得读者的喜爱，并非一无是处："《啼笑因缘》中所表演的思想，无疑地是充分带有近代有产者的基调的。"③ 其实，张恨水的《啼笑因缘》之所以能够吸引青年阅读，最为关键的一点是其小说与民国教育获得了有效的对接。其中最典型的主人公是樊家树。樊家树是接受了大学教育的学生，这使他无疑具有某些现代的品格。如樊家树的贞操观便和传统观念截然不同："在从前，女子失身于人，无论是愿意，或者是被强迫的，就像一块白布染黑了一样，不能再算白布；可是现在的年头儿，不是那样说，只要丈夫真爱他的妻子，妻子真爱她的丈夫，身体上受了一点侮辱，却与彼此的爱情，一点没有关系。"④ 显然，樊家树之所以具有这种现代意义上的贞操观，与其所接受的民国教育有着内在的联系。

在《啼笑因缘》中，张恨水不仅塑造了樊家树这样的大学生形象，而且还注重对民国时期大学风貌的展现，这样的背景设置意味着大学在通俗文学中已经取得了合法性的地位。张恨水借助樊家树之口，对北京的大学有过这样的书写："'北京的大学，实在是不少，你若是专看他们的章程，没有哪个不是说得井井有条的。而且考起学生来，应有的功课，也都考上一考。其实考取之后，学校里的功课，比考试时候的程度，要矮上许多倍。"⑤ 在这里，我们既可以看到民国时期大学入学考试的紧张情形，也可以看到大学相对宽松的文化环境，还可以看到大学较高的自主办学权力。这样一来，就把民国教育体制制导下大学的那种鱼龙混杂的情形展现给了读者。

通俗文学所表现出来的审美倾向往往代表一个时代的大众的审美倾向。张恨水的《啼笑因缘》同样为我们展现了学生在社会中的姣好影像。当樊家树看到身为艺人的沈凤喜穿上了学生服装时，其产生的印象竟然是"一

① 魏绍昌编：《鸳鸯蝴蝶派研究资料》（上卷），上海文艺出版社 1984 年版，第 90 页。
② 魏绍昌编：《鸳鸯蝴蝶派研究资料》（上卷），上海文艺出版社 1984 年版，第 92 页。
③ 魏绍昌编：《鸳鸯蝴蝶派研究资料》（上卷），上海文艺出版社 1984 年版，第 93 页。
④ 张恨水：《啼笑因缘》，人民文学出版社 2009 年版，第 230 页。
⑤ 张恨水：《啼笑因缘》，北京出版社 1981 年版，第 37—38 页。

种处女的美感"：沈凤喜"今天换了一件蓝竹布衫，束着黑布短裙，下面露出两条着白袜子的圆腿来，头上也改挽了双圆髻，光脖子上，露出一排稀稀的长毫毛。这是未开脸的女子的一种表示。然而在这种素女的装束上，最能给予人一种处女的美感。"① 这样的美感，从某种意义上显示了民国时期进入女校的女性，不仅没有受到社会的排斥，相反，还会产生出许多的"处女的美感"。我们如果把这一美感与五四新文化运动以来的女性个性解放联系起来审视，便会发现，在大众文化的期待视野下，接受了民国教育熏陶的女性，更应该保持着自身的纯洁性，而那种动辄便会大胆出走的现代女学生，则被摒弃于"处女的美感"之外。张恨水这种带有矛盾心理的想象性书写，恰好表明，潜伏于作家内心深处的男性隐秘的贞操观与其口头宣称的贞操观，还是存在着无法弥合的缝隙。

值得指出的是，在第二个历史阶段，中国现代文学对民国教育的想象性书写，其中最大的一个变化便是在五四新文学影响下成长起来的女性作家大都逐渐地淡出文学舞台，这也就构成了中国现代文学中极其重要的一个现象，那就是女性作家文学创作出现中断的现象。对于这一文学现象，鲁迅早在编选《中国新文学大系》小说二集时便已有所察觉，并在评说冯沅君时指出这一点，认为像她这样的"苦恼的夜莺"，竟然在嗣后疏离了文学创作，以至于到了 20 世纪 30 年代竟然"沉默在幸福里了"②，对此表示深深的遗憾。其实，像冯沅君这样的女性作家，从 20 世纪 20 年代的声名显赫到 30 年代的沉默寡言，恰是真正觉醒的第一代现代女性所面临的普遍困扰。这既与她们远离了激活其文学创新潜力的校园有着关系，又与她们结婚生子后的现实社会角色的转换有着关系。

三

在第三个历史阶段，中国现代文学对民国教育的想象性书写，从多样化向着历史的深度挺进。如果说在第一、第二个历史阶段，中国现代文学对民国教育的想象性书写，注重了平面化、多样化的民国教育图景的话，那么，到了第三个历史阶段，中国现代文学对民国教育的想象性书写则开始向着深层掘进。其显著的特点便是从对民国教育的认同乃至推崇，开始向对民国教

---

① 张恨水：《啼笑因缘》，北京出版社 1981 年版，第 45 页。
② 鲁迅：《〈中国新新文学大系·小说二集〉导言》，上海文艺出版社 1981 年版，第 7 页。

育的深刻反思乃至讽喻转换。民国教育经过了 20 多年的历练，已经无须像前期那样，为其存在的合法性和合理性争得名分了；这就使许多作家对民国教育及其民国教育体制开始了反思性书写。其具体表现就是开始注重使用讽喻的笔法，对民国教育中存在的问题进行讽喻性的批判，这标志着有关民国教育的文学想象进入了一个新的历史时期。其中，具有代表性的作品有郑先文的小说《大姐》（1944 年），李广田的小说《引力》（1945 年），王西彦的长篇小说《神的失落》（1945 年），钱锺书的《围城》（1946 年），巴金的中篇小说《寒夜》（1947 年）等。

　　1937 年，全面抗战的烽火开始点燃，中华民族处于生死存亡的关键时刻。在这关乎民族生死存亡的历史关头，民国教育处于极其艰难的条件下。国民政府主导下的教育部，把民国教育体制内的大学，从华北、华东和华南等交战区，或者迁移到大西北，或者迁移到大西南，分别成立了西南联合大学、西北联合大学等，确保民国教育在战时依然按照既有的教育秩序运行。这无疑是具有历史眼光的举措。在此期间，民国教育体制内的各个学校出现了许多可歌可泣的教育壮举。但是，这种教育壮举并没有在中国现代文学对民国教育的想象性书写中得到全面的呈现，相反，在对民国教育进行深刻反思的基础上，追溯中国教育之不足、以图奋发自强的思想却开始显露出来，这就使中国现代文学对民国教育进行反思性的想象性书写得到了较为深入的表现。正是在这种多元共存的特殊历史阶段，中国现代文学对民国教育的想象性书写，便不再是千篇一律的肯定性书写，而是一种反思性书写，借用王西彦的命名是"神的失落"。

　　在民国教育的发展历程中，如何实现教育的大众化，一直是一些教育家情思的纠结所在。为此，一些教育家纷纷从都市走向农村，开始了艰难的教育普及化与大众化实践。也许，正是基于这一实践，才使中国现代文学的想象性书写获得拓展的机缘。郑先文创作的小说《大姐》，便可以看作一个典型个案。

　　《大姐》是在中国现代文学史上被长期湮没的一部小说。其实，我们如果从对民国教育的想象性建构来看，这部小说所塑造的女性，恰是民国教育在另一个维度上结出的丰硕果实，那就是与精英教育相向而行、分布在城市和农村等各地的业余学校培养的学生，这些业余学校在传播新文化方面，同样起到了极其重要的作用。郑先文创作的小说《大姐》，就形象地反映了这一重要历史发展的情形。在业余学校中，担任教师角色的恰是接受过精英教育的学生，他们把从大学那里所接受的现代思想，通过业余学校的平台，传播到社会的底层，由此成为现代知识分子把启蒙思想自觉地延伸到社会底层的代表。这部小说不是从一般意义上来叙述知识分子和农工的结合，而是具体来写知识分子和农工中的女性结合。恩格斯在《社会主义从空想到科学的发展》中充分肯定了傅立叶提出的观点："妇女解放的程度是衡量普遍解放的天然标准。"① 女性从家庭走向工厂，这本身就是女性社会解放的重要一环，而女性从社会解放再次走到自我解放，则是又一重要环节。促成这个环节得以延续下去的，恰是学校教育，即业余学校的诞生。在业余学校这样的平台上，女性开始走上个性觉醒的道路。工厂的"大姐"在妇女夜校里读了四个月的书，便接受了男女平等的现代观念。固然，他们从观念上意识到男女平等到最终争取男女平等，还有许多的路要走，但从某种意义上说，男女平等意识的觉醒，会为他们的行动提供理论上的支持。这样的男女平等意识，从中国几千年历史的维度上加以审视，我们便会发现，四个月的学校学习，跨越了几千年的鸿沟。这一觉醒的获得，显然来自接受了现代教育的学生。他们这样的层层传承，意味着作家赋予了学校改造社会的宏伟使命。当然，郑先文所创作的这部小说，其价值并不在于这部小说本身有什么过人之处，而在于它形象地展现了中国社会 20 世纪 40 年代的知识分子，已经走出了五四新文化运动期间仅仅停留在象牙塔里的启蒙，而且把这种启蒙播散到了田间工厂，这恰是对五四新文化运动的拓展和深化。

如果我们把郑先文的这部小说和社会现实联系起来加以考察，便会发现，郑先文的小说恰是对 20 世纪 30 年代梁漱溟、陶行知等社会教育探索的文学想象和文学回应。这种文学想象和文学回应，一扫五四新文化运动时期的那种"小资产阶级"知识分子的忧伤情调，以一种粗粝的情感和肯定的态度，对"大姐"这样的社会底层女性的自我解放道路表示认同。这种情感从某种意义上恰好回应了 40 年代解放区小说的女性解放主题，意味着一种更为深广的社会变革时代，正从中心向四周扩散，一个新的时代正在到来。

民国教育体制获得确立后，接受了现代教育熏染的知识分子，甘愿牺牲自我，延续他们所归依的文化启蒙薪火。但是，他们的理想能否实现，并不完全取决于他们自己，还取决于他们所身处的社会，在某些情况下，他们美

---

① 《马克思恩格斯选集》（第 3 卷），人民出版社 2012 年版，第 784 页。

好的愿望会遭遇冬季里的寒冷。这种文学想象，在王西彦创作的小说《神的失落》中有着清晰的呈现。从王西彦小说对题目的命名来看，所谓"神"的失落，恰好是作为启蒙者的教师马立刚的启蒙理想失落的真实写照。马立刚怀揣启蒙的理想和激情，来到一个小山城的中学从事教育，"觉得我自己肩膀上压着整个民族国家的命运"[1]。正是带着这种历史的使命感，他希望学生"能够进步，能够有成就，能够替受辱的民族和多难的国家做一番事业"[2]。马立刚在此强调的是对学生的"改造"，这和他在大学所接受的教育理念是一脉相承的。

在王西彦的小说《神的失落》中，经过主人公马立刚的精心导引，他所教育的学生开始逐渐地认同乃至推崇他所播撒的现代文化理念，甚至还把他视为"灯塔""绿洲""春天"。然而，这样的"灯塔""绿洲""春天"，却还没有经过秋风寒冬的洗礼，以至于当这温室里成长起来的幼苗遇到秋风寒冬时，便又会缩了回去。这表明文化启蒙是一个极其漫长的过程，不可能一蹴而就，更难以避免"倒春寒式"的反复。因此，当马立刚要改造学校，并发动针对外籍教师的学潮时，他并没有成为一个"振臂一呼应者云集"的英雄。相反，这个要改造学校的启蒙者，不但没有完成自己的启蒙理想，反而带着新的精神伤痕，被迫离开了这个学校。在离开自己的学生时，马立刚说："我掏出一颗赤心和你们共同相处，把我心里的话无保留地对你们说，目的只有一个：希望你们能够进步，能够有成就，能够替受辱的民族和多难的国家做一番事业。"[3] 其实，即便他得到学生的响应，也不见得就会将外籍教师驱逐出去。毕竟，外籍教师之所以能够进入学校，本身并不仅取决于学校的意志，而且他们已被纳入民国教育体制之内。作为外籍教师，他们在民国的学校中从事教育，既有其积极的一面，也有其有待于调整的一面。这就是说，在学校这个有机体中，中国的教师和外籍教师之间的矛盾，除了某些民族之间的矛盾之外，还涉及文化的融会和包容的问题。如果我们用自己已有的文化理念去排斥外籍教师的所作所为，也可能与我们的愿望背道而驰。由此观之，王西彦在这部小说中，把中国教师和外籍教师、把身为启蒙者的现代知识分子和民国教育体制之间的诸多矛盾，形象地呈现出来，

---

① 王西彦：《神的失落》，江苏人民出版社 1983 年版，第 71 页。

② 王西彦：《神的失落》，江苏人民出版社 1983 年版，第 64 页。

③ 王西彦：《神的失落》，江苏人民出版社 1983 年版，第 64 页。

这甚至成为 20 世纪中国知识分子精神的某种寓言，其文学史价值显然是多方面的。

在这一时期，中国现代文学关于民国教育的想象性书写，值得我们关注的是，它不仅是单纯地着眼于对民国教育体制的反思，而且还把重点落足于对民国教育体制以及西方现代教育的双重反思上。这种双重反思的结果，便是在其想象性的文学书写中，实现了从文化认同到文化讽喻的转变。

早在中华民国建立之初，鲁迅就在有关文章中对留学生进行过讽喻。在鲁迅为我们展现的留学生图景中，固然有一批"我以我血荐轩辕"的仁人志士，但在他的作品中并没有正面表现出这样的文化英雄；相反，倒是一些背离了文化启蒙使命，一味地沉迷于享乐主义泥沼中的留学生，成为呈现在鲁迅脑海深处的主要影像。这种深刻的印象，到了鲁迅创作《藤野先生》时还从其心底泛出，他用他那冷峻的文字作了如下的纪实性书写："傍晚，有一间的地板便常不免要咚咚咚地响得震天，兼以满房烟尘斗乱；问问精通时事的人，答道，'那是在学跳舞。'"① 鲁迅在此用如此辛辣的讽刺笔法，寥寥几笔，便为我们勾勒出了清末留学生胸无大志、浑浑噩噩、沉迷于享乐等丑态。这可谓奠定了 20 世纪三四十年代有关留学生题材的讽喻小说的基调。

假设我们从整个中国社会由传统向现代转型的维度来审视，便可以发现，鲁迅以及 20 世纪三四十年代接受过现代教育熏染的学生，包括留学生，之所以会有如此辛辣的讽喻笔法，是与客观现实自身发展的内在规律性有着深刻联系的。对此，美国学者对此现象进行过这样精到的阐释："少年人从乡间进入城市高级学校，他就不再过古老的简单生活，他不食旧食，不衣旧衣，不饮茶，不吸烟。他蔑视一切，不讲忍让。然乡村家庭所需的知识能力他丝毫也没有！只不过有一些一知半解的英文，物理，化学方面的科学知识。他实际上不再干农活，反而去玩球，做柔软体操，而且养成了懒惰，游手好闲的习惯。"② 具有中国文化背景的美国学者夏志清，对此也有着较强的认同："中国现代化的历程中，乡村遭遇不断的侵蚀，乡村原有的文化与教化日益衰落。……城市畸形的发展，20 世纪初，中国社会的上层人物在

① 鲁迅：《藤野先生》，《鲁迅全集》第 2 卷，人民文学出版社 1981 年版，第 313 页。
② ［美］杰罗姆·B.格里德尔：《知识分子与现代中国》，单正平译，南开大学出版社 2002 年版，第 322—323 页。

进行着都市化，他们移居到城市，关心城市，却对农村的问题日益漠然。"① 这就是说，从传统文化中走出来的年轻一代，他们在抛弃了自己既有的文化传统之后，在吸收和转化建构自己新的文化传统时，所出现的"东施效颦"的尴尬是难免的。但是，这并不应该使我们否定现代教育之于中国社会转型的理由或依据。况且，格里德尔所阐释的也仅仅是冰山一角，我们还应该看到，在冰山之下，还有一大部分"少年人"，在接受了西方现代文化之后，坚持"拿来主义"的文化方略，最终促成了中国社会从传统向现代的艰难转型。因此，我们对中国现代文学有关学生的想象性建构，用更加全面的视点加以审视，就会发现，在这些人中，既有一大批沉迷于享乐的文化侏儒，也有一大批怀揣神圣的文化使命，勇于担当的文化巨人。其他的人且不说，就是这些进行着文学想象性书写的作家，哪个不是富有文化使命的文化担当者！但遗憾的是，这样的文化巨人影像，并没有在中国现代文学的想象性书写中得到应有的展现。其实，对于这些勇于担当的现代知识分子，在一些作家的小说中有过不同的书写。如李劼人的小说《天魔舞》，就为我们塑造了白知时这样的典型形象，他对教师这一职业的社会启蒙功能有着强烈的认同："在当年投身到教育界中来的，十有七八都怀有一种大抱负，那便是牺牲自己，为国家社会造就一些人材出来。……那时，正当'五四'运动以后，革命军北伐之前，社会上蓬蓬勃勃的一股生气，几乎全由学生们造成，我们感觉到前途希望无穷，因此，更加咬牙吃苦，几乎就造成了一派只顾耕耘，不问收获的风气。"② 但遗憾的是，在中国现代文学对教育的想象性书写中，并没有为我们塑造出带有如此精神气质的文化英雄，而反思性的文学书写，则占据了重要地位。

在反思性的文学书写中，作家对民国教育存在的问题进行讽喻、指摘乃至批判，这继承和发扬了中国传统小说的讽喻传统，显示了可贵的自我反思品格。在这些具有代表性的文学作品中，钱锺书的长篇小说《围城》可谓"一枝独秀"。其他文学作品尽管无法和《围城》相提并论，但也以其独有的文化反思品格而具有不可忽视的意义。

---

① ［美］费正清、刘广京主编：《剑桥中国晚清史 1800—1911·上卷》，中国社会科学出版社 1985 年版，第 651 页。

② 李劼人：《天魔舞》，《李劼人选集》（第 3 卷），四川人民出版社 1981 年版，第 337—338 页。

　　钱锺书作为在民国教育体制下成长起来的知识分子，不仅在民国教育体制内的清华大学接受了系统的现代教育，而且还在民国教育体制的保障下，有了出国留学的机会，由此奠定了他"学贯中西"的文化品格。像钱锺书这样一个融汇中西文化的现代知识分子，在对民国教育进行的想象性书写中，一方面表现出可贵的反思品格和批判精神，另一方面又表现出文化认同乃至推崇。这种带有矛盾性的文学书写，恰是现代知识分子对知识分子这一群体在社会变革中作用的质疑，是对民国教育体制的深刻反思和批判。

　　从晚清到20世纪三四十年代，知识分子在对留学生的文学想象性书写中表现出来的态度是不同的。晚清的小说《孽海花》作为较早表现出国留学生活的文学作品，其流露的价值趋向是对西方现代文化的认同，以及对那些走出国门的知识分子敢于担当的赞赏。到了五四新文化运动时期，这种情况则进一步表现为对西方现代文化的认同乃至推崇。知识分子对易卜生的《公民之敌》和《娜拉》等作品，无不表现出一种赞赏的态度。到了20年代末30年代初，这种对西方文化的认同和赞赏，则开始出现变化，认同乃至推崇逐渐地变为疏离甚至拒斥，其中的表现就是对那些接受了西方现代教育影响的学生，在中国现代作家的想象性文学书写中，已经走下了神坛，而成了带有中国传统文化烙印的普通人。如果说，老舍在英国创作的小说《老张的哲学》时还表现出对西方文化的某些认同以及西方文化对改造中国传统文化的某些镜鉴作用的话，那么，到了30年代，老舍在创作小说《骆驼祥子》时，我们则很难看到作者对西方现代文明的推崇或认同了。好像是双脚已经踏在祖国大地上的老舍，举目所见，已经没有了对西方文化的憧憬，而是对都市文明的拒绝乃至批判，而这样的拒绝和批判，又是通过都市文明的堕落以及对代表着农耕文明的骆驼祥子的被吞噬加以展现的。到了40年代，尤其是中华民族在危亡之际，中国现代文学的想象性书写，一方面通过汲取中国传统文化资源予以升华，表现中华民族自古以来便有为民请命、为国尽忠的仁人志士，这种情形在郭沫若等人的戏剧中有着较为全面的表现；另一方面则表现为对中华民族、尤其是接受了现代教育的知识分子所存在的痼疾的讽喻乃至批判，这种情形在钱锺书的小说《围城》中有着较为深刻的表现。

　　严格讲来，《围城》是一部用西方文化外壳包装起来的中国现代小说。小说的题目也是用法国的谚语加以命名的，这可以看作钱锺书对西方文化有所接受之后的反思和讽喻之作。从《围城》这一文本的实际情形来看，钱锺书对中国传统文化的现代化以及对承载着这种现代化的知识分子，表面上持有一种讽喻性的态度，实际上持有一种否定的态度。然而，我们对这种否定性价值判断的副作用，却没有清醒的认知和评估。也就是说，那些接受了西方文化熏染的知识分子可以走下神坛，也应该走下神坛，但我们不应该把他们当作讽刺乃至否定的对象。

客观地说，那些留学的知识分子，就其表现来说，的确呈现出良莠不齐的态势。但从总体上说，他们那一代知识分子并没有拒绝乃至否定自己对民族国家所肩负的文化使命和救亡责任，我们如果把那些"沉沦"的留学生群体当作这个时代的主流，那自然是片面的。实际上，即便是那些有所"沉沦"的知识分子，也经常把自己融入民族、国家等体系中。郁达夫早在20世纪20年代创作的小说《沉沦》中，便为我们塑造了作为一个弱国寡民的"我"的形象。他在异域他乡遭受种种歧视而毅然蹈海之时，也没有忘却自己蹈海的这一个体行为之于群体和国家的价值和意义。

随着知识分子对西方文明的绝望，一种否定西方文化的思潮逐渐浮出历史地表。追根溯源，这种思潮早在五四文学风起云涌之际便已有所表现，在晚清社会中要挽大厦之将倾的梁启超，尽管胸怀救国救民之宏大志向，并以西人为师，但是，当他真正地走进西方社会、对西方文明有了切身体验之后，却发现西方文明隐含着种种危机。如此一来，他们就从西方崇拜的幻影中走了出来，取而代之的是对西方文明有限度的认同和对东方文明有限度的否定，其人其文开始出现转向，开始推崇中西文明应该互相取长补短的辩证之论。从学理上说，这样的认知并不是没有道理，但是具体到20世纪的中国社会客观现实，我们的当务之急还是通过"拿来主义"的方略，通过借鉴学习西方文化，完成中国传统文化的现代化转型。至于西方文明中所显示出来的某些危机，并不是我们对西方文化反思的焦点和重点所在。况且，西方文明也会通过自我调节、自我修复，完成自我的文化的辩证否定，实现自我的不断发展。

如果我们从这样的视点来审视钱锺书的《围城》，就会发现，这正是顺承梁启超对西方文明否定的思潮，在文学创作上的表现。《围城》描写的是20世纪30年代末从英国和欧陆留学归来的知识分子方鸿渐与几个女性之间的情感纠葛以及社会经历。他接受国立三闾大学的聘书后，一路跋涉，来到位于湖南的国立三闾大学。但是，他一到该大学，就陷入无聊的人事纠纷之中。《围城》作为中国现代文学在40年代侧重表现知识分子的想象性书写的作品，可以说是通过方鸿渐等形象，讽喻了深受中国文化熏染的一代留学生，尽管接受了西方教育的熏染，但他们从骨子里"活像那第一套中国裁缝仿制的西装，把做样子的外国人旧衣服上的两个方补丁，也照式在衣袖和裤子上做了"。留学生在接受了西方现代文化熏染之后，不但无法拯救日益沉沦的故国，而且连自己也无法摆渡到理想人生的彼岸，这实际便在一定程度上否定了近代以来学习西方文化、改造中国文化的种种努力。其实，钱锺书作为民国教育体制下成长起来的知识分子，本来应该对西方文化有着更为贴切的了解和透体的亲和，但就其实际而言，并不尽然。这恰如德国学者雅斯贝斯所说的那样："当整体的本质毋庸置疑地显现出来，带有稳固形式的教育就具有了自明的价值。它表明了一种认真的态度，本着这种态度，每一连续的人类世代都被同化到文化这个整体的精神中去，人们的经验、工作和行动都来自这个文化。"① 由此出发，我们便可以发现，钱锺书尽管接受了系统的西方文化的熏染，但就其整体而言，他的精神无疑已经被同化到其耳濡目染的中国传统文化这个整体的精神中，由此表现为对近代以来向西方学习这一文化思潮的讽喻。从这样的意义上说，钱锺书其人其文，更像是中国传统文化留给 20 世纪中国现代文学的最后一抹余晖。

在钱锺书对留学生进行讽喻的同时，同时期的其他作家，尽管也对民国教育进行深刻反思，但就其反思的维度而言却十分有限，他们大都是站在现代文化的基点上，对民国教育熏染下成长起来的知识分子命运的深度把握。其中，具有代表性的作品便是巴金的小说《寒夜》。巴金在该小说中的描写重点似乎并不在于对民国教育体制进行反思，而是重在展示那些接受了民国教育成长起来的学生，在走出校门，真正地踏入社会的广阔天地之后所经历的人生磨砺，由此从侧面影射出了民国教育存在的问题。巴金把主人公置于抗日战争这一家国同难的特定历史时期，男主人公汪文宣和女主人公曾树生作为新型的知识分子，接受了民国教育的熏染，在自由恋爱之后结为伉俪，他们本来应该幸福地做人，大胆地做事。但是，当他们走出自己所营构的自由恋爱的象牙塔之后，不但面临着家庭婆媳以及母子之间的深深鸿沟，而且还面临着社会的无情挤压。他们最终的结局是既无法摆脱家庭的羁绊，也无法排解社会的挤压，最终落得家庭破裂，个人陨落。这样的悲凉故事，恰如

① ［德］卡尔·雅斯贝尔斯：《现时代的人》，周晓亮、宋祖良译，社会科学文献出版社 1992 年版，第 57 页。

有学者指出的那样，"揭露了病态社会的黑暗腐败，为那些在黑暗中挣扎的小人物喊出了痛苦的呼声"①。但是，如果我们进一步发掘这篇小说的社会价值和意义还可以发现，在民国教育体制制导下培育出来的一代青年学生，当他们走进社会时，学校所赋予他们的玫瑰色的人生幻觉，并不能真正促成他们承担起"度己救人济世"的社会重任。相反，他们甚至还会被随之而来的"寒夜"所吞没。只不过当这样的人生悲剧到来时，不再是简单地重复既有的悲剧故事，而是装扮上了一种"现代"的外衣。汪文宣的死亡，意味着现代男性在残酷的现实面前且不说启蒙，就是自己也无法摆渡到人生的彼岸；曾树生的出走，意味着现代女性在残酷的现实面前且不说担当，就是连传统女性那种坚守也荡然无存。实际上，在小说《寒夜》中，对这些接受了民国教育熏染的学生，巴金既像是把他们放到社会这个"试剂"上，测试出他们人生的"酸碱度"；又像是把他们放到社会这个大舞台上，预排了他们人生的"悲喜剧"。这等于从某种程度上对民国教育体制以及民国教育进行了深刻的反思，宣告了民国教育制导下的学生，只有走过"寒夜"才不至于重蹈历史的覆辙。从这样的意义上说，巴金的《寒夜》的确属于精心营造的佳构，显示了巴金抱着巨大的同情，冷静地注视着生活，深刻地反思民国教育下的学生怎样规避人生的"寒夜"。这样的深刻思想，恰好与身处域外的法国总统密特朗的感觉有某种巧合之处："您却用自己对于人们及其脆弱命运的巨大同情，用这种面对压迫最贫贱者的非正义所抱的反抗之情"②，显然，这样的断语，用在《寒夜》中，便体现为其对民国教育下醒来的男女学生的人生命运的深度"注视"。

当然，在这一时期的中国现代文学对民国教育的想象性书写中，还有一些作品尽管不是直接书写民国教育体制内的学校教育，但是和民国教育体制却有着千丝万缕的联系。像李广田创作的小说《引力》和秦瘦鸥的长篇小说《秋海棠》（1941年），它们虽然不再是直接书写民国教育，而是对沦陷区教育或者市井生活的书写，但是，我们如果把沦陷区教育或者市井生活与民国教育联系起来看，依然会发现它与民国教育有着内在的关联。也就是说，沦陷区的教师恰是在民国教育体制下成长起来的学生，他们的思想和情

---

　　①　钱理群、温儒敏、吴福辉：《中国现代文学三十年》（修订本），北京大学出版社1998年版，第207页。

　　②　张素慧、李今：《巴金研究在国外》，湖南文艺出版社1986年版，第32页。

感深深地刻上民国教育所赋予的文化品格。

在《引力》这部小说中，李广田塑造了身在沦陷区中学教师黄梦华这一形象。作为沦陷区的教师，她被赋予了更多的意义："她愿意他知道，她在这里教书并不是一个奴才，而她所教导的一般青年人更不是一帮奴才，在这些青年人身上她看见了希望，也正如年青学生们把她当作黑暗中的灯火，当作一个希望一样。"[①] 身在大后方的李广田重新审视沦陷区的学校教育，并赋予了沦陷区学校教育以更为深广的意义。当战争来临时，在那些沦陷的国土上，不甘心做亡国奴的人们，要么到大后方去，要么就在沦陷区隐忍地生活，他们以不同的形式参与到抗日战争的洪流中。在此情形下，中国现代文学作品中，固然有不少作家讴歌了抗日前线的将士如何浴血奋战，成为民族的脊梁；但还有一些文学作品，也展现了在沦陷区的人们是如何用另一种形式来为这个民族延续着文化的薪火。这部命名为《引力》的小说，可以看作李广田对中华民族几千年来绵延不绝的内在缘由的深层发问——当战争被强加给中华民族时，当我们的国土大批沦陷时，并不是所有的人都应该，也都可以到大后方，总得有人在我们那些沦陷的土地上，隐忍地生活着，这就像寒冷的冬季来临时，那些不得不冬眠了的生命一样，他们正在用一种隐忍的方式，等待着来年春天惊蛰的到来。从这样的意义上来审视李广田的小说《引力》，便可以看出李广田对民族依然抱有希望的象征。这恰好可以看作在抗日战争的特殊历史时期，中国现代文学关于民国教育的想象性书写中，特别凸显了中华民族那种坚韧不拔、愈挫弥坚的内在精神。这正是中华民族几千年之所以屡经磨难依然生生不息的内在缘由，而这又正是与民国教育分不开的。

在中国现代文学对民国教育的想象性书写中，还需要关注的是通俗文学也参与其中，其所塑造的人物形象具有民国教育的背景，并成为大众文化所偏爱的审美对象，这可以看作民国教育已经渗透到了人们生活中去。秦瘦鸥的小说《秋海棠》可谓是这方面的代表性作品，它塑造了艺人秋海棠与军阀的姨太太罗湘绮这样两个性格鲜明的人物形象，罗湘绮本来是一个品学兼优的女学生，但不幸的是她被骗而成为军阀的姨太太，这就为她和秋海棠的爱情作了很好的铺垫。通俗小说的女性从原来的"风尘女子"向"学校女生"的转变，意味着大众文化审美情趣已经发生了转变，"学校女生"已经

---

① 李广田：《引力》，宁夏人民出版社 1983 年版，第 41 页。

成为社会所接纳乃至同情的重要对象，这和清末民初人们拒斥"学校女生"的思想相比，已经不可同日而语。

在这个时期，还有一些作家对民国教育有着文学的书写，像张天翼的《速写三篇》（1943 年）、老舍的小说《四世同堂》（1944 年）、路翎的《财主底儿女们》（1945 年）、沙汀的《困兽记》（1945 年）等，都对身在民国教育体制内的教师或学生有着不同一般的书写。但从总体上来看，这些作品的重点并不在于书写教育，教育仅仅是其中的一个方面。尽管如此，这些作品还是为我们提供了中国现代文学在三四十年代对民国教育的想象性书写的另一种"风景"。

第三节　叶圣陶对民国教育的文学想象与文学书写
——以叶圣陶的《倪焕之》为个案的阐释

中国现代文学和民国教育之间存在着密切的关系，这种关系不仅表现在民国教育对中国现代文学产生了极其深远的影响，而且还表现在中国现代文学对民国教育有着诸多的想象性书写。中国现代文学的想象性书写既有对民国教育的现实反映，又有对民国教育的未来期许，这由此使民国教育与文学书写呈现出互动的关系。在中国现代文学关于民国教育的文学想象与文学书写中，叶圣陶的长篇小说《倪焕之》是无法绕开的一部重要作品。早在其发表之初，时人就认为这部小说"可作'五四'前后至最近十余年来的思想史读"，茅盾则称誉这部作品做的是"扛鼎"的工作。

对于《倪焕之》的研究，在新中国成立之后相当长的时间里，总体来说显得不温不火，不管是从研究论文的数量还是质量来看，相关研究成果都没有表现出根本性的提升。中国知网的有关数据显示，从 1956 年到 2017 年 7 月，以倪焕之为关键词的论文有 501 条，其中，2000 年以来，以倪焕之为关键词的论文有 254 条。这说明，在 60 多年的时光隧道中，对《倪焕之》的研究并没有出现根本性的提升。至于其学术观点，很多学人还延续了既有的定论。对此，有学者通过对《倪焕之》接受视野的梳理，得出了这样的结论："1929—2009 年长篇小说《倪焕之》的接受成果主要体现在以下四个视野：扛鼎之作、教育—革命小说、小资产阶级知识分子和现代人状态"。在前三个视野中，基本上延续了既有的研究路径；与此相反，"顾彬的'现代人状态'视野将小说放入 20 世纪世界现代化的语境中，从现代性的视域

审视中国人在现代观念的冲击下产生的现代人状态，使《倪焕之》获得了
全新的解读，为《倪焕之》的接受打开了新疆域"。① 其实，除了这四个视
野之外，还有一些学者的研究也值得关注。如杨剑龙的《男性视阈中的女
性观照》②；吴云通过对"深层结构"的分析，认为"《倪焕之》既暗示了
20、30 年代作家们为了希望进行失望书写的创作心理，也为现代文学史塑
造了一个浮士德式的执着追求的主人公形象，同时隐喻了中华民族 100 年不
懈追求的苦难历程"③。这些从不同维度切入研究对象中的解读，无疑推进
了人们对《倪焕之》的认识深度。

　　海外汉学界，一些学者对《倪焕之》的解读则迥异于国内学者。李欧
梵认为："叶绍钧早期的短篇小说，大都是以教育为主题，这反映出其本人
作为一位虔诚的教师的经历。在其有些作品故事中表现的哀愁，并非来源于
主人公的苦难（如郁达夫的作品），而是出于在主人公力图实现其目的时，
对所处社会环境的热切关注。在一篇篇小说的故事中，叶绍钧都描写理想遭
遇挫折的模式，热心而富有理想的教师到处碰壁与失败。在长篇小说《倪
焕之》中，叶绍钧简要地描写出一位教育改革者，亦即'五四'知识分子
的肖像。这部基本上是自传体的小说，是很早出版的优秀小说中的一部
（1927 年）。书中叙述一位小学教师的经历，对教育和社会改革抱着玫瑰色
的设想，最初是由其所在学校的校长及其女友的爱情培育起来的，但却为政
治环境的阴暗的现实所粉碎。"④ 夏志清把叶圣陶推崇为"最经受得起时间
的考验"的作家⑤，顾彬说："不仅小说主人公倪焕之，在面对中国社会向
现代性转换中所承受的不能解脱的彷徨，且揭示出现代性在根本上改变了中
国作为一个诗歌古国的内在基础——民族文化的整体感。"⑥ 显然，站在异
域文化立场上的海外学者，在解读《倪焕之》这部小说时，则区别于国内
学者，他们或凸显其"理想遭受挫折"的模式，或注重在现代性视域下的
"不能解脱的彷徨"。这样的观点与国内学者注重在政治视域下的革命主题

　　① 陈思广：《〈倪焕之〉接受的四个视野》，《辽宁大学学报》2012 年第 3 期。

　　② 杨剑龙：《男性视阈中的女性观照》，《南开学报》2005 年第 5 期。

　　③ 吴云：《论〈倪焕之〉的深层结构及其现代意义》，《山东师范大学学报》2010 年第 6 期。

　　④ ［美］费正清：《剑桥中华民国史》上卷，中国社会科学出版社 1994 年版，第 472 页。

　　⑤ ［美］夏志清：《中国现代小说史》，复旦大学出版社 2005 年版，第 43 页。

　　⑥ 顾彬：《德国的忧郁和中国的彷徨：叶圣陶的小说〈倪焕之〉》，《清华大学学报》2002 年
第 2 期。

阐释有着极大的差异。

值得我们关注的是，前人的研究尽管有许多可圈可点之处，但是，从民国教育的维度加以解读的论文并不很多。要么大而无当，把这部作品的政治意义无限泛化，以至于得出了批判"教育万能"的结论；要么就事论事，漠视这部作品应有的政治意义，得出了"热心而富于理想的教师们到处碰壁、失败"的结论。正是基于此，我们拟通过对《倪焕之》的深入解读，对其民国教育的文学想象与文学书写进行解读。

一

叶圣陶的长篇小说《倪焕之》尽管创作于 1928 年，但其文学想象与文学书写展现给我们的，却是辛亥革命这一历史大变动前后的内容。这是中国社会从专制政治向民主政治开始过渡的肇始阶段。传统与现代并存、专制与民主并行、沉疴与萌芽并生，正可谓这一历史时期重要的现象。叶圣陶无疑正是通过《倪焕之》对民国政治、民国教育以及在此历史大潮裹挟下的个人命运进行文学想象与文学书写，为我们展现了历史蜕变的艰难。

在晚清开始的革命浪潮中，人们对推翻晚清政府、建立民国是充满了无限想象和向往的。但是，当中华民国真正从晚清这片废墟上建立起来之后，人们却发现，刚刚建立起来的民国并不像想象的那样完美。相反，源于晚清既有的社会秩序失范以及民国新的社会秩序还没有获得确立，社会呈现出一种混乱的态势，共和政体确立后的中华民国甚至还陷入军阀混战的黑暗时代。对此，孙中山曾严肃指出："现在人民每谓共和不如专制，不知共和之结果，须在十年以后。譬如生子虽好，返哺必在二十年之后，若产下数月，即望食报可乎？"① 对此情形，孙中山还进行过深刻的反省："夫去一满洲之专制，转生出无数强盗之专制，其为毒之烈，较前尤甚"；"吾三十年来精诚无间之心，几为之冰消瓦解，百折不回之志，几为之槁木死灰"。② 但是，这样的反省并没有泯灭孙中山等革命者对民主共和政体的向往，更没有否定"革命"之于中国社会的重要作用。孙中山等人的这种坚韧不拔、百折不挠的革命精神，恰好对中华民国产生了极其重要的作用。

在长篇小说《倪焕之》中，叶圣陶对辛亥革命后的历史文学想象与文

---

① 孙中山：《对粤报记者的演说》，《孙中山全集》第 2 卷，中华书局 2011 年版，第 349 页。

② 孙中山：《建国方略》，辽宁人民出版社 1994 年版，第 2—3 页。

学书写便真实地反映了这一社会现实。对此，他这样写道："种族的仇恨，平等的思想，早就燃烧着这个青年的心，现在霹雳一声，眼见立刻要跨进希望的境界，叫他怎能不兴奋欲狂呢？"这恰是一代初步觉醒了的青年学生对孙中山领导的革命的美好想象，自然也是支撑人们前赴后继进行革命的动力。因此，当革命眼见就要到来时，人们自然无法按捺住激动的情感——这种情感恰如冬末春初的"霹雳"，震醒人们沉睡乃至麻木的情感和思想，以至于几乎到了"兴奋欲狂"的程度。然而，当"这个城"光复之后，历史并没有就此掀开新的一页，现实依然故我："他随即失望了。这个城也挂了白旗，光复了。他的辫子也同校长一样剪掉了。此外就不见有什么与以前不同。"① 这正是艰难嬗变的现实与美好设想之间存在巨大落差的真实写照，正是基于这一残酷的现实，倪焕之才会发出这样的感喟："在辛亥那年，曾做过美满的梦，以为增进大众福利的政治立刻就实现了。谁知开了个新局面，只把清朝皇帝的权威分给了一班武人！这个倒了，那个起来了；你占这里，他据那里；听听这班人的名字就讨厌。"② 正是在这样走马灯似的变换中，既有的社会秩序依然支配着现实社会的运行。

　　轰轰烈烈的辛亥革命之后，随之而来的并不是现代社会秩序的横空出世，相反，既有的社会秩序依然延续着。与此相对应，既有的教育也没有随着民国教育体制的确立而即刻得到应有的改变。这种情形在乡村中国更是如此。乡村中国的教育以其固有的惯性，依然故我地运行着。传统的私塾教育，依然占据着乡村中国的核心位置。私塾教育作为传统教育的存在形式，不仅表现在外在的教育形式上，而且还表现在内在的教育理念上，尤其值得关注的是，这种传统的教育理念作为一种价值观念存在于人们的文化心理结构的深处。美国学者 E. 希尔斯曾经有过这样的分析："人类社会保存了许多它们所继承的东西，这不是因为人们热爱这些东西，而是因为他们认识到，没有这些东西他们就不能生存下去。……过去传下来的东西给他们提供了家园。然而它却很少是一个他们完全感到自由自在的家园，他们试图将它改造得合乎自己的愿望；有时便抛弃或置换了某些继承的家产。"③ 传统教育以及由传统教育培植出来的价值观念，自然便成为中国传统社会之所以延

---

① 叶圣陶：《倪焕之》，人民文学出版社 1962 年版，第 16 页。

② 叶圣陶：《倪焕之》，人民文学出版社 1962 年版，第 37 页。

③ ［美］E. 希尔斯：《论传统》，傅铿、吕乐译，上海人民出版社 1991 年版，第 285 页。

续下来的重要保障。毕竟，在人们的文化心理结构的深处，人们推崇教育的缘由是"学而优则仕"。在此情形下，"学"的本身不再是目的，而是手段。显然，这样的一种观念，恰好是民国教育试图让教育回归本体的最大桎梏。当民国所倡导的教育无法承载起这样的历史使命，无法给老师或学生提供安身立命的"家园"时，教育被弃置一边便是一种无法规避的宿命。叶圣陶的长篇小说《倪焕之》通过塑造倪焕之、金佩璋等致力于教育启蒙的教师形象，从根本上解构了"学而优则仕"这种根深蒂固的传统观念，使教育回归于教育本体。

在中华民国刚刚建立起来的特殊历史时期，民国教育恰好处于新旧更替的过渡阶段，民国的教育制度、教育法规和教育政策也从无到有。这些重大的教育变革，自然在叶圣陶的长篇小说《倪焕之》中呈现出特定的文学想象与文学书写。从袁世凯称帝到北伐战争，从五四新文化运动到五卅运动，从《新青年》杂志到乡村的"救亡演讲"，都在这部小说中得到了较为全面的呈现。通过倪焕之的人生历程，我们可以看到，一个虽然身处边缘乡村但却接受过新式教育熏染的教师与五四新文化运动是怎样"同频共振"的。"倪焕之和校长蒋冰如在教育改革实验以前遇到的来自各方面的压力和阻挠实为叶圣陶在甪直五高的经历的艺术再现。"[1] 对于教师待遇低下，作品中主人公有过详尽的评述："就目前而论，教员的待遇决不会改善，所以这种情形必将延续下去，而且更为普遍。这里就有个非常严重的问题，就是优秀分子将从教育界排除出去，除了极少数的例外，而存留在教育界里的，将尽是些不配当教师的人。这样，学校无论如何多，在学儿童无论如何激增，到底有什么意思？"[2] 倪焕之对这些社会问题、教育问题的思考和诘问，恰好切中了民国教育处于革故鼎新这一特定时期的某些社会现象，使这部作品所关涉的问题与社会现实问题紧密地结合在一起。由此，我们得以勘探民国教育开展之时的艰辛与面临的困境。

在小说《倪焕之》中，叶圣陶对身处历史大变革中的倪焕之的教育立身理想有着这样的想象："他要他们同自己一样，抱着热诚，怀着完美的理想，一致努力，把学校搞成个理想的学校。"[3] 这样的理想，既意味着"除

---

①　刘克敌：《百年文学与大学》，中国文联出版社 2004 版，第 245 页。

②　哇圣陶：《倪焕之》，人民文学出版社 1962 年版，第 108—109 页。

③　叶圣陶：《倪焕之》，人民文学出版社 1962 年版，第 30 页。

旧布新"的新时代已经到来，也意味着"攻坚克难"的新时期已经开始。要把如此"完美的理想"付之于实践，又是何其难也！然而，值得人们赞许的是，倪焕之并没有把教育当作一个桥梁，当作一种手段，而是把教育本身当作目的。在倪焕之的内心深处，他希冀建构起来的理想国便是"把学校搞成个理想的学校"。当然，在"把学校搞成个理想的学校"的历史过程中，道路并非平坦的，其间必然还会出现一些曲折和坎坷。值得肯定的是，虽然倪焕之在教育实践中面临着一系列的困难，但他并没有放弃教育。显然，这种献身教育的虔诚、执着以及自觉是历史上不曾出现过的精神。我们固然也可以从晚清的武训行乞办学的虔诚和执着的精神中找到一点历史的踪影，但是，倪焕之、金佩璋等接受过现代教育熏染，已经没有了武训身上的那种奴性。他们的精神是独立的，人格是伟大的，追求是自觉。尤其值得赞赏的是，他们把教育纳入晚清开始的救亡图存这一家国目标上，这就使得他们成为中国历史上不曾出现过的新人形象。然而，令人遗憾的是，在既往的学术研究中，很多学者在研究《倪焕之》这一作品时，把倪焕之改革教育的失败，看作叶圣陶对民国时期流行的"教育万能"观点的否定和批判。其实，如果认真地解读下去便会看到，叶圣陶并没有完全否定倪焕之教育改革的价值和意义，而是强调教育改革应该建立在社会改革的基础之上，学校教育和社会教育应该同步进行，这样学校的教育改革才会取得成效。叶圣陶对社会改革的重视，并不意味着否定了学校教育改革的作用。这样的双重强化，正可以看作叶圣陶对民国教育的肯定性书写。

叶圣陶对民国教育的肯定性书写，还体现在从传统教育中走出来的倪焕之在五四运动的感召下最终完成自我觉醒上，确立起自我的主体性上，这恰是包括叶圣陶在内的知识分子精神蜕变的真实写照。叶圣陶对倪焕之的精神新生是这样展现的："'五四运动'犹如一声信号，把沉睡着的不清不醒的青年都惊醒了，起来擦着眼睛对自己审察一番。审察的结果，知道自己锢蔽得太深了，畏缩得太甚了，了解得太少了，历练得太浅了……虽然自己批判的字眼不常见于当时的刊物，不常用在大家的口头，但确然有一种自己批判的精神在青年的心胸间流荡着。革新自己吧，振作自己吧，长育自己吧，锻炼自己吧……差不多成为彼此默喻只不过没有喊出来的口号。而'觉悟'这个词儿，也就成为最繁用的了。"① 由此可以看到，五四运动作为晚清以

---

① 叶圣陶:《倪焕之》，人民文学出版社 1962 年版，第 212—213 页。

来最具有社会基础的启蒙运动，不仅在都市形成浩大的浪潮，而且还波及了乡土中国的一些角落，尤其是乡土中国的学校，从而使民国教育所确立起来的学校成为传播现代思想的重要通衢。倪焕之的精神蜕变历程，恰是民国教育所确立起来的学校发挥主导作用的真实表现。

类似倪焕之这样的情感体验与理性认知，在同时代的一些知识分子的身上也有着鲜明的表现。在回忆五四运动时，老舍对身为小学教师的自己为什么会成长为作家，曾这样说过："这就不能不感谢'五四'运动了！""假若没有'五四'运动，我很可能终身作这样的一个人：兢兢业业地办小学，恭恭顺顺地服侍老母，规规矩矩地结婚生子，如是而已。我绝对不会忽然想起去搞文艺"。"'五四'给我创造了当作家的条件"。"首先是：我的思想变了。'五四'运动是反封建的。这样，以前我以为对的，变成了不对。……假若没有这一招，不管我怎么爱好文艺，我也不会想到跟才子佳人、鸳鸯蝴蝶有所不同的题材，也不敢对老人老事有任何批判"。[1] 尽管老舍这段话与叶圣陶笔下的倪焕之的情感体验与理性认知在时间上相差近 30 年，但其中心内容以及表现形式基本相似，都突出了五四运动对自我思想变化的革命性作用及其意义。

《倪焕之》不仅展现了倪焕之、金佩璋等人的精神蜕变与思想新生的艰难历程，而且还表现了新式教育以及民国教育在传统的废墟上矗立起来时面临的尴尬情形。从乡土中国的实际情形来看，学堂并没有得到广泛关注与大力建构，而带有学堂性质的私塾显然和学校并不是一回事。私塾大都是由个人建立的，其物质场所也不属于公共领域，相反更带有某些私人领地的特点。一般来说，私塾或者是由私塾先生在自己家中搭建，或者是由大户人家在自己家中设馆，并延聘私塾先生前来任教。与此形成对照的是，庙宇和祠堂却几乎遍及乡土中国的各个角落。清末民初，许多新式学堂便是借助这些场所搭建起来的。这种情形既是特定历史时期的真实写照，也是现实社会嬗变的物质寓言。在《倪焕之》这部长篇小说中，叶圣陶就为我们形象地展现了清末民初新式教育和民国教育的这种真实的历史情景。像倪焕之所在的学校，"校舍是一所阴森而破旧的庙宇。大殿是一个课堂，两庑各是一个课堂。中庭便是运动场"[2]。这种对校舍的反讽描述，形象地隐喻了民国教育

---

① 《老舍写作生涯》，百花文艺出版社 1981 年版，第 86—87 页。

② 叶圣陶：《倪焕之》，人民文学出版社 1962 年版，第 20 页。

恰是在传统的废墟上确立起来的，甚至连学校都是从"庙宇"转化而来的。我们知道，在乡村中国，"庙宇"作为宗教乃至迷信的一种物质载体，对于身处苦难中的人们起着精神慰藉的作用，成为人们尊奉的对象。在晚清政府主导新式教育后，"庙宇"所代表的宗教乃至迷信观念逐渐走下神坛，尤其是那些接受新式教育的学生，更不把"庙宇"放在眼里，这就使"庙宇"精神地位开始沦陷。但从客观上看，这的确也是能够满足公共学校功能的场所，"庙宇"的建筑构造形式也能够满足公共教育所需场所的要求。在此情况下，"庙宇"便不再成为人们祭拜神灵的场所，而转化成为民国教育的重要场所，承载起从事公共教育、重铸国民精神的艰巨使命。但是，恰如"庙宇"这一物质符号所隐喻的那样，从传统教育中蜕变而来的民国教育自然也就难免鱼龙混杂了。从这样的视角来看叶圣陶在小说《倪焕之》中对民国学校进行的描写，恰好显示了作者在无意识层面对民国教育的隐喻性书写。其实，这种隐喻性书写是有其历史必然性的，它恰是乡土中国在历史大转折的节点上所无法规避的宿命。

实际上，在 20 世纪之初开启的都市化历史进程中，中国社会的上层人物走出乡村，由此留给乡村的是凋敝不堪的废墟，即便是能够体现"现代化"历史进程的学校，也无法规避其被侵蚀的命运。但是，在《倪焕之》这部长篇小说中，叶圣陶为我们展现的文学图景却是：像倪焕之这样依然坚守在乡村的知识分子，正在文化的废墟上建构着中国现代文化的大厦。实际情形也的确如此，正是那些从"庙宇"中走出来的学生，最后参与到建构中国现代文学的行列中来。像出生于 1914 年的王西彦，在 6 岁时上的是国民小学，其学校便设在一个名叫"西竺庵"的庙宇里，学生每天都和佛像做伴。这种旨在塑造学生具有科学与民主等现代文化精神的学校，与庙宇中的佛像并存于同一时空之中，恰是民国教育处于过渡时期所独有的文化现象。

假设我们从整个中国社会由传统向现代转型的维度来审视，便可以发现，正是一大批坚守在乡土中国的知识分子，他们撑起了中国现代化的广阔天空。固然，在中国现代化的历史进程中，也的确有一些知识分子走向了自己的对立面，他们不仅没有用自己接受的现代文化反哺养育自己的乡村，反而背叛了它。对此，美国学者有过这样的分析："少年人从乡间进入城市高级学校，他就不再过古老的简单生活，他不食旧食，不衣旧衣，不饮茶，不吸烟。他蔑视一切，不讲忍让。然乡村家庭所需的知识能力他丝毫也没有！

只不过有一些一知半解的英文，物理，化学方面的科学知识。他实际上不再干农活，反而去玩球，做柔软体操，而且养成了懒惰，游手好闲的习惯。"① 具有中国文化背景的美国学者费正清，对此也有着较强的认同："在二十世纪初，社会上层人物的都市化具有特殊的意义。他们迁居城市意味着不仅住在城里，而且关心城市，这样甚至使他们对农村的问题更加漠然处之。"② 这就是说，从传统文化中走出来的年轻一代，他们抛弃了自己既有的文化传统。在吸收和转化建构自己新的文化传统时，出现"东施效颦"的尴尬是在所难免的。但是，这并不应该成为我们否定倪焕之这样的人物之于中国社会转型的重要作用的理由。况且，格里德尔所阐释的也仅仅是冰山一角。我们还应该看到，在冰山之下，还有一大部分"少年人"，在接受了西方现代文化之后，坚持"拿来主义"的文化方略，通过走向民间等形式，最终促成了中国社会从传统向现代的艰难转型。实际上，在历史的进化过程中，既有一大批沉迷于享乐的文化侏儒，也有一大批怀揣神圣的文化使命、勇于担当的文化巨人。从这样的意义上说，叶圣陶在长篇小说《倪焕之》中对清末民初的学校教育的文学想象与文学书写，正是对"五四"时期以倪焕之为代表的一代人的个性觉醒的文学书写。自然，这既是为倪焕之这一代人代言，也是为特定的时代存照，由此使这部长篇小说具有了更为久远的文学价值和历史价值。

二

在《倪焕之》这部长篇小说中，如果说叶圣陶对其建构起来的寓言世界还不一定完全自觉的话，那么，叶圣陶对人的文化心理情结的凸显则是基于理性自觉与感性体验的。叶圣陶在民国教育视域下对女性困惑和代际冲突的文学想象与文学书写，不仅使其具有超越时空的文学魅力，而且成为中国现代文学书写的一个基本范式。而且，叶圣陶除了对民国教育的重大历史事件有着清晰的书写之外，更值得我们珍视的是他对现代女性金佩璋的形象建构，尤其是将这一形象置于在男性视野与女性期待之间的性别差异进行书

① ［美］杰罗姆·B. 格里德尔：《知识分子与现代中国》，单正平译，南开大学出版社 2002年版，第 322—323 页。

② ［美］费正清、刘广京主编：《剑桥中国晚清史 1800—1911·下卷》，中国社会科学出版社1985 年版，第 651 页。

写，使这个现代女性形象成为中国 20 世纪文学史上的典型形象。

　　叶圣陶对觉醒后的现代女性挥之不去的自我困惑与找寻的精神还原，本身便具有历史的价值。在五四运动的感召下，不仅身为男性的倪焕之的个性意识得到确立，而且身为女性的金佩璋的个性意识也得到确立。郁达夫曾就现代散文的确立与人的觉醒有过这样的描述："五四运动的最大的成功，第一要算'个人'的发见。从前的人，是为君而存在，为道而存在，为父母而存在的，现在的人才晓得为自我而存在了。"① 显然，相对于倪焕之、金佩璋等一大批接受了民国教育熏染的学生而言，他们的个性意识正是在这样的一种时代洪流中觉醒，进而得到确立和张扬。然而，对女性而言，"'个人'的发见"除了"人"的发见之外，还多了一层性别上的觉醒。叶圣陶在《倪焕之》中，除了为我们展现金佩璋作为"个人"的发见，而且还为我们展现了金佩璋作为女性的觉醒。当然，性别觉醒与性别自觉还是两码事。但从金佩璋的自我体验来看，她已经清晰地意识到女性觉醒之后面临较之男性更多的问题和困扰，这就是女性在走进婚姻的殿堂之后，还会自觉不自觉地陷入传统女性的人生窠臼中，最终迷失自我。对此情形，鲁迅在《伤逝》这部小说中已经有所表现，高喊着"我是我自己的，他们谁也没有干涉我的权利"的子君，最终还是迷失在家庭中。她们与传统女性的差别，仅仅在于她们是有知识的家庭女性。在《倪焕之》中，叶圣陶为我们塑造的金佩璋较子君而言，多了一层女性的自觉与警惕。她对自我在家庭中的妻子角色有着清醒的叩问："从前往往取笑前班的同学，学的是师范，做的是妻子。现在轮到自己了；我已做了你的妻子，还能做什么别的呢!"② 这恰是在五四运动中觉醒过来的女性对未来的家庭之路的警惕：作为师范学校的学生，在做了妻子之后，并没有心安理得地蜗居于家庭这方小小的天地中，她依然诘问自己"还能做什么别的呢"。这种诘问，无疑表明了女性在性别意识上的觉醒。

　　当然，金佩璋在性别上的觉醒，并不意味着她已经完成了自我的精神蜕变。相反，她在觉醒之后还会有许多的反复，还会游走于传统与现代之间。实际上，这恰是过渡时代觉醒女性的真实生存状态。在五四运动的影响下，人的个性固然已经觉醒，但觉醒后的个性并不会自然而然地转化为行动，传

---

① 《郁达夫全集》第 11 卷，浙江大学出版社 2007 年版，第 180 页。

② 叶圣陶：《倪焕之》，人民文学出版社 1962 年版，第 196 页。

统依然根深蒂固地蛰伏在情感深处，在紧要关头便会自觉不自觉地"浮出历史地表"。像金佩璋在写情书时，那种传统的情感范式便驱使她用文言进行表白。本来，五四新文化运动期间所提倡的白话文已经被民国教育体制所接纳。为此，北洋政府教育部于 1920 年 1 月向全国国民学校颁令，要求一、二年级的国文教育统一采用语体文（白话）。这由此确立了白话文在民国教育中的合法地位，白话文课程自然也开始取代古文课程。正是在五四新文化运动影响下，倪焕之开始自觉地使用白话："试用白话体写信，这还是第一次。虽不见好，算不得文学，却觉说来很爽利，无异当面向你说；这也是文学改良运动会成功的一个证明。你该不会笑我喜新趋时吧？"[1] 但是，作为女性的金佩璋，源于她要用"委婉"的方式表情达意，依然使用文言表达自己的情感："白话体为文确胜，宜于达情，无模糊笼统之弊。惟效颦弗肖，转形其丑，今故藏拙，犹用文言。先生得毋笑其笃旧而不知从善乎？"[2] 倪焕之的白话情书与金佩璋的文言情书并行不悖的现象给我们昭示出过渡时代所独有的特征，即春暖乍寒的历史时期，思想已经沐浴在春天暖洋洋的时光里，但情感依然蛰居在冬天冷飕飕的阴影中。对此情形，有学者曾经这样论述过："处在'五四'前后这样一个划时代的历史转型期，社会结构、价值观念、心理状态都发生了深刻、巨大的变化，原有的概念、范畴、词汇体系已经无法容纳日益增长的新的内容和意义，因此，旧的语言体系的涨裂，新的语言体系的诞生，便是历史的必然了。"[3] 倪焕之与金佩璋的语言体系差异恰好说明了新的语言体系即将横空出世，金佩璋等已经觉醒了的女性，即将走进春意融融的阳光下。其实，在文言文的核心地位被白话文替代的过程中，学生最大的障碍还是来自业已形成的文言文审美定式。对此，在五四新文化运动影响下成长起来的作家苏雪林曾经有过这样的自述："我们抛弃了之乎者也，学做白话文。我们也把红楼水浒做圣经宝典来研究，我们又竭力阅读西洋名著，易卜生的戏剧，安徒生的童话，斯德林堡、库普林、托尔斯泰、杜斯妥益夫斯基等人的小说，对我们都是很大的诱惑。"[4] 这样的自我经历，恰好说明在五四新文化运动影响下，青年一代使

---

① 叶圣陶：《倪焕之》，人民文学出版社 1962 年版，第 158 页。

② 叶圣陶：《倪焕之》，人民文学出版社 1962 年版，第 160 页。

③ 陈伯海：《近四百年中国文学思潮史》，东方出版中心 1997 年版，第 484 页

④ 苏雪林：《我的学生时代》，《苏雪林文集》第 2 卷，安徽文艺出版社 1996 年版，第 65 页。

用白话文的过程恰是一个"习得"和"扬弃"的双向过程，而抛弃已经内化于心的"之乎者也"不只是简单的话语转化，还需要思想观念的改变作支撑。用苏雪林的话来说，则是那些操持着"之乎者也"的老先生是"老冬烘"，耳濡目染之下的自己则成了"小冬烘"，从"小冬烘"蜕变为"五四人"①是在民国教育体制制导下的北京女子高等师范学校的教育中完成的。这正如英国语言学家帕尔默所说的那样："语言忠实地反映了一个民族的全部历史、文化，忠实地反映了它的各种信仰和偏见。"②显然，苏雪林的这一自白与叶圣陶长篇小说《倪焕之》中的金佩璋具有某种意义上的"互文"关系。

觉醒后的女性走出传统的家庭，勇敢地追求爱情，但她们最终还要走进一个新家庭。在走进新家庭的过程中，因性别的规定性使她们面临着再次失却自我的可能。实际上，女性因为需要生养子女，她们又被天然地束缚在家庭之中了。然而，这并不意味着女性就无法再次融入社会中实现自我的社会价值。当女性欲安逸而不得时，觉醒的现代女性自然会完成自我的第二次"出走"，那就是走出自我营构的小家庭，最终融入社会的大家庭中，金佩璋便是如此。当倪焕之因为疾病而退出社会的舞台，金佩璋所依靠的男性大树轰然倒塌，无树可以缠绕的藤蔓，既是被迫地走上了自立自强之路，也是自觉地走上重拾理想之路。因此，金佩璋决定走出家庭、走向社会："我要出去做点儿事；为自己，为社会，为家庭，我都应该做点儿事。我觉悟以前的不对，一生下孩子就躲在家里。但是追悔也无益。好在我的生命还在，就此开头还不迟。前年焕之说要往外面飞翔，我此刻就燃烧着与他同样的心情！"③由此可以看出，在五四运动精神感召下觉醒起来的女性，她们的人生可能有蛰伏的时期，但蛰伏并不意味着她们就失却了再次醒来的可能。从这样的意义上说，现代女性在通向自我解放之路上的反复，便在中国的现代化历史进程中具有了普遍性的意义，这自然也构成了中国 20 世纪文学一个重要的文学原型。

叶圣陶基于民国教育的视域，对文化观念的代际冲突予以敏锐把握与文

---

① 苏雪林：《"老冬烘"与"新青年"》，《我们的八十年》，台北时报文化出版企业公司 1991 年版，第 18 页。

② 转引自陈伯海《近四百年中国文学思潮史》，东方出版中心 1997 年版，第 484 页。

③ 叶圣陶：《倪焕之》，人民文学出版社 1962 年版，第 311 页。

学表现，赋予了中国传统文学中的婆媳冲突以现代的内涵。婆媳冲突在中国传统文学中历来就是历久弥新的主题，像《孔雀东南飞》就将儿媳刘兰芝与婆婆焦母的矛盾冲突展现得淋漓尽致。但是，随着人的个性意识的觉醒，接受了新式教育的儿媳与婆婆之间的冲突已经不再是传统主题的翻版，而是有了现代的内涵。自五四运动开启人的觉醒之后，现代意识便与传统观念构成了一对无法拆解的矛盾统一体，这种矛盾冲突主要表现在两代人的观念冲突上。在传统文化中成长起来的传统女性，其观念自然与在现代文化中成长起来的现代女性截然不同。这种价值观念的不同表现在生活的方方面面。当倪焕之的母亲听说他钟情的人是女学生时，便充满了这样的忧虑："'是女学生呢，'母亲抬起始终悲愁的眼看着焕之；同时想到在街头看见的那些女学生，欢乐，跳荡，穿着异于寻常女子的衣裙，她们是女子中间的特别种类，不象是适宜留在家庭里操作一切家务的。"[1] 在此，我们可以看到，婆婆对未来的儿媳妇的衡量标准是能否"在家庭里操作一切家务"。显然，根据这样的标准，金佩璋作为"女子中间的特别种类"，并不是婆婆所期待的人。至于金佩璋决定走出家庭、走向社会时，身为婆婆的老太太则只能用"凄然的老眼""疑惑地望着媳妇"。[2] 此时的"凄然""疑惑"，自然与金佩璋那"萌生着长征战士整装待发的勇气"具有了天壤之别。由此看来，在《倪焕之》这部长篇小说中，叶圣陶尽管没有以显赫的对立呈现出传统女性和现代女性之间的精神鸿沟与外在冲突但其还是以文学的方式为我们呈现出了代际文化冲突的本真面貌。这样的一种文学传统，犹如一条时隐时现的河流，时而喧嚣，时而沉寂，但其流变的脉络是清晰可见的。其中，20 世纪40 年代巴金创作的长篇小说《寒夜》便把这种代际矛盾冲突以惊心动魄的形式呈现在读者面前。由此说来，代际文化冲突便构成了 20 世纪中国文学又一重要的文学原型。

叶圣陶对女性的文学想象与文学书写虽然站在男性文化立场上，但值得肯定的是，他能够超越性别本身的局限，对女性有着"同情之理解"，从而还原了女性在走向觉醒过程中的艰辛和反复。针对文化立场，戴锦华曾经说过："在文化研究的领域中，当你谈阶级、性别、种族的时候你必然要选择你的立场：谈阶级你站在那个阶级一边，谈性别你有怎样的性别观念，谈种

---

[1]　叶圣陶：《倪焕之》，人民文学出版社 1962 年版，第 164 页。

[2]　叶圣陶：《倪焕之》，人民文学出版社 1962 年版，第 311 页。

族则是你自己的种族身份。因此文化研究中的核心命题之一是 Identity，即身份、认同问题。要讨论现代社会的问题，首先必须申明你的身份：你是谁？你为什么、站在哪里说这些话？"① 这就是说，人的任何言语和行为都是从其既有的文化立场出发的，这种情形具体到男性与女性的性别差异上，自然会出现性别差异而导致的性别盲区乃至性别偏颇。但是，叶圣陶却能够超越男性文化立场，这不能不说是极其可贵的。那么，在叶圣陶的男性视域下的女性到底是一种怎样的形象呢？实际上，叶圣陶作为接受西学影响而成长起来的学生，既接纳了一定的现代文化，又接受了相当程度的传统文化，这种情形在性别上表现的较为明显。叶圣陶塑造的男主人公倪焕之肩负着历史使命，承载着家国大事，是经天纬地的男子汉；其塑造的女主人公金佩璋也最终走出家庭，开始肩负起历史使命，承载起家国大事。即便是对女性特有生理的展现，也表现出他对男性文化立场的超越。叶圣陶借助倪焕之的视点对金佩璋怀孕后的生理特点是这样展现的："大概是生理影响心理吧，佩璋的好尚，气度，性情，思想等等也正在那里变更，朝着与从前相反的方向！""她留在家里，不再关心学校的事：焕之回来跟她谈自编的教本试用得怎么样了，工场里新添了什么金工器械了，她都不感兴趣，好像听了无聊的故事"。② 对此情形，倪焕之得出一个结论："他现在有了一个妻子，但失去了一个恋人，一个同志！幻灭的悲凉网住他的心，比较去年感觉学生倦怠玩忽的时候，别有一种难受的况味。"③ 在此，叶圣陶尽管也为我们展现了性别的差异，甚至还把倪焕之的幻灭作为一个重要的内容凸显了出来，但这依然无法遮住其对女性的"同情之理解"。事实上，金佩璋对未来的母亲角色有了更多的遐想，这正是由其性别决定的。当然，在倪焕之的男性视域下，这种情形却被视为毫无价值的琐碎事情，与他们当初共有的文化启蒙的诉求相去甚远。但是，这种某一时段的兴趣转移，并不意味着"男主人公自私利己的一面"。相反，这种差异恰好从另一个维度上说明，个性意识已经觉醒的男性与女性，正以其自我的性别视域来解读对方，其印象尽管并不一定就准确，但从历史的维度来看，这一小步意味着历史发展中的一大步。正是由此为起点，男女开始双双跨越了性别的鸿沟，开启了搭建"同情之

① 孙铁：《北大先生们》，中国人民大学出版社 2003 年版，第 271 页。
② 叶圣陶：《倪焕之》，人民文学出版社 1962 年版，第 192 页。
③ 叶圣陶：《倪焕之》，人民文学出版社 1962 年版，第 197 页。

理解"的桥梁。

实际上,在民国教育的早期实践中,觉醒后的男性和女性,在自我解放的艰难历史进程中,都需要超越自我性别的局限,正视对方的性别特点,而不应用自我的性别来解读对方的性别内涵,这一主题恰好从深层上标示出《倪焕之》超越时代的深刻之所在。由此说来,叶圣陶对"倪焕之"们和"金佩璋"们的文学想象与文学书写,本身便具有极大的文学魅力,甚至其影响力依然穿越时空抵达当下。

<h2 style="text-align:center">三</h2>

在 20 世纪中国文学史中,身为作家的叶圣陶具有一定的特殊性。严格说来,他的第一身份是教师以及由此而来的教育家,第二身份是编辑以及由此而来的出版家,第三身份才是作家。本来,无意于成为作家的叶圣陶,却开了中国现代长篇小说的先河,成为中国文学史无法绕开的一个重要存在。那么,为什么无意于成为作家的叶圣陶却能够创作出包括长篇小说《倪焕之》在内的一系列小说?或者说,叶圣陶的身份转变对其确立中国现代文学书写范式到底有怎样的积极作用?

其一,教育实践为叶圣陶的文学创作提供了丰饶肥沃的土壤。

叶圣陶把教育当作改造国民的一种重要途径,这就赋予了教育以新民的作用。叶圣陶于 1912 年 2 月中学毕业,这正是民国教育革故鼎新之际,也是民国教育亟须人才之时,无力继续升学的叶圣陶便在苏州城一所初等小学当了教员。因为他看不惯"目光短浅"的同事和"煞有介事"的视学,对教育的热情开始减弱。1915 年秋,叶圣陶又到上海尚公小学,讲授国文。1917 年春,叶圣陶去角直镇第五高等学校任教。在此期间,他同其他同事进行"教育改革"的试验,开始对教学改革寄寓了很高的期望。此时,叶圣陶和接受过现代教育的胡墨林结婚。婚后,胡墨林来到"五高"任女子部级任。1919 年,五四运动波及该校,叶圣陶积极投身于其中。这为叶圣陶创作《倪焕之》作了充分的生活积累。

其实,值得我们追问的是,与叶圣陶同时代的其他同事或其他教师,也曾经投身于教改试验中,也曾经献身于五四运动中,但他们为何没有创作出类似《倪焕之》这样的长篇小说,反而是所受教育程度并不很高的叶圣陶能够创作出这样的长篇小说呢?这恐怕与叶圣陶赋予教育以改造社会的功能和意义有着直接的关系。

　　叶圣陶的教师身份不是出于一般的为稻粱谋的职业考虑，而是从教育启蒙的角度皈依和献身教育，这就使叶圣陶的小学教师职业和中国现代文学的启蒙诉求有了内在的统一性，这也正是他从小学教师身份向中国现代文学作家身份顺利转换的内在根源。一般说来，身份认同对一个人的成长具有极其重要的作用，一个具有自主情感和独立思想的人才会形成自我的身份认同，并对自我的社会角色有自觉担当，从而在从事文学创作时孕育出具有独立品格的文学作品。如果我们由此来审视叶圣陶从教师身份向作家身份转化的过程就会发现，正是源于对作家身份的认同，叶圣陶才自觉地把文学创作纳入自我的人生实践活动中，进行文学创作实践，并在创作实践的基础上对既有的人生体验进行文学上的形象思维，进而才会逐渐地孕育生成性格鲜明的人物形象，最终创作出优秀的文学作品。

　　叶圣陶作为一名小学教师，对教育有着切实的体验。他说："就我所晓得的情形而论，竟可说'不如意事常八九'"，"好现象纵不是没有，也只有二三分罢了。因为感喟频兴，思潮起落，觉得非'改弦更张'不可"。尤其值得赞许的是，叶圣陶还把人置于进化的历史坐标体系中，确认教育之于社会进化的重要作用："一人所作所为，如果是在进化历程里头，便算是个有价值的人。"[1] 正是基于对"有价值的人"的重视，叶圣陶视教育为培育出"有价值的人"的重要途径。对此，叶圣陶说过：小学教育的目标是"替学生定一个方向"，"打定一辈小学生具有真实明确的人生观"的"根基"，进而成为"更高尚的人"。[2] 这正与他的"改革人心，重造国魂"的文化启蒙诉求相吻合。

　　事实上，叶圣陶在《倪焕之》中所书写的内容大都有现实生活的影子。在角直镇4年多的时间里，叶圣陶和他的同事一起进行"教育实验"。他们自编国文课本，用白话文做教材，创办"生生农场"（"生生"是先生和学生的意思）、书店、博览室、礼堂、戏台、音乐室，举行师生同乐会、恳亲会，指导学生排练戏剧，组织学生远足，创造了一个充满时代气息和生活情趣的学校环境。由此看来，叶圣陶的小学教师的体验，甚至其与胡墨林的恋爱等人生经历，均赋予了《倪焕之》这部小说某种自叙传色彩。由此规避了那种从既有的理念来图解生活的弊端，使其创作出来的小说具有了写真的

---

①　叶圣陶：《今日中国的小学教育》，《新潮》1919 年 1 卷 4 号。

②　叶圣陶：《今日中国的小学教育》，《新潮》1919 年 1 卷 4 号。

历史价值。叶圣陶在他反思现实生活的作品中动情地写道："现在回头想一下，我似乎没有写什么自己不怎么清楚的事情。换句话说，空想的东西我写下来，倒不是硬要戒绝空想。我在城市里住，我在乡镇住，看见一些事情，我就写那些。我当教师，接触一些教育界的情形，我就写那些。中国革命逐渐发展，我粗浅的见到一些，我就写那些。"① 由此说来，如果离开了叶圣陶对教师身份的切身体验，没有自我独特发现与思考，他是绝难孕育并创作出《倪焕之》这部长篇小说的。

其二，编辑实践为叶圣陶的文学创作搭建了通向文学的桥梁。

走上编辑道路的叶圣陶，并非没有小说创作的切身体验。早在学校任教期间，他便对小说创作产生了兴趣。叶圣陶曾经说过："我写小说，并没有师承，十几岁的时候就喜欢自己瞎摸。如果不读英文，不接触那些用英文写的文学作品，我决不会写什么小说。读了些英文的文学作品，英文没有读通，连浅近的文法都没有搞清楚，可是文学的兴趣引起来了。这是意外的收获。当然，看些翻译作品也有关系。翻译作品，在我青年时代看起来，简直在经史百家以外另外有一种境界。"② 在此过程中，叶圣陶创作的一些小说陆续刊发出来："开头作小说记得是民国三年；投寄给小说周刊《礼拜六》，被登载了，便继续作了好多篇。"③ 因此，叶圣陶从教师转变为编辑后，就有了更多的机会从事文学创作，并相继创作出了一系列的小说。

当然，不可讳认的是，叶圣陶如果没有从事编辑工作，他也许会创作出一系列的小说，但像《倪焕之》这样的长篇小说就未必能够创作出来。实际上，正是他的编辑身份，使他获得了更具有洞察力的编辑的认同和提携。其中，特别值得一提的是编辑周予同。正是在周予同的鼓动和支持下，叶圣陶才走上了创作《倪焕之》的艰难跋涉之路。叶圣陶能够创作出《倪焕之》这部长篇小说，与其说是源于他有着丰厚的学校生活体验，毋宁说是他担任编辑之后对学校生活体验有了远距离的审美观照、有了更

---

① 叶圣陶：《〈叶圣陶选集〉（开明版）自序》，《叶圣陶集》第 18 卷，江苏教育出版社 2004 年版，第 317 页。

② 叶圣陶：《〈叶圣陶选集〉（开明版）自序》，《叶圣陶集》第 18 卷，江苏教育出版社 2004 年版，第 316 页。

③ 刘增人、冯光廉：《叶圣陶研究资料》，北京十月文艺出版社 1988 年版，第 115 页。

为广阔的文学创作空间。1923 年，叶圣陶进入商务印书馆，开始从事编辑出版工作，并主编《小说月报》等杂志。他走出原来的学校生活，来到另一个迥然区别于乡村学校的都市，转化了自我的社会角色，开始了文学编辑的生涯。在此过程中，叶圣陶对既有生活的审视已经不再是过去的感性认知，而是有了远距离的审美观照。这样一来，当叶圣陶重拾既有的学校生活记忆时，其创作出的长篇小说《倪焕之》既区别于远离现实生活的那些所谓的小说家们所创作的想象性小说，自然也区别于深陷现实生活之中缺乏一种远距离审美观照的小说家们所创作的纪实性小说，从而开创一代小说之新风。

其三，时代风尚对叶圣陶的文学创作产生了潜移默化的影响。

自从鸦片战争以来，中国社会危机便日渐凸显。诸多的思想家在反思晚清落后的原因时，都不约而同地把国民的愚昧落后当作了最为重要的原因。为此，他们把目光聚焦于教育。这些思想家都把教育提升到极高的地位："甲午庚子以还，内为志士所呼号，外受列强之侮辱，始知教育为中国存亡之绝大问题，于是众口一声，曰教育、教育。"[1] 正是在这种时代风尚的驱使下，新式教育开始日渐从边缘走向中心，与此相对应，文学也开始聚焦于教育，并因此出现了一种新的小说类型，那就是教育小说。晚清的一些作家开始关注教育问题，并通过对教育的文学想象与文学书写，为我们提供了晚清新式教育的"文学图景"。一般说来，晚清的教育小说可以分为作家自撰的白话"教育小说"和翻译家翻译的以文言为主的泰西的"教育小说"。像包天笑创作和翻译的一些有关教育的小说，便风靡一时。包天笑从事过《小说林》《小说时报》《小说大观》《小说画报》等杂志的编辑工作，并翻译和创作了大量的小说，其受邀在《教育杂志》《中华教育界》《教育研究》等教育性杂志上译述各国的教育小说，对学生的影响较大，其中最著名的是"三记"：《馨儿就学记》（1909 年，即后来的《爱的教育》）、《埋石弃石记》（1911 年）、《苦儿流浪记》（1912 年）。包天笑的《馨儿就学记》中的《扫墓》一节入选民初"商务版"高小国文课本，而在译述外国教育小说的同时，他同样不忘以传统白话章回形式自撰了一部着眼于新旧教育问题的长篇小说《青灯回味录》，在《教育杂志》上分期连载。由此来看，叶圣陶能够从事长篇小说《倪

---

[1]　钱曼倩、金林祥：《中国近代学制比较研究》，广东教育出版社 1996 年版，第 57 页。

焕之》的创作，恰是时代风尚作用的结果。1928 年，《教育杂志》的实际编辑人周予同约叶圣陶创作一部关于教育题材的长篇小说加以连载，这直接促成了其创作《倪焕之》的想法。那么，我们不禁要问，周予同为什么会约叶圣陶来创作一部关于教育题材的长篇小说连载呢？显然，周予同看重的是叶圣陶在学校的执教经历，以及其对学校生活有着切身的体验。而身为《教育杂志》的编辑，他又敏锐地意识到，教育题材的长篇小说连载在特定的历史时期具有独特的社会价值。这既是其期刊定位使然，也是编辑思想外化的结果。这样一来，周予同的约稿便促成了叶圣陶将自己的学校生活艺术地表现出来。对此情形，叶圣陶这样说过："因我有点教育界的经历、感受，于是答应下来，被逼上马。大约七八天写一个段落，以‘教育文艺'名目，连载十二期。从一九二八年一月动手，十一月十五日作毕。"① 由此看来，如果没有周予同的"逼迫"，叶圣陶也许不会在 1928 年走上创作《倪焕之》的道路。从这样的意义上说，文学生产并非像我们想象的那样简单，而是非常复杂的，其中值得我们发掘的就是哪些历史人物参与了文学生产，在这种文学生产的背后又隐含了怎样的时代风尚。

总的来看，在民国教育体制之下，关于教育的文学想象与文学书写虽然已经得到了人们的高度重视，但真正显现民国教育体制的现实价值及作用的文学书写，并没有获得同步发展。正是在此历史情形下，叶圣陶创作的长篇小说《倪焕之》横空出世，意味着中国现代文学与中国现代教育获得了发展。在民国教育体制确立的过程中，尽管还存在着这样或那样的问题，但是，民国教育体制作为迥然区别于传统教育的新范式，其进步意义是怎样估计都不过分。叶圣陶创作的《倪焕之》真实地记录了民国教育体制在确立过程中历经的种种艰辛，真实地记录了献身民国教育的倪焕之、金佩璋等现代知识分子的精神蜕变和情感裂变的种种艰难，其文学史的价值和意义是不容低估的。当我们把《倪焕之》置于民国教育的维度加以审视时，便会愈加真切地发现，这部作品不仅承载了历史大变迁的丰富内容，而且还具有丰富的文学原型内涵，蕴含着现代文学生产的内在规律，凸显了中国现代作家成长的某些共同轨迹。

---

① 吴泰昌：《〈倪焕之〉与侯绍裘》，见吴泰昌《艺文轶话》，中国工人出版社 1991 年版，第 87 页。

第四节　如何辩证地看待民国教育体制与
中国现代文学的关系

对待民国教育体制与中国现代文学的关系，一方面，我们要坚持实事求是的基本原则；另一方面，又要秉持客观公正的立场。也就是说，应该辩证地看待二者之间的关系，万不可把中国现代文学的发展全都归因于民国教育体制，更不能在中国现代文学和民国教育体制之间画上等号。具体来说，需要从以下几个方面加以确认：

其一，不能无原则地美化民国教育体制，过分拔高其对于中国现代文学的意义和作用。否则，我们就难以厘定民国教育体制与中国现代文学的关系，也难以真正从民国教育体制这一维度上对中国现代文学作出符合实际的阐释。

严格说来，民国教育体制与民国教育并不是同一个概念。民国教育体制是依照中华民国宪法确立的有关民国教育需要遵循的根本性制度。而民国教育则是由中华民国执政政府具体实施教育的内容，具体来说它分别经历了南京临时政府、北京北洋政府和南京国民政府三个历史时期，此间实施的民国教育，更多地体现了执政政府的意愿，属于民国教育。它所包含的教育内容，有些是符合民国教育体制的规范要求的，有些则是对它的背离。例如，北京北洋政府的尊孔、读经等教育要求，便严重地背离了民国教育体制的科学民主原则；南京国民政府把"三民主义"当作民国教育体制的指导思想，并将其推崇到无以复加的地步，则背离了民国教育体制平等自由的原则。而作为具有现代特性的教育体制，民国教育体制所恪守的"兼容并包"的办学原则，在具体实践中，所谓的"兼容并包"是不可能得到全面实现的。因为国民政府要通过行政权力干预民国教育，这就使其只能兼容为执政政府所认同的"主义"，也就是"三民主义"，而"共产主义"在其中便失却了"被兼容"的可能。这就是说，民国教育体制与北洋政府/国民政府主导下的民国，并不是对等或者等同的关系。

就民国教育体制的具体内容而言，因为依然继承了传统的考试形式，民国教育体制并没有真正把促成人的个性自由发展落到实处，相反，在某些情况下，它还阻碍了个人的自由发展，并对个人的文学创作带来某些桎梏。像西南联大这所民国政府主导下的特殊大学，在许多学者眼里，似乎成了现代教育典范，其实，如果我们认真加以审视便会发现，西南联大的考试形式也并不见得就完全符合科学、自由的原则。像汪曾祺这样的优秀学生，便因为大学的英语考试不及格而无法毕业。对此，作为过来人汪曾祺曾有过深刻的自我反省。但是，我们从中可以看到，这种教育给汪曾祺带来无法抹掉的精神创伤。这就提醒我们，在审视民国教育体制与中国现代文学的关系时，既要看到其积极的一面，也要看到其消极的一面，而不能简单地把中国现代文学所取得的巨大成绩完全归功于民国教育体制。否则，我们就犯了以偏概全的错误，就无法真正找寻到教育体制与文学发展之间的内在关联。

其二，民国教育体制并不是对传统教育的全面否定，而是在"扬弃"的基础上，通过继承和发展中国传统教育优良传统，促成民国教育体制由传统向现代的转型。

民国教育对中国现代文学的产生和发展具有巨大的作用，一方面得益于民国教育本身的优势，但同样重要的是，它还与传统教育获得现代转型具有密切的关系。在我们既有的观念中，似乎谈起民国教育体制，就认为是对传统教育的全盘否定，其实不然，民国教育在具体展开的过程中，不仅没有摒弃传统教育中的优秀因子，反而在民国教育体制内有所吸纳，由此促成其在传统教育的基础上，通过对西方现代教育的重构，完成了自我的现代转型。

中国现代文学的诸多作家的成长都蕴含着传统教育和现代教育的因子，二者是互为因果、互为动力的。中国传统的私塾教育、家庭教育等教育形式，尤其是积淀在传统教育中的"内圣外王"思想以及"修身齐家治国平天下"的儒家思想，使中国传统文人不管是身处庙堂还是远在江湖，都能够心系天下。甚至中华民国的缔造者孙中山所提出的"天下为公"的思想，就可以看作是这一传统思想向现代转型的典型个案；鲁迅也在私塾教育中获得了传统文化的滋养，那种"吾以吾血荐轩辕"的文化献身精神，便是中国传统文化的自然外化。正是因为有了这样的思想，他才完成了自我由传统向现代的文化转型。

从历史发展的脉络来看，追求不朽人生是传统文人孜孜以求的梦想，这就使中国传统文人把"立身""立德""立言"视为终身的理想追求。中国传统文论就一直重视文章在历史中的地位，把文章当作经国之大业，不朽之盛事。正是这样的一种价值取向，使人们把文学事业当作一个可以使生命更久远的伟大事业，从而使肉体可以寄托在文学上，获得更为久远的生命。实际的情况也是如此，正是这样的一种价值认同，使中国文人能够孜孜不倦甚至不惜牺牲生命来追求文学。像鲁迅等中国现代作家便是如此，他们把自己的文学创作当作对抗死亡的一种方式，这才使他们能够以超人的毅力和意志，在疾病缠身的情况下，依然执着于文学创作。正是因为他们坚信肉体可以消弭，但精神以及承载了他们精神的文学能够超越时空，直抵未来，进而获得后人的无限推崇。

其三，民国教育体制固然为大学教师从事文学创作提供了物质保障，但同时也对他们的文学创作形成一定的抑制。

在大学里，作家的创作并不被重视，存在被边缘化的现象；而知识则往往被视为学问，拥有的知识越多便被视为学问越大，其人自然便越受推崇。其实，这种认知偏差的根源在于传统的科举观念。在科举体制中，作家的创作是无法被纳入科举之列的，只有"四书五经"之类的著述才会进入科举体制中，进而获得为现有体制辩护的特殊权力。至于小说，尽管也能够为主流意识形态所利用，但就根本而言，文学作品还是无法直接满足其需求。一般来说，从事小说写作的作者受到自我感受和客观现实的制约，其塑造的人物形象往往打上现实的烙印，由此获得某种生活的真实。既然是真实地反映社会生活，那自然就和脱离社会现实的说教难以水乳交融，这也正是小说无法获得科举考试青睐的根本所在。因此，这种观念就使人们把小说视为难登大雅之堂的"末技小道"。与此相关联的还有，小说在刻画人物形象以及展开叙事的过程中，往往要从实际出发，操持着现实生活中普通人的话语，这就使那些"下里巴人"的话语和那些"阳春白雪"的话语难以贯通，由此使推崇学问的人，认为这种依照生活进行描摹的文学表达，远没有那种由学术话语构建起来的学术话语系统高雅。在此情形下，通俗便无法获得人们的憧憬，而高雅则得到人们膜拜。至于民国教育体制内设立的现代学科，如果因其反映了客观规律而受到推崇的话，那么，小说则因为径直地描摹现实生活，而鲜有科学的因子。在此情形下，那些操持着现代科学话语的教师自然也不会心悦诚服地推崇现代文学。

在大学体制内，知识崇拜根深蒂固而文学创作被边缘化，还有一个根本的原因，便是大学教师的职位并不是依据其文学创作的实绩而获得，而是缘于其所掌握的学问而获得的。这又在客观上使文学创作，对大学的教授等职级的升迁并没有直接的关联。这种情形，早在五四新文化运动期间便是如此，到了西南联大时期也是如此。鲁迅之所以能够被北京大学等学校聘请担任兼课教师，并不是缘于他在新文学创作方面所显示出来的实绩，而是来自他对中国小说史有着相当的知识积累；沈从文在西南联大期间之所以不被推崇，正是因为他所主讲的大一国文等课程，并没有楚辞之类的课程更显得有学问；至于汪曾祺在西南联大期间不为同属于新文学作家的朱自清所看重，就在于朱自清在这个时期对大学的文学教育，更看重的是学问，而一直致力于文学创作的汪曾祺，经常逃课又恰好没有在学问上给朱自清留下好的印象。这样对学问不甚推崇的学生，在推崇学问的老师眼里，自然就算不上什么好学生了。

朱自清对学术的坚守，还使他对新文学的传承持有一种抵触态度。如汪曾祺在西南联大肄业后，本来是可以传承沈从文的衣钵，留校担任大学教师，使西南联大的文学创作进一步获得繁荣，但是，朱自清并没有认同而是拒绝了汪曾祺。我们不能说朱自清对汪曾祺有什么偏见，而是说，作为朱自清那代学者来说，他们的文化观念和文化立场使他们对此并不持有积极的态度。在他们这代学者的心目中，大学教育中的学术的一面还是得到了很大程度的凸显，这和他们所接纳的大学教育有着紧密的关联，而沈从文等人在朱自清那里不被看重和推崇便是很自然的。这里也说明了一个基本事实，在大学传承的过程中，那些受到正规的文学教育的人，他们在心理上逐渐形成了一个基本的大学文学教育的图式，这就是在耳濡目染中所接纳的文学知识的传授，也就是学术在他们那里被当作一个极其重要的方面获得推崇，而那种中国传统的教学方式，尤其是师傅带徒弟、手把手式的教学方式并没有获得认同。

为什么朱自清等人，并不是非常认同沈从文等人所代表的那种文学传承方式呢？这就涉及怎样理解知识分子对学术价值的理解问题。在学院派的知识分子那里，学术实际上是他们实现社会价值的一个重要方式和途径，所谓的"修身齐家治国平天下"就是这种路径的基本体现。那么，他们认同什么以及拒绝什么，就与"修身齐家治国平天下"的价值体系有着深刻的关联了。也就是说，一切的价值尺度只有放到这个平台上，才会找寻到自我的位置，也才会获得自我的顺序。朱自清等学者型的人物（包括像闻一多等诗人），最后也走向了学术研究之路，而逐渐地疏远了新诗创作的道路，正是这种价值体系作用的结果。况且，作为大学教授，不仅在当时的社会中拥有较为显赫的社会地位，而且还可以因进入大学教育的体制，进而获得较为丰厚的报酬，这一点是一般作家所无法比拟的。因此，作家在未能获得体制认同的情况下，单纯地依靠创作养活自己，还是有一定困难的。作家职业只能作为一种正统的职业之外的副业，而无法独立存在。因此，沈从文也就只好在大学的体制中获得认同，进而为自己的文学创作找寻到进一步展开的物质基础。

那么，作家为什么会处于一种如此尴尬的情境中呢？这恐怕与整个社会的价值体系有着紧密的关联。作为知识分子，一般所要刻意建构的是"穷则独善其身、达则兼济天下"的价值体系。也就是说，知识分子所推崇的是能够"平天下"的文章，是能够"究天人之际，成一家之言"的文章，因此，那些理论性的宏大建构就获得认同和推崇，而那些所谓的琐碎的事情则被看作大丈夫不屑为之的"末技小道"。沈从文等人的文学创作，在大学里没有获得推崇，就与这种观念有着直接的关联。正是在此情形下，汪曾祺不被朱自清所认可和推崇，也就在情理之中。

其实，身在大学的教师，在潜意识里对创作的排斥乃至压抑正是与其知识认同乃至崇拜有关。鲁迅曾经就小说家侵入文坛有过这样的解释："小说家的侵入文坛，仅是开始'文学革命'运动，即一九一七年以来的事。自然，一方面是由于社会的要求的，另一方面则是受了西洋文学的影响。"① 这就是说，新小说家侵入文坛是在 1917 年开始的，其时间自然不算很长；至于新小说家侵入"讲坛"，自然要比侵入文坛晚一点，这可以从 20世纪 20 年代算起，鲁迅在大学里兼课便可以看作肇始点之一，沈从文进入大学担任教师，自然可以看作新小说家侵入"讲坛"的典型个案，其间，沈从文如履薄冰的授课经历，自然是新小说家侵入"讲坛"时所面临的尴尬的真实写照。② 20 世纪三四十年代，在大学校园里的作家型教师，为什么会从文坛的论争中急流勇退，开始潜心于学术和翻译，致力于另外一种人生展开形式？1939 年，朱自清在日记中就这样记载了他在潜意识中的学术情结："下午在今甫家与莘田、今甫商谈大一国文问题。谈到关于闻的态度时，我述说我的学术地位低得可怜，这确实有些失态。"③ 在日记中，朱自清把自己潜意识中的思想表现得很明白，那就是他的"学术地位低得可怜"，那么，为什么在散文创作方面已经取得了如此之大成绩的朱自清，还

① 鲁迅：《〈草鞋脚〉小引》，《鲁迅全集》第 6 卷，人民文学出版社 1981 年版，第 20 页。
② 沈从文在中国公学讲课的情景，详见本课题关于沈从文的专节。
③ 朱乔森编：《朱自清全集》第 10 卷《日记编·日记（下）》，江苏教育出版社 1998 年版，第 25 页。

斤斤计较于学术地位呢？显然，这正是他在潜意识中推崇学术而拒斥文学创作的自然结果。然而，学术地位又是由什么决定的呢？这自然就是关于古典文学的知识——正是因为这一点，对《庄子》较为娴熟的刘文典，才会"居功自傲"，甚至"蔑视"新文学作家沈从文。这也无怪沈从文在 1940 年对新文学与大学的关系有着极深刻的识见，认为新文学"一与学校离开，五四文学革命的发源地，北京大学，到民十六以后，就只好放弃了北大之所以为北大的进取精神，把师生精力向音韵训诂小学考据方面去发展。这结果在学术上当然占了一个位置，即'老古董'位置"。在沈从文看来，"文运与大学一脱离，就与教育脱离，萎靡、堕落、无生气，都是应有的结果。学校一与文运分离，也不免难得保守、退化、无生气、无朝气"。① 沈从文的这种洞幽烛微的独到见解，恰好来自他对大学里新文学创作被边缘化的真切感受。无论是那些擅长古典文学研究的学者，还是那些擅长新文学创作的作家型学者，抑或是被边缘化的新小说家，他们对中国现代文学创作的认识，竟然达到了"异曲同工之妙"。

在西南联大，除了新文学作家朱自清之外，新诗诗人闻一多也有一个学术上的转向问题。闻一多从关注社会现实的新诗人，到钻进故纸堆中的学者，同样是大学对学问崇拜等诸多因素共同作用的结果。尤其值得我们深思的是，促成闻一多转向的诸多因素中也包含思想最活跃的学生因素。在国立青岛大学时期，学生们发起了驱逐"不学无术文人闻一多"的行动，也许正是这一事件深深刺激了闻一多对大学里的学问进行再定位。毕竟，新诗诗人的桂冠，依然无法掩盖其学问稍逊一筹的尴尬。当然，我们对此不能苛求学生，而应该从民国教育体制上来进行反思。其实，正是民国教育体制对学问的特别推崇，以及据此确立的考试制度，才使新文学创作在大学里竟然如此艰难。

其四，民国教育体制并没有培育出一批民国体制的拥戴者，反而在体制内造就了一批民国体制的反叛者，这恰是民国体制、民国教育体制以及民国教育的悖论之表现。

民国教育体制作为民国体制的衍生物，严格说来，其出发点和落脚点应该在如何更好地维护民国体制上。然而，在民国教育实践中，北京政府和嗣后的国民政府背离了民国政体的做法极大地损害了民国教育体制，使

---

① 沈从文：《文运的重建》，《沈从文全集》第 12 卷，北岳文艺出版社 2002 年版，第 82 页。

其无法有效地规范和制约民国教育实践循着正确的轨道前进，更有甚者，它在某种程度上还架空了民国教育体制，使民国体制、民国教育体制，有其名无其实。正如毛泽东所说的那样："这个国体问题，从前清末年起，闹了几十年还没有闹清楚"；"国体——各革命阶级联合专政。政体——民主集中制。这就是新民主主义的政治，这就是新民主主义的共和国，这就是抗日统一战线的共和国，这就是三大政策的新三民主义的共和国，这就是名副其实的中华民国。我们现在虽有中华民国之名，尚无中华民国之实，循名责实，这就是今天的工作"。① 这就是说，从客观现实来看，中华民国是徒有虚名。这不得不使人们"循名责实"。民国教育体制之所以没有获得预期的目标，既与民国教育实践背离了其宗旨要求有关，又与民国政体的确立被分解成了训政有关，而训政就其实际来看，恰与国民党的专政统治相适应。对此，有学者这样分析过："孙逸仙早年发展了训政概念，认为政党的使命在于动员民众参与政治，同时指导民众的政治行为。……到了 1914 年，在孙逸仙的观念中，训政任务必须由拥有专政权力的政党来承担。这样，甚至在列宁主义政党的专政尚未在俄国实现并移植到中国之前，就已为它的专政准备了条件。……在 20 年代，当国民党和共产党按列宁主义的模式组织起来时，两党以各不相同的民族主义和社会主义的混合为基础，都对合法性提出新要求。然而，两党不久都不承认对方的道德合法性，并力图消灭对方。……由于国民党变得更像一个维持现状的党，孙逸仙的思想只是堂而皇之地出现在口号上，已不能吸引多少知识分子。"② 这表明，在国民党所主导的国民政府的教育体制中，自由、民主等现代诉求并没有获得实现，相反，倒是专制、独裁占据了主导地位，它严重背离了民国教育体制的要求，由此促使那些流落于体制之外的知识分子，不得不诉求于共产主义，由此走上了反抗民国教育的道路。这便是 20 世纪 20 年代左翼运动和左翼文学运动的兴起。

从民国教育体制来审视的话，我们可以发现，那些参与了左翼文学运动的作家，大都身处民国教育体制的边缘，并没有被纳入民国教育体制中。他们大多来自社会底层，因而与国民政府所认同的主流意识形态无法兼容。对

---

① 毛泽东：《新民主主义论》，《毛泽东选集》第 2 卷，人民出版社 1991 年版，第 677 页。
② ［美］费正清、费维恺：《剑桥中华民国史·总编辑序》（1912—1949 年）（下），中国社会科学出版社 1998 年版，第 80—82 页。

此，苏雪林曾经这样说过："五卅以后，赤焰大张，上海号为中国文化中心，竟完全被左翼作家支配。所有比较闻名的作家无不沾染赤色思想。他们文笔既佳，名望复大，又惯与出版事业合作。上海除商务印书馆、中华书局、世界书局几个老招牌的书店以外，其余几乎都成了他们御用出版机关。他们灌输赤化从文学入手，推广至于艺术（如木刻、漫画）戏剧电影等等，造成清一色的赤色文化；甚至教科书的编制，中学生的读物，也要插进一脚。"①　那么，在五卅之后，左翼文学为什么会在上海租界"如入无人之境"主导了文学艺术和教育的诸多方面，以至于使国民政府处于被动应付的局面呢？

其实，这一问题的核心，在于左翼文学对民众的关怀和对特权的反抗使其赢得了人民的拥戴。中华民国建立以来、尤其是五四新文化运动以来，科学、民主、平等和自由等话语得到了特别的推崇，这无疑是与民国政体所确认的科学、民主、平等和自由等话语是对接的，也是共和政体应有之义。然而，国民政府中的政党政治却对民主共和进行置换，它把民主共和的现代政体置换成了政党统摄下的政党政体。这样一来，南京国民政府确立领导地位之后，便受到了以下几个方面的质疑：其一，来自国民党政党之外的共产党的质疑和反抗；其二，来自民主党派和民间团体对国民党专政合法性的质疑和反对；其三，来自国民党内部不同派系对以蒋介石为代表领袖的合法性和合理性的质疑和排挤；其四，来自民间对民主共和政体所确立的理想社会与既有社会秩序紊乱的质疑和反抗。正是在四大历史合力的共同作用下，左翼文学获得来自社会各个阶层的理解乃至认同，具有了极其广泛的群众基础和社会基础。所以，民国时期的左翼文学，也获得了其他民主党派以及追寻民主自由的现代知识分子的认同和推崇。如蔡元培、宋庆龄等人，在左翼文学运动的代表性作家鲁迅去世后，组成的治丧委员会中也有不少民主党派人士。显然，这种广泛的认同和接纳，正是左翼文学运动能够风靡一时的根本原因所在。这种广泛的认同和接纳，恰是民国体制、民国教育体制以及民国教育的悖论之表现。

总的来说，民国教育体制与中国现代文学的关系是极其复杂的。就其实际而言，它远不像我们分析的那样条理清晰、泾渭分明，而是呈现出错综复

① 胡适、苏雪林：《关于当前文化动态的讨论（通信）》，《鲁迅研究学术论著资料汇编》第2卷（1936—1939），中国文联出版公司1986年版，第691页。

杂、正负兼有的状态。甚至在某些情形下，民国教育体制积极作用的背后，恰好蕴含着消极的因素；消极作用的背后，又隐含着积极的因子。因此，民国教育体制既孕育和促成了中国现代文学的发生和发展，又规范和制约了中国现代文学所可能企及的高度和限度。

第三章 民国教育体制下文学课程的传授

民国教育体制的确立，使文学教育在各级各类学校中获得合法性，文学课程被纳入民国教育体系中，成为民国教育法定的课程。与此同时，一些专门从事中国现代文学创作的作家进入各级各类学校，讲授文学课程，从而在民国教育体制下开启了中国现代文学教育的艰难历程。其中，需要关注的有两位中国现代文学作家：一个是鲁迅，另一个是沈从文。

在民国教育体制的保障下，鲁迅可以自由地穿行于大学进行演讲、兼课，甚至一度还到厦门大学、中山大学从事专门的教学工作。鲁迅尽管由于种种原因中断了在大学里的文学教育，但他从教育部佥事这样的公职身份到新文学作家、再到大学的兼课教师等身份，恰好说明了民国教育体制具有相对的开放性和兼容性。

在民国教育体制的保障下，没有留学背景或大学教育背景的沈从文进入大学从事新文学课程的教学工作，则从另一维度说明，民国教育体制对新文学课程的接纳和推崇，使沈从文这样的新文学作家，凭借其从事新文学创作的实绩，依然在大学里获得安身立命的根基。民国教育体制能够接纳身为作家的沈从文，与民国的教育体制对大学的教职具有宽泛的限定有着直接的关联。教育部颁发的《大学教师资格条例》规定："凡于学术有特别研究而无学位者，经大学之评议会议决，可充大学助教或讲师。"沈从文之所以能够进入大学，也正是得力于其对新文学"有特别研究而无学位"。具体来说，则是得力于他在新文学创作方面的实绩，而不是所谓的纯粹的学术研究。显然，像沈从文讲授的文学教育课程对新文学在大学的代际传承，起到了极其重要的作用。沈从文从青岛大学到西南联大等从事文学教育课程的经历，相对于其个人发展而言仅仅是一小步，但相对于中国现代文学而言则是一大步。由此一来，原来被视为末技小道的小说，开始在大学课堂上获得一席之地，甚至备受学生的推崇。自然，沈从文作为教师，不仅在大学的课堂上讲授新文学课程，而且还在学生的邀请下专门就短篇小说发表讲演。所有这一切均表明，在民国教育体制下，文学课程得到了传授的法定空间，这便使新文学由此进入了大学的课堂，因而也从根本上为新文学在大学里获得存在和发展的空间奠定了坚实的基础。

第一节　民国教育体制下的鲁迅演讲及新文学传承①

在五四新文化运动中，鲁迅发表的一系列"格式特别"的现代小说，引起了文坛的高度重视；他被许多文学青年或社会名流邀请到学校演讲，同时也受到了热烈欢迎。鲁迅的演讲成为他参与社会文化活动、传播新文化的重要方式。关于鲁迅演讲这个话题，1944 年，林辰就写了《鲁迅演讲系年》，这是较早关注鲁迅演讲的著述；1981 年，马蹄疾编辑出版了《鲁迅讲演考》，对鲁迅的演讲进行了较为系统的梳理，这为人们的进一步研究提供了极大便利；2004 年，江力编辑出版了《鲁迅报告》②，该书主要选录了鲁迅 16 篇演讲和自传；2007 年，傅国涌编辑出版了"迄今为止最完整的鲁迅讲演全集"——《鲁迅的声音》③。但遗憾的是，以往的研究对鲁迅演讲的深入阐释还做得很不够，尤其是尚缺少把鲁迅演讲纳入民国教育体制内的专门研究。那么，鲁迅演讲的基本情况究竟怎样？其艺术价值何在？鲁迅演讲与民国教育体制之间又是怎样的关系？这些正是本节主要探讨的问题。

一

清末民初，演讲作为宣讲思想和鼓动革命的一种重要方式，受到了仁人志士的高度推崇。许多革命者、思想者本身也是演讲家，如孙中山、梁启超等人，都具有高超的演讲才能。早在鲁迅日本留学期间，就积极参加集会、听演讲："当时鲁迅在弘文学习日语，是比较紧张的。一有余暇，就参加集会，听讲演，与浙江革命机关暗中接触。"④ 这说明，鲁迅对演讲的热情，在某种程度上超过了学习日语的渴求，这对鲁迅后来走上演讲的道路，具有一定的奠基作用。至于鲁迅从什么时间开始演讲，目前有文字记载的是1911 年 11 月 5 日，他在绍兴开元寺举行的迎接辛亥革命的大会上作的演讲。① 实际情况也许更早，鲁迅 1909 年归国后便担任教师，他在课堂上的授课尽管算不上严格意义上的演讲，但也具有演讲的某些意味。鲁迅早期担任教师的履历，锻炼了他讲话的能力，对他从容地驾驭演讲艺术，自有其不可或缺的作用。

根据有关数据的统计，鲁迅一生公开演讲不下 68 次②。鲁迅的演讲较为集中的时间是 1926 年、1927 年和 1930 年，这 3 年的演讲分别为 6 次、23 次和 10 次。鲁迅曾经这样说过："我是不大出来演讲的；今天到此地来，不过因为说过了好几次，来讲一回也算了却一件事。我所以不出来演讲，一则没有什么意见可讲，二则刚才这位先生说过，在座的很多读过我的书，我更不能讲什么。书上的人大概比实物好一点，《红楼梦》里面的人物，像贾宝玉、林黛玉这些人物，都使我有异样的同情；后来，考究一些当时的事实，到北京后，看看梅兰芳、姜妙香扮的贾宝玉、林黛玉，觉得并不怎样高明。"③ 但是，当受到再三邀请的时候，鲁迅还是会被"逼上梁山"。其实，演讲作为一种通过包括体态语言在内的传播形式，与用语言垒积而成的文章是具有极其显著差异的。

鲁迅在 1926 年之前的演讲不是很多，这也许与鲁迅作为教育部的金事有关，他除了身在民国教育体制之内，还在大学里有兼职的机会。鲁迅担任兼职教师期间，自然要履行教师授课的义务，这便在客观上减少了演讲的机会。1920 年秋，鲁迅兼任北京大学及北京高等师范学校讲师；1923 年秋，鲁迅兼任北京大学、北京师范大学、北京女子高等师范学校及世界语专门学校讲师。1925 年秋，兼任北京大学、北京女子师范大学、中国大学讲师，黎明中学教员。1926 年 1 月，新任教育总长易培基取消了对鲁迅的免职处分，恢复了他在教育部的职位。"三·一八"惨案后，鲁迅离开北京前往厦门，任厦门大学文科教授。进入南方高校的鲁迅，深受那些读过他的《呐喊》《彷徨》的学生们的推崇。能够亲自聆听鲁迅的演讲，目睹鲁迅的风采，自然是学生们渴望已久的。正是在此情形下，远离了民国教育体制的鲁

① 江力：《鲁迅报告》，新世界出版社 2004 年版，第 191 页。
② 江力：《鲁迅报告》，新世界出版社 2004 年版，第 191 页。
③ 鲁迅著，傅国涌编：《鲁迅的声音：鲁迅讲演全集》，珠海出版社 2007 年版，第 56 页。

迅，在学生们的盛情邀请下，其演讲也就多了起来。1926年年底，鲁迅因对厦门大学中的少数人不满而辞职。1927年1月，鲁迅到广州，任中山大学文学系主任兼教务主任。在"四·一二"之后，他辞去了中山大学的职务。在广州期间，鲁迅应邀做了几次重要的演讲，甚至还到香港做了重要演讲。1927年10月，鲁迅到达上海，并应邀到劳动大学、立达学园、复旦大学、暨南大学、大夏大学、中华大学、光华大学等演讲。此后，鲁迅便长期寓居上海，偶尔北上省亲，也会应学生或故旧之邀，到一些学校演讲。

　　鲁迅的每次演讲时间一般不是很长，很少超过一个小时，一般就是一节课的时间。鲁迅在日记中就这样记载了他在北京女子高等师范学校文艺会上的演讲："夜……往女子师校文艺会讲演，半小时毕。"[1] 1931年7月20日，鲁迅记载道："晚往暑期学校演讲一小时，题为《上海文艺之一瞥》。"[2] 1932年11月鲁迅在北京大学的演讲，时间也大抵如此。曾经亲炙鲁迅演讲的学生严薇青便这样回忆道："几十分钟的富有战斗性的讲演，很快就过去了。"[3] 这说明，鲁迅的讲演时间恰如其杂文形式一样，一般没有冗长的内容，大都短小精悍，往往在半个小时到一个小时之内就把思想传达完毕。当然，鲁迅的讲演也有例外的情况。如鲁迅所作的《魏晋风度及文章与药及酒之关系》的演讲："鲁迅的讲演是分两次讲的，一次是七月二十三日，一次是七月二十六日，每次都讲了约莫两个小时。那时广州的天气闷热，是多雨天。市师的礼堂又很小，最多坐三四百人，但那两天到了很多人，光坐的就有五六百人，还有站着听的。"[4] 然而，像这样的演讲，已经带有"专题报告"的意味，其所用时间较多便在情理之中了。

　　演讲是通过声音传达思想和感情的，其"声音"本身非常重要。鲁迅演讲是带有官话的浙江话。这种声音尽管和官话有一定的差异，但其本身还是带有官话的某些韵味，这使来自不同地域、操持不同方言的人，基本上能够听懂鲁迅的演讲。这与历代统治者非常重视官话的推广和使用有关。如果没有官话作为全国统一的语音为基础，人人操持着各地方言，那么，语言的

　　① 《鲁迅日记》，人民出版社1959年版，第409页。

　　② 《鲁迅日记》，人民出版社1959年版，第746页。

　　③ 严薇青：《回忆在北大二院听鲁迅先生的讲演》，《鲁迅在北京（二）》，山东师范学院聊城分院，1978年4月，第213页。

　　④ 欧阳山：《南中国文学会及其他》，载钟敬文、林语堂等《永在的温情——文化名人忆鲁迅》，河北教育出版社2000年版，第39页。

口头交流就无法进行，大一统的国家也不会形成。鲁迅尽管在绍兴长大成人，但其祖父长期为官，这不能不影响到鲁迅的语音，使其浙江话带有某些官话的韵味；1898 年，鲁迅离开故乡到南京求学，其语音自然就融汇了更多的官话。这样一来，鲁迅的语音就不再是那种地道的方言，而是"半方音半官话"的浙江话。演讲作为以语音为载体进行思想与情感交流的重要方式，演讲者的口头语言能为听众"听得懂"，是至关重要的。鲁迅的半浙江话半官话，便使更多的学生"听得懂"，"听得进"，这才会营造出思想与情感双向互动的效果。对此情形，许多人都回顾了聆听鲁迅演讲时的情形，他们会时而大笑、时而沉思。

　　鲁迅的浙江话，尽管已经不再是纯粹意义上的方言而是融汇了官话的语音，但这样带有方言的语音对有些听众来讲，还是有些艰涩难懂。对此，不止一人曾经有过这样的回忆："他的浙江口音比较重，听起来相当吃力，但是语言简练，大部分能听得懂。"① "给我印象最深的是，鲁迅先生在讲话结束时，操着他那浓重的浙江口音，大声地勉励同学说：'希望同学们要做一棵大树，不要做绿豆芽。'"② "鲁迅先生是绍兴人，马寅初博士也是绍兴府（嵊县）人。他们讲话的口音，福建同学和教师都不大听得懂。"③ 在某些演讲条件不是很理想的情况下，这种情况就更为明显。如鲁迅在露天演讲时，便因为风大，致使那些"记录者"都无法听懂他那满口的浙江话，但是，源于演讲不仅是通过语音，而且还是通过体态语言传递思想交流情感的，所以，听众即便对鲁迅的"浙江话"听不太懂，"人们却很安静，好像已经满足了，个个都闭着嘴仰起头来把他望着，始终没有人作声"。④ 这正说明，鲁迅头上的作家、思想家、战士等诸多光环与其演讲一起，构成了他的演讲被推崇备至的要件。

　　鲁迅演讲时的语速，并不是疾言厉色而是娓娓道来的徐缓语速。在人们

---

　　① 严薇青：《回忆在北大二院听鲁迅先生的讲演》，《鲁迅在北京（二）》，山东师范学院聊城分院，1978 年 4 月，第 209 页。

　　② 刘淑度：《回忆鲁迅先生二三事》，载萧红、俞芳等《我记忆中的鲁迅先生——女性笔下的鲁迅》，河北教育出版社 2000 年版，第 113—114 页。

　　③ 倪文宙：《深情忆念鲁迅师》，载柳亚子等《高山仰止——社会名流忆鲁迅》，河北教育出版社 2000 年版，第 69 页。

　　④ 王志之：《群众包围中的鲁迅》，载孙伏园、许钦文《鲁迅先生二三事——前期弟子忆鲁迅》，河北教育出版社 2000 年版，第 24 页。

的印象中，富有战斗精神的鲁迅应与"疾言厉色"的鲁迅联系在一起，其实，鲁迅演讲所体现出来的战斗精神，是与其思想的深度相联系的，至于其语速则是徐缓的。对此，有人这样说鲁迅的演讲"口调是徐缓的，像是跟自己人谈家常一样的亲切"①，鲁迅"声音不大，但是沉着、有力"②。事实上，鲁迅采用这种徐缓的口调进行演讲，正是为了拉近演讲者与听众之间的距离，便于演讲者与听众之间的思想和情感双向对流。鲁迅演讲的徐缓语速与他在演讲中所显示出来的战斗锋芒形成强烈反差，恰好说明他是深谙演讲艺术三昧的。

鲁迅的演讲一般没有预先起草好的演讲稿，而是先有大体的眉目，预先拟定好了题目，至多也就是有一个大纲，在演讲现场再即兴发挥。鲁迅的演讲没有底稿，自然也就没有供报纸发表的"通稿"，鲁迅的有些演讲已经随着声音的消失而了无痕迹，但更多的演讲还是被热心的学生记录了下来。鲁迅对自己的演讲非常看重，他总是认真订正学生记录下来的演讲，然后再交付报刊发表，这正体现了鲁迅严谨认真的态度。鲁迅说过："我凡有东西发表，无论讲义，演说，是必须自己看过的。"③ 像鲁迅 1923 年 12 月 26 日在北京女子高等师范学校文艺会上作了题为《娜拉走后怎样》的演讲，"讲演记录稿最初载北京女子高等师范学校《文艺会刊》第六期，经鲁迅重加校订后，转载于一九二四年八月一日《妇女杂志》第十卷第八号，署'鲁迅讲演，陆学仁、何肇葆笔记'。后由鲁迅编入《坟》"④。

大学聘任兼课教师支付课酬是必不可少的，但一些社团或组织邀请鲁迅演讲，是否还要支付酬金，我们不得而知。在日记中，鲁迅曾清楚地记载了自己领取课酬的具体信息，鲁迅的兼课课酬成为他担任教育部金事羞涩收入的一种补充形式。但在日记中，鲁迅却没有详细记载演讲酬劳的有关信息。这说明，鲁迅对于演讲不注重其经济利益方面的考虑，他更看重的是经济之外的社会因素。具体来说，他更看重演讲的文化启蒙的功效。事实上，那些热爱文学的学生，以学生社团的名义邀请鲁迅演讲，自然谈不上酬金了。梁

① 郑伯奇：《鲁迅先生的演讲》，载钟敬文、林语堂等《永在的温情——文化名人忆鲁迅》，河北教育出版社 2000 年版，第 24 页。

② 严薇青：《回忆在北大二院听鲁迅先生的讲演》，《鲁迅在北京（二）》，山东师范学院聊城分院，1978 年 4 月，第 209 页。

③ 鲁迅：《通信》，《鲁迅全集》第 3 卷，人民文学出版社 1981 年版，第 447 页。

④ 马蹄疾：《鲁迅讲演考》，黑龙江人民出版社 1981 年版，第 8—9 页。

实秋曾经回忆过他们邀请周作人到清华演讲的具体情形："我在清华读书的时候，代表清华文学社见他，邀他到清华演讲。那个时代，一个年轻学生可以不经介绍径自拜访一位学者，并且邀他演讲，而且毫无报酬，好像不算是失礼的事。如今手续似乎更简便了，往往是一通电话便可以邀请一位素未谋面的人去讲演什么的。我当年就是这样冒冒失失的慕名拜访。"① 周作人如此，鲁迅自然也相似。1932 年，鲁迅在北京师范大学学生的邀请下进行了演讲。起初，学生要邀请鲁迅演讲时，该校国文系主任钱玄同持反对态度，但这并没有影响学生邀请鲁迅演讲的具体行动。在此情形下，酬金自然就谈不上了。因此，当鲁迅在北京师范大学演讲时，多少还带有"卷土重来"的挑战意味，演讲在此转化成了"思想交锋"的一种重要形式。其根本动因是基于文化启蒙的社会需要。

当然，鲁迅的演讲并非都没有酬金，那些带有体制色彩的学校，在邀请鲁迅演讲时，还是要支付酬金的，只不过这些演讲多带有讲课的色彩。如鲁迅在陕西讲学，便获得了较高的报酬："在陕西讲学，一个月时间得酬三百元。我们有三个人不到一月便走了，鲁迅先生和我商量：只要够旅费，我们应该把陕西人的钱在陕西用掉。后来打听得易俗社的戏曲学校和戏园经费困难，我们便捐了一点钱给易俗社。"② 当然，像这种以"讲学"为主的演讲，时间长，往返费用高，更带有授课的色彩，与那种一个来小时的演讲已经大不相同了。

鲁迅在演讲时大都是以作家的身份出场。鲁迅在 1926 年之前的演讲，其身份是多重的。他在民国教育体制内的身份是教育部佥事，在大学的体制内则是兼课教师，在体制外，则是新文学作家。所以，鲁迅以何种身份演讲，其所体现出来的价值尺度是不一样的。鲁迅之所以被邀请去作演讲，就在于他在新文学创作实践中建立起了巨大声誉。这种情形，在鲁迅脱离了民国教育体制之后，表现得更为明显。中山大学聘任鲁迅为该校教授时，是这样介绍的："新文学家周树人先生，为文学界健将；前任北大文科教授，力倡新文化，学者翕然宗之，嗣后北大学生从之南行者，颇不乏人；此次政府革新，本校委员会就职之始，即锐意整顿，对于各科教授人才，复竭力罗

① 梁实秋：《忆周作人先生》，《槐园梦忆》，天津人民出版社 2013 年版，第 214 页。

② 孙伏园：《忆鲁迅先生》，载钟敬文、林语堂等《永在的温情——文化名人忆鲁迅》，河北教育出版社 2000 年版，第 60 页。

致；以周君为近世巨子，特聘其来粤主教文科，函电敦促，至三四次，兹得周先生复函：允即南下，准年底可以到粤；北大厦大等学生，拟随其转学本校者，为数亦近百人。"①由此可见，鲁迅被聘为教授，突出的并不是他在中国古代小说史方面的造诣，而是他在新文学创作方面的成就；与此相似，鲁迅在演讲时的身份，多是基于他在新文学创作方面的非凡成就。这表明，随着民国教育体制的确立和发展，新文学在青年学生中已经确立了不可撼动的中心地位。由此说来，鲁迅作为文学界之"健将"在学生中演讲，便对传播新文学、扩大新文学地盘，争取更多的青年学生成为新文学的传承者，有积极的作用。

当然，演讲还算不上鲁迅人生最重要的展开形式，但考虑到鲁迅的演讲大都转化为文章，其中还不乏一些在文学史上流传甚广的名篇，如《娜拉走后怎样》《魏晋风度及文章与药及酒之关系》《上海文艺之一瞥》等，这就使鲁迅的演讲成为他文学创作的重要组成部分。鲁迅在公开场合用声音直接传达思想和情感的演讲，还与他坐在书斋中创作出来的文章一道体现了民国教育体制对鲁迅其人其文接纳的程度和广度。

<h2 style="text-align:center">二</h2>

鲁迅的演讲尽管没有底稿，却能做到行云流水，一气呵成，这与他娴熟的演讲艺术关系密切。鲁迅作为生活在民国教育体制缝隙中的作家，在演讲时，既能回应接受对象的关切，又为自己与体制之间的紧张关系留有余地，进而提出切中肯綮的见解，从而自由地穿行于波诡云谲的现实政治中，既达到了保存自我之目的，又达到了宣传新文学、新思想之功效。具体来说，鲁迅演讲的高超艺术体现在以下三个方面：

其一，鲁迅的演讲既富有现实针对性，又规避敏感的政治话题，以确保演讲在民国体制内获得合法性认同。

如何对待现实政治问题，鲁迅有自己独到的应对策略。他对中国文化改造的艰巨性有着清醒的认识，注重韧性的战斗精神，强调打阵地战，对那种希图一蹴而就的激进主义，并不是非常认同。这表现在他对演讲的把握上，便是注意规避话题的政治敏感性，以免其演讲与民国政体相矛盾，由此失却

---

① 《本校增聘名教授及整理医科附属医院》，《国立中山大学校报》第3期，1927年1月1日。也可参阅《鲁迅在广州》，第203页。

了"安身立命"的根本。鲁迅不像郭沫若那样，发表诸如《试看今日之蒋介石》之类的政治立场极其鲜明的檄文，从而把自己"逼上梁山"。鲁迅对现实政治采取的是相对疏离的人生姿态。他既保持了对现实政治的警惕和批评，又不至于闹到决裂的程度，以至于在国内无立锥之地。同是反抗蒋介石的清党运动，鲁迅与郭沫若那种水火不容的讨伐截然不同，他采取了借古喻今的隐晦方式，通过谈论魏晋风度，达到讽喻现实的目的。客观地说，鲁迅采取这种韧性的斗争策略，是与他改造国民性思想一脉相承的。在鲁迅思想的深处，他清楚地意识到，中国问题之解决，并不是通过打倒或者消灭一个人就可以完成的。这体现了鲁迅的生存智慧。所以，鲁迅的演讲既不会为了迎合听众的心理就"剑走偏锋"，也不会为了迎合政府的要求便"中规中矩"，更不会为既有体制的弊端存在的合法性和合理性而辩护。鲁迅的演讲注重阐释时对辩证思维的运用，这最终使他的演讲既达到了宣传之效能，又得到了民国体制的默许。如1932年11月鲁迅在北京大学的演讲，便是成功地游走于民国体制与民间需要的范例。对此演讲，学生严薇青曾经有过这样的回忆："根据当时北京的情况，不管哪个单位，凡是有群众集会，事前必须报告附近的警察派出所。所以开会时都有反动警察和特务严密监视。会上经常有特务（有时也有学校内部的特务学生）捣乱，搅得会议无法进行。那天鲁迅先生讲演，居然没有反动警察公开监视和坏人的破坏，讲演自始至终在热烈的气氛中顺利进行，大家都很痛快和高兴，认为这是鲁迅先生的无比威望和正气震慑住了那些坏东西！"① 其实，严薇青等青年学生，又怎能知晓，如果没有国民政府有关部门的许可，单凭鲁迅的"无比威望和正气"，便可以震慑国民政府的有关部门，那只能说明大家是这样"认为"的，至于具体情形怎样，显然不是学生"认为"的那样。事实上，北京群众集会的审批程序是"事前必须报告附近的警察派出所"。至于鲁迅的这次演讲是否已经报告附近的警察派出所，不得而知。但就其客观情形来看，北京大学邀请鲁迅前来演讲，本身也可以看作民国体制之内的事情。所以，鲁迅的演讲"自始至终在热烈的气氛中顺利进行"，与其说是鲁迅的"无比威望和正气"起了震慑作用，倒不如说鲁迅演讲本身便获得了民国体制的接纳。否则的话，当鲁迅的"无比威望和正气"危及国民政府存在的合法性和合理性时，鲁迅演讲要在"热烈的气

---

① 严薇青：《回忆在北大二院听鲁迅先生的讲演》，《鲁迅在北京（二）》，山东师范学院聊城分院，1978年4月，第213页。

氛中顺利进行"，那将是不可想象的。

鲁迅演讲的话题不一定都是现实的，但却是针对现实问题的。青年学生之所以对鲁迅的演讲"趋之若鹜"，便源于鲁迅的演讲具有现实针对性。这也是鲁迅演讲魅力如此之大的内在根据。鲁迅极其注重演讲能否切合听众的心理需求。蒋介石1927年发动了"四·一二"政变，在此情形下，许多青年人对革命前途深感迷茫，广州一时陷入白色恐怖之中，文化界的许多人都采取了缄默乃至避让的策略，而鲁迅则不然，他毅然决然地接受了"市教育局举办的夏期学术演讲会"的邀请，在历史的关键时刻，发出了自己的声音。"当鲁迅将要讲演的消息传出时，广州青年界、文学界都非常高兴，全城轰动。"[1]鲁迅在演讲中，通过对"魏晋风度及文章与药及酒之关系"的阐释，曲折隐晦地表达了自我的"独立之思想"，使其演讲具有了极强的现实针对性，从而给白色恐怖之下的广州青年以思想的启迪。

其二，鲁迅演讲注重从文学创作的规律出发，使演讲成为其文学创作的又一种重要形式。

演讲与文章写作是两种不同的思想和情感的表达方式：前者具有明确的以听众为主体的本位意识，后者则侧重于以自我为核心的主体意识。在特定的时空维度中，演讲是演讲者与听众之间的思想与情感的双向交流，如果演讲者对这样的双向交流置若罔闻，那么，其演讲的效果就会大打折扣。鲁迅尽管并不是以演讲，而是以文章写作为其思想与情感的主要表达方式，但他却能把自己的深刻思想与具体的听众有机地结合起来，既使其演讲给听众以思想的启迪，又使其演讲具有文章的某些属性。

鲁迅的演讲本身就犹如文章的写作，在铺开稿纸之前并没有可以模仿的成品；同理，鲁迅面对观众之前也没有现成的讲稿。这就使鲁迅的演讲恰如用声音来书写文章，成为另一种形式上的文章写作。鲁迅于1929年5月在燕京大学国文学会的演讲时便这样说道："这一次回到北平，几位旧识的人要我到这里来讲几句，情不可却，只好来讲几句。但因为种种琐事，终于没有想定究竟来讲什么——连题目都没有。"[2]鲁迅的演讲之所以连题目都没有，与他把演讲视为一种创造性的思想表达有着紧密的关系。如果说鲁迅的

① 欧阳山：《南中国文学会及其他》，载钟敬文、林语堂等《永在的温情——文化名人忆鲁迅》，河北教育出版社2000年版，第39页。
② 鲁迅著，傅国涌编：《鲁迅的声音》，珠海出版社2007年版，第99页。

文学创作是纵身于时代的洪流之中，用笔进行着文学创作的话，那么，鲁迅的演讲则是用声音来进行文学创作。事实上，鲁迅作为社会思想的启蒙者，如果不到群众中去，而一味地坐在书斋里向隅而思，那既无法把握现实生活的真实脉搏，也无法体味到群众的真实情思。所以，鲁迅的演讲尽管"连题目都没有"，但这并不影响他沉潜到群众中去，现场创作出思想与形式完美融合在一起的文章。在某些情况下，那些看似与演讲无关的事宜，都能转化为他妙手裁剪的"锦云"，天衣无缝地镶嵌到演讲之中。像鲁迅这次演讲，本来是想在车上拟定题目，"但因为道路坏，汽车颠起来有尺多高，无从想起"，"我于是偶然感到，外来的东西，单取一件，是不行的，有汽车也须有好道路，一切事总免不掉环境的影响。文学——在中国的所谓新文学，所谓革命文学，也是如此"。[①] 鲁迅从"坐车赶场"的切身感受说起，自然而然地比附到了新文学这一演讲主旨上，为整个演讲作了很好的形象铺垫。由此我们可以看到，鲁迅驾驭文章的高超能力。

　　鲁迅的演讲固然是他另一种形式上的文学创作，但演讲是在特定情景下的文学创作。在文学创作的过程中，如果说作家创作处于一个相对封闭的环境中独立自主地进行着自我思想表达的话，那么，作家的演讲则是处在一个相对开放的环境中，需要及时地回应听众的各种反应，并作出随机调整，由此使演讲者的思想情感与听众的思想情感和谐共振。从这个意义上说，演讲者要根据接受对象思想情感的变化及时地进行自我调整。鲁迅在女子高等师范学校的演讲，便选择了和"女子"有关的"娜拉"作为话题，就女子独立和解放问题，进行了系统的阐释。1927 年 3 月 1 日，中山大学举行开学典礼，鲁迅作了题为《读书与革命》的演讲。在其演讲中，鲁迅自始至终都紧紧地扣住了"中山大学"这一话题展开，不管是谈孙中山创办这所新式大学的初衷，还是讲这所大学在革命中的使命，都自然而然地归拢到了"读书与革命"这一主旨上。为此，鲁迅针对革命的广州还没有"对于一切旧制度，宗法社会的旧习惯，封建社会的旧思想，还没有人向他们开火"，向青年学生提出了"思想革命"的要求。鲁迅在广州期间所作的《魏晋风度及文章与药及酒之关系》的演讲，其情形便是如此。他通过"魏晋风度及文章"，对现实政治进行讽喻，这是那些一味地枯坐于孤寂书斋之中通过苦思冥想才写出来的演讲稿无法比拟的。鲁迅根据对象的不同而有针对性地

---

① 鲁迅著，傅国涌编：《鲁迅的声音》，珠海出版社 2007 年版，第 99 页。

发表自己的看法，说明他善于从具体的现象入手，总在条分缕析的过程中，把其整合到自我既有的思想结构中，从而使其演讲既具有现实性，又具有思想性。鲁迅的演讲如此鲜活地呈现出了其思想与情感，说明了他具有临场应变、随物赋形的超凡能力，这既赋予了他的演讲以创新的品格，也增加了他的演讲的艺术魅力。

当然，随着鲁迅文学声誉的提升，其演讲也被推崇到了一般演讲难以望其项背的高度。鲁迅在中山大学所作的《读书与革命》的演讲，本来是该校开学典礼上的一个组成部分，在开学典礼上，鲁迅作为教务主任发表演讲，但随着鲁迅文学作品的经典化，这样一次普通的演讲获得了特别凸显。就这次开学典礼而言，鲁迅的演讲仅是其中的一次普通演讲。对此情形，校史是这样记载的："本校于民国十六年三月一日举行开学典礼；先期已组织委员会，分部筹备，至为隆重，是日礼场布置甚壮丽，学校门外高搭牌楼，高悬生花横额……主席致开会辞；由朱家骅委员致辞……教职员演说；由政治训育委员何思源，教务主任周树人，理科主任邵重魁，及教授曾济宽许楚僧黄尊生等继续发挥，淋漓尽致。"① 由此可见，鲁迅作为"教务主任"的"演说"既没有排在显赫的位置，也没有获得强调。但是，随着鲁迅在 20 世纪文化史上的地位的隆起，他的这次普通的演讲便在历史的帷幕上获得了特别凸显，而其他人则退居历史的幕后，甚至连做"历史背景"的资质都没有了。

其三，鲁迅注重用诙谐幽默的语言，把演讲中的深刻思想鲜活地外化出来，听众既能心领神会又能产生情感共鸣。

演讲就其本质而言，既不是单纯的思想问题，也不是单纯的语言问题，而是思想和语言怎样才能完美结合的问题。有深刻的思想而没有鲜活的语言，听众自然会觉得味同嚼蜡；有鲜活的语言而没有深刻的思想，听众自然会感到油滑肤浅。鲁迅的演讲则堪称深刻思想与鲜活语言的完美结合。鲁迅针对蒋介石发动的"四·一二"反革命政变，在予以历史的揶揄时，在历史史实与现实影射之间自由穿越，用诙谐幽默的语言表达出了深刻的思想，从而使"会场很活跃，讲到很多地方都引起哄堂大笑。如讲到曹操杀孔融这个例子时，说：'虽然不是曹操一党，但无论如何，总是非常佩服他。'

---

① 《本校举行开学典礼纪盛》，《国立中山大学纪念册》，1927 年 3 月。也可参阅《鲁迅在广州》，第 206 页。

（大笑）"。"鲁迅在讲到'究竟何晏搽粉不搽粉'，讲到'吃药'（'五石散'）、'喝酒'、'穿衣'和'扪虱'之类的事情时，也是引起满场大笑的。"有时候，鲁迅为了能够把深刻思想讲深讲透，还擅长用延伸的方法，把思想推向极致，由此达到诙谐幽默的效果。如鲁迅在谈到"'扪虱'之类的事情时"，本来已经引起满场大笑，但鲁迅并没有到此结束，他还继续推演，把"演讲"和"扪起虱来"进行对比，从而把其更为滑稽的一面推演出来，引起大家的"大笑"。然而，鲁迅演讲的艺术还在于，当听众大笑时，"他自己却不笑，而是当成很严肃的事情来讲，大家越是笑，他的神情就更严肃"。①

鲁迅演讲的艺术，除了在逻辑上注重使用无限推演的方法外，还注重使用诙谐幽默的语言，从而把诙谐幽默的语言和洞幽烛微的思想融为一体。如鲁迅1932年回北京不久，报纸上就用大号字刊登了"鲁迅卷土重来"的消息，但鲁迅似乎并不"生气"，对此回应道，自己"卷土重来"总还要"卷土重去的"。② 这种举重若轻、诙谐幽默的语言，恰好体现了鲁迅诙谐幽默之余又不失其活泼自然的演讲风格。

鲁迅演讲中注重使用诙谐幽默的语言，和他注重使用形象说理思维方式有着密切的关系。鲁迅不大用"就理论理"的抽象说理方法，而是注重用"就事论理"的形象说理方法。这种方法的优长之处在于，形象的说理方法更容易为听众所理解，而那种抽象的"逻辑推理"的方法，则难以为听众所理解。对此，有人这样总结鲁迅演讲的艺术奥秘："鲁迅先生的演讲能够打动听众的心坎。正和他的文字一样，因为他能在日常生活的微细现象中找出高深理论的具体依据，又能用素朴而深刻的日常语言将这理论表现出来。"③ 显然，这一中肯之论恰是对鲁迅在演讲时注重使用形象说理的另一种形容。1927年2月中旬，鲁迅应香港青年会邀请到香港演讲，他的这两次演讲标题是《无声的中国》和《老调子已经唱完》。"无声"显然就是对"万马齐喑"的中国的形象说法，这比那种"思想革命"之类的标语口号，

① 欧阳山：《南中国文学会及其他》，载钟敬文、林语堂等《永在的温情——文化名人忆鲁迅》，河北教育出版社2000年版，第39—40页。

② 俞芳：《我记忆中的鲁迅先生》，《鲁迅在北京（二）》，山东师范学院聊城分院，1978年4月，第226页。

③ 郑伯奇：《鲁迅先生的演讲》，载钟敬文、林语堂等《永在的温情——文化名人忆鲁迅》，河北教育出版社2000年版，第25页。

既容易为听众所理解，也不给当局留下把柄，所以，鲁迅号召青年人起来："先可以将中国变成一个有声的中国。大胆地说话，勇敢地进行，忘掉了一切利害，推开了古人，将自己的真心的话发表出来。"① 这样的立论，既有高屋建瓴之势，又有现实影射之效，二者可谓相得益彰。在《老调子已经唱完》的演讲中，鲁迅针对孔孟之道流行于香港这一独特文化现象，使用了"老调子"的形象说法，把其不合时宜的一面揭示得淋漓尽致。

鲁迅并不是一个职业演讲家，甚至还这样自谦道："我不会讲演，也想不出什么可讲的，讲演近于做八股，是极难的，要有讲演的天才才好，在我是不会的。终于想不出什么，只能随便一谈。"② 其实，作为世事洞明、人情练达的作家，他写就的文章可以做到雅俗共赏，以至于连"引车卖浆之流"也"觉得鲁迅先生讲话，最懂人情，最有道理"。③ 身处中国偏远乡镇的粮食店老板尚且喜欢鲁迅的文章，那么，接受了现代教育熏染的青年学生与鲁迅自然就更是心有灵犀。所以，当鲁迅把练达的人情、洞明的世事，用鲜活形象的语言娓娓道来时，自然会深深地打动听众的心。

三

鲁迅的演讲在一些学校等公共领域能够顺利进行，从根本上说，与民国教育体制对他的接纳和推崇关系甚大。毕竟，演讲不是秘密集会，更不是地下活动，而是在学校等公共领域的公开言说。因此，我们要深入考察鲁迅的演讲，还需要从社会体制，尤其是从民国教育体制的维度加以阐释。

其一，鲁迅作为北洋政府教育部的佥事以及国民政府教育部的"特约撰述员"，本身就带有民国教育体制的色彩。与此身份相对应，他的演讲是在中华民国体制所许可的疆域内进行的文化批判。

从历史发展的维度来看，鲁迅在其小说中固然对辛亥革命的作用进行了深刻的反思，但是，这并不意味着他否定了辛亥革命的价值和意义；同理，鲁迅对辛亥革命后建立起来的中华民国进行深刻的反思，也不意味着他就此否定了中华民国存在的合法性与合理性。鲁迅对民国乱象的批判，就在于他

---

① 鲁迅：《无声的中国》，《鲁迅全集》第 4 卷，人民文学出版社 1981 年版，第 15 页。

② 鲁迅著，傅国涌编：《鲁迅的声音》，珠海出版社 2007 年版，第 49 页。

③ 荆有麟：《鲁迅回忆断片——鲁迅的严谨与认真》，载孙伏园、许钦文《鲁迅先生二三事——前期弟子忆鲁迅》，河北教育出版社 2000 年版，第 207 页。

是从民国体制这一维度予以审视的。这不仅不是对民国体制的否定，反而是用民国体制来匡正政府背离民国体制的所作所为。因此，在鲁迅的内心深处，是深潜着浓郁的民国情结的。显然，这一情结便意味着鲁迅其人其文与民国体制有了某些"交集"，具有某些"公约数"，这是鲁迅被民国教育体制所接纳的缘由所在。所以，大学容许鲁迅的演讲，正是民国教育体制起到了重要作用的表现。否则的话，当北京师范大学国文系主任钱玄同和鲁迅闹到"不共戴天"的地步时，钱玄同喊出了如此决绝的大话："我不认识一个什么姓鲁的……要是鲁迅到师大来讲演，我这个主任就不再当了。"① 学校自然就不敢再邀请鲁迅前来演讲了。然而，居于民国教育体制下的学生，自有其独立自主的权利，所以，钱玄同带有决绝意味的话语，也就没能阻挡学生邀请鲁迅前来演讲。

鲁迅在思想上对执政的政府总是采取批判的文化态度。但从行动上来看，鲁迅又保持着自己与民国体制的兼容，这使他在民国体制内获得了基本的生存和发展的空间。如果鲁迅真的走到了反民国体制的道路上，那么，他不仅会失却发表文章的空间，而且也会失却演讲的空间。事实上，鲁迅既保持着自我独立之思想，又预留着为民国体制所兼容的空隙——即便是国民政府浙江省党部对鲁迅发出了通缉令，也没有真正地落到实处，这便带有威慑与恐吓的意味，否则的话，鲁迅即便是在租界之内，也难以摆脱特务的缉拿。如果从鲁迅与国民政府早期的关系来看，他还是民国教育体制之内的"散淡人"。1927 年 12 月，在许寿裳的推荐下，国民政府大学院院长蔡元培聘鲁迅任"特约撰述员"，这自然是鲁迅在体制序列中的身份的明证。既然鲁迅身在民国教育体制之内，那么他进入民国教育体制之内的学校进行演讲，便是顺理成章的事情了。

其二，鲁迅得到了一些在大学内部掌握某些重要话语权的文化名人的邀请，这使其演讲同样带有体制的色彩。民国教育体制之内的学校权力与掌握这一权力的个人是紧密联系在一起的，那些寄寓在体制内的人，其所作所为是按体制的要求和规范展开的，他们无法逾越体制的樊篱随心所欲地做一些自以为是的事。然而，那些掌握着体制内权力的人，其思想既有与体制对接的一面，又有与体制错位的一面。正是基于这些复杂的原因，身在体制内的人便会糅合进一些个人的思想和情感，做出带有体制内色彩的事情。那些与

---

① 陈漱渝：《鲁迅在北京》，天津人民出版社 1978 年版，第 131 页。

鲁迅既有私谊之交，又掌握着学校这一体制内权力的个人，便会邀请鲁迅到学校演讲。那些掌握着学校某一权力的教授邀请鲁迅到学校演讲，尽管不一定属于官方邀请，但肯定也不属于纯粹意义上的私人邀请，毕竟，邀请者本身便兼具官方和私人双重身份。这样的双重身份使他们得以游刃有余地行走于民国教育体制和民间社会之间，这便为鲁迅的演讲提供了更多的可能。

　　鲁迅作为曾经在北京诸多大学有过兼课履历的教师，他所接触到的教师，既有与他思想和情感相近的人，也有与他思想和情感相拒的人。在这些人中，辅仁大学文学院院长沈兼士和北京大学中文系主任马裕藻，便与鲁迅有着较好的交流。"鲁迅已经坐在沙发上吸烟休息，两边陪着的是沈兼士和北大中文系主任马裕藻；还有一个穿浅灰色大褂的中等人，我们不认识，他正在和鲁迅先生说话。后来听说，他是搞法国文学的盛成。"① 由此看来，作为民国教育体制内的人，沈兼士、马裕藻等人在鲁迅到京省亲时邀请他到学校给学生作一演讲，于公于私，都是极其便利的好事。因此，当他们邀请鲁迅演讲时，鲁迅演讲与民国教育体制便有了某种程度上的对接。对此青年学生严薇青便回忆了 1932 年 11 月间在北京大学听鲁迅演讲时的具体情形："这时我们已经走到沙滩了，干脆到红楼里看一布告再说。找来找去，好不容易在二楼布告栏两个玻璃橱窗中间，找到一张小纸条，上面写着：'本日下午一点，在二院礼堂请周豫才先生讲演，此布！' 就是这样一张小纸条，而且贴在两个橱窗中间外面的玻璃上，怪不得我们没有注意。"② 然而，恰是对这一小纸条进行如此这般的处置，才蕴含着身处体制与民间这一夹缝中的马裕藻，那种略显尴尬的处境。本来，鲁迅进入北京大学进行演讲并不是很顺畅，用当时的北京大学学生严薇青的话说，就是在此之前，鲁迅还"没有公开讲演过"。但随着鲁迅的社会文化影响力的增强，再加上鲁迅曾在北京大学有过主讲中国小说史的履历，那么，北京大学请鲁迅演讲也似乎在情理之中。

　　严格说来，鲁迅并不是主讲在体制内得到允诺的文学史课程，而是作为文学家来演讲的，其论题自然与社会现实联系得比较密切，这恰是学生欢迎

　　① 严薇青：《回忆在北大二院听鲁迅先生的讲演》，《鲁迅在北京（二）》，山东师范学院聊城分院，1978 年 4 月，第 209 页。

　　② 严薇青：《回忆在北大二院听鲁迅先生的讲演》，《鲁迅在北京（二）》，山东师范学院聊城分院，1978 年 4 月，第 208 页。

的。如鲁迅在北京大学的演讲便是如此。当鲁迅进入礼堂演讲，"马裕藻陪同鲁迅先生出现在讲台上了，礼堂里立即响起春雷一样的掌声"①。从严薇青的叙述来看，这一时期的鲁迅与民国体制的某些不甚对接的方面，一点也看不出来，他突出的是鲁迅深受学生推崇的一面。鲁迅一出场，"立即响起春雷一样"的"掌声"。这说明，严薇青撰写回忆性文章时，可能会使用某些修辞手法，把普通的"掌声"修饰为"春雷"，从而具有政治上的某些隐喻意义。然而，不管怎样，在那些掌握着学校这一体制内的权力的教授们的斡旋下，鲁迅的演讲还是获得了一定的空间，则是不争的事实。

鲁迅演讲的话题因为与社会现实有着紧密的联系，致使邀请者不得不考虑他与民国教育体制之间的相对紧张的关系。像鲁迅到北京大学的这次演讲，他谈的是廊庙文学与山林文学这两大类，似乎远离了社会现实，但是，细究起来，我们会发现，鲁迅是借廊庙文学与山林文学，对现实社会予以隐喻和批判。所以，北京大学中文系主任马裕藻邀请鲁迅来演讲，便带有"犹抱琵琶半遮面"的意味，他不得不考虑，在民国体制的规约与北京大学的兼容并包之间，怎样使鲁迅的演讲得以顺畅地进入北京大学。也许是在这些因素的影响下，马裕藻才不好大张旗鼓地宣传鲁迅演讲的消息，只好通过"小纸条"的形式，委婉地传达出鲁迅演讲的消息。至于小纸条的由来，陈漱渝曾经给出另一种解释："事前，鲁迅曾要求听众只限于北大国文系的范围，所以学校在讲演前三小时才在国文系所在的一院布告栏张贴了一张极小的布告。"② 但是，陈漱渝在这里并未说明，鲁迅为什么会要求邀请者把听众的范围局限于北大国文系？其实，鲁迅这一要求的背后还隐含了另一层意思，那就是他不希望这次演讲搞得太大，要低调进行。这既是鲁迅身处复杂的社会环境中不得不谨慎行事的表现，又是他兼顾到民国教育体制的疆域的表现。

其三，学生以群众社团的名义发出的演讲邀请，也使其演讲带有民国教育体制的些许色彩。学生组织的群众性社团尽管带有自发性、民间性的色彩，但它又获得了学校这一教育体制的认可或支持，带有体制内的某些特点。有些社团还在学校注册登记，获得了学校经费的资助。如五四新文

---

① 严薇青：《回忆在北大二院听鲁迅先生的讲演》，《鲁迅在北京（二）》，山东师范学院聊城分院，1978 年 4 月，第 209 页。

② 陈漱渝：《鲁迅在北京》，天津人民出版社 1978 年版，第 128 页。

化运动期间成立的新潮社便是如此，北京大学校长蔡元培不仅给他们提供
了办公和活动的场所，而且还给予了他们经费支持，这使该社团编辑的
《新潮》杂志顺利出版，甚至成了五四新文学运动的重要一翼。如此说
来，社团本身便带有半体制半民间的双重色彩。一些学生正是依托社团的
半体制色彩，向鲁迅发出了演讲邀请，这就使鲁迅的演讲打上了民国教育
体制的某些烙印。

　　当然，我们已经难以考证鲁迅的每次演讲到底是什么社团中的什么人邀
请，但从鲁迅演讲稿的副题来看，还是部分地标出了发出邀请的社团。鲁迅
1923 年 12 月的演讲是在北京女子高等师范学校的文艺会讲；1924 年 1 月的
演讲是在北京师范大学附中的校友会讲；1926 年 8 月的演讲是在北京女子
师范大学讲，其背景是"八月二十二日，女子师范大学学生会举行毁校周
年纪念，鲁迅先生到会，曾有一番演说"[1]。在 1932 年 11 月返京期间，"许
多大学的学生来请他演讲，因为时间的关系，他只接受了五个大学的邀请，
其中北师大也是一个"。鲁迅在北师大的讲题是《再论第三种人》。社团组
织的有关演讲，作为民国教育体制内的公开活动，广而告之便是顺理成章的
事，那些张贴在学校显赫位置的布告，既具有广而告之的传播功能，又隐含
了体制对演讲的许可意味。鲁迅进入北京师范大学演讲时张贴在校内的
"通知"，应是其演讲得到学校体制内部允诺的证明。"校内贴有《师大文学
研究社》具名的通知"[2] 便是如此。演讲作为一种群体性的活动，必然会有
组织者，这不仅表现在有人负责邀请演讲者，而且还表现在有人负责组织听
讲者。否则的话，演讲者来了，没有听众，那演讲自然也就无法顺利进行。
在这样一个牵涉听众和演讲者等方面的活动中，那些带有体制色彩的社团恰
好起到了"牵线搭桥"的纽带作用。

　　鲁迅作为受邀者到学校演讲，看似是朋友、学生自发的活动，其实并
不尽然，它与民国教育体制有着千丝万缕、或隐或现的联系，并深深地打
上了体制的某些烙印。否则的话，在国民政府通缉下的鲁迅，且不说他自
己不会接受演讲的邀请，即便是学校的组织者也断不敢"冒天下之大
不韪"。

---

　　① 鲁迅著，傅国涌编：《鲁迅的声音》，珠海出版社 2007 年版，第 14 页。
　　② 俞芳：《我记忆中的鲁迅先生》，《鲁迅在北京（二）》，山东师范学院聊城分院，1978 年 4
月，第 227 页。

　　总的来说，鲁迅注重演讲是与其文化启蒙的自觉分不开的。鲁迅作为新文学的创建者，非常重视对新文学的传承。尤其是在进化论思想影响下，他一方面自觉地把自我置于历史进化的环节之中，另一方面又把青年学生置于进化链条的传承环节之中，注重培育青年人，这使鲁迅愿意到青年学生中，发出自己的声音；与此同时，那些阅读过《呐喊》《彷徨》的"新青年"，也期待着能够亲耳聆听到鲁迅的教诲。尤其值得关注的是，在五四新文化运动之后，随着新文化阵营在具体的发展策略上的分歧，追随新文化运动的青年学生也出现了一些分化。如何在民国教育体制划定的疆域内，通过演讲等形式，培育更多的青年学生成为新文化的传承者，便又是鲁迅等新文化主将们不得不面对的现实问题。在此情形下，鲁迅的演讲便构成了他文学创作之外的另一种人生形式。

第二节　民国教育体制下的沈从文的文学教育

　　民国时期，把文学创作当作一种独立职业，并由此获得自我所必需的物质条件，对作家来说远非易事。正是基于这一点，有些作家把文学创作当作一种"为稻粱谋"的手段，将文学创作自然引入以市场为核心的创作轨道，使自己成了畅销书作家，其关注更多的是文学的商业价值，而文学自身的价值则被边缘化；有些作家把文学当作切近政党政治的跳板，使文学承载起政治的使命，使文学和政治更加紧密地连接起来，这样的作家最终成了政党政治在文学上的代言人，但文学自身的价值也被边缘化；有些作家则把对文学的坚守当作自己的神圣使命，跳出文学的商业诉求和政党政治的钳制，既坚守文学自身的独立性，也兼顾到文学的商业性，这便使他们依托文学创作所累积起来的盛名，进入大学的殿堂，成为一名大学教师。这样的一批作家，依托着大学体制所赋予的特殊权力，一方面使其自我的文学创作获得发展所需要的物质条件，另一方面也使其文学创作有了传承的机缘。沈从文作为一名通过文学创作逐渐累积起盛名的作家，便是这样的典型案例。沈从文依托着大学体制，既获得自我生存所必需的物质基础，又使其文学创作在大学体制内获得了传承的机缘。

一　大学体制对沈从文的接纳

　　大学作为现代教育机构，尽管在民国时期并未经过多少年的锤炼，但在如何接纳教师等方面却已基本形成机制，那就是所有进入大学体制内担任教职的人都需要具有一定的学术功底。具体来说，这些人要不就是在国学方面具有深厚的学术素养，如在前清时期大都通过科举考试后获得秀才、举人等功名；要不就是乘着晚清留学的洪流，拥有西学知识素养，如在前清和民国时期接受新式教育的熏染，又有留学的履历，较为全面地接受了西方文化影响。像民初时期的北京大学，从执掌大学权力的蔡元培来看，则是前清的状元，而林纾等人，则具有深厚的国学根底，这些人单就其国学修养来看，便可获得社会的认同和推崇，由这样的名宿担任大学教职，自然可以得到学生的认同。至于留学归来后进入北京大学的胡适等人，则是接受新式教育后成长起来的一代新人。在知识结构上，这些新人显然已经完全区别于林纾等人的知识结构，更多地以西学为主。从年龄上来看，这些刚刚成长起来的学术新人并不比那些学生年长多少，甚至比有些学生还要年少。但是，他们置身海外的留学背景，以及由此建立起来的西学知识体系，则弥补了其年龄上的不足，使他们可以堂而皇之地担任大学教授一职。但是，一个大学教师，如果既没有扎实的国学根底，又没有一定的海外留学履历，那要进入大学，依然存在很大的困难。沈从文进入大学体制内，便属于这种情况。

民国教育体制能够接纳身为作家的沈从文，与民国的教育体制对大学的教职具有宽泛的限定有直接的关联。教育部颁发的《大学教师资格条例》规定："凡于学术有特别研究而无学位者，经大学之评议会议决，可充大学助教或讲师。"沈从文之所以能够进入大学，也正是得力于其对新文学"有特别研究"。具体来说，则是得力于他在新文学创作方面的实绩，而不是所谓的纯粹的学术研究。

就其根本而言，作为教育部颁发的《大学教师资格条例》尽管有这样的规定，但如何来厘定一个人是否属于对"学术有特别研究"，则取决于大学之"评议会"的"议决"。显然，在此"议决"过程中，那些掌握着大学学术权力的人便起着举足轻重的作用。由此看来，沈从文能够走上大学讲坛，离不开那些掌握着学术话语权的名流的举荐。从某种意义上说，在沈从文走向大学讲坛的过程中，林宰平、徐志摩、胡适、杨振声等人起到了关键的作用。1936年，沈从文在《习作选集·代序》中回顾自己的创作之路时说："时间太快，想起来令人惆怅。我的第一个十年的工作已快要结束了，现在从一堆习作里，选了这样二十个短篇，附入几个性质不同的作品，编成这个集子，算是我这个乡下人来到都市中十年一点纪念。这样一本厚厚的书能够和你们见面，需要出版者的勇气，同时还有几个人，特别值得记忆，我也想向你们提提：徐志摩先生，胡适之先生，林宰平先生，郁达夫先生，陈通伯先生，杨今甫先生，这十年来没有他们对我种种的帮助和鼓励，这集子里的作品不会产生，不会存在。尤其是徐志摩先生，没有他，我这时节也许照《自传》上说到的那两条路选了较方便的一条，不过北平市区里作巡警，就卧在什么人家的屋檐下，瘪了，僵了，而且早已腐烂了。你看完了这本书，如果能够从这些作品里得到一点力量，或一点喜悦，把书掩上时，盼望对那不幸早死的诗人表示敬意和感谢，从他的那儿我接了一个火，你得到的温暖原是他的。"①

　　沈从文曾说过，1928 年接受胡适邀请到中国公学任教这个选择，对他的人生产生了重大的意义。"因为不特影响我此后的工作，更重要的还是对工作态度以及这个态度的推广到国内相熟或陌生师友同道方面去时，慢慢所引起的作用。这个作用极显然处，便是'自由主义'在文学运动中的健康发展，以及其成就。"② 当然，沈从文在这个过程中也不是无所作为、听之任之的。为了能够获得中国公学的教职，沈从文主动写信给胡适，表达了自己想要谋得一个教职的愿望："适之先生：昨为从文谋教书事，思之数日，果于学校方面不至于弄笑话，从文可试一学期。从文其所以不敢作此事，亦只为空虚无物，恐学生失望，先生亦难为情耳。从文意，在功课方面恐将来或只能给学生以趣味，不能给学生以多少知识，故范围较窄钱也不妨少点，且任何时学校感到从文无用时，不要从文也不甚要紧。可教的大致为改卷子与新兴文学各方面之考察，及个人对各作家之感想，关于各教学方法，若能得先生为示一二，实为幸事。事情在学校方面无问题以后，从文想即过吴淞租屋，因此间住于家母病人极不宜，且贵，眼前两月即感束手也。专上敬颂教安。"③ 正是基于徐志摩的引荐、沈从文的自荐，再加上胡适期待着在大学里扩大新文学的地盘、使新文学真正地占有一席之地，最终促成了沈从文走上大学讲坛。胡适在 1934 年 2 月 14 日的一篇日记中这样写道："偶检北

---

①　沈从文：《从文小说习作选集》"代序"，《沈从文全集》（第 9 卷），北岳文艺出版社 2002 年版，第 6—7 页。

②　沈从文：《从现实实习，二》，《大公报》1946 年 11 月 10 日。

③　《沈从文是怎样当上大学老师的》，《人民政协报》2010 年 12 月 9 日。

归路上所记纸片，有中公学生丘良任谈的中公学生近年常作文艺的人，有甘祠森（署名永柏，或雨纹），有何家槐、何德明、李辉英、何嘉、钟灵（番草）、孙佳汛、刘宇等。此风气皆是陆侃如、冯沅君、沈从文、白薇诸人所开。""北大国文系偏重考古，我在南方见侃如夫妇皆不看重学生试作文艺，始觉此风气之偏。从文在中公最受学生爱戴，久而不衰。"这标志着作为新派教授的胡适，之所以认同沈从文，正是基于对新文学的认同。胡适之所以会接受沈从文，则因为沈从文可以帮助他改革中国公学的课程体系，以便增加新文化与新文学的教学比重。

沈从文作为一个没有名分，也没有接受过系统和正规的大学教育的大学教师，其能够在大学占据着一席之地的关键，便在于大学文学系所设立的新文学课程。在这一时期，新文学课程又分成两方面：一方面是大学里的新文学课程，主要是讲解五四新文学以来的新文学发展历程，类似于今天的文学史课程；另一方面则是大学里的写作课程，这课程的主要特点是讲解文学写作的内在规律，从中国传统的学术渊源来看，类似于那种策论的写作，即科举的八股文的写作，这样一种写作在中国传统文化中占据着极其重要的地位，自然，其延续也就有了历史的根据。从中国现代的课程设置来看，文学创作的内在规律，源于文学院的设立，以及文学作为独立的学科在大学里获得确立，自然也就获得了其存在的合理性和合法性。这更多地讲解文学创作的内在规律。沈从文之所以进入大学的体制内，其所依赖的恰是其新文学作家的身份——从大学里掌握学术权力者来看，新文学的创作，由新文学作家来讲解，也就再自然不过了。

沈从文尽管依托这样的一种新文学作家身份进入了大学，但在大学里，其地位依然是较为尴尬的。这从他在中国公学的经历可以看出。沈从文之所以能够进入中国公学，完全依赖于胡适的认同和提携；而胡适因故离开中国公学之后，沈从文的中国公学的教师职位，也便告一段落。这说明，沈从文之所以能够进入大学体制内，严格来讲，还不是依托大学体制的规范，而是依赖寄寓于大学之中、掌握着大学权力的某一个体的认同。这也正是沈从文在胡适离开中国公学之后，也不得不离开的内在缘由。

如果说沈从文进入大学是依托在大学里掌握着某一行政权力的个人，那么，他在大学里能够占据一席之地，依托的却是新文学的魅力。众所周知，随着新文学的确立，尤其是随着1922年白话文正式确立在大学课程中的合法地位之后，文言文便逐渐退出曾经的中心位置，白话文大有一发不可收的态势，在大学里获得了可以和文言文相对抗的地位。与此相对应，那些从事新文学创作的新派作家，便也开始逐渐获得社会的接纳、认同乃至推崇。没有大学履历，也没有雄厚的古典文学功底、没有留学背景的沈从文，凭借着其在报刊上发表的那些白话文，在成为新文学作家之后，便获得了进入大学的机缘。

如果说，沈从文没有胡适、徐志摩的举荐，就没有进入大学讲坛的机缘，那么，如果离开了杨振声的鼎力支持，他就没有自由地驰骋大学讲坛的机缘。正是杨振声的认同乃至推崇，沈从文才能够进入青岛大学和西南联合大学。实际上，也正是这两个时期，既构成沈从文文学创作的黄金期，也构成了沈从文大学中的文学教育和文学传承的主要链条。

沈从文依托自己的新文学作家身份进入大学，正因为依赖的不完全是大学体制，而是那些在大学体制内掌握着一定话语权的个人，所以那些破格提携沈从文的人，也同时受到了质疑。这里，最具有代表性的便是西南联大时期，担任校务主任的杨振声。杨振声对沈从文的重视，以及把沈从文引进大学体制内，最早可以追溯到其执掌国立青岛大学时期。从 1931 年 8 月到1933 年 10 月，沈从文在青岛大学度过两年多时间。经徐志摩等人的推荐，29 岁的沈从文到国立青岛大学担任国文系讲师，并做校长杨振声的助手，讲授《中国小说史》和《高级作文》。

青岛大学对沈从文的文学创作来说，具有极其重要的作用。具体来说，这种作用，首先体现在人文环境的更换，使沈从文由此进入文化圈内，为沈从文成长为现代作家奠定了坚实的基础。

这个时期，郁达夫等文学家都曾经到过青岛大学。这对沈从文的发展，尤其是进入这个文学圈子，具有相当重要的作用。进入这个圈子，被这个圈子接纳，意味着沈从文的文学空间也就获得了认同，对此，沈从文曾深情地回忆，青岛那两年是其一生工作能力最旺盛、文字也比较成熟的时期。

随着杨振声离开国立青岛大学，沈从文也再次离开了大学。这固然与杨振声邀请沈从文参与主编国文课本有着一定的关联，但不可否认的是，这也说明，随着杨振声的离去，沈从文在国立青岛大学已经失却了继续待下去的依托。因此，权衡利弊得失之后，沈从文最终还是选择了离开青岛而去北京。

那么，大学体制所推崇的究竟是什么呢？最主要的恐怕还是对学问的推崇。这一方面深受中国传统学术思想的影响，把传统文化依然当作学问的象征；另一方面，则源于对西方文化也开始当作一种学问。相反，那些依靠着自己的文学创作而打拼出诸多新文学作品的作家，则被边缘化了。需要指出的是，这样的一种现象并不仅仅体现在沈从文身上，即便像闻一多这样对古代典籍有着较为全面掌握的学者，同时还负有盛名的诗人，也曾受到学生的误解。这直接让闻一多在国立青岛大学时期被学生当作"不学无术文人"，并受到了驱逐。当然，闻一多被学生当作"不学无术的文人"，并不是完全出自所有学生之口，但是，这部分学生的确传递出这样一种关于知识的信念，那就是闻一多所讲解的知识，并不是他们的知识体系中推崇的学问，所以，他们才会给闻一多扣上了"不学无术"的帽子。也许，这样的一次事件对闻一多还是产生了极其深刻的刺激。我们从闻一多后来的学术转型中，可以发现其中隐含这一事件的影子，那就是闻一多通过中国传统学术的深入全面的理解和研究，尤其是被推崇的楚辞研究，来显示出自己作为"学有专长"的教授的尊严和形象。

沈从文在西南联大任教期间，曾在文学院中国语文学系开设过中国小说、创作实习、各体文习作，在师范学院国文学系开设过各体文习作（白话文），在师范学院国文系初级部国文科开设各体文习作等课程。对此，沈从文所教过的学生汪曾祺曾经这样回忆："沈先生在联大开过三门课；各体文习作、创作实习和中国小说史。三门课我都选了，——各体文习作是中文系二年级必修课，其余两门是选修。"① 正是通过这种教学实践，对中国现代文学的发展起到了重要作用。

二　沈从文在大学体制内授课的情况

为了对沈从文的授课情况有一个总体的把握，我们将其讲授的课程情况进行了汇总。根据西南联大每个学期的课程表，我们梳理出：沈从文在哪些学期上课？都是上了哪些课程？是在哪些学院上课？通过梳理发现，沈从文主要在文学院和师范学院讲授新文学课程。具体情况如下：

① 汪曾祺：《沈从文先生在西南联大》，《汪曾祺全集》（第2卷），北京师范大学出版社1998年版，第463页。

国立西南联合大学文法学院各学系必修选修学程表

（1937 年至 1938 年度下学期）

蒙自

文 学 院 国文系 沈从文 无

国立西南联合大学各院系必修选修学程表

（1937 年至 1938 年度）

文 学 院 国文系 沈从文没有授课

国立西南联合大学各院系必修选修学程表

（1938 年至 1939 年度）

师范学院 国文系

学　程	必修或选修	学期	学分	教师
各体文习作（白话文）	II		2	沈从文
各体文习作（一）	II		2	沈从文
中国小说			4	沈从文

国立西南联合大学各院系必修选修学程表①

（1939 年至 1940 年度）

文 学 院 国文系

学程	必修或选修	学期	学分	教师
国文一（读本）	I		4	朱自清 沈从文
国文二（读本）	I		4	沈从文 朱自清
国文二（作文）			2	沈从文

国立西南联合大学各院系必修选修学程表

（1940 年至 1941 年度）

文 学 院 国文系

学　程	必修或选修	学期	学分	教师
各体文习作（一）	文 II 语 II		2	沈从文

---

① 选自《国立西南联合大学史料·三》（教学、科研卷），云南教育出版社 1998 年版。

续表

学　程	必修或选修	学期	学分	教师
中国小说	文 3		4	沈从文

国立西南联合大学各院系必修选修学程表

（1941 年至 1942 年度）

文 学 院 中国语文学系

学程	必修或选修	学期	学分	教师
国文壹 G（读本）	I		4	沈从文 周定一
各体文习作（一）	文 II 语 II		2	沈从文
中国小说	文 3, 4		4	沈从文
创作实习	文 3, 4		2	沈从文

师范学院 国文系

学　程	必修或选修	学期	学分	教师
各体文习作（一）	师 II		2	沈从文
中国小说	师 3, 4		4	沈从文

国立西南联合大学各院系必修选修学程表

（1942 年至 1943 年度）

文 学 院 国文系

学程	必修或选修	学期	学分	教师
国文壹	I		4	沈从文 周定一
各体文习作（一）	文 II 语 II		2	沈从文
中国小说	文，语 3, 4		4	沈从文

师范学院

学程	必修或选修	学期	学分	教师
各体文习作（一）	初 II		2	沈从文
各体文习作（三）	师 II		2	沈从文
中国小说	师 4 师 5		4	沈从文

国立西南联合大学各院系必修选修学程表
（1943 年至 1944 年度）
文 学 院 国文系

学程	必修或选修	学期	学分	教师
国文壹 M（读本）	I		4	沈从文 赵仲邑
各体文习作（一）	文 II 语 II		2	沈从文
各体文习作（一）	文 II 语 II		2	沈从文
中国小说	文 3，4		4	沈从文
各体文习作（三）	文 3，4		2	沈从文

师范学院 国文学系及初级部国文科

学程	必修或选修	学期	学分	教师
各体文习作（一）	师 II		2	沈从文
各体文习作（三）	师 IV 初 III		2	沈从文

国立西南联合大学各院系必修选修学程表
（1944 年至 1945 年度）
文 学 院 国文系

学程	必修或选修	学期	学分	教师
国文壹 B（读本）	I		4	沈从文 马芳若
中国小说	文 3		4	沈从文
现代中国文学	文 3		4	沈从文

国立西南联合大学各院系必修选修学程表
（1945 年至 1946 年度）
文 学 院 国文系

学程	必修或选修	学期	学分	教师
国文壹（读本）五	I		4	沈从文 李松筠
各体文习作（二）乙（语体）	文 III		2	沈从文

续表

学程	必修或选修	学期	学分	教师
现代中国文学	文 3，4		4	沈从文
中国小说史	文 3，4 语 3，4		4	沈从文

师范学院 国文学系

学程	必修或选修	学期	学分	教师
中国小说史	3，4		4	沈从文
现代中国文学	4，5		4	沈从文

总的来看，沈从文在西南联大所上的课程主要有五门，分别是中国小说史、现代中国文学、国文壹（读本）、各体文习作、创作实习等。这些课程对中国现代文学的传承与再造产生了积极的作用。

第三节　民国教育体制下的沈从文文学演讲①
——以《短篇小说》演讲稿为例

沈从文进入西南联大，得力于杨振声等人的鼎力支持，他由此进入了民国教育体制之内，成为体制之内的人。在民国教育体制之内，沈从文除了正常的上课外，还有一些文学类型的讲座，和那些课程相比，他的文学讲稿更具有文学价值，由此看出，沈从文还是非常看重文学讲座的。这样的讲座，因为很多西南联大的教授都曾经开设过，实际上还带有某种"擂台"的性质。因此，文学讲座便成为西南联大最为重要的一种文学公共平台。

沈从文在大学期间的文学演讲，大都属于文学团体组织和邀请，因此，其在文学传承上，就更具有其直接和积极的效能。具体来说，从沈从文的角度来看，以文学家身份走上大学讲坛的沈从文，对争取在大学里的话语权和影响力，自然不能不看重，这使沈从文更注重在文学演讲中发挥其创新的能力，大胆地表露自己对文学的一些基本看法。也正由于此，他在这个时期的

---

① 本节系笔者与研究生李国聪合作撰写，前后两部分内容先后刊发于《理论学刊》2014 年第 6 期、《聊城大学学报》2014 年第 5 期。

大学这个公共领域中，依然拥有极强的影响力，成为在小说创作方面具有最为显赫的话语权的教师之一。实际上，在西南联大的校园文学里，学生们源于其在文学上的特长，已经各自拥有了不同的拥趸，像汪曾祺这样热爱小说创作的学生，则把沈从文看作自己的精神领袖，当作自己心仪已久的导师；而那些在新诗创作方面有所特长的学生，则把冯至、李广田等人看作自己崇拜的对象，并把他们当作这一方面的领袖；那些热爱散文创作的学生，则把朱自清当作自己的导师，他们更热衷于把那些散文创作方面的问题向朱自清请教，并且在一些集会上，有关散文的发言，自然也就非朱自清莫属了。至于这个时期的闻一多，因为从事古典诗词的研究，似乎其文学创作上的影响力，已经有些式微。

从沈从文在西南联大期间存世且流传下来的讲稿中，我们可以看到《小说作者和读者》，该文为 1940 年 8 月 3 日在西南联合大学师院国文学会讲稿。还有一篇是沈从文在西南联大所作的演讲《短篇小说》，该演讲为沈从文 1941 年 5 月 2 日在西南联大国文学会上的讲稿，发表于 1942 年 4 月 16 日《国文月刊》第 18 期，署名沈从文。在这些演讲稿中，我们可以清晰地看到，沈从文的文学观念还是得到了淋漓尽致的呈现。尤其值得称道的是，在这些演讲稿中，沈从文那种舍我其谁的自我认同，以及那种 50 年之后、百年之后再比高低的韧劲，还是获得了较好的体现。对此，沈从文在演讲中这样说道："最高的快乐从工作本身即可得到，不待我求，他手写的经典，应当教育第一流的政治家，不能受第三四流的政客指导。"[①] 那么，在民国教育体制内，沈从文的文学教育到底秉承了怎样的小说观呢？下面拟以沈从文 1941 年 5 月 2 日在国文学会上的题为《短篇小说》[②] 的演讲为例，通过其不同版本的修改，还原其在民国教育体制内的文学教育观。

一　通过沈从文对《短篇小说》的修改还原其文学教育观

沈从文在西南联大期间，在其所讲授的"各体文习作"课程中，极其推崇小说这一文体。为此，沈从文在诸多演讲场合，都再三就小说艺术予以阐释。早在 1940 年 8 月 3 日，沈从文就在西南联合大学师院国文学会上作了题

---

① 沈从文：《短篇小说》，《国文月刊》1942 年第 18 期。

② 指的是 1942 年 4 月 16 日出版的《国文月刊》第 18 期，《短篇小说》刊发在第 29—35 页。《国文月刊》于 1940 年由任职于西南联大师范学院中文系的教授们主办。

为《小说作者和读者》的演讲。一年后，沈从文又在原来演讲的基础上，进一步地将"小说"具体到"短篇小说"，对这一文体予以较全面的论述。客观地说，沈从文对于短篇小说是很有感情的，这与他对文学作家身份的推崇是一脉相承的。对此，已经远离文学多年的沈从文，在为自己的选集所作的题记中还满怀深情地说道："性情拘迁保守的我，前后约二十年中，占主要活动的工作，始终还是文学创作中的短篇小说和叙事散文。平时看的是它，教的是它，用笔写的是它，友好过从谈的还是它。"① 这说明，在沈从文的心目中，他对短篇小说艺术依然一往情深，推崇备至。由此说来，沈从文对短篇小说这一文体，自然也就有了更多理性的思考和阐释。《短篇小说》这篇演讲稿不仅是沈从文自己创作短篇小说的经验之谈，而且还因为其回应时代的风云，烙上历史发展的印记，隐含着极为丰富的文学史韵味。需要特别指出的是，分别在1940年和1941年诞生的关于短篇小说理论阐释的《小说作者和读者》《短篇小说》，恰好处于这"前后约二十年中"。可以说，《短篇小说》这篇演讲稿是我们透视沈从文对小说艺术认知的一个绝好"标本"。

沈从文的《短篇小说》演讲稿，最初刊发在《国文月刊》上，我们可以认定的是，当时刊发在《国文月刊》上的《短篇小说》，应该更接近沈从文演讲时对小说看法的原初面貌，时过境迁之后，沈从文在整理《短篇小说》这篇演讲稿时，进行了较大的修改。经过修改后的演讲稿，有些说法的确较之原来更加科学，也更加公允，但是，有些能够反映沈从文独到思想和情感认知的内容，或者被删除了，或者被重新润色了。因此，最后呈现在我们面前的《短篇小说》，已经不再如当初那般有棱有角，而是被历史重新涂抹。因此，我们通过校勘，一方面爬梳出在后来的版本中，哪些内容被删除了、哪些内容被重新装扮了；另一方面，从这样的变异背后，我们又可以洞见时代风雨对文学作品有着怎样的侵蚀与雕琢，历史究竟对其进行了怎样"精心"的涂抹。在此，我们不妨通过沈从文对《短篇小说》这篇演讲稿的修改，对照由北岳文艺出版社2002年出版的《沈从文全集》第16卷（文论）进行一番饶有趣味的对比，进而更好地走进西南联大期间沈从文对小说认识精神世界。

《短篇小说》一文被收入《沈从文全集》第16卷的"术艺刍言"部分。在这部分的前言中编者写道："本集为新编，收沈从文论文学艺术创作的文

① 沈从文：《沈从文小说选》第1集，人民文学出版社1982年版，第4页。

字 11 篇，过去未曾结集。1949 年初，作者拟将自己部分论文学艺术的文章结集，并以'术艺刍言'为集名，故取之以为本集名。"① 然而，这样的说明，依旧没有清晰地传达出有关《短篇小说》这篇演讲稿的出处，到底是沈从文于 1949 年审定的修改稿，还是其他版本的原刊稿？笔者在《沈从文全集》第一卷（小说）中注意到有这样的"编辑说明"："《沈从文全集》编入迄今收集到的所有沈从文先生已发表的文学作品、学术性著作及通信等；未曾发表的各类作品、书信、日记及其他成文史料，亦尽可能广泛收集编入"；"全集收入的已发表作品、作品集或单行本，均尽可能采用最早发表的文本或初版文本；作者主持增订过的著作，按增订版本编入；因故用其他文本，均附说明"。② "为保持作品原貌，全集编入的作品，除对显明的编校错误、笔误和个别错字作必要的订正及按规范采用简化字外，均按原文排版"；"作者对标点的使用，尤其是当标号、点号连用时，有些和目前的规范用法不同，亦未作改动"。③ 这说明从编辑者的初衷来看，还是非常期盼在出版的全集中，能够最大限度地还原历史的本真面貌，因此才会"均按原文排版"。然而，沈从文的《短篇小说》这一演讲稿却未能很好地实现这样的愿望。文中和文末并没有作任何的"附加说明"，而是径直标注："本篇发表于 1942 年 4 月 16 日《国文月刊》第 18 期。署名沈从文。"④《沈从文全集》作为在 21 世纪以来国内出版的唯一一部权威的沈从文全集类书籍，对推动、深化沈从文研究，以及促进中国现代文学研究，起到了举足轻重的作用，因此一直受到文学界的高度推崇。这样一来，就会使一般读者误以为《沈从文全集》中所收录的《短篇小说》是原发于《国文月刊》的"初版文本"。然而，《沈从文全集》与《国文月刊》的版本不仅有个别字词标点的差异，而且还出现了不少内容的删减，再次呈现在读者面前的《短篇小说》，已经和原文有了较大的出入。以下是我们对照《国文月刊》和《沈从文全集》两个版本收录的《短篇小说》所进行的勘校。为了便于读者把握，我们将其分为两个部分来统计：一是删减部分；二是原版本演讲稿中疑似误排的部分。至于其中的标点符号暂付阙如。

---

① 沈从文：《沈从文全集》第 16 卷，北岳文艺出版社 2002 年版，第 456 页。

② 沈从文：《沈从文全集》第 1 卷，北岳文艺出版社 2002 年版，第 1 页。

③ 沈从文：《沈从文全集》第 1 卷，北岳文艺出版社 2002 年版，第 2 页。

④ 沈从文：《沈从文全集》第 16 卷，北岳文艺出版社 2002 年版，第 507 页。

（一）删减部分：

	《国文月刊》第 18 期原刊本
1	不过短篇小说虽支持了新文学的地位，它到后来却受它所支持的那个"商业"和"政治"一点拖累，无以挣扎。因为十六年左右，新文学运动刺激了商人对于新出版业的投资，作品最先具有商品意味的，即是短篇小说。到稍后一时，十八年左右，新文学又起始被政治看中，企图用它作工具，（在野的则当武器，在朝的则当点缀物，）从此一来，全个文学运动，便不免失去了它应有的自由独立性，这方面不受"商业支配"，那方面必成为"政治附庸"。虽说商业方面的正常发展，还支持了此后作家的生活，并产生许多作品，政治方面的歪经，所要的又只是"作家"做个幌子，并未对"作品"有何兴趣，可是因此一来，一部分作家，终于不习惯把作品当成商品，与人竞赛，或不甘心把作品当成政治工具，与人争宠，于是都停了笔，一直到现在，"作家"抽象地位还不如一个"教授"，就是这么来的。虽然如此，我们若把二十年来成绩看看，就数量和品质言，拿得出手的作品，依然还数短篇小说，比别部门作品多些也好些。
2	杂文虽有些似通非通，不三不四，也还是到处流行。若我们明白从民十六到廿六近十年社会风气，正如何培养到一部分读者看打架兴趣，二三子别无所长，想有所自见。自然要将老把戏玩下去，充文化人，自得其乐。（照例又前进又热闹。这只要看看这里那里总还有人不断地在喊"重要重要"，或抄印他人作品推销，也即可见生意还不太弱。）
3	这不过是政治上几个流行陷人咒人的口号，其实与文学不相干。
4	作品忠实的证人是"读者"（任何时期任何地方总不缺少的忠厚正直读者），
5	就中当时跑得最有生气的，自然是普通说的"前进分子"，观众中有在帮在伙的人拍手，并在每一段路上都设个站口，劳驾上面插了一面小小旗帜，写上"同志，你已成功了！""你已是世界上最伟大的作家"，"你已是杰作！"（如同曹禺日出一戏中顾八奶奶称人），如此或如彼，增加作者声势的玩意儿，应有尽有，然而还是不济事！
6	不过在痛苦中也就不免将堂下那些人头一个一个加以欣赏。
7	当时只有一个人觉得不失败，就是做校长的胡适之先生。他以为"请个人去讲演。一二十分钟说不出来，照十八年上海风气，在台上居然不被打倒，在台下的又居然无人借故溜走，当然不算失败，懂不懂那是小事！"
8	作家受社会变动的影响，和流行趣味的控制，"政策"与"销路"已成为两个具有绝大势力的名词。
9	作家的自尊心被时代所扭曲压扁，竟恰恰和当前许多"知识阶级"被抽象法则具体法则所作成的一样。
10	为"主义""政策"作个代言人，有意识来写新的经典，如果动力小，一切努力都不会有何伟大成就。即或表面上因商业渲染，一时节异常兴旺热闹，其实还是空空洞洞的！
11	他手写的经典，应当教育第一流的政治家，不能受第三四流的政客指导。

（二）原版本演讲稿中疑似误排的部分：

	原版本的疑似误排情况
1	"所要处理的说他是作者人生的经验也好"，后来版本中改为"所要处理的，说他是作者人生的经验也好"。

续表

	原版本的疑似误排情况
2	"从作品中沙中检金"，后来的版本中改为"从作品中沙中捡金"。
3	"和这些来看。我讲演的人"，后来的版本中改为"和这些来看我讲演的人"。
4	"差不多全在乎那个作品的风格和性格的独创上"，在后来的一些版本中，将"在乎"改为了"在于"，"独自"改为了"独创"。
5	"作者或传说饱死，或传说穷死"，在后来的版本中将"饱死"改为了"饿死"。
6	"由于诗的认识，将使一个小说作者对于文字性能具特殊敏感"，在后来版本中，改为"由于对诗的认识，将使一个小说作者对于文字性能具特殊敏感"。

通过以上校勘，我们可以看出：《沈从文全集》中所收录的《短篇小说》一文，其所依据的"原文"，肯定不是在《国文月刊》上刊发的"原始版本"。如沈从文刊登在《国文月刊》上的《短篇小说》一文中的关于杂文的独到见解、关于文学与政治和商业的对立关系问题，尤其是关于胡适对沈从文肯定并加以提携的有关文字，在《沈从文全集》中已不见踪影。另外，除却这些改动外，或由于战争的原因，还有明显的误排现象。这说明，《短篇小说》这篇演讲稿在刊发后，历经多次的涂抹，烙上了历史和时代的印记。《短篇小说》被编入《沈从文文集》第12卷（文论）中，其所隶属的栏目是"创作杂谈"，但该文并非按全文原貌收入，同样是有所删减，甚至最后两段约666个字被省略号代替了，篇首和文末也没有对此作出"特别说明"，尤其是在文末，其赫然署上的依然是"一九四一年五月二日在西南联大国文学会讲　五月二十日在昆明校正"的字样。这种编排方式，很容易使读者认为，在《沈从文文集》中收录的《短篇小说》一文的本真面貌便是如此。殊不知，沈从文这篇关于短篇小说艺术理论阐释的演讲稿，其变动并不仅表现在省略这两段上，而且还表现在其他一些内容的删减和润色上，限于篇幅，不再一一列举。《短篇小说》这篇演讲稿在编入《沈从文全集》时，情形较之《沈从文文集》已经有了一些变化：它补充完善了后面所省略的两段内容，这使该篇演讲稿能够以相对完整的面貌呈现在读者面前。然而，令人遗憾的是，正如我们在校勘中已经标示出来的那样，它依然和刊发于《国文月刊》上的原文有较大的出入，是经过删减和润色后的版本。由此说来，透过那些被后来的文集或全集收入的演讲稿与刊登在《国文月刊》上的"初版文本"的"差异"，我们究竟可以洞见到怎样的时代风雨的侵蚀与雕琢？民国教育体制内的色彩又是怎样逐渐褪去的？《短篇小

说》是怎样被修改成最后的这个版本的？其间又经历了怎样的演变过程？它的"变化"究竟与沈从文的文学命运有着怎样的关联？

二　通过沈从文《短篇小说》演讲稿版本的变迁还原其文学观

对沈从文的为人为文较为熟悉的凌宇曾经说过："沈从文在文坛上的沉浮，在中国几乎是一个典型。在这沉浮的背后，重叠着因'历史的误会'而带来的种种人生坎坷与痛苦。"[①] 其实，在历史人物个体命运沉浮的背后，也有着作品沉浮的影子，集结着沈从文对小说艺术认知的演讲稿《短篇小说》，便可以看作刻录着他个人命运沉浮的标尺之一。

从 1924 年开始步入文坛到 1949 年，沈从文依托自己的文学创作尤其是短篇小说的创作，奠定了其在文坛上举足轻重的地位。华济时曾谈道："由于沈从文的刻苦自学和勤奋写作，到二十年代末已成为著名作家。"[②] "也是在一九三四年，文化生活出版社计划出一套创作集，共十二本。其中有巴金、沈从文等人的作品……该出版社出版的这本沈从文作品，就是短篇小说集《八骏图》。鲁迅对文化生活出版社的赞扬，也包括了对沈从文作品的肯定。"[③] 可见，沈从文在 20 世纪 30 年代的文学地位，甚至得到了执掌文学话语权的鲁迅的认同。1936 年，鲁迅在与埃德加·斯诺的一次谈话中也曾说道："自从新文学运动开始以来，茅盾、丁玲女士、郭沫若、张天翼、郁达夫、沈从文和田军大概是所出现的最好的作家。这里包括了最好的短篇和长篇小说家，到现在为止，还没有真正重要的小说家。沈从文、郁达夫、老舍等人的'小说'实际上只是中篇小说或长的短篇小说，他们是以短篇而闻名的，不是由于他们对长篇小说的尝试。"[④] 对沈从文的这种推崇，在施蛰存那里也是特别清晰的，如施蛰存在后来曾有过这样的评说："沈从文一生写了大量的小说和散文，作为一位文学作家，在中国新文学运动的第二个十年间，他和巴金、茅盾、老舍、张天翼同样重要。"[⑤] 这说明沈从文的文学创作，在中国现代文学发展历史上的确产生过较大影响。而《短篇小说》

---

① 凌宇：《沈从文传》，北京十月文艺出版社 1988 年版，第 5 页。

② 华济时：《鲁迅与沈从文》，《湘潭大学社会科学学报》1982 年第 3 期。

③ 华济时：《鲁迅与沈从文》，《湘潭大学社会科学学报》1982 年第 3 期。

④ [美] 尼姆·威尔士（斯诺前妻海伦·福斯特的笔名）：《〈活的中国〉附录一：现代中国文学运动》，文洁若译，《新文学史料》1978 年第 1 期。

⑤ 施蛰存：《滇云浦雨话从文》，《新文学史料》1988 年第 4 期。

作为承载沈从文创作经验和思想价值观念的演讲稿，其发生变化的脉络和规律则是文学史发展轨迹上又一道迷人的风景。

沈从文不仅以丰厚的文学创作实践，奠定了其在文坛上的重要地位，而且还以其编辑实践活动，推动了文学的发展。沈从文曾经担任过《大公报·文艺》的主编。姚雪垠在 1980 年也曾经这样追忆道："在北平的年轻一代的'京派'代表是沈从文同志，他在当时地位之高，今日的读者知道的人很少……后来又是《大公报》文艺奖金的主要主持人，所以他能够成为当时北平的文坛重镇。"① 除了担任《大公报》文艺副刊的主编，沈从文还编辑着其他几个文艺性刊物。值得我们关注的是，作为编辑的沈从文，并不仅仅是编辑，其影响力还表现在他对文学创作实践的深切感悟和对文学发展的独到见解上，这甚至引发了中国现代文学发展史上的文学论争，其一是京派和海派论争，其二是文学和政治的关系论争。对此，作为老朋友的巴金曾经这样回忆："抗战前他在上海《大公报》发表过批评海派的文章引起强烈的反感。在昆明他的某些文章又得罪了不少的人。因此常有对他不友好的文章和议论出现。"② 由此说来，沈从文作为重要的文学创作者、编辑实践者和文学批评者，在中国现代文学发展历史中，的确是无法绕开的一位重要作家，同样，《短篇小说》也是研究文学史发展脉络和规律所必经的驿站。

然而，沈从文作为一个具有独立思想的作家，恪守着自我独立的文学追求，这使其文字既不属于"右"也不属于"左"，在当时表现为其部分文章或者被开天窗，或者被禁止出版。李辉在辨析沈从文被禁的问题时说过："他的作品，后来我们大陆禁，台湾也禁，他的最早被禁的作品，就是国民党禁的。"③ 如沈从文的《记丁玲》早在 20 世纪 30 年代便被国民党删削了不少内容："1934 年，《记丁玲女士》结集为《记丁玲》交上海良友图书印刷公司出版时，却遭到国民党中央宣传部图书审查委员会的严重删削。"④ 李辉对此谈道："《国闻周报》发表之后，有明显的不让见诸文字的部分，全在出书时被删掉。删掉的几万字是 1936 年出《记丁玲》单行本时删掉的。正因为他不属于任何一个政治固定的派别，他用他个人的眼光在

① 姚雪垠：《学习追求五十年（一）》，《新文学史料》1980 年第 3 期。
② 巴金：《怀念从文》，《新文学史料》1989 年第 2 期。
③ 李辉：《中国文人的命运》，郑州大学出版社 2006 年版，第 81 页。
④ 凌宇：《沈从文传》，北京十月文艺出版社 1988 年版，第 294 页。

看，所以他的作品在台湾也是被禁的。"① 对此，鲁迅在日记中曾表示过愤慨和担忧："《记丁玲》中，中间既有删节，后面又截去这许多，原作简直是遭毁了。以后的新书，有几部恐怕也不免如此罢。"② 对于沈从文的另外一篇《禁书问题》③，国民党甚至通过上海《社会新闻》的一篇文章进行攻击："沈从文既然是站在反革命的立场，那沈从文的主张，究竟是什么主张，又何待我们来下断语呢？"④ "在 30 年代，沈从文就曾被国民党报刊咒骂为'反革命'⑤，因此，从国民党的文化立场来看，他们把沈从文当作"反动文人"，随着国民党退守台湾，沈从文的作品也因此而失却了在台湾出版的空间。但是，历史的诡异之处就在于：像沈从文这样的人，在国共两党的对峙中，如果用"非此即彼"的二元对立思维来予以审视，并按照"凡是敌人反对的，我们就要拥护；凡是敌人拥护的，我们就要反对"⑥ 的逻辑，那么沈从文本来可以获得共产党的认同；但遗憾的是，从 1948 年开始，有些代表着左翼文化思想的批评家，也把沈从文当作"一直是有意识地作为反动派而活动着"⑦，称为"看云摘星的风流小生"⑧，指责其"存心要做一个摩登文素臣"⑨，甚至称其为"地主阶级的弄臣"⑩，嘲讽其有着"清客文丐的传统"⑪，给他扣上"奴才主义者"⑫ 的帽子，怒斥其为"第三条路线"的代表。对此，凌宇在《沈从文传》中有过这样的描述："就在北平和平解放前后，北京大学一部分进步学生，发起了对沈从文的激烈批判。一幅幅大标语从教学楼上挂了下来，上面赫然触目地写着：'打倒新月派、现代评论派、第三条路线的沈从文！'"⑬ 这样的一种结论，由于是来自代

---

① 李辉：《中国文人的命运》，郑州大学出版社 2006 年版，第 81 页。

② 鲁迅：《鲁迅书信集（上卷）》，人民文学出版社 1976 年版，第 621 页。

③ 沈从文的《禁书问题》，原载《国闻周报》第 11 卷第 9 期，1934 年 3 月 5 日版。

④ 凌宇：《沈从文传》，北京十月文艺出版社 1988 年版，第 327 页。

⑤ 凌宇：《从边城走向世界》，岳麓书社 2006 年版，第 10 页。

⑥ 毛泽东：《毛泽东选集》第 2 卷，人民出版社 1958 年版，第 590 页。

⑦ 郭沫若：《斥反动文艺》，《大众文艺丛刊》1948 年第 1 期。

⑧ 郭沫若：《斥反动文艺》，《大众文艺丛刊》1948 年第 1 期。

⑨ 郭沫若：《斥反动文艺》，《大众文艺丛刊》1948 年第 1 期。

⑩ 冯乃超：《略评沈从文的〈熊公馆〉》，《大众文艺丛刊》1948 年第 1 期。

⑪ 冯乃超：《略评沈从文的〈熊公馆〉》，《大众文艺丛刊》1948 年第 1 期。

⑫ 冯乃超：《略评沈从文的〈熊公馆〉》，《大众文艺丛刊》1948 年第 1 期。

⑬ 凌宇：《沈从文传》，北京十月文艺出版社 1988 年版，第 421 页。

表着鲁迅以后文化发展方向的郭沫若，便极大地挤压了沈从文以后的文学创作发展空间。对于如此的指责，有人不无惋惜地说："北京解放前夕，香港一个进步刊物上刊登了一篇评论北平几位文学家的文章，沈从文被列为无灵魂、无思想的'粉红色'作家。这篇文章的作者和这个刊物的编辑可知道这个'封号'带给了沈从文多么大的精神痛苦与灾难？"① 面对世俗社会的困扰，沈从文的夫人张兆和追忆道："当时他压力很大，受刺激，心里紧张，觉得没有大希望。他想用保险片自杀，割脖子上的血管……"② 此时的沈从文感到属于自己的文学花季已经渐行渐远，而随着沈从文命运的转折，其文学作品也逐渐退出文学历史舞台，其关于"文学"与"政治"关系理念的一系列阐释也逐渐"失声"，这自然包括深刻阐释"短篇小说"创作与"政治"和"商业"关系的演讲稿《短篇小说》。

解放后，沈从文被新的文学体制排斥在外，这使他连参加第一次文代会的资格也没能获得。对此，曾经参加第一次文代会的巴金这样回忆过处于落寞状态的沈从文："从文没有露面，他不是大会的代表。我们几个人到他的家去，见到了他和兆和……""首届文代会期间我们几个人去从文家不止一次，表面上看不出他有情绪，他脸上仍然露出微笑。他向我们打听文艺界朋友的近况，他关心每一个熟人。然而文艺界似乎忘记了他。不给他出席文代会，以后还把他分配到历史博物馆做讲解员"，"北平解放前后当地报纸上刊载了一些批判他的署名文章，有的还是在香港报上发表过的，十分尖锐。他在围城里，已经感到很孤寂，对形势和政策也不理解，只希望有一两个文艺界熟人见见他，同他谈谈。他当时战战兢兢，如履薄冰，仿佛就要掉进水里，多么需要人来拉他一把。可是他的期望落了空"。③ 至于在"'文革'初期，沈从文终于没有躲过去。面对满墙大字报，极为忧愁地告诉史树青：'台湾骂我是反动文人，共产党说我是反共老手，我是有家难归，我往哪去呢？'"④ 如此一来，包括《短篇小说》在内的沈从文的文学作品，在这个特殊的历史时期，跌入了文学命运的"深渊"，面临着销声匿迹的重压和漫无边际的"挣扎"。

---

① 王珞：《沈从文评说八十年》，中国华侨出版社2004年版，第50页。
② 陈徒手：《午门城下的沈从文》，《读书》1998年第10期。
③ 巴金：《怀念从文》，《新文学史料》1989年第2期。
④ 陈徒手：《午门城下的沈从文》，《读书》1998年第10期。

　　值得庆幸的是，1957 年 2 月毛泽东在《关于正确处理人民内部矛盾的问题》的讲话中，正式提出了"百花齐放，百家争鸣"的繁荣和发展文学艺术的方针。"一时间，文艺界开始活跃起来，出版界也出现了重新出版'五四'以来有代表性的作家作品的热潮"，"一本由人民文学出版社组织选编的计 29 万余字的《沈从文小说选集》的书稿，送到了沈从文手中。面对这部书稿，想起几年前开明书店的来信中所说作品已过时，代为焚毁的话，沈从文百感交集"。① 由人民文学出版社 1957 年出版的《沈从文小说选集》，第一次印刷了 24000 册。沈从文的这本小说选集，对其文学世界的传播作用还是非常显著的。对此，有学者这样回忆道："一九七八年夏季……在那批热忱的青年作者间，常见他们争抢一本用牛皮纸包着，揉得破旧不堪的书，争到的人，有时把它扎在裤腰上，并用衬衣掩护，以防别人又夺去。逼他们拿出来看是什么，原来是一本五七年版的《沈从文小说选集》。"② 然而，这样一本深受读者欢迎的选集，当第二次印刷时，时间则已经到了 1982 年，该书又印刷了 21000 册。③ 1982 年沈从文在吉首大学讲话时说："我的书，在五三年时，曾因从书店看来是过时的，便代为烧掉了……现在有机会重印些出来，是香港一些不认识的朋友帮寄了些来。"④ 可见，1982 年对沈从文文学作品的出版和印刷仍处在"艰涩"状态。另外，我们注意到，在沈从文出版的小说选集中，并没有收入关于短篇小说理论阐释的《短篇小说》这篇演讲稿。这固然与其小说选集的限定有关，同时也说明更带有思想性的《短篇小说》已经"不合时宜"了。如此一来，沈从文的这篇《短篇小说》从中华人民共和国成立到 1980 年这段漫长的时间里，在大陆并没有获得再次面世的机缘。

　　20 世纪 60 年代初期，对沈从文来说，也许是值得记忆的一个春季。在大陆所编写的中国现代文学史中已经不见踪迹的沈从文，却在美国学者夏志清那里获得认可。在 1961 年美国出版的《中国现代小说史》中，夏志清对沈从文给予高度的评价："除沈从文外，三十年代的中国作家，再没有别人

　　① 凌宇：《沈从文传》，北京十月文艺出版社 1988 年版，第 452 页。

　　② 刘一友：《桃李不言　下自成蹊——浅谈沈从文的作品与人品兼及湘西的沈从文热》，《吉首大学学报》（社会科学版）1982 年第 2 期。

　　③ 《沈从文小说选集》，1957 年 10 月北京第 1 版第 1 次印刷，印数为 00001—24000 册；另有 1957 年 10 月北京第 1 版，1982 年 4 月湖北第 2 次印刷，印数 24001—45000 册。

　　④ 沈从文：《沈从文在吉首大学的讲话》，《吉首大学学报》（社会科学版）1985 年第 3 期。

能在相同的篇幅内，写出一篇如此富有象征意味、如此感情丰富的小说来。"① 不知是出于对夏志清的回应，还是出于其他考量，在 1962 年由茅盾担任主编、叶君健任副主编的外文版《中国文学》一书中，又一次刊出了沈从文的小说《边城》。然而，令人深感遗憾的是，这一时期沈从文关于文学艺术的理论阐释，在大陆依旧无法获得面世的机缘和继续存在的空间。

　　沈从文的文学春天，是和中华人民共和国的春天一同到来的。随着"四人帮"的垮台，政治上拨乱反正，文学界的春天开始到来，在 1979 年10 月召开的全国第四次文代会上，沈从文终于以作家的身份参加了这次盛会。但是，经历了种种历史磨难的沈从文，起始并不是像那些刚刚获得解放或平反的作家那样激动，而是带有很大的旁观色彩："他总是闭目养神，或伏案瞌睡，既不抬头，更不鼓掌。但我注意到，在小平同志讲话时，到关键处，他微微睁开眼睛，高兴地鼓起掌来。会下打听我才知道，他就是著名作家沈从文先生。沈从文长期被打入'冷宫'，他对文坛的冷淡是可以理解的。"② 但是，不容置疑的是，此后沈从文开始在国内引起了更大的关注，国内的报刊开始重新对沈从文的文学成就进行评价。对此，和沈从文有过直接交往的凌宇描述当时的情景："1978 年③全国第 4 次文代会后，沈从文长期冷落的门庭重新变得热闹起来，各色各样的拜访者接踵而至，国内的报刊也开始出现重新评价沈从文文学成就的文章。与沈从文有过多年友谊的萧离解嘲似地说：'沈先生的行情正在看涨。'"④ 正是在这样的时代氛围下，沈从文关于小说艺术理论阐释的《短篇小说》便迎来了黎明的曙光。

　　1980 年沈从文应美国文学界和学术界的邀请，在"美中学术交流委员会"和中国社会科学院的支持下，进行了历时三个月的赴美探亲讲学。需要注意的是，沈从文是以双重身份赴美国的：一是著名作家，二是古文物研究家。"讲学的内容有中国的新文学、中国古代的服饰，以及自己从文学写作转到物质文化史的研究情况等。"⑤ 但是，就美国知识界而言，似乎对沈

---

① ［美］夏志清：《中国现代小说史》，刘绍铭等译，复旦大学出版社 2005 年版，第 149 页。

② 《邓小平与拨乱反正（下篇）》，《北京日报》2004 年 8 月 9 日。

③ 在凌宇的版本中，误把 1979 年 10 月召开的第四次文代会当作了 1978 年，这个时间节点的错误，就把沈从文研究的"热闹"提前了一年。

④ 凌宇：《沈从文传》，北京十月文艺出版社 1988 年版，第 5 页。

⑤ 吴世勇：《沈从文年谱（1902—1988）》，天津人民出版社 2006 年版，第 595 页。

从文的作家身份更感兴趣。在哥伦比亚大学演讲时，主持演讲的是夏志清，他们赫然地打出了沈从文是"中国当代最伟大的在世作家"的标语，这便进一步凸显了沈从文的作家身份，使沈从文的美国之行，在文学与文物之上呈现出鲜明的意识形态的色彩。同时，在香港也兴起了一股"沈从文"热。1980年11月7日，《光明日报》发表记者贾树枚所写《访著名文学家、古文物学家沈从文》一文，其中写道："在香港，沈从文的选集出了一百多种"①。如香港时代图书有限公司便在1980年出版了《从文小说选》《从文散文选》。但是，沈从文的文论，包括《短篇小说》在内，并没有像他的文学作品那样，获得再三面世机会。

　　所谓"春江水暖鸭先知"，在大陆，沈从文的"文学春天"到来的标志，是《新文学史料》再次发表《从文自传》。在1980年第3期、第4期以及1981年第1期"自传"栏目中，《新文学史料》分别收录了《从文自传（一）》②《从文自传（二）》③《从文自传（三）》④。在《从文自传（一）》的《附记》中，沈从文这样写道："时间过了半个世纪，我所经历的一切和我的创作都成了过时陈迹。现在《新文学史料》编辑部忽然建议重发我的《自传》，我是颇有些犹豫的。"但是，沈从文在犹豫过后，还是"同意把它重新发表，并作了些补充、修改和校订"。⑤《从文自传》的重发，标志着沈从文终于熬过漫长的文学冬季，开始和共和国一道，迎来全面复苏的春季。当然，值得注意的一点是，在《新文学史料》1980年第3期上，沈从文的自传尽管已经刊出，但就版式来看，主编将邵荃麟的回忆放在第一部分，接下来是对鲁迅作品、瞿秋白作品以及张闻天作品研究文章的收录，而《从文自传》一文放在了中间的位置。在《新文学史料》1980年的第4期和1981年的第1期中也是如此的编排。这样的"中间位置"颇有"犹抱琵琶半遮面"的味道，而这正体现了编辑和主编的良苦用心和编辑智慧。与此相辉映，在1980年第3期的《中国现代文学研究丛刊》中刊出北京大学中文系硕士生凌宇的论文《沈从文小说的倾向性和艺术特色》以及

① 糜华菱：《沈从文年表简编（续）》，《新文学史料》1995年第4期。
② 沈从文：《从文自传（一）》，《新文学史料》1980年第3期。
③ 沈从文：《从文自传（二）》，《新文学史料》1980年第4期。
④ 沈从文：《从文自传（三）》，《新文学史料》1981年第1期。
⑤ 沈从文：《从文自传（一）》，《新文学史料》1980年第3期。

第 4 期刊出他的访谈《沈从文谈自己的创作——对一些有关问题的回答》。对此，有学者敏锐地指出："近几年来，在北京、上海、南京、广州、四川、湖南、浙江都有作家、专家们在报刊上或学报上谈论沈从文先生了。谈他的作品，谈他的人品，也谈及了他的沉浮。还有几个出版社已出版或正排印他的散文和小说。他的《中国古代服饰研究》也出版了。"① 但是，值得我们关注的是，这个时期的沈从文的作品，更多地表现为散文和小说，至于文论部分，则一直未能"浮出历史的地表"。

笔者根据掌握的资料，对相关信息统计如下：

	书目名称	出版年份	出版社	是否收录《短篇小说》
1	《沈从文小说选集》	1957 年 10 月北京第 1 版，1957 年 10 月北京第 1 次印刷。	人民文学出版社	否
2	《沈从文小说选集》	1957 年 10 月北京第 1 版，1982 年 4 月湖北第 2 次印刷。	人民文学出版社	否
3	《中篇小说选》（上册）	1980 年 10 月。	《湘江文艺》编辑部	否。收录沈从文小说《边城》。
4	《中国现代短篇小说选》（第三卷）	1980 年 12 月北京第 1 版，1980 年 12 月湖北第 1 次印刷。	人民文学出版社	否。收录沈从文的三篇小说《萧萧》《丈夫》《顾问官》。
5	《沈从文散文选》	1981 年 11 月第 1 版第 1 次印刷。	湖南人民出版社	否
6	《沈从文散文选》	1981 年 11 月第 1 版，1982 年 7 月第 2 次印刷。	湖南人民出版社	否
7	《沈从文散文选》	1981 年 11 月第 1 版，1992 年 8 月第 3 次印刷。	湖南文艺出版社	否
8	《从文自传》	1981 年 12 月北京第 1 版，1981 年 12 月北京第 1 次印刷。	人民文学出版社	否
9	《沈从文小说选》	1981 年 12 月第 1 版第 1 次印刷。	湖南人民出版社	否
10	《沈从文小说选》（第一集）	1982 年 10 月北京第 1 版。	人民文学出版社	否

---

① 刘一友：《桃李不言　下自成蹊——浅谈沈从文的作品与人品兼及湘西的沈从文热》，《吉首大学学报》（社会科学版）1982 年第 2 期。

续表

	书目名称	出版年份	出版社	是否收录《短篇小说》
11	《沈从文小说选》（第二集）	1982 年 10 月北京第 1 版。	人民文学出版社	否
12	《沈从文散文选》	1982 年 12 月北京第 1 版。	人民文学出版社	否
13	《沈从文选集》（五卷本）	注:《沈从文选集》第一卷—第二卷为 1983 年 5 月第 1 版，第三卷—第五卷为 1983 年 6 月第 1 版。	四川人民出版社	否
14	《沈从文文集》（1—12）	第十二卷（文论）1984 年 7 月第 1 版。	花城出版社；生活·读书·新知三联书店香港分店	有
15	《沈从文别集·抽象的抒情》	1992 年 12 月第 1 版，2002 年 7 月第 3 次印刷。	岳麓书社	有
16	《沈从文全集》	2002 年 12 月第 1 版第 1 次印刷。	北岳文艺出版社	有
17	《沈从文散文选》	2004 年 3 月第 1 版，2004 年 3 月第 1 次印刷。	人民文学出版社	无
18	《沈从文集》	2007 年 2 月第 1 版第 1 次印刷。	中国社会科学出版社	无，收入《小说作者和读者》。

需要说明的是，由四川人民出版社 1983 年出版的《沈从文选集》，共五卷①，在第五卷文论的"烛虚"部分收录了沈从文另外一篇在西南联大国文学会上的演讲稿《小说作者和读者》，而没有选入《短篇小说》一文；2007 年由中国社会科学院科研局组织编选的《沈从文集》"出版说明"中写道："旨在积累本院学者的重要学术成果，展示他们具有代表性的学术成就"，"对少数在建国前成名的学者，文章选收的时间范围更宽"。② 该集收录了《小说作者和读者》，亦未收入《短篇小说》。

沈从文的作品自 1957 年得以出版之后，到 1980 年才获得再次公开出版的机缘；1981 年，沈从文的小说选和散文选开始由湖南人民出版社出版，沈从文的《从文自传》则由人民文学出版社结集出版；1982 年，人民文学

① 沈从文于《沈从文选集》（第 1 卷·散文）《序》中提道："选集初步计划出五卷。其中散文一卷，小说三卷，（短篇二、中、长为一），文学评论及其它杂论一卷。"

② 沈从文：《沈从文集》，中国社会科学出版社 2007 年版，"出版说明"部分。

出版社再版了 1957 年出版的《沈从文小说选集》；1983 年，四川人民出版社出版了五卷本的《沈从文选集》，然而，沈从文的《短篇小说》这篇演讲稿，依然没有获得面世的机缘；到了 1984 年，花城出版社与生活·读书·新知三联书店香港分店在大陆联合出版了 12 卷本的《沈从文文集》。这篇被历史长期遗忘的文稿，才终于获得了面世的机缘。尤其需要指出的是，沈从文的作品出版后，在短短几年的时间里，他的文学作品得以重新和读者见面，具有很好的销路，印量相当可观。然而，对于这一切，沈从文表现出惊人的平静。在谈到他的文学创作时，他总是轻轻地摇头挥手："那都是些过时了的东西，不必再提起它……我只不过是个出土文物。"① 他非常自谦地说道："社会变化既异常剧烈，我的生活工作方式却极其窄狭少变化，加之思想又保守凝固，自然使得我这个工作越来越落后于社会现实要求。"② "我作品中提及的问题，故事里所表现的思想感情，很显然和读者已离得更远。"③ "我已读到不少新作家的富有生命力的新作，那才真是代表新时代的有青春光彩生命的歌呼！"④ 然而，沈从文又不无感喟地说："近三十年我的写作生命，等于一张白纸，什么也没有留下。"⑤ 这说明，沈从文尽管心中有"深深的歉意"，但依然非常看重"写作生命"，以至于对此耿耿于怀。那么，收入《沈从文全集》中的《短篇小说》又到底是谁修改的呢？

随着越来越多的出版社出版沈从文的著作，国内开始出现"沈从文热"。可以说，在经过了 30 余年的沉寂后，1984 年左右的沈从文研究，一下子浮出了历史地表，蔚然成为时代的一道风景线。1985 年 12 月 19 日，为庆贺沈从文从事文学创作 60 周年，《光明日报》以头版头条的显赫位置称赞沈从文是"中国现代文学史上的一位重要作家"，"体现了中国知识分子的崇高风范"。⑥ 这标志着沈从文的作家身份获得了主流意识形态的接纳和推崇。在此期间，包括沈从文的《短篇小说》在内的文章，以本真的历史面貌呈现在读者面前的"大气候"已经具备。

在《沈从文文集》编校过程中，沈从文参与了校勘工作。如在《沈从

① 凌宇：《沈从文传》，北京十月文艺出版社 1988 年版，第 5 页。
② 沈从文：《沈从文小说选》第 1 集，人民文学出版社 1982 年版，第 4 页。
③ 沈从文：《沈从文小说选》第 1 集，人民文学出版社 1982 年版，第 6 页。
④ 沈从文：《沈从文小说选》第 1 集，人民文学出版社 1982 年版，第 7 页。
⑤ 沈从文：《沈从文小说选》第 1 集，人民文学出版社 1982 年版，第 6 页。
⑥ 《坚实地站在中华大地上——访著名老作家沈从文》，《光明日报》1985 年 12 月 19 日。

文文集》第一卷（小说）目录前的一张照片的注解这样写道："1981 年春在广州校阅文集时摄。"该书还附有沈从文在 1981 年春校改文集第一卷的题记（沈从文手迹）。由此可见，《沈从文文集》所收录的大部分文章是经过沈从文校勘过的。在《题记》中沈从文感慨道："十年浩劫，我手边仅存的一些留作纪念的样本，全部都在劫中毁去……因为重印旧作，除了五七年那本《短篇小说选》，此外都是依据解放前各书店和香港翻印的旧作而选出，即或是反复核对，恐仍不免有些错字。"① 在《后记》中又提道："……在收入解放后出版的《沈从文小说选集》时，经作者重校；散文《从文自传》《湘行散记》《湘西》及《一个传奇的本事》分别在《新文学史料》、香港版《从文散文选》及香港《海洋文艺》重新发表时，也经作者审校，字句小有更改。这次出版，蒙作者厘定篇数，又对部分作品作了校正，并写了题记。"② 这充分说明沈从文对再次出版的作品是亲自作过审校的。

　　沈从文对文集选择哪些作品入选，以及以怎样的面貌再次呈现给世人，是起着主导作用的。如丁玲在 1980 年 3 月号的《诗刊》上刊登《也频与革命》一文，将沈从文的《记丁玲》一书称为"一部编得很拙劣的'小说'"，并斥责沈从文"对革命的无知、无情"，乃致"对革命者的歪曲和嘲弄"。沈从文对丁玲这篇文章所作出的反应，则是编定 12 卷本《沈从文文集》时，断然抽去了《记丁玲》《记丁玲续集》，并在致友人信中表明了自己的观点和立场。③ 由此我们可以推断，该文集最终收录了《短篇小说》这篇演讲稿，也应该是经过了沈从文的最终校正和审定的。

　　当然，我们在校勘沈从文的这篇演讲稿时，还发现其中的不少错误是排版中的错误。期刊在编排中出现某些错误是难以避免的，但是，如果我们把刊发《短篇小说》的《国文月刊》放在特定的历史背景下加以审视，便会发现，沈从文的这篇演讲稿中的排版错误，已经不是一般错误了，而是被打上了战争的烙印。在日军大举发动侵华战争这一特殊时期，战争在某种程度上对中国文化产生了不可估量的负面影响。《国文月刊》尽管处在相对远离抗日第一线的大后方，但是，这并不表明战争就不会影响到文学的生产和出版。特定的战争环境下的文学生产和出版，便存在着诸多的错误。然而在偌

---

① 沈从文：《沈从文小说选》第 1 集，人民文学出版社 1982 年版，第 6 页。
② 沈从文：《沈从文散文选》，湖南人民出版社 1981 年版，第 369 页。
③ 陈漱渝：《干涸的清泉——丁玲与沈从文的分歧所在》，《人物》1990 年第 5 期。

大的中国已经容不下一张书桌的情况下，这一时期的一些学术期刊和大学演讲，依然以其愈挫弥坚的顽强标示了自我独立的存在。从这个层面上来讲，沈从文的《短篇小说》这篇演讲稿中的某些排版错误，便打上了极其深刻的战争历史烙印。

在《短篇小说》中，究竟哪些内容是作者自己改动的？哪些内容是编选者改动的？目下已不得而知。但沈从文《短篇小说》版本之间为何出现如此之大的变异呢？

三　沈从文《短篇小说》演讲稿与民国教育体制

如果我们要还原沈从文的《短篇小说》演讲稿的内在思想，需要结合民国教育体制来进行解读。毕竟，这篇演讲稿之所以出现后来如此之多的修改，正是与其所承载的思想与时代不甚吻合有关。换言之，沈从文的《短篇小说》演讲稿之所以出现了思想上的诸多棱角，恰是民国教育体制孕育的结果。正是民国教育体制的屏障，使沈从文得以摆脱了国民党对其划定的疆域，走向了"第三条"文学道路，并借助大学的公共空间进行演讲，由此使自己的一家之言有面世的机缘。

历史地看，沈从文对短篇小说的推崇与他对作家身份的重视一脉相承。当年，《短篇小说》这篇演讲稿不仅是他的文学观念之谈，而且还回应着时代风雨，烙上了历史的印记。其实，这篇演讲稿在1984年被花城出版社与三联书店香港分店在大陆联合出版的《沈从文文集》第12卷收录时，沈从文就已经作了较大的删减，甚至最后两段近700字的内容也被省略号所代替，而且在篇首和文末都未对此作出说明的情况下，依然在文末署上原稿"五月二十日在昆明校正"的字样。

在文学作品的诸多版本中，其具体内容有所出入是存在多方面原因的。一方面，沈从文在主持修订时，对作品重校后有所改动；另一方面，编选者在收录其文章时，也会或多或少地进行变动。但是，像《短篇小说》这样的"变化"，已经不再是作者或编选者的简单润色校正了，而是深潜着极其丰富的政治、文化与历史的因素。从根本上说，全集所选择的版本，更应该注重回到历史的真实场域中去。如果研究者对研究对象的版本变异毫无所知，甚至误把校勘后的版本当作原初版本，那结果很可能会把作者后来的思想当作原初的思想，进而导致错误的一再复制。毕竟，在任何时间节点上的修改，都意味着作者或编选者站在该时间节点的文化立场上，对历史进行的一次次涂抹。这不断涂抹的结果，极大地遮蔽了作品的本真面貌。

基于现实政治的需要，沈从文将刊发于《国文月刊》上的《短篇小说》进行了重新审订，对那些在民国教育体制内具有存在合理性的方面进行了必要的删除，或进行了调整。应当说，作家的任何话语都是在特定历史情景下的特定表达，沈从文的《短篇小说》是在西南联大的演讲稿，从演讲稿的一般属性来看，有些演讲稿是先整理好了底稿，在演讲时基本上是照本宣科，这样的演讲稿严格说来，还算不上真正的演讲稿，充其量只能算是底稿的声音外化；有些演讲稿则不然，它是演讲者现场即兴发挥的结果，根本谈不上什么底稿，这样的演讲稿尽管不像有底稿的演讲那样条理清晰，但却真实地反映了演讲者处于特定的演讲场景时的真实的思想和情感，因此，我们对沈从文的演讲稿《短篇小说》，也应该作如是观。作为身在民国教育体制内的教师，尽管拥有相对多的自由空间，但是，涉及民国体制的反对话语，或者对执政的政党的诋毁话语，同样没有言说的空间。然而，对民国体制或执政的政党所反对的思想，作为演讲者加以批判，还是拥有存在的空间。沈从文作为一个自由主义的作家，自然也难以获得国民党的认同，在国民党看来，沈从文同样是"反动文人"。然而，这并不妨碍沈从文这样的"反动文人"栖身于民国教育体制之内，毕竟，像沈从文这样的"反动文人"还动辄反对左翼文学，这在国民党看来，自然又有其同盟的一面。正是站在这种自由主义的文化立场上，沈从文演讲时的思路，便会真的自由飞翔起来，他既对国民政府有所批评，又对左翼文学有所非议。这种批评和非议如果置于具体的演讲语境下加以考辨，我们便会发现，这样的自由主义文化立场，对学生来说，恰好可以产生某种共鸣。这表明，在民国教育体制内的西南联大，沈从文还是拥有足够的演讲空间。然而，当沈从文把特定演讲语境下的演讲稿整理出来加以历史地确认时，便发现了其中的"意气"的内容，这些内容尽管可以逞一时之快，但毕竟是无法见容于主流意识形态所秉承的思想的。也许，正是基于这样的考虑，沈从文在演讲稿刊发之后，并没有在民国体制内再三提及；至于中华人民共和国成立后，沈从文的演讲稿中对左翼文学的非议，对杂文文体的诋毁，自然就更不符合新中国的要求了。

新中国成立后，当意识形态从多元走向一元时，沈从文作为一个站在自我文化立场上的知识分子，自然就要通过加强"学习"来完成自我的"思想改造"。这具体到《短篇小说》来说，则是从当初对胡适的推崇，转变为对有关推崇胡适的文字的删除。原文对自己第一次上课的"失败"有过这样的描述："当时只有一个人觉得不失败，就是做校长的胡适之先生。他以为'请个人去讲演，一二十分钟说不出话来，照十八年上海风气，在台上的居然不被打倒，在台下的又居然无人借故溜走，当然不算失败，懂不懂那是小事！'"① 这段有关胡适的文字，在《沈从文文集》和《沈从文全集》中，则均被删除了，我们知道，随后，学界即开展了批判胡适的"反动学术思想"的政治运动，直到新世纪之初，大陆对胡适的评价依然没有出现根本性的变化。在此情况下，当时出版的《沈从文文集》将《短篇小说》中这段有关胡适的描述予以删除，既可以实现与胡适的切割，也符合主流意识形态的话语要求。

应当说，沈从文的创作经历了艰难困苦的"试验"。对此，他曾这样回忆："我的作品，早在五三年间，就由印行我选集的开明书店正式通知，说是'各书已过时，凡是已印、未印各书稿及纸型，全部均代为焚毁'。随后是香港方面转载台湾一道明白法令，更进一步，法令中指明除一切已印未印作品，全部焚毁外，还包括永远禁止再发表任何作品。"② 解放后的沈从文，经过了时代风雨的严酷冲刷，已经不再是当年那个豪气干云的沈从文，如"1956 年 2 月，当沈从文以特邀代表的身份出席全国政协二届二次会议时，他就知识分子的自我改造问题作了一个发言，发言中特别提到了'郭沫若院长关于在社会主义革命高潮中知识分子的使命的报告'，表示要'用郭沫若院长报告中提起的三省吾身的方法，经常检查自己，努力作一个毛泽东时代的新知识分子'"③。这种情形不仅在沈从文那里有所表现，而且在其他现代作家那里，似乎也是一种历史常态。当然，相比那些对胡适"口诛笔伐"的言论，沈从文对相关文字的删除自然还是要温和隐晦得多。然而需要指出的是，如果说特殊时期的修改缘于现实政治的压力，在一些敏感问题上心有余悸而有所规避的话，那么到了 21 世纪，《沈从文全集》在收入《短篇小说》这篇演讲稿时，仍然没有恢复有关胡适的既有描述，那就不再是政治原因可以解释得了的。

随着时代的变迁和自我认识的调整，作家的思想也会出现某些变化，使一些版本在修订中发生"变异"。沈从文对自己的小说有着高度的自信，对

① 沈从文：《短篇小说》，《国文月刊》1942 年第 18 期。

② 沈从文：《沈从文全集》第 12 卷，北岳文艺出版社 2002 年版，第 235 页。

③ 糜华菱：《郭沫若和沈从文的文字恩怨》，《新文学史料》2001 年第 3 期。

所认同的小说理论亦非常执着，这使沈从文不仅在文学思想上有着独到之处，而且在文学文体上也有着某种偏执。

从文学思想来看，沈从文早期的思想体现为一种自由知识分子的为艺术而艺术的理想主义，这既和国民党所主导的意识形态有所差异，也与其他党派的意识形态有所疏离。但遗憾的是，部分代表着左翼文化思想的批评家却认为，沈从文"一直是有意识地作为反动派而活动着"①，甚至成为"地主阶级的弄臣"②，是"第三条路线"的代表。对此，沈从文其实多年前就有所预料，堪称"先见之明"："照近二十年来的文坛风气，一与'艺术'接近，也许因此一来，它的名字就应当叫作'落伍'了，叫作'反动'了，他的作品并且就要被什么'检讨'了，'批评'了，他的主张意见就要被'围剿'了，'扬弃'了。"③ 沈从文认为："一个好的文学作品，照例是会使人觉得在真美感觉以外，还有一种引人'向善'力量的。……读者从作品中接触了另外一种人生，从这种人生景象中有所启示，对'生命'能作更深一层的理解"④，"方能把生命引导到一个崇高理想上去"，"这点创造的心，就正是民族品德优美伟大的另一面"。⑤ 正是坚持了这种文学观，沈从文对"商业"和"政治"一直持有排斥态度，"所以虽被派'落伍'了十三年，将来说不定还要被文坛除名，还依然认为一个作者不将作品与'商业''政策'混在一处，他脑子会清明一些。他不懂商业或政治，且极可能把作品也写得像样些"⑥。

从文学文体来看，沈从文对短篇小说和中篇小说文体相当推崇，而对其他文体尤其是杂文，就存有某种程度的漠视、低估乃至贬低。为何如此？这恐怕仍然与他对文学与政治的关系的认知有关。20 世纪二三十年代，以写作杂文而著称的鲁迅认为："作者的任务，是在对于有害的事物，立刻给以反响或抗争，是感应的神经，是攻守的手足。"⑦ 杂文作为感应社会的神经，恰是与政治关系最为密切的文体。而在当时的沈从文看来，"不过是政治上

① 郭沫若：《斥反动文艺》，《大众文艺丛刊》1948 年第 1 期。
② 冯乃超：《略评沈从文的〈熊公馆〉》，《大众文艺丛刊》1948 年第 1 期。
③ 沈从文：《短篇小说》，《国文月刊》1942 年第 18 期。
④ 沈从文：《短篇小说》，《国文月刊》1942 年第 18 期。
⑤ 沈从文：《短篇小说》，《国文月刊》1942 年第 18 期。
⑥ 沈从文：《短篇小说》，《国文月刊》1942 年第 18 期。
⑦ 鲁迅：《鲁迅全集》第 6 卷，人民文学出版社 1981 年版，第 3 页。

几个流行陷人咒人的口号，其实与文学不相干"①。不仅如此，对于短篇小说的未来，"它将不如长篇小说，不如戏剧，甚至于不如拼拼凑凑的杂文那么热闹"②。这里，一方面，沈从文表明了对"短篇小说"前途的忧虑；另一方面，他在杂文文体前面加上了"拼拼凑凑""似通非通""不三不四"等定语，将他对杂文的排斥乃至贬低态度展露无遗。当然，毋庸讳言，有些杂文的不断政治化确实使其徒有文学的幌子，这与鲁迅所代表的批判、抗争的杂文是不能同日而语的。对于这一点，沈从文亦有所认识。所以，随着时间的推移，沈从文对杂文这一文体的看法也出现了调整，上述"与文学不相干"观点和"拼拼凑凑"等词汇都在《沈从文文集》和《沈从文全集》版本中一并删除。实际上，沈从文的这一转变并不是在解放后才开始的。早在 1947 年，沈从文在为纪念鲁迅逝世 11 周年所写的《学鲁迅》一文中，便认为鲁迅有"明确而永久"的贡献："有三方面特别值得记忆和敬视：……二、于否定现实社会工作，一支笔锋利如刀，用在杂文方面，能直中民族中虚伪、自大、空疏、堕落、依赖、因循种种弱点的要害。强烈憎恶中复一贯有深刻悲悯浸润流注。"③ 可以看出，沈从文对鲁迅写作杂文的评价开始将其纳入对民族性格弱点的剖析中，有了更广阔的社会观照视野。

整体来看，尽管沈从文热爱文学，视文学为生命的载体，并对自己的小说创作充满自信，但同时又具有一种宏观历史视域下的自我渺小感。如在《抽象的抒情》一文中，他颇有些自嘲地写道："他明白个人的渺小，还比较对头。他妄自尊大，如还妄想以为能用文字创造经典。"④ 甚至对自己的作品也有一种淡然："对于这些过时旧作，我并不寄托任何不现实希望，认为即点缀作用也不大，且不多久即将完全失去意义，成为陈迹。"⑤ 这种在大变动的时代和自我文化认同的夹缝中所产生的自我渺小感，不得不说是一个时代的缩影。随着沈从文思想的"成熟"，沈从文后来在对《短篇小说》的修订中，将一些具有嘲讽意味的贬义词改为中性词，将一些抨击那一时期小说界出现的"商业支配""政治附庸"现象的文字作了部分删除。在这些

---

① 沈从文：《短篇小说》，《国文月刊》1942 年第 18 期。

② 沈从文：《短篇小说》，《国文月刊》1942 年第 18 期。

③ 沈从文：《沈从文全集》第 16 卷，北岳文艺出版社 2002 年版，第 287 页。

④ 沈从文：《沈从文全集》第 16 卷，北岳文艺出版社 2002 年版，第 534 页。

⑤ 沈从文：《沈从文小说选》第 1 集，人民文学出版社 1982 年版，第 7 页。

修改的背后，我们可以看到他的思想更加趋于圆润。但同样不容置疑的是，当抛却原先那种带有桀骜色彩的偏执精神而走向"允执其中"的"中庸之道"时，沈从文之所以为沈从文的那种特立独行的自我个性也就大打折扣了。

对历史真实的还原受到诸多因素干扰，这使对某些情景的叙述出现了模糊和偏差。沈从文在《短篇小说》原文中提到一段往事，对自己在吴淞中国公学第一次上课情景有这样详细的描述："记得是民国十八年[①]秋天……我当然就在那里休息，实在说就是给大家欣赏我那个乱蓬蓬的头，那种狼狈神气，不过在痛苦中也就不免将堂下那些人头一个一个加以欣赏。"[②] 但是在《沈从文文集》和《沈从文全集》中，均删除了"不过在痛苦中也就不免将堂下那些人头一个一个加以欣赏"。这一改动，就直接把沈从文放置在"被看"的位置上，而那种带有"居高临下"、也对"堂下那些人头一个一个加以欣赏"的气势则被删除殆尽。至于在演讲结束后，原文中"时间过了，在照例掌声中散了场"恰恰说明了：在民国十八年的时候，以沈从文为代表的新文学作家，在大学里已经被接纳和推崇。而这在《沈从文全集》中却被一句简单的"下课钟响后"所取代，"掌声"所隐含的意味一并被抹去。另外，我们看到，这一情景在不同的历史叙述中有着不同的版本描述。如梁实秋写于 20 世纪 60 年代末的《忆沈从文》中这样讲道："上课之前作了充分准备，以为资料足供一小时使用而有余，不料面对黑压压一片人头，三言两语的就把要说的话都说完了，剩下许多时间非得临时编造不可，否则就要冷场，这使他颇为受窘。"[③] 到了 1989 年，凌宇在其《沈从文传》中有另外一个版本；而作为老朋友的巴金，在悼念沈从文的文章中也有过专门的描述："他听说我不喜欢在公开场合讲话，便告诉我他第一次在大学讲课，课堂里坐满了学生，他走上讲台，那么多年轻的眼睛望着他，他红着脸，一句话也讲不出来，只好在黑板上写了五个字：'请等五分钟。'他就是这样开始教课的。"[④] 那么，这四种描述哪个更接近历史的真实面貌呢？

---

① 关于沈从文到底什么时间在吴淞中国公学第一次讲课，诸多版本有着不同的说法。《短篇小说》原文写的是"民国十八年"即 1929 年，《沈从文全集》在收录《短篇小说》时则为"民国十七年"，这里依然采用刊发于《国文月刊》的《短篇小说》之说。

② 沈从文：《短篇小说》，《国文月刊》1942 年第 18 期。

③ 王珞：《沈从文评说八十年》，中国华侨出版社 2004 年版，第 26 页。

④ 巴金：《怀念从文》，《新文学史料》1989 年第 2 期。

　　从时间的节点上来看，沈从文本人最初的描述当然更符合历史原貌。《短篇小说》一文明确记载："上堂时，但见百十个人头在下面转动，我知道许多'脑子'也一定在同样转动。我心想：'和这些来看我讲演的人，我说些什么较好？'所以就在黑板上写了一行字：'请你们让我休息十分钟罢。'我意思倒是咱们大家看看，比谁看得深……到末后，我开口了，一说就是两点钟。"① 如此看来，诸如"请等5分钟"或"让我休息十分钟"的传说不过是沈从文颇为另类的一个开场设计，至于"失败"，也是"因为解释得与一般传说不同，与流行见解不合"，"从一般习惯看来，自然算是失败了"。② 由此可见，梁实秋和巴金对这一历史情景的描述，仅仅是通过沈从文的转述而获得的一种历史"想象"。凌宇在20世纪80年代撰写《沈从文传》时，更是远离了那个时代，而且在凌宇所获得到的材料中，《短篇小说》已经被历史涂改了不少。像沈从文第一次上课的情景都会出现如此之大的差异，可以推断，在诸多的文学现象和文学史写作中，那种依托着自我"合理想象"来涂抹历史的情形便是无法避免的了。

　　其实，沈从文不仅是一个作家、文人，更是人在江湖、心系庙堂的思想者。中国传统文化积淀而来的那种"身为帝师"的思想，还依然根深蒂固地存活于其情感和思想深处。因此，对于沈从文的文学主张如果仅仅看作"文人之论"，那就大错特错了。他宣称："作者尚有点自尊心和自信心，应当在作品中将一个新的原则重建起来。应当承认作品完美即为一种秩序。一切社会的预言者，本身必需坚实而壮健，才能够将预言传递给人。"③ 所以，在情感和思想深处，沈从文有着"教育第一流的政治家"的理想。但遗憾的是，这在《沈从文文集》和《沈从文全集》中也都已经被删除，即便在文本的世界也失却了存在的空间。但是，删除归删除，沈从文试图将自己的思想介入现实社会中的努力，并没有就此消失。实际上，沈从文在《短篇小说》中体现的思想，在同时期的其他作品中也有不同程度的体现。如他1942年写的《文学运动的重造》一文中便指出："文学运动重造的理想"，在于"使文学作品的价值，从'普通宣传品'变成'民族百年立国的经

---

① 沈从文：《短篇小说》，《国文月刊》1942年第18期。

② 沈从文：《短篇小说》，《国文月刊》1942年第18期。

③ 沈从文：《短篇小说》，《国文月刊》1942年第18期。

典'"。① 这说明沈从文对文学更着眼于其久远的价值。

　　总之，沈从文的《短篇小说》在历史变迁中出现如此之大的变异，是中国现代文学作家作品在历史流变中不断变化的一个缩影。通过对《沈从文全集》所收录的《短篇小说》的勘校，我们可以得到启示，对那些渗透了时代风雨的作品以及深深打上历史痕迹的修订版本，要尽可能还原其出现的具体文化语境。对于沈从文的演讲稿《短篇小说》，我们也应该作如是观。从某种意义上说，沈从文在民国教育体制内的某些演讲，还是深深地打上了某些深刻的时代烙印，那就是作为自由主义的作家，在民国教育体制的夹缝中，努力地找寻着中国现代文学发展的"第三条道路"：既不归依国民政府的领导，也不认同其他政党的主张，而是要探索一条通向未来的道路，即"我是个乡下人，乡下人的特点照例'相当顽固'，所以虽被派落伍了十三年，将来说不定还要被文坛除名，还依然认为一个作者不将作品与'商业''政策'混在一处，他脑子会清明一些。他不懂商业或政治，且极可能把作品也写得像样些。他若是一个短篇小说作者，肯从中国传统艺术品取得一点知识，必将增加他个人生命的深度，增加他作品的深度"②。沈从文在此可谓一语成谶，他以自己的"相当顽固"，从"落伍"走到了"被文坛除名"。但是，好在沈从文还是相信未来："一切社会的预言者，本身必需坚实而壮健，才能够将预言传递给人。作者不能只看今天明天，还得有个瞻望远景的习惯，五十年一百年世界上还有群众！新的文学要它有新意，且容许包含一个人生向上的信仰，或对国家未来的憧憬，必需得从另外一种心理状态来看文学，写作品，即超越商业习惯上的'成功'，完全如一个老式艺术家制作一件艺术品的虔敬倾心来处理，来安排。"③ 这种百年眼光使沈从文对文学依然抱有不灭的期冀。其实，50 年还没有到，从沈从文发出"预言"到再次掀起"沈从文热"也就是 30 多年的时间，沈从文又一次站在了读者面前。当我们对历史的这种变化发出感喟的同时，更应该探析沈从文的演讲稿《短篇小说》与其所供职的西南联大之间的关系，以及西南联大与民国教育体制的内在关系。

---

① 凌宇：《沈从文传》，北京十月文艺出版社 1988 年版，第 373 页。

② 沈从文：《短篇小说》，《国文月刊》1942 年 4 月 16 日第 18 期。

③ 沈从文：《短篇小说》，《国文月刊》1942 年 4 月 16 日第 18 期。

第四章　民国教育体制下的文学认同与文学传承

　　在中国现代文学的发生和发展过程中，文学认同与文学传承对确保其良性发展的作用是非常关键的。中国传统社会中，小说作为末技小道是难登大雅之堂的，小说在私塾或学堂中并没有什么地位，整个社会也不崇尚作家以及作家创作的小说。但是，随着民国教育体制的确立，文学在民国教育中占据了重要地位，有些学校还模仿西方的大学，也开设了文学院，其中还有专门的国文系。文学作为独立的专业已经获得独立存在的价值。

　　在民国教育体制中，不仅大学设立了专门的国文系，而且中小学也设立了国文（语文）课程。尤其值得关注的是，这些学校还开设了专门的作文课程。这就把国文的讲授与作文的写作融会贯通起来，与此相关联，文学自然也就被纳入民国教育体制中，这便为学生的文学认同与文学传承奠定了坚实基石，使中国现代文学有了推崇者和传承者，为中国现代文学的良性发展拓展了无限的可能性。在民国教育体制中，学校对国文课程和作文课程的认同乃至推崇是有其客观现实根据的。具体来说，这便是从事专门的文学写作，同样能够安身立命，同样能够获得物质上的保障，同样获得社会认同和推崇，同样可以实现自我的社会价值，这是现代报刊市场化的必然结果。这种情形，对旨在追求启蒙的《新青年》编辑而言，尤为迫切。这也恰是钱玄同为什么会再三向鲁迅约稿的内在缘由。显然，这样的社会价值导向，自然就会对文学认同和文学传承产生示范效应。在中国现代文学的发生和发展过程中，文学认同和文学传承与作家早年文学兴趣的培育分不开，他们正是从早期的国文课程和作文课程中，获得了未来从事文学传承的动力。像茅盾走上文学之路便与他早期所受的家庭熏陶和作文批语的导引有着内在关系，这促使他走上了现实主义文学创作道路。

　　在民国教育体制中，中小学作文教学取得了合法性的地位，这对他们成长为现代作家产生了重要作用。实际上，离开了民国教育体制的保障，就没有中小学作文的健康发展，也不会有后来的大批现代作家的发展。从这样的意义上说，中小学作文写作教学，恰是民国时期现代作家诞生的摇篮。当然，在中小学作文教学是如此，在大学也是如此。随着大学把新文学课程纳入大学的课程体系，新文学在大学里扎下了根，而那些具有双重身份的作家型教授，一方面从事文学创作，并因之享誉文坛；另一方面身处于民国教育体制之内，从事文学教育。这样的双重身份，使他们对于中国现代文学的发展产生了非同一般的影响。这不仅改变了作家的文学创作赖以展开的社会生态，而且改变了大学内部的文学教育和文学传承的文化生态，由此使得大学的文学教育和文学传承获得了有机的对接。

第一节　传统文化在民国教育体制下的整合与提升①
——以茅盾早期作文与教师批语为例

　　民国教育体制主要是在晚清新式教育的基础上蜕变升华而来，它汲取了新式教育在西学教育中的基本方式，然后又把传统文化资源赋予了现代的内涵和功能，使新文学在传统文化与西方现代文化融会贯通的基础上获得了孕育，由此促成了中国现代文学的生成。在此过程中，清末民初的新式教育中的国文课程，尤其是作文写作教学，在继承私塾教育注重涵养学生的家国情怀的基础上，又辅助以西方现代教育的科学精神，由此使深受传统文化影响的学生逐渐完成了向现代文化的位移，为他们创作新文学奠定了坚实的基础。茅盾的早期作文与教师批语，便为我们提供了很好的佐证。

一

　　新式学堂的国文教学从课程设置到教学方法与传统的私塾教育相比，既有区别又有联系。私塾教育的内容多以"忠君"等为鹄的，其主要学习课程以"四书五经"为主，兼习《三字经》《千字文》《百家姓》《神童诗》等，其最终目的就是使学生通过科举考试进入社会的上层，而科举的主要内容又是以"作八股文"为主。在教学方法上，私塾教育多采用"描红模子""把笔""对对子"等死记硬背的方式。而新式教育则在私塾

① 本节系笔者和研究生谢慧聪合作撰写，刊发于《陕西师范大学学报》2017年第3期。

教育的基础上，又加进了西学的课程，这就从内容上彻底更新了私塾教育的知识版图，由此改写了学生的知识结构。在教学方法上，新式教育以"讲授"为主，同时注重启发学生的学习兴趣和学习热情。具体到国文课程方面，则作文不再以作"八股文"为主，而是把更多的关注转向对中国社会现实所面对困境的解答上，学生的作文写作，自然也就走出了"八股文"的窠臼。所谓联系，则是指很多新式学堂都是从私塾学校转化而来的，新式教育的教师，有些是深受西学熏染的，有些则对西学所知甚少，这样的话，在私塾的基础上建构起来的新式学堂，许多方面便深深地打上了私塾教育的烙印。具体到国文课程来说，则是其作文教学，既抛弃了科举的功利性诉求，又承继了科举中策论写作中的家国情怀，只不过这里的家国情怀不再是以忠君为最终归结点，而是以"挽大厦之将倾"为目的。新式教育和私塾教育的这种区别和联系，在茅盾早期的作文写作和教师批语中，有着突出的表现。

晚清末年的私塾教育不仅不能启迪学生的心智，而且严重地摧残着学生的心理，抑制学生的天性。但茅盾在接受过新思想、崇尚新式教育的父亲的决定下，得以摆脱私塾，较早地接触到新式教育，从而为自己最初的文学理想的实现打下了坚实基础。

茅盾自幼即深受崇尚西学的父亲的影响。对此，茅盾曾经这样回忆："进这小学以前，我读过家塾，也读过私塾；念过三字经后，父亲就给我读'新学'了，那是从《正蒙必读》的《天文歌诀》节录出来的《天文歌略》。"① 在茅盾 10 岁时，其父亲因病去世，在临终前的"遗嘱"里，他特别告诫茅盾兄弟："需要理工人才。"② 在传统社会中，父亲的遗嘱之于儿子而言是非常神圣的，根据"三纲五常"的基本规范，父命一般来说是难以违抗的，作为承载了父亲厚望的遗嘱，自然不是一般的父命，而是被置于更高的神圣位置上。从这一方面来看，茅盾父亲的遗嘱是设定了茅盾未来人生疆域要沿着"理工人才"的路径发展的，但是，茅盾在嗣后的新式教育的影响下，却又自觉不自觉地偏离了父亲为他划定的人生疆域，逐渐地偏离了"理工人才"的人生路径，最终走上了文学创作的道路。在这种貌似矛盾的

① 茅盾：《我的小学时代》，《茅盾专集（第一卷）》（上、下册），福建人民出版社 1983 年版，第 385 页。

② 茅盾：《我走过的道路》（上），人民文学出版社 1997 年版，第 57 页。

人生抉择中，父亲的遗嘱中所特别强化的"理工人才"，恰好是对中国传统既有人才培养路径的背离，但这也最终促成茅盾为学习理工进入新式学堂。毕竟，只有新式学堂里的新式教育，才能培养出所谓的"理工人才"。从这种意义上说，父亲的遗嘱，对茅盾人生道路的选择所产生的作用还是不容小觑的。对此，茅盾曾经有过这样的回忆："我在奉行遗嘱的母亲的严格管理之下……看小说之类的事情是禁止的。"① 然而，何谓"理工人才"，在茅盾母亲和祖父那里，实际上是不甚了解的："我后来并不遵照父亲的遗嘱去用心在'实科'。这是因为当时的中学校只要国文英文可以通过，就给我开班，而我的母亲对于'实科'到底是外行之至，看见我升班，也就不噜嗦。再者，我的祖父是乐天派，对于儿孙的事，素来抱了'自然主义'，任凭我爱什么就看什么。"② 茅盾的母亲对实业尽管不是非常了解，但对有些职业还是有着清醒的认知的，如当有人劝茅盾的母亲让他报考师范学校时，她的反对态度是非常坚决的。据茅盾回忆："杭州除了中学还有一所初级师范，有人劝我母亲让我考这个师范。师范学校当时有优越条件：不收食宿学费，一年还发两套制服，但毕业后必得当教员。母亲认为父亲遗嘱是要我和弟弟搞实业，当教员与此不符，因此没有让我去。"③ 茅盾的母亲一心只想让茅盾学实业，尽管他难以分清到底何谓"实业"，何谓"非实业"。正是茅盾的母亲以及祖父的那种"蒙昧主义"和"自然主义"，而使茅盾获得了"明修栈道，暗度陈仓"的机会，给茅盾发展文学潜能提供了空隙，最终促成了茅盾文学潜能的释放和发展。

当茅盾在求学的路上遇到诸多阻力时，其父亲的遗嘱的作用还是显而易见的。茅盾的母亲正是凭借着丈夫的遗嘱，获得了供应茅盾继续读书的资格。当茅盾长大之后，其祖母和二姑妈便计划着让他到纸店当学徒，显然，这和"理工人才"的人生诉求相去甚远。对此，茅盾的母亲这样说："我料想卢表叔也知道。他不便反对，所以用这方法。……去年祖母不许你四叔再去县立小学，卢表叔特地来对祖父说：'这是袍料改成马褂了！'"这由此

① 茅盾：《我的小传》，《茅盾专集（第一卷）》（上），福建人民出版社1983年版，第351页。

② 茅盾：《我的小传》，《茅盾专集（第一卷）》（上），福建人民出版社1983年版，第351—352页。

③ 茅盾：《我走过的道路》（上），人民文学出版社1997年版，第78—79页。

使茅盾意识到，"原来我母亲为了让我继续念书受到了很大的压力。卢表叔把我童生会考的成绩到处宣扬，也是为了帮助我母亲减轻一点压力，使母亲能按照我父亲的遗嘱去做"①。由此看来，茅盾正是在父亲遗嘱的庇护下，在母亲的鼎力支持下，最终走进了新式学堂接受新式教育。

如果说父亲在茅盾的成长过程中起到了重要作用，那么，母亲则在茅盾的成长过程中起到了激励作用。失去了父亲的庇护，母亲则承担起"规训"和"爱护"的双重任务。茅盾的儿子在回忆中为我们提供了佐证："祖母在爸爸的心目中是神圣的、伟大的，是他一生中最敬最爱的人。"② 茅盾的母亲饱读诗书："我母亲读过四书五经、《唐诗三百首》《古文观止》《列女传》《幼学琼林》《楚辞集注》（朱熹）等书，而且能解释。……首先要母亲读《史鉴节要》。"③ 当然，茅盾在母亲的教导下读书，既有"四书五经"、《史鉴节要》等传统文化典籍，又有《天文歌略》《地理歌略》等体载西学知识的新式读物。茅盾的母亲正是因为接受了较多的"中学"和"西学"知识，使她对茅盾未来人生的想象性建构，特别地凸显了"理工人才"。然而，茅盾对"理工人才"所需的新式课程，如《天文歌略》，并没有足够的兴趣，茅盾曾回忆道："这使得我那时幼稚的头脑对于所谓'新学'，既害怕而又憎恶。同时却又使我对于我所进的小学发生好感，因为这里的课程都比《天文歌略》容易记也有兴味，即使是《论语》罢，孔子与弟子们的谈话无论如何总比天上的星座多点人间味。"④ 虽然茅盾对"新学"的兴趣不是很大，但对文学则有着非凡的兴趣。而且他在课余熟读了《三国演义》《西游记》等新旧小说。⑤ 这样一来，在新式学堂里茅盾在文学方面的天赋便得到自由的发展。

在茅盾成长的关键期，仅仅接受父母的教诲，哪怕是接受他父亲推崇的新学，也难以促成茅盾走向文学创作的道路，而晚清所倡导的新式教育，则为他走向文学道路洞开了一方崭新的天地。茅盾对自己走进新式学堂的情形有过这样的陈述："大约是八岁那年，我们镇上初办学校，我就进了小学，读

---

① 茅盾：《我走过的道路》（上），人民文学出版社1997年版，第77页。

② 韦韬、陈小曼：《茅盾的晚年生活》（二），《新文学史料》1995年第2期。

③ 茅盾：《我走过的道路》（上），人民文学出版社1997年版，第22页。

④ 茅盾：《我的小学时代》，《茅盾专集（第一卷）》（上），福建人民出版社1983年版，第385—386页。

⑤ 孔海珠：《茅盾少年时代的学习生活》，《茅盾专集（第一卷）》（上），福建人民出版社1983年版，第323—324页。

的是文明书局当时出版的《修身教科书》和《历史教科书》，还有《礼记》。作为选文读的，是《古文观止》。"① 这所小学，实际上就是"戊戌维新后在浙江开办新学时设立在乌镇的第一所小学"②，茅盾的国文成绩是全校冠军。进入植材小学后，学校课程的设置是相当齐全的③。这表明，茅盾在小学期间既接受了较为系统的中国传统典籍的熏陶，又接受了较为系统的西学的熏陶。

　　茅盾在小学学习阶段，一开课所学习的修身课本是《论语》④，《礼记》《易经》《左传》《孟子》《庄子》《荀子》《韩非子》等也是必学科目。但在这些必学科目之外，他还学习了国文课本《速通虚字法》和《论说入门》。对此，茅盾有过这样的回忆："作为国文课本的，却是新编的《文学初阶》和《速通虚字法》。——乡下人称为'洋书'者是。这两本书都有图画，尤其是《速通虚字法》的插图大大使我爱好。我现在回想起来，觉得《速通虚字法》的编者和画者，实在是了不起的儿童心理学家；它的例句都能形象化并且有鲜明的色彩。例如用'虎猛于马'这一句来说明'于'字的一种用法，同时那插画就是一只咆哮的老虎和一匹正在逃避的马；又如解释'更'字，用'此山高，彼山更高'这么一句，插图便是两座山头，一高一低，中间有两人在那里指手画脚，仰头赞叹"；"《速通虚字法》帮助我造句，也帮助我能够读浅近的文言，更引起了我对于图画的兴味"⑤。在中国的私塾教育中，学生所诵读的是传统典籍，注重的是"背书"，至于这些典籍的内容是什么，则不在教育之列。对此，鲁迅就有过这样的记忆："先生，'怪哉'这虫是怎么一回事？……我上了生书，将要退下来的时候，赶忙问。'不知道！'他似乎很不高兴，脸上还有怒色了。我才知道做学生是不应该问这些事的。"⑥ 但是，随着新式教育的崛起，尤其是通过借鉴西方现代语法规则，国文教学也开始注重传授相关的汉语知识。这极大地改变了

　　① 茅盾：《我的小传》，《茅盾专集（第一卷）》（上），福建人民出版社1983年版，第351—352页。
　　② 茅盾：《我的小传》，《茅盾专集（第一卷）》（上），福建人民出版社1983年版，第12页。
　　③ 茅盾：《我走过的道路》（上），人民文学出版社1997年版，第75页。
　　④ 茅盾：《我走过的道路》（上），人民文学出版社1997年版，第72页。
　　⑤ 茅盾：《我的小学时代》，《茅盾专集（第一卷）》（上），福建人民出版社1983年版，第386页。
　　⑥ 鲁迅：《从百草园到三味书屋》，《鲁迅全集》（第2卷），人民文学出版社1981年版，第281页。

私塾的教学方式，使学生在"死记硬背"之外又增加了"理解"。这样的国文课本，对学生理解汉语语法规范有着极其重要的作用，为他们熟练地使用现代汉语奠定了坚实的基础。

1911 年，茅盾进浙江湖州府中学堂，不久转入在嘉兴的浙江省立二中，受辛亥革命的影响，茅盾和同学一起，要求民主，结果被开除。1912 年春转入杭州安定中学，1913 年毕业，接着考入北京大学预科第一类（将来可进文、法、商三科）。1915 年，因经济窘迫无法继续升学，遂于 1916 年阴历七八月间，进入上海商务印书馆编译所。茅盾由此进入了少年时代便确立的"大丈夫要以天下为己任"的人生宏远目标的实践阶段，并因此而踏上了"叩文学的门"的新历程。

二

新式教育下的国文课程，不仅从根本上改写了私塾教育那种注重"死记硬背"的教学方式，而且更为深远的变革在于，它从根本上改变了作文写作的模式，即从以科举考试的"八股文"写作逐渐地转向了以抒发自我真实情感和思想的写作。值得关注的是，科举制度重视写作的习俗依然在新式教育中得到发扬光大："当时，科举制度虽已取消，但旧的习俗还在，小学生的作文比赛却被看成童生考试，大家很重视，还郑重其事地发榜。除了学校的作文训练，即使在家中，差不多年岁的孩子在一起也总要比试比试，看谁的作文为上。"① 作文的次数一般是"每周一次"②；作文的题目则以"史论"为主，兼有"时论"。对此，茅盾曾经有过这样的回忆："每星期一篇作文。题目老是史论。教员在黑板上写好了题目，一定要讲解几句，指示怎样立论，——有时还暗示着怎样从古事论到时事。"③

由此我们可以看到，茅盾的老师所出的这些"史论"题目，尽管没有完全蜕变为现代意义上的作文写作，但和私塾教育相比，其作用之大还是显而易见的。其一，这里的"史论"尽管是以"史"为议论的对象，但就其

---

① 孔海珠：《茅盾少年时代的学习生活》，《茅盾专集（第一卷）》（上），福建人民出版社 1983 年版，第 324 页。

② 孔海珠：《茅盾少年时代的学习生活》，《茅盾专集（第一卷）》（上），福建人民出版社 1983 年版，第 325 页。

③ 茅盾：《我的小学时代》，《茅盾专集（第一卷）》（上），福建人民出版社 1983 年版，第 387—388 页。

落脚点而言，则是带"史"入"今"，也就是其老师所整理的三段论中的"论断带感慨"，是学生自己生发出来的情感和思想，这就从根本上避免了科举时代的策论写作的那种看不到写作者情感和思想的弊端。其二，这种"史论"写作又继承和发扬了中国传统文化所推崇的"修身齐家治国平天下"的人文情怀，注重通过对历史现象的发掘，达到升华学生的精神和情操之目的，进而从"大我"（即被历史所铭记和流传下来的事实）出发来建构学生"小我"的高尚精神，使文化的代际传承在这样的作文训练中得到内化。其三，历史在"新派"教师的文化视域下得到重新整合，由此赋予书写历史的作文以"济世救国"的现代政治思想。"这不仅是一种价值尺度和思想观念的变化，更是一种语言氛围和话语范式的更新，它以一种渐变的方式解构着古老的、封闭的思维空间。"[1] 新派教师之所以接受新式教育，本身就是源于"挽大厦之将倾"的文化使命，因此，他们在接受新式教育的熏染后，自然就会把这种文化使命内化到其教学实践中，把培养栋梁之才当作教学的目的。茅盾所留存下来的两本《文课》目录，便为我们较为全面地呈现了新式教育下的作文写作题目：

1. 学部定章学生毕业以学期为限……
2. 言寡尤行寡悔释义
3. 汉武帝杀钩弋夫人论
4. 悲秋
5. 家人利女贞说
6. 吴蜀论
7. 文不爱钱武不惜死论
8. 信陵君之于魏可谓拂臣论
9. 论陆静山蹈海事
10. 杨氏为我墨氏兼爱说
11. 翌日月蚀文武官员例行救护说
12. 秦始皇汉高祖隋文帝论
13. 汉明帝好佛论
14. 善不积不足以成名恶不积不足以灭身议
15. （1）书经二典三谟典谟二字何解

---

① 殷国明：《历史裂变与跨文化语境的形成》，《山东师范大学学报》2014 年第 5 期。

（2）牧誓何辞之费欤

（3）礼器言礼者体也祭义言礼者履也同一礼也而彼此异解何欤

（4）郊特牲八蜡之义若何

（5）君子之于损益二卦其对己之道若何

（6）蹇卦惟二五不言往蹇试申其说

（以上为第一册）

16. 武侯治蜀王猛治秦论

17. 宋太祖杯酒释兵权论

18. 学堂卫生策

19. 祖逖闻鸡起舞论

20. 苏季子不礼于其嫂论

21. 青镇茶室因捐罢市平议

22. 马援不列云台功臣论

23. 燕太子丹使荆轲刺秦王论

24. 山中之木以不材得终天年主人之雁以不材而死试申其说论之

25. 管子称天下才而孔讥器小孟斥功卑论试其故

26. 赵高指鹿为马论

27. 选举投票放假纪念

28. 崔寔谓文帝以严致平非以宽致平论

29. 有不虞之誉有求全之毁论

30. 富弼使契丹论

31. 西人有黄祸之说试论其然否

32. 张良贾谊合论

（以上为第二册）①

由此可见，茅盾少年时期的作文大都是以历史为背景，以历史上的英雄豪杰和重大事件为主干，或论述古往今来之事，或以古论今，如《武侯治蜀王猛治秦论》《宋太祖杯酒释兵权论》《祖逖闻鸡起舞论》《苏季子不礼于其嫂论》《马援不列云台功臣论》《燕太子丹使荆轲刺秦王论》《赵高指

---

① 这两册《文课》写于 1908 年下半年至 1909 年上半年，茅盾高小学习进入最后一年的作文。两册共 32 篇。详见孔海珠《茅盾少年时代的学习生活》，《茅盾专集（第一卷）》（上、下册），福建人民出版社 1983 年版，第 328—330 页。

鹿为马论》等题目便在史论之列。茅盾少年时期的作文除了以历史为背景，还有一些以现实为背景，以现实生活中新出现的事物为议论对象，如《学部定章学生毕业以学期为限……》《悲秋》等题目便在时论之列。值得关注的是，这些时论，所论不是一般意义上的时事，而是在中国传统社会中从未有过的时事。如"选举投票放假"这样的时事，在专制的社会中，根本没有存在的可能。"选举投票"这样的举措，在传统的士大夫看来，自然是大逆不道，无父无君。然而，就是这样的一些话题，竟然也在新式学堂获得了议论的空间，这对学生既有的文化心理结构的重构作用自然是不可小觑的。

三

茅盾从小学到中学求学的路上，主要的国文老师有立志小学的卢鉴泉、沈听蕉；植材高等小学的卢鉴泉；湖州中学的杨老师、钱老先生；安定中学的张献之和杨老师等，这些教书先生给予茅盾极大的肯定、激励和思想传承。作文批语作为一种文化代际传承的方式，通过师生之间的文字交流实现双向互动，教师对学生的期望、鼓励以及对"家国"责任承担的现代意识，能够直接架起师生之间内心对话的桥梁，直抵心灵，根深蒂固地影响着学生的成长。"文化的代际传承，不是一个虚幻的过程，而是通过具体的个体得以实现的。在每个孩子的成长背后，我们总会看到那些导引着他们成长的精神导师的影子。"[1] 这些教师以身作则地传授着自己的精神理念和文化思想，对于学生们的文化人格建立起到重要的作用，而这种精神传递的方式除却教师们的人格魅力和教书育人的智慧的影响，在作文的实际的操作上则是多用"批语"来实现思想的代际传承。

作文批语，就是教师在批阅学生作文时在行间、篇末所写的评注，教师将自己的思想和文学见解以批改的方式，书写在学生的卷面或者作业本上。作文批语分为"圈点""眉批""总批"和"面批"四部分。眉批即在正文之中，个别段落和语句后面的批语，针对文章中的分论点、论据等适时作出或思想共鸣，或方法指导，或感慨人生的评点等。虽然作文批语的形式一直在变动，但它依然承载着教师们对学生的思想的启迪和教育，深刻地影响到学生精神世界的建构，使他们的文学个性得到发展，并由此走向文学创作道路。茅盾的早年学习过程就是始终伴随着"作文批语"这样的文化传承方

---

① 李宗刚：《精神导师与五四文学的发生》，《中山大学学报》（社会科学版）2015年第2期。

式进行的。

其一，对茅盾的家国情怀予以褒扬的肯定性批语。这些批语使茅盾的文章与老师的批语之间得到有效的呼应，为他确立"天下为公"的社会抱负起到了奠基作用。

在私塾教育及科举考试中，强化的是儒家那种"修身齐家治国平天下"的社会化路径，其着力培育的是"内圣外王"的理想人格。这样的教育恰是传统文化得到传承的有效保障，也是传统文化的可贵之处。在儒家思想中，人们尊崇的是"天下为公"的思想，崇尚的是"大丈夫要以天下为己任"的社会责任和社会情怀。

传统文化对茅盾的心理结构和人生成长的经历有着不可忽视的基础构建作用。在"家国情怀"意识的熏染下，茅盾将自己与社会紧紧地融合在一起，使自身"小我"与国家"大我"得到了统一。茅盾的"大丈夫当以天下为己任"的思想：首先，与他所接触的"诸子百家"中那些富有精神追求的"子"的精神熏染有关，他说："这是我第一次听说先秦时代有那样多的'子'。"这些书中的思想使茅盾最早树立起了"志在鸿鹄"的抱负，形成了"富国强兵"的观念。① 其次，这种思想源于茅盾的父亲对维新思想的崇尚以及实业救国之路认同的熏染。茅盾的父亲教导他要始终将"家国兴亡"之事记挂在心。这样的耳提面命，使茅盾将其内化于心以至于在后来的写作中，动辄就冒出"大丈夫要以天下为己任"的话语。再次，这种思想在老师的强化下，又得到了进一步固化。在儒家思想熏染下的老师，大都有入世的情结，推崇"度己"和"度人"，因此，他们对负荷此类思想的学生，往往钟爱有加。茅盾就曾经回忆了老师是如何深刻影响自己的："卢鉴泉表叔主持，出的题目是《试论富国强兵之道》。我把父亲与母亲议论国家大事那些话凑成四百多字，而终之以父亲生前曾反复解释的'大丈夫当以天下为己任'。卢表叔对这句加了密圈，并作批语：'十二岁小儿，能作此语，莫谓祖国无人也。'卢表叔特地把这卷子给我的祖父看，又对祖母赞扬我。祖母把卷子给我母亲看后，仍把卷子还给卢表叔。"② 卢表叔的认同和推崇对培育茅盾的思想和情操的作用是不容忽视的，以至于多年后，当茅盾再见到卢表叔时，谈及此事，他仍充满无限的感激之情，并深深地铭记了一

---

① 茅盾：《我走过的道路》（上），人民文学出版社 1997 年版，第 84 页。

② 茅盾：《我走过的道路》（上），人民文学出版社 1997 年版，第 77 页。

生。这些都说明，在茅盾的意识世界中，"大丈夫当以天下为己任"从儒家经典的熏染到家庭的熏染，再到老师们的固化，在经过了如此之多的程序之后，已经沉潜于其思想深处。

除了卢表叔的肯定和赞赏，茅盾在作文中显露的才华和"家国"抱负，也得到其他多位国文老师的褒扬和鼓励，这极大地激发了茅盾的文学兴趣，使茅盾逐渐地走上文学创作之路。在茅盾所写的《宋太祖杯酒释兵权论》一文中，教师的总批为："好笔力。好见地。读史有眼。立论有识。小子可造。其竭力用功，勉成大器。"① 在茅盾所写的《学部定章》一文中，老师的总批是："生于同班年最幼。而学能深造。前程远大。未可限量。急思升学。冀着祖鞭。实属有志。"② 在茅盾所写的《论陆静山蹈海事》一文中，其眉批为："存心亦良苦耳""期望正在此耳""得此文字，韬厂亦能瞑目矣"，总批："有血性语，有悲悼语，有期望语。表扬中兼寓惋惜。韬厂虽死，倘泉下有知，当亦扬眉吐气耳。"③ 在茅盾所写的《吴蜀论》一文中，眉批为"此处笔力疏畅，识见亦好"④"大势了然"⑤，总批更是以六七十字之状，展现了老师的无限赞赏之情："蚌鹬相争，渔翁得利。古来割据之邦，卒并而折入于一国，皆由于此。吴、蜀外亲内疏，断断然争疆场尺寸之土，不顾大局，何异六国之不能摈秦。是篇于三国时局了然明白，故扬扬数百言，自得行文之乐。"⑥ 在茅盾所写的《文不爱钱武不惜死论》一文中，眉批为"文不清廉武无义勇自古迄今酿成无所祸患读此当为之拍案"⑦。在眉批中，诸如《武侯治蜀王猛治秦论》"思想深沉"⑧，《马援不列云台功臣论》"一针见血"⑨"甚好"⑩ 等直接标注于原文论点，可谓比比皆是。这给思想正处于孕育成形期的茅盾所带来的影响，是不可低估的。事实上，茅

①《茅盾全集（第十四卷）》，人民文学出版社1987年版，第364页。
②《茅盾全集（第十四卷）》，人民文学出版社1987年版，第402页。
③《茅盾全集（第十四卷）》，人民文学出版社1987年版，第418页。
④《茅盾全集（第十四卷）》，人民文学出版社1987年版，第410页。
⑤《茅盾全集（第十四卷）》，人民文学出版社1987年版，第411页。
⑥《茅盾全集（第十四卷）》，人民文学出版社1987年版，第411页。
⑦《茅盾全集（第十四卷）》，人民文学出版社1987年版，第413页。
⑧《茅盾全集（第十四卷）》，人民文学出版社1987年版，第361页。
⑨《茅盾全集（第十四卷）》，人民文学出版社1987年版，第376页。
⑩《茅盾全集（第十四卷）》，人民文学出版社1987年版，第377页。

盾在作文中所表现出来的"家国"意识和"历史"情怀,在老师们褒扬的肯定性批语中得到了进一步的淬炼,并立志"吾党少年。宜刻自奋勉。效苏秦之往事。鉴苏秦之贫困。发愤有为。不负父母,斯则一生不虚矣"①,由此逐渐地涵养他以"大丈夫"自许,"要以天下为己任"的意识,这是他生成独立的思想和情感的重要基石。

其二,对茅盾从事文学创作的潜能的推崇性批语。这些作文批语肯定了茅盾的文学才华,激励了茅盾的文学创作,具有心理期待的效应。正是在这样的激励作用下,茅盾坚定了自己的文学理想,并由此走上"文学为人生"的道路。

在崇尚新式教育的父亲的导引下,茅盾得以摆脱私塾教育,较早地接触新式教育,并最终进入新式学堂。新式学堂虽然还没有完全摆脱传统私塾的教学方式,但亦有认真负责、悉心讲授"新学"的老师。他们对茅盾在作文中所流露的思想和展现的写作天赋大加赞赏,由此促进了茅盾的文学创作潜能的释放。在新式学堂里,老师正是通过激励性的作文批语,促成了茅盾写作才能的发挥。这种情形在他进入上海商务印书馆的表现中略见一斑。1916年,茅盾进入上海商务印书馆编译所工作,在与孙毓修合作译书时,他的才华使孙毓修大吃一惊,不由得发出"你在中学和大学的中文教员是什么人?"②的疑问。

在茅盾的作文批语中不乏"是将来能为文者"③等众多激励和肯定的批语。在此,我们不妨把茅盾作文的批语略加罗列:"堂堂之阵。正正之旗。确是史论之正格"④;"慷慨而谈,旁若无人","慨祖生不遇其主,壮志莫酬,确有见地。行文之势,尤蓬蓬勃勃,真如釜上之气"⑤;"构思新颖,文字不俗"⑥;"余音嘹亮""词言义正。笔意超然"⑦;"马援以椒房之戚不列云台。前人之论多矣。作者复以公私二字互相推阐。入后又翻进一层立说。

①　《茅盾全集（第十四卷）》,人民文学出版社1987年版,第372页。
②　茅盾:《我走过的道路》（上）,人民文学出版社1997年版,第128页。
③　茅盾:《我走过的道路》（上）,人民文学出版社1997年版,第87页。
④　《茅盾全集（第十四卷）》,人民文学出版社1987年版,第362页。
⑤　《茅盾全集（第十四卷）》,人民文学出版社1987年版,第369页。
⑥　《茅盾全集（第十四卷）》,人民文学出版社1987年版,第369页。
⑦　《茅盾全集（第十四卷）》,人民文学出版社1987年版,第405页。

足见深人无浅语"①；"竟欲归咎太祖笔锐可谓"②；"胸中雪亮笔下了然"③；
"慨今慨古无限悲忿"④；"此段意颇深密"，"正可悲叹"，"有精练语。有深
沉语。必如此乃可讲谈史事"⑤；"此论又推进一层矣"⑥；"引用事实确当"，
"孔孟不耻盖在此也"⑦；"褒贬悉当。断制谨严。是读史有得者"⑧；"以诙
谐之笔作记事文。最为灵捷"⑨；"气清而肃。笔秀以达"⑩；"此意极新"⑪；
"扫尽陈言。力辟新颖。说理论情。两者兼到"⑫；"字斟句酌，富有书卷"，
"笔意得宋唐文胎息，词旨近欧苏两家，非致力于考衰辞者不办"⑬；"宽隘
二字得妥"，"曲笔亦好"⑭；"扼定杨墨之学未能扩充为主，精细慰贴，毫
无滞机"⑮；"物理甚明""笔亦开拓。文气疏畅"⑯；"四语注定全局"，"出
题砰砰有声"，"将三朝人主说成一片如白玉无瑕不落痕迹""如此侧人方是
大处落墨"⑰；"卓有力量"，"又辟一层思想""前半从秦始皇、汉高祖，侧
到隋文，此又从秦始隋文侧入汉高，相题得窍，笔活如龙"⑱；"目光如炬，
笔锐似剑，洋洋千言，宛若水银泻地，无孔不入。国文至此。亦可告无罪
矣"⑲；"一起有高屋建瓴之势"⑳；"自古极聪明之人往往有极不聪明之

① 《茅盾全集（第十四卷）》，人民文学出版社 1987 年版，第 377 页。
② 《茅盾全集（第十四卷）》，人民文学出版社 1987 年版，第 364 页。
③ 《茅盾全集（第十四卷）》，人民文学出版社 1987 年版，第 389 页。
④ 《茅盾全集（第十四卷）》，人民文学出版社 1987 年版，第 378 页。
⑤ 《茅盾全集（第十四卷）》，人民文学出版社 1987 年版，第 379 页。
⑥ 《茅盾全集（第十四卷）》，人民文学出版社 1987 年版，第 364 页。
⑦ 《茅盾全集（第十四卷）》，人民文学出版社 1987 年版，第 383 页。
⑧ 《茅盾全集（第十四卷）》，人民文学出版社 1987 年版，第 384 页。
⑨ 《茅盾全集（第十四卷）》，人民文学出版社 1987 年版，第 388 页。
⑩ 《茅盾全集（第十四卷）》，人民文学出版社 1987 年版，第 390 页。
⑪ 《茅盾全集（第十四卷）》，人民文学出版社 1987 年版，第 391 页。
⑫ 《茅盾全集（第十四卷）》，人民文学出版社 1987 年版，第 392 页。
⑬ 《茅盾全集（第十四卷）》，人民文学出版社 1987 年版，第 416 页。
⑭ 《茅盾全集（第十四卷）》，人民文学出版社 1987 年版，第 419 页。
⑮ 《茅盾全集（第十四卷）》，人民文学出版社 1987 年版，第 420 页。
⑯ 《茅盾全集（第十四卷）》，人民文学出版社 1987 年版，第 422 页。
⑰ 《茅盾全集（第十四卷）》，人民文学出版社 1987 年版，第 423 页。
⑱ 《茅盾全集（第十四卷）》，人民文学出版社 1987 年版，第 424 页。
⑲ 《茅盾全集（第十四卷）》，人民文学出版社 1987 年版，第 425 页。
⑳ 《茅盾全集（第十四卷）》，人民文学出版社 1987 年版，第 385 页。

事"①；"责备始皇，痛言阉祸。至斥赵高罪状。悚然可警"②；"夏日服蔬食最是卫生之道"③，"卫生学似曾窥过。所举数策。确是学堂至要至紧"④；"不错不错"，"办地方之事。必宽以筹之。作者谓与小民缠扰不已。至论至论"⑤；"此一笔极有开展之力"，"文不清廉，武无义勇。自古遵今，酿成无所祸患。读此当为之拍案"⑥；"慷慨而谈，旁若无人，气势雄伟，笔锋锐利，正有王郎拨剑斫地之慨"⑦。

对于少年茅盾来说，这样高的评价，对茅盾坚定自己的选择、坚定自己的抱负、坚定自己的精神信念，无疑是一剂良药。多年过去，茅盾仍然对大部分作文批语记忆犹新："第二天发下作文卷来，我的卷上有好多点，也有几个圈（钱老先生认为好的句子加点，更好的加圈，同学们的卷子也有连点都没有的），有几个字钱老先生认为不是古体，就勾出来，在旁边写个正确的。钱老先生还在我这篇作文的后边写一个批语：'是将来能为文者。'"⑧"这篇作文最后四句记得是：'檐头鹊噪，远寺晨钟。同室学友，鼾声方浓。'""全文约有五百多字。杨先生的批语大意是构思新颖，文字不俗"⑨。茅盾对老师的这些肯定性批语多次提及，后来还特意收入书写自我人生经历的著述中，由此可见对其影响之大。

在茅盾走向文学的道路上，作文批语对其影响是深远的。与作文批语相类似的，还有老师的"面批"。当然，严格意义上的面批，应该是就学生所写的作文展开的，但有些面批也可以泛泛展开。如茅盾的老师张之琴对他的"面批"，就深深地烙在了他的心里："当时他的国文成绩，已为全校冠军。教师张之琴先生尝抚其背道：'你将是个了不得的文学家呢！好好地用功吧！'他听了这种奖励的话，益加奋勉。以异日之文豪自期，便对我说：'我能著作一种伟大的小说，成一名家于愿足矣！你意如何？'我道：'我的

①　《茅盾全集（第十四卷）》，人民文学出版社 1987 年版，第 385 页。

②　《茅盾全集（第十四卷）》，人民文学出版社 1987 年版，第 386 页。

③　《茅盾全集（第十四卷）》，人民文学出版社 1987 年版，第 366 页。

④　《茅盾全集（第十四卷）》，人民文学出版社 1987 年版，第 367 页。

⑤　《茅盾全集（第十四卷）》，人民文学出版社 1987 年版，第 374 页。

⑥　《茅盾全集（第十四卷）》，人民文学出版社 1987 年版，第 413 页。

⑦　《茅盾全集（第十四卷）》，人民文学出版社 1987 年版，第 414 页。

⑧　茅盾：《我走过的道路（上）》，人民文学出版社 1997 年版，第 87 页。

⑨　茅盾：《我走过的道路（上）》，人民文学出版社 1997 年版，第 89—90 页。

志愿也与你一样!'我俩遂日以阅读新旧小说为乐。"① 试想,当老师用"抚其背"的体态语言时,一下子填平了"师道尊严"的鸿沟,这对身为学生的茅盾来说,其激励作用之大是可想而知的,无怪乎茅盾会"以异日之文豪自期"了。

这些批语深刻地影响到茅盾对文学创作的选择,对他走上文学之路起到了奠基性的作用,也促成了他秉承"文学为人生"的现实主义创作道路。茅盾从老师们的作文批语中,不仅坚定了"以天下为己任"的思想,而且还坚定了从事文学创作的信念。正是由此出发,茅盾自然地走上了"为人生"的文学道路,并形成了自己的现实主义的文学观:"文学是为表现人生而作的。文学家所欲表现的人生,决不是一人一家的人生,乃是一社会一民族的人生。"② 显然,这样的文学观,与他早期所受的家庭熏陶和作文批语的导引有着内在关系。

在中国传统文论中,便有"文章合为时而作"的传统,在科举考试中,也重视"古为今用",注重的是从传统中汲取教训和经验,这样的文章写作,往往远离了现实,陷入到了"八股文"的窠臼之中。随着晚清社会危机的加深,关注社会现实的文章开始"浮出了历史地表"。像茅盾在中学期间所写的作文,如《学堂卫生策》《青镇茶室因捐罢市平议》《选举投票放假纪念》等,固然是老师布置的课堂作文,是老师有意识地培养学生关注社会现实的路径,但是,茅盾能够在这样的命题下写出新意,正表明他已经具有了透视社会问题的能力,这对他培育自己关注社会现实的思维方式具有重要的作用,而老师的批语对这方面的强化,又反过来进一步固化了茅盾的为文之道。

茅盾在作文写作中,注重发掘社会所面临的危机,然后提出自己的对策。如面对"黄祸说",茅盾在作文中写道:"西人之祸说。所以惧我也。篇中论到中国人不可因此而生骄心。而生怠心。是自惕也。果人人能有此志。终当达其目的。"③ 在此文中,茅盾大书自己力推新政的思想,如是说:"如能力行新政。以图自强。将驾欧美而上之。为全地球之主人翁矣。……

---

① 志坚:《怀茅盾》,《茅盾专集(第一卷)》(上),福建人民出版社 1983 年版,第 47—48 页。

② 茅盾:《茅盾文艺杂论集》,上海文艺出版社 1981 年版,第 3 页。

③ 茅盾:《茅盾全集(第十四卷)》,人民文学出版社 1987 年版,第 397 页。

莫敢稍息。"对此教师批语："此说亦是"① 以及 "西人闻之当为破胆""此事必无，然此志颇可嘉"②。由此可见，学生的作文写作和老师的批语之间的这种良性互动，对茅盾关注社会现实的问题提供了无限的可能性。

　　茅盾正是从少年时代便开始确立的关注社会现实的理念出发，在未来的为文之路上，逐渐地明晰了现实主义的文学道路的。如他把如何区分新旧两种文学的标准立足于是否关注社会现实上："旧派把文学看作消遣品，看作游戏之事，看作载道之器，或竟看作牟利的商品"③，他们都是 "抛弃真正的人生不去观察不去描写"④，是毫无价值的；而 "新派以为文学是表现人生的"⑤。这样的文学观，恰是在茅盾的少年时期便已经得到了奠基。

　　在商务印书馆工作时，茅盾始终关注时事，并积极撰写文章。1917 年12 月，他撰写的《学生与社会》这篇论文，便抨击了封建主义的治学思想，"当时年轻胆大，借着这个题目对两千年来封建主义的治学思想，发了一通议论"⑥。1919 年，在商务印书馆编译所工作时，开始接触的是英文翻译，他又翻译和介绍外国文学作品，并尝试用白话翻译小说。五四新文化运动爆发后，他时常在《时事新报》上发表文章，抨击封建主义："我那时所以对尼采有兴趣，是因为尼采用猛烈的笔触攻击传统思想，而当时我们正要攻击传统思想，要求思想解放；尼采也攻击市侩哲学，而当时的社会，小而言之，即在商务编译所本身，市侩思想和作风就很严重。"⑦ 正是以此为肇始点，茅盾踏上中国现代文学的通衢，并逐渐地成长为中国现代文学大家，成为引领中国现代文学发展的大家之一，真正地实现了他早在少年时代便已确立的 "异日之文豪" 的愿景。

　　其三，对茅盾作文写作中存在的瑕疵予以指正的纠偏性批语。这些批语

---

① 茅盾：《茅盾全集（第十四卷）》，人民文学出版社 1987 年版，第 395 页。

② 茅盾：《茅盾全集（第十四卷）》，人民文学出版社 1987 年版，第 396 页。

③ 茅盾：《自然主义与中国现代小说》，《茅盾文艺杂论集》，上海文艺出版社 1981 年版，第 91 页。

④ 茅盾：《自然主义与中国现代小说》，《茅盾文艺杂论集》，上海文艺出版社 1981 年版，第 84 页。

⑤ 茅盾：《自然主义与中国现代小说》，《茅盾文艺杂论集》，上海文艺出版社 1981 年版，第 91 页。

⑥ 茅盾：《我走过的道路》（上），人民文学出版社 1997 年版，第 141 页。

⑦ 茅盾：《我走过的道路》（上），人民文学出版社 1997 年版，第 149 页。

对纠正茅盾作文写作中存在的偏差，提高其作文能力，同样起到了促进作用。

任何一个作家的成长，都有一个循序渐进的过程，也有一个不断纠偏的过程。在早期的写作中，出现某些偏差是正常的，关键是如何对待这种偏差。在学生作文中，我们看不到学生写作的潜能，用一种近乎完美的标准来规范衡量学生固然不妥，但是，如果我们用一种低的标准来赞美学生也是不妥的，最好的方法就是对其应该肯定的方面，毫不吝啬地奉上赞美之词，对那些需要纠正的方面，则毫不留情地指出来，使学生对自己的未来的写作能力持有怀疑时能够提振其精神，对写作能力沾沾自喜时能够清醒其头脑，唯此，才能做到既不捧杀，也不棒杀。从少年茅盾作文中老师所写的批语来看，便可谓较好地做到了这两点，即对其值得肯定的方面予以表扬，对其需要注意的方面予以纠正，这正如鸟之两翼，车之双轮，是缺一不可的。

在茅盾早期所写的作文中存在诸多不足是难以避免的，关键在于老师能否在偏爱有加的情况下，还能够痛下"杀手"，不留情面地指出来。从对茅盾作文的批语来看，老师们可以说很好地兼顾了二者，他们在不吝笔墨地表扬茅盾作文的优长之处时，又毫不留情地指出茅盾作文所存在的不足之点。针对《宋太祖》一文，则指出了其存在"此言其流弊也"①的问题；针对《武侯》一文，则指出了"此句似与前有重复意"②的弊端；针对《宋太祖》一文，则指出了"治水必导其源其斯文之谓乎"③的问题；针对《学堂卫生策》一文，则提出了"豪则豪矣，少年人不宜有此悲凉语"④的忠告；针对《山中之木以不材得终天年主人之雁以不材而死试申论之》一文，则提出了"此题重在说理。作者尚能说得明白。不为所窘"⑤的委婉之词；针对《富弼使契丹论》一文，则发出了"简则简矣。而警策语尚少"⑥的感叹；针对《张良贾谊合论》一文，则指出了"人物合论。不可竟重一面。使旗鼓不能相当。作者论贾生甚详。论留侯则略。未免犹有此弊"⑦的详略

---

① 《茅盾全集（第十四卷）》，人民文学出版社 1987 年版，第 363 页。
② 《茅盾全集（第十四卷）》，人民文学出版社 1987 年版，第 361 页。
③ 《茅盾全集（第十四卷）》，人民文学出版社 1987 年版，第 363 页。
④ 《茅盾全集（第十四卷）》，人民文学出版社 1987 年版，第 365 页。
⑤ 《茅盾全集（第十四卷）》，人民文学出版社 1987 年版，第 382 页。
⑥ 《茅盾全集（第十四卷）》，人民文学出版社 1987 年版，第 393 页。
⑦ 《茅盾全集（第十四卷）》，人民文学出版社 1987 年版，第 399 页。

问题；针对《苏季子不礼于其嫂论》一文，则提出了"开口便是尚宜修洁为佳""掀翻有见地""此理亦是然开口太大""摹写世情。颇能入理。然长篇文字。断难一气相贯。宜修洁为妙"① 等修改策略；针对《言寡尤行寡悔释义》一文，则指明了"文既入彀。便无难题。所谓一法通。则万法通矣"② 的点睛之法；针对《悲秋》一文，则提出了"语可动人""注意于悲。言多寄慨"③ 的告诫；针对《家人利女贞说》一文，则提出了"气顺言宜"④ 的中肯之论；针对《论陆静山蹈海事》一文，则发出了"读贾生论非暑之难，所以自用实难。篇中责备一层回不可少""叙静山事略亦不简不繁""吾亦云然"⑤ 等妙论；针对《汉明帝好佛论》一文，则辩证地提出了"明帝为东汉贤主，尊师重道，史不胜书。而好佛一端，贻万世之口实，此亦蛊治之累耳"⑥ 的问题。所有这些切中肯綮之论，都点出了茅盾早期作文写作中存在的思想、情感、结构、语言等问题，尤其难能可贵的是，这些带有批评性的逆耳之言，并不是以一种生硬的方式打压了正处于文学实践成长初期的茅盾，反而以婉转的方式滋润着此时的茅盾。如果把这些批评话语置于每篇作文批语的整体背景下加以审视的话，我们就更会发现，这样的批评话语和那些赞赏话语相比，其所占的比重较少，而且其基本色调也是温馨可人的。由此一来，在茅盾作文的批语中，老师的批评性批语，便构成了茅盾文学写作能力得以提升的必不可少的前提。

　　总的来说，茅盾早期作文、尤其是早期作文中老师所写的批语，为我们探究和还原中国现代文学大家的成长之路，提供了鲜活的佐证。从这种的意义上说，叶子铭和丁帆先生在评说这一文学发现的意义时说过："浙江的一些同志，就茅盾与故乡，茅盾的家世、童、少年时代以及中学生活，做了大量的调查研究与资料搜集与考订工作。特别是茅盾家乡的桐乡县的同志，发现了茅盾小学时代的两册作文，为茅盾的传记研究提供了极好的原始素材。"⑦ 其实，这两册作文，还具有更为广泛的文学史价值，那就是在新式

---

①　《茅盾全集（第十四卷）》，人民文学出版社 1987 年版，第 370—372 页。

②　《茅盾全集（第十四卷）》，人民文学出版社 1987 年版，第 403 页。

③　《茅盾全集（第十四卷）》，人民文学出版社 1987 年版，第 407 页。

④　《茅盾全集（第十四卷）》，人民文学出版社 1987 年版，第 409 页。

⑤　《茅盾全集（第十四卷）》，人民文学出版社 1987 年版，第 417 页。

⑥　《茅盾全集（第十四卷）》，人民文学出版社 1987 年版，第 427 页。

⑦　叶子铭、丁帆：《茅盾研究的回顾与展望》，《中国现代文学研究丛刊》1995 年第 2 期。

教育的熏染下，一代中国现代文学大家是如何从中国传统文化和传统文学中破茧而出的。事实上，民国教育体制，也并不是无中生有，而是在晚清的新式教育的温床上孕育而来的。茅盾少年时代的作文，便为我们清晰地呈现了中国现代文学大家是如何孕育而来的真实历史情形。茅盾在新式教育的基础上，进入了民国教育体制之内，在接受了更为直接的民主、科学精神的熏染之后，敏锐地感知到了新文学时代的春风正从冰封千里的世界里徐徐吹来，然后抽生出自己的新文学嫩嫩的幼芽，蔚然成长为郁郁葱葱的新文学之林，这便意味着新时代真正的到来了。

第二节　民国教育体制内的中小学作文与作家培育①
——以中小学作文教学为例

在中国现代文学作家中，许多人先后接受了民国教育体制中的中小学教育，其中，国文课程中的作文教学为作家的成长奠定了坚实的基础。民国教育体制中，中小学作文教学无论是从内容还是从形式上都影响着作家的创作，尤其是注重个性发展和情感抒发的教学理念，更使这些作家摆脱了传统私塾固有的策论式写作的束缚。民国中小学作文教学之所以能够对现代作家的培养发挥作用，归根结底，是因为受到民国教育体制的影响。离开了民国教育体制的保障，就没有国文课程内中小学作文的健康发展，也不会有后来的大批现代作家的诞生与发展。从这样的意义上说，中小学作文的写作教学，恰是民国时期现代作家诞生的摇篮。

一

自唐始，中国以科举制度作为取士制度，其中策论写作是一个重要部分，至明清时期实行八股取士，学生的作文都在很大程度上受到禁锢。1905年科举制度被废除，晚清政府改推新式教育，并开始设立新式学堂，中小学作文教学才摆脱了科举考试的羁绊。然而，尽管废除了科举，由于教师大都由科举先生转化而来，其教育内容大都仍以经史为主，因此，中小学的作文教学还处于"旧式"与"新式"的夹缝中。1912年中华民国成立后颁布的《小学校教则及课程表》和《中学校令施行规则》等对课程教授作出新的规

---

① 本节刊发于《齐鲁学刊》2016 年第 1 期。

定，其中把作文归入"国文"学科，称为"作法"。随着民国教育体制的不断改革，中学生的作文教育又出现了新的变化。1919 年 5 月，陶行知将"教授法"改为"教学法"，实质上，就是将民主、科学思想与民主、科学方法引进了教育领域。这一具有重大历史意义的改革，让学生从消极的教学接受主体转变为主动的学习主体，将民主权利赋予学生。接着，吴研因力倡"自然教学法"，彻底否定了封闭式、注入式、机械式的非民主教学方式，开小学使用白话文教科书之先河。此时，民主、科学成为教育界风行一时的风尚，中小学作文教学也随之有了一定的改变。然而，在新旧交替、文白交杂的话语环境下，中小学作文教学也出现了很多问题。这些问题既显露了在白话文未普及之前中小学作文教学所存在的弊端，也昭示了中小学作文教学改革发展的方向。1919 年五四新文化运动以后，白话文在语文教育中取得合法地位，一大批关注中小学作文教学的教师，如叶圣陶、朱自清、夏丏尊、王森然、阮镇等，积极从理论与实践两方面探讨作文教学的规律和方法。在中小学作文教学理论和实践的双重驱动下，1928 年，中华民国教育部组织人员重新编订课程标准。经过几年的起草整理、实验研究、修改订正，《中学课程标准》于 1932 年正式颁行，1936 年又加以修正颁行。自 20世纪 30 年代开始，中学作文教学的形式与内容基本定型。这种形态一直延续到新中国成立。由此可见，在民国教育体制下的作文教学已经有了体制的保障，在法定的中学章程中，有了明确的规定，这就使过去不受关注的学生作文写作得到了有效的保证。这种章程，在小学作文教学中也有着同等的保障。

二

作文训练形式的多样化、作文教学方式的互动性、作文教学的语体文转向以及以学生为主体的教学理念等，都促进了中小学作文教学的现代化，有利于学生的创作自由。

第一，作文教学不再像科举考试那样，仅仅注重策论的写作，而是注重对作文素养的全面提升。民国以后，中小学的作文训练形式逐渐多样化，这改变了作文训练拘泥于传统私塾教育之下的状况。传统私塾教育对作文的训练以应对科举考试为目的，仅仅注重策论的写作。在新式教育改革后，特别是教育部自 1922 年公布新学制后，又于 1923 年又公布了小学、初中和高中的国语、国文课程纲要，极大地改变了作文教学的格局。其中，由吴研因拟定的《小学国语课程纲要》中规定作文限度，初级小学要求"作文：能作语体的简单记叙文、实用文，而令人了解大意"，高级小学要求"作文：能作语体的日用文、说明文、议论文，而令人了解大意"。为全面加强学生的文体意识，在具体的国文课程选编实践中也呈现出了明显的文体规划的特点。沈星一的《初级国语读本》最能体现当时的"国语"教材的特色："本书内容，以记叙文、抒情文为主，参用议论文、说明文。"① 这样一来，作文写作训练突破了议论文的单一形式，开始向全面系统的作文写作训练过渡。小学生的作文训练体裁变得非常宽泛，仍以记叙文、议论文、说明文的数量为最多，其他体裁酌情练习。在不断的实践推进中，作文教学对各种文体的训练进行了深层面的内部探讨。这样一来，作文写作训练突破了议论文的单一形式，向着多样化的文体写作方向发展，以议论文写作、记叙文写作、应用文写作和抒情文写作构成民国作文写作的四大形式，迈向全面系统的作文写作轨道，也为学生的情感抒发提供了多元化的表达途径。

第二，作文教学不再像传统的科举考试那样，仅仅注重死记硬背"四书五经"等传统的经典，而是注重通过启发式的教学加强教与学的互动，注重学生独立思考意识的生发与培养，极大地开拓了学生的文学思维，为其文学创作拓展了无限的空间。传统的科举应试文以其固定的写作模式要求规范着学生的生活思维，学生受传统习作思维惯性的影响，很难实现自我独立思维的突破。策论文的写作诸如典论、经论、史论之类，又往往脱离学生的生活实际，这样，学生的个人经验、个人情感得不到真实的抒发，就会在很大程度上造成"假、大、空"的写作状况。同时，传统私塾的教师对学生的文章写作督查，也只能是在此基础上进一步抹杀学生创作中显露的个性成分，经过一系列的剪修，学生的写作更加符合传统应试的写作模板，从而打上更深的八股应试的烙印。一些从传统写作教育中走过来，又接受了新文化影响的先进知识分子，他们在实现自我文学写作转型的同时，也越来越体察到旧式文体存在的弊端。为此，在中小学语文教育的探索阶段，他们提出了非常有针对性的改进建议。朱自清便针对以前作文批改中的弊端提出了改进的方法："我认为改虽不改，看仍要看：看后用眉批与符号指出应行修正之处，令学生自己修正，或相互订正。此项修正或订正，每次以一小时为限，于教室中行之，由教师随时指导，却不必再交文卷。眉批择有关于思想、论

---

① 李杏保、顾黄初：《中国现代语文教育史》，四川教育出版社1997年版，第96页。

理、结构者，指出毛病；而句的不妥与不顺，字的失宜与误写，俱用符号指明。"① 这就强化并体现了学生自主性在作文写作中的重要作用。沈仲九在《初中国语教科书问题》中也指出："违背法则的文章，叫学生指出错误，加以改正。"刘半农提出并采用"二次批改，一次讨论"的方法："根据学生作文实际，归纳了'虚字不妥''语气不贯''全句意义不明''误写'等十四种文病，并且分别设计了二十四种符号，明白告知学生。初次批改后，把原卷发还学生，让他们互相研究，自行改正。如有不能改，或虽有符号，指出其毛病，仍不知其所以然的，允许他们详细质问。学生自行改订后，另卷誊正，作第二次批改。这次不用记号，只是涂抹添削。评判分数，则取初作二作的平均分。第二次批改后，学生不明了处仍准其质问。"② 这些教改思想方法在 1940 年颁布的《修正初级中学国文课程标准》关于"作文练习"的规定中得到了继承："每次练习，必须有个别或共同之批评，并采用各种符号，使自行修改。"③ 教师只看不改，让学生自行修改，必要的时候给以关键性的指导，这种作文批改方式，既留给学生足够的自我思考空间，又使学生的作文能够控制在合理的章法之内，符合为文的渐进提高的原则。在这种作文教学方法的指导下，老师的批语也大都从学生的实际出发，注重发现学生写作的优长，注重通过表扬等方式，激发学生作文写作的内在积极性。叶圣陶便说过："批改不是挑剔，要多鼓励，多指出优点。"④ 沈从文对于学生作文除了在评语中时常加以赞誉，对于较好的习作，还代作者寄到报刊去推荐发表，这对学生无疑是很大的鼓励。这样的作文教学方式既提高了学生参与作文写作的热情，引导学生进行思考，也培养了学生作文写作的主动性，为学生从事文学创作奠定了良好基础。

　　第三，作文教学注重语体文写作，不再以文言文写作为圭臬，极大促成了学生"吾手写吾心"。语体文以其强烈的可感性，更有助于学生情感的抒发和表达。著名教育家叶圣陶甚至将作文写作比作说话，学生只有在有话可说的情况下，才有东西去写，才会有为文的冲动。而在古代，言文分离，古

---

① 朱乔森：《朱自清全集》(8)，江苏教育出版社 1993 年版，第 403 页。

② 周纪焕：《现代作家语文教育思想论》，语文出版社 2008 年版，第 190 页。

③ 课程教材研究所编：《20 世纪中国中小学课程标准·教学大纲汇编（语文卷）》，人民教育出版社 2001 年版，第 308 页。

④ 刘国正主编：《叶圣陶语文教育论集》，教育科学出版社 1980 年版，第 494 页。

人作文与说话不能实现有机的统一和转换，需要借助一套文言知识体系将口语表达翻译成文言书面语。而这种转化又不得不受到既有的文言文行文规范的制约。相较而言，用语体文作为作文的语言载体，反而能够更加贴近学生情感表达的真实。具体来讲，古代的八股文取士，大多以儒家经典为考试内容和评判依据。清末新式学堂兴起，使中小学的国文教学产生了一些新气象，八股文也在改革过程中被取消，但是在具体的作文写作中，学生对文言经史类文章的习作情形依旧兴势不减。到 1912 年中华民国建立，中小学国文教学中的读经现象依然存在。文言读经在袁世凯掀起"尊孔复古"的潮流后得到多方面的肆意推崇，直到 1915 年新文化运动中白话文得到推广以后，文言读经的风气才得以冲淡。"五四运动兴起的国文运动后，北京政府教育部发出通告，国民学校教科书分期作废，逐渐改为语体文。"① "1916 年，国语统一筹备会召开第一次会议时，刘半农、黎锦熙等人第一次公开亮出了改国民学校的'国文'课本为'国语'课本的主张。"② 不久，初级中学"国文"科一律改名为"国语"科。白话文正式进入国文教材获得法律意义上的合法地位。国民政府明文规定："截止到 1920 年冬，凡旧日所用文言文所编的教科书一律废止；凡国民学校各种教材均改为语体文，即白话文。"③ 同时规定到 1922 年止，文言文教科书一律废止，改为语体文。至此，文言读经、文言文写作的局面得到了大刀阔斧的改革，尽管这种改革在短时间内不能够获得绝对胜利，但毕竟这种规定在当时为中小学语文教材的编选、作文写作的教学注入新鲜的内容与元素。1922 年到 1928 年中小学语文教材的编写进入了探索时期，随之而来的中小学作文教学也开始了语体文教学的历程。1928 年，南京国民政府教育部颁布了中小学课程的《暂行标准》。值得注意的是，在中小学的语文教学中，与语体文作文教学相关的口语、读文教学得到了重视。这在历次的中小学课程标准中可以得到明显的证明。对学生口语的训练大多通过辩论、演讲等形式进行，如 1929 年的《初级中学国文暂行课程标准》中对初中作文教法的规定："口语练习，于课外行之。或由教员命题指定学生演说，或由学生自由发表意见，或组织辩论会

---

① 宋荐戈：《中华近世通鉴·教育专卷》，中国广播电视出版社 2000 年版，第 351 页。
② 宋荐戈：《中华近世通鉴·教育专卷》，中国广播电视出版社 2000 年版，第 223 页。
③ 宋荐戈：《中华近世通鉴·教育专卷》，中国广播电视出版社 2000 年版，第 351 页。

命题辩论。演说或辩论后，亦须加以批评。说话有文法上错误时，更须予以纠正。"① 这样，语体文写作便在民国教育体制中获得确立，制度上的保障使语体文写作和语体文教学获得长足发展的空间，这对培养学生新的写作思维习惯具有积极的建设性意义。

第四，作文教学注重学生的个性发展，激发了学生作文写作的积极性。学生本不愿意做那种缺乏人情、缺少人性关怀的应试文章，但又迫于写作规定的无奈，只得硬着头皮依葫芦画瓢的做文章，学生的个性发展受到挤压，本能的写作欲望得不到有效的激发，做起文章来也就味同嚼蜡。对古代私塾的作文练习形式，叶圣陶有过这样的叙述，"我八九岁的时候在书房里'开笔'，教师出的题目是《登高自卑说》；他提示道：'这应当说到为学方面去。'我依他吩咐，写了八十多字，末了说：'登高尚尔，而况于学乎？'就在'尔'字'乎'字旁边博得了两个双圈。登高自卑本没有什么说的，偏要你说；单说登高自卑不行，你一定要说到为学方面去才合式：这就是八股的精神。"② 可见，在传统的习作练习中，学生没有自由发表自己的观点和情感感受的余地。民国教育改革以后，中小学的作文训练便有了新的改观，贴近学生生活实际的创作内容，符合学生性情发展的文体形式，逐渐被提升到中小学作文训练的日程之中。1946 年，已经成为著名散文作家的丰子恺在悼念夏丏尊的文章中就专门提到了这一点："他教国文的时候，正是'五四'将近。我们做惯了'太王留别父老书'，'黄花主人致无肠公子书'之类的文题之后，他突然叫我们做一篇'自述'。而且说，不准讲空话，要老实写。有一位同学，写他父亲客死他乡，他'星夜匍伏奔丧'。夏先生苦笑着问他：'你那天晚上真个是在地上爬去的？'引得大家发笑，那位同学脸孔绯红。"③ 可见文章写实、写真是表达写作者真实情感的前提和基础，在培养自己获得真实感悟的基础上，学生通过日积月累的情感积累，能够丰富自己的内心世界，同时，日常的点滴也可以为学生的作文写作提供可用的素材，而学生对现象的总结也可以达成促使学生发掘与思考某一问题的效果，从而有助于其思想的不断提升。

---

① 课程教材研究所编：《20 世纪中国中小学课程标准·教学大纲汇编（语文卷）》，人民教育出版社 2001 年版，第 285 页。

② 叶圣陶：《叶圣陶语文教育文集》（第三卷），人民教育出版社 1994 年版，第 374 页

③ 丰子恺：《丰子恺文集》第 6 卷，浙江文艺出版社 1992 年版，第 157 页。

三

在民国教育体制下，中小学国文教学开始注重作文写作，这与私塾教育具有显著的差异。在传统的私塾教育中，围绕着科举考试进行的写作训练，往往都是以策论为主，其题目从"四书五经"中摘取某一经典话语，然后要求考生进行写作。民国教育体制下作文教学的改革，更加注重作家自我生活的表现，在这种新式作文教学模式的影响下，涌现出了一大批独具特色的现代作家。那么，如此变化的教学模式对学生成长为现代作家究竟产生了哪些积极影响？

其一，民国中小学作文教学，注重学生写作内在规律的把握，通过不同的层级，来逐渐地提升学生作文写作水平。从小学到中学，从接受知识到表达情感，是一个循序渐进的过程，在这一过程中，注重对学生学习内在规律的把握，就要考虑到学生在不同年龄段的接受能力，提供给学生适合其学习特点的作文教学内容，从而真正实现学生的作文写作由"习"到"做"的过渡。1923年吴研因起草的《新学制课程标准纲要小学国语课程纲要》中规定：中小学的课程学习中，小学三年级的作文学习"实用文和说明文的作法、研究、练习"；小学第四学年的学习目标，"加授查阅字典的方法，指导阅读儿童报和一些参考图书"；第五学年的学习中"加辩论会的设计"，"注重传纪、小说"，报刊阅读不限于儿童报刊，并且增加了记叙文和议论文的作法研究、练习和设计；第六学年注重"演说的练习"，注重指导"阅读普通的日报"。① 语言的表达是学生思想表达的途径，了解行文的章法、句法结构是学生作文的基础，民国时期的作文教学也对学生的章法、标点等方面的语文素养给予了重视，这就改变了旧时文章中没有标点、没有断句的写作特点，文章中的停顿更有利于写作者不同情感的抒发和表达。从中小学生的作文设计来看，从实用文、说明文训练到记叙文、议论文训练，民国中小学作文教学遵循这样一个教学特点：低年级重客观记叙，随着年级的增高，主观议论的成分增多。这一符合教学规律的训练方式逐步实现了学生作文水平的层次化提高。

其二，民国中小学作文教学，促进了中小学学生对文章写作的兴趣，中

---

① 黎锦熙：《新著国语教法》附录，见张隆华《中国语文教育史纲》，湖南师范大学出版社1991年版，第178—179页。

国现代作家中的绝大多数在中小学时期受到良好的作文训练。在中小学学习阶段，新式教师引进的新鲜学习内容也为中小学时期的学生们的学习展开了一片广阔的文学天地。被称为"五四"后一代的知识分子中，有诸如朱自清、巴金、叶圣陶、冰心、丁玲这样优秀的现代作家，他们之所以能够成为留名史册的现代文学家，与他们在中小学时期接受的文学教育以及在此基础上产生的写作兴趣是分不开的。叶圣陶 1907 年进公立小学，一年后改进苏州公立中学。在中学时期，他就很喜欢阅读外国小说，产生了写作小说的兴趣。同时，也喜欢写诗，并与几个同学一起组织了一个诗会，叫作"放社"。1911 年中学辍业，于 1914 年开始用文言写作小说。丁玲于 1919 年转入长沙周南女子中学，这个学校"要进步得多，那里面有新思想"。当时，陈启明是该校二年级语文教师。丁玲在谈到她的中学日常学习时，回忆道："我却常常读他画了红圈圈的一些报头文章和消息，这都是外边和省城的一些重要的社会活动。他鼓励我多写，因此，我第一学期就写了一本作文、五薄本日记。还有两首白话小诗，他拿走了，说要放在什么报上发表，……我对文学发生了真正的兴趣，而对数学却敷衍了事。"① 可见丁玲在文学方面受到老师陈启明很大的影响，陈启明介绍同学们看《新青年》《新潮》等进步书刊。② 萧红在中学时代对新文学产生了兴趣，"对于这市立女中的坚固砖墙和那有铁栅栏的校门，她（萧红）是不舒服的，仿佛给圈在一个井里。有时就烦闷，尤其是坐在教室上国文课的时候，枯燥、索然，她就更希望礼拜日快一些降临。若是距离还远，那就要低声问：'今天是不是礼拜二?'礼拜三和礼拜六有绘画，这两个日子她是不必问人的。她所希望于礼拜二的，就是那一小时历史课。因为史地教员是北平来的一个姜姓大学生。在上史地课程的时候，这个性格有点矜持的青年教师，间或给她们讲些世界的珍闻。他是一个有着文学修养的青年，他向她们介绍茅盾的小说，冰心的散文，徐志摩的诗，而且又借给萧红易坎人译的《屠场》和《石炭王》，这正是一九二九年风行一时的译作。然而萧红读这两本书，还不及当时《国际协报》副刊上的文字感兴趣。这时候，她已经介在旧小说和新小说两个精

①　丁玲：《中学生活的片断》，载邓九平《文化名人：忆学生时代》（上册），同心出版社 2004 年版，第 335—336 页。

②　丁玲：《我怎样飞向了自由的天地》，载张炯《丁玲全集》（第 5 集），河北人民出版社 2001 年版，第 264 页。

神领域之间了。"① 路翎，转小学部，开始爱好文学。可见，新式教师、新式的教学理念、新式的教学手段提高了学生们的学习兴趣，从而使他们的文学创作思想获得了有效的开展。在现代文学作家中，有些作家在中学时期便创作出优秀的文学作品，已经成长为优秀的作家。现代作家王统照12岁开始接触《新体地理》《历史教科书》《笔算数学》等新课本。其间，曾就学于县城高小，1913年毕业后考入山东省立一中，其文学创作发轫于此时；现代作家戴望舒，1922年8月，首次公开发表文学作品小说《债》。萧红1927年开始以"悄吟"为笔名发表抒情诗。尽管一些作家在中小学期间还未创作出优秀的文学作品，但他们初期的努力，已经为以后创作出优秀的作品打下坚实基础。冰心在北京协和女子大学读书期间，当她还未立刻转入文科之前，便担任学校学生自治会的"文书"一职，刚入学的文字功底正是源于其在中小学时期接受的文学写作的教育。在这之后，冰心沐浴在五四新文学大潮之中，更是将这积淀已久的文学素养发挥得淋漓尽致。

其三，民国中小学作文教学，注重采取不同的形式，通过报刊、壁报、社团等形式，使学生的写作获得了初级形式上的社会化，这对他们走出校园之后，走上更加广阔的社会舞台从事文学创作，有着莫大的帮助。现代作家戴望舒，其首次公开发表文学作品小说《债》，萧红学生时代的抒情诗便发表于校刊上。除此之外，在朱自清的指导下，当年《春晖》的学生月刊上便刊载了一些学生的写作文章。在这种社会化形式的引导下，学生将更多的注意力放到与现实社会相关的问题上，也正因为如此，很多现代作家的文学创造才具有了时代特色。这些作家中有从旧的文学成功地过渡到新文学写作领域的作家，如王统照等五四一代的作家；有直接沐浴着新文学改革之风，以新文学创作为起点的作家，如冰心、丁玲等大批"后五四时代"的现代作家。

四

民国中小学作文教学尽管取得了很大的成功，但是，也存在着许多问题。自民国建立，袁世凯夺取革命胜利果实以后，掀起了"读经""复古"的潮流，1915年《特定教育纲要》中要求："教育要言"，强调各学校均应

① 骆宾基：《萧红小传》，黑龙江人民出版社1981年版，第16页。

崇奉古圣贤以为师法，宜崇孔以端其基，尚孟以致其用。"教科书"规定中小学加读经一科，按照经书及学生程度分别讲读。初等小学讲读《孟子》，高等小学讲读《论语》，中学校讲读《礼记》和《左氏春秋》。① 1912 年之后的几年间，共有过七次复古，尽管在蔡元培、胡适等先进知识分子积极的推广新文学的影响下，这种复古运动终究没能形成大的气候，但是这种遗留在中小学作文教学中的固化了的传统作文教学精神仍然影响着一部分中小学作文的教学效果，而传统作文教学所形成的模式及思维定式已根深蒂固，绝非一朝一夕就可以改变。据统计，1907 年，全国中小学教员 56% 是旧式文人；到 1918 年，全国高等、国民小学才基本上实行了教师全部来自学校毕业生的目标。② 受这种间歇性复古思想的影响，民国初期的作文命题中仍存在着超出学生经验的命题状况。所谓的超出经验就是指作文的命题脱离学生的实际生活，而这种脱离现实的作文写作方式也是旧式八股文的主要弊端所在。阮真在《时代思潮与中学国文教学》中指出：在民国元年至民国八年五四运动以前，中学国文教师，还是一班老先生，"那时中学国文教师所选的文章，多是从《古文观止》《东莱博议》来的，但是学生多喜欢学《新民业报》一类的时文。旧派国文教师所出作文题目如：《梁亡义》《鲁平公将出义》《秦皇汉武合论》等，新派国文教师所出题目如：《大彼得论》《秦始皇拿破仑合论》《求富强策》《开铁路以利交通说》等"③。朱文叔在《关于小学国语读本的几个问题》中也指出："'因政府力求提倡国学，恢复固有知识，故国文题目泰半取材景古人典籍之中，如最近军委会之政治训练班国文试题为《从离骚一书中论屈平之写人》，司法行政部之监狱训练班试题为《刑乱国用重典论》，政治学校之土地研究班题为《论王者之政必自经界始》，以及法官考试之试题为《分争辩讼非礼不决论》，于以知国家提倡国粹的一班。"作文教学中这种不彻底的改革，与当时的大学入学考试内容也有很大的关系。"大学每届举行入学试验，也常常出一些稀奇古怪的国文题目。他们不希望投考学生说一些自己的话，从而考察他们的思想与情感，他们只要投考学生'应制'地说一套'题中应有之义'，摹唇仿舌像个样儿。

---

① 宋荐戈：《中华近世通鉴·教育专卷》，中国广播电视出版社 2000 年版，第 145 页。

② 直隶教育厅：《中国民国七年分直隶教育统计图表（第三编）》，1918 年，第 59—66 页。

③ 李杏保、顾黄初：《中国现代语文教育史》，四川教育出版社 1997 年版，第 600—601 页。

这与科举精神也是一贯的。"① 因此，在很大程度上，中小学的作文教学中，文白混杂、新旧教师的不同教学状况也造成了学生作文上的困惑。

然而，中小学作文教学中，最突出的问题是，在促成学生作文写作提升的过程中，存在着不重视作文写作训练的现象。正如张文昌在《中学国文教学底几个根本问题和实际问题》中所指出的："作文一项学生大多视为具文，教师视为畏途，盖二星期一次二小时内交卷在课室内之作文，学生本视为具文，虚应故事而已，而教师拿了几十本卷子一字一句的改去，关上了房门，写秃了笔尖，耗费了精神，辛辛苦苦改好了，发给学生，学生不过拿了一看，掷于一旁，所以结果终是不行。"② 以前，教师在作文批改中存在学生不看改作，却让老师详尽批改的状况："改文确是苦事！某校有一国文教师因改文过劳，发了精神病，只是用了笔在粉白的墙上施涂抹圈点，终于死了！这虽是极端的例，但改文之忙，于此可见！改文既如此费力，它的效果又如何呢？——我且说作文发出后学生的情形。他们第一是看总批，第二是看圈点和眉批，至于改作，光顾的竟是很少，便是光顾了，也往往莫测高深——除一二优等生之外。所以你辛辛苦苦的改作，几乎是白费力！"③ 教师费力批改，学生不以为然。学生不重视作文训练就会造成师生间"教"与"学"的分裂状态，教师的指导内容也就得不到学生的消化与吸收，也就实现不了学生内在写作技能与写作素养的提高与升华。1928 年制定的《中学课程标准》中对初、高中的作文训练时间规定如下："习作以每星期一次为原则，于课内行之。"之后的课程标准基本沿用了这种规程。

学生作文写作训练过程中，尽管存在着一些问题，但还是在培养学生成长为作家方面，取得了某些显著的成绩。

其一，在民国教育体制中，各个大学均注重学生的作文所占的比重，这就在客观上使中小学的作文教学得到了有效的支持。1919 年（民国八年）1月3日，北京政府教育部公布各专门学校、大学校的招生办法，规定各专门学校和大学预科的招生命题，需依照中学毕业程度。招考新生除外国语外，

---

① 林轶西：《初中国文科读书问题之研究》，载顾黄初、李杏保《二十世纪前期中国语文教育论集》，四川教育出版社 1991 年版，第 547 页。

② 林轶西：《初中国文科读书问题之研究》，载顾黄初、李杏保《二十世纪前期中国语文教育论集》，四川教育出版社 1991 年版，第 417 页。

③ 林轶西：《初中国文科读书问题之研究》，载顾黄初、李杏保《二十世纪前期中国语文教育论集》，四川教育出版社 1991 年版，第 363 页。

其他各学科应以本国文命题。① 大学作为高于中学一级的教育机构，对中学的教育发展起到内在的牵引作用，大学考试对国文的重视也引导着中小学教育对国文教学的重视。在此情形下，在具体的中小学课程设置中，相应地也加强了对作文训练的重视。如初级中学《国语课程纲要》，由叶绍钧拟定，要求"（1）定期的作文。（2）无定期的作文和笔记。（3）定期的文法讨论。（4）定期的演说辩论"②。初中纲要中还明确指出了作文在各个学分考核中所占的比重，在 10 个总学分中，作文和笔记的学分占 4 分。与此相对应的高级中学相关纲要中，则加重了文章的著作技巧层面的比重，如议论文著作技巧、叙述文的作法、描写文的技术等。③ 种种迹象都显示了当时的作文所得到的重视情况。

其二，在大学录取学生的过程中，一些在民国大学体制内的作家，拥有了大学录取的诸多权力，这使得他们能够对那些在文学创作上崭露头角的学生，采取破格录取的方式，从而进入大学体制内。自 1917 年教育部单独行使教育职权之后，这种政教分离的教育环境和治教方式使民国教育迎来了新的发展契机。而时任教育部总长的蔡元培，其教育家的身份以及其"思想自由，兼容并包"的治学理念，更是为民国大学的录取环节注入了自由、灵活的因子。大学拥有一定的自主权，使得不拘一格的人才录取成为可能，而正是由于诸多文学家教师对学生作文的偏好，才能够吸引一大批年轻学子对文学创作产生憧憬和希望，逐渐构建他们渴望成为文学家的梦想，成为他们致力于文学创作的内动力。

其三，在中小学自我社会价值的实现过程中，大学的相对数量稀少。"据统计，全国大专院校（包括公立、私立）115 所，其中大学 4 所，专科学校 111 所。学生：大学为 481 人，专科学校为 39633 人。中学（包括公立、私立）500 所，学生 59971 入。师范学校 253 所，学生 28605 人。职业学校 79 所，学生 14469 人，小学校（包括幼稚园）共 86318 所，学生 2793475 人。"④ 1916 年"7 月，据《第一次中国教育年鉴》统计，民国四年度（1915 年 8 月至 1916 年 7 月），全国大专学校 104 所，其中大学 10

---

① 宋荐戈：《中华近世通鉴·教育专卷》，中国广播电视出版社 2000 年版，第 294 页。
② 李杏保、顾黄初：《中国现代语文教育史》，四川教育出版社 1997 年版，第 76 页。
③ 李杏保、顾黄初：《中国现代语文教育史》，四川教育出版社 1997 年版，第 77 页。
④ 宋荐戈：《中华近世通鉴·教育专卷》，中国广播电视出版社 2000 年版，第 142 页。

所，学生 1219 人；专科学校 94 所，学生 24023 人。中学 803 所，学生
87929 人。师范学校 211 所，学生 27975 人。职业学校 96 所，学生 10551
人；小学（包括幼稚园）128525 所，学生 4140066 人"①。1923 年（民国十
二年）4 月，中华教育改进社用一年时间完成了全国各类教育的调查统计工
作。此次调查结果："全国学生总数为 6819486 人。其中大学、专门学校学
生人数为 34880 人，中等学校学生人数为 182804 人，高等小学校学生人数
为 615378 人，国民学校学生人数为 5965957 人。""各类学校总数 178972
所，其中大中专 125 所，师范 275 所，师范讲习所 110 所，中学校 547 所，
甲种实业学校 164 所，乙种实业学校 439 所，高小 10236 所，国民学校
69076 所。"自三民主义教育以来，民国教育政策中重视并鼓励实用教
育。② 这样，一些学生在中学毕业后，便可以获得相对较好的小学教师等职
位，这就相对弱化了中学和大学之间那种截然对峙的壁垒，有助于中小学学
生实现自我个性的自由发展。

其四，民国教育体制下的作文教学确保了学生情感与思想的解放，使写
作文成为他们表达郁积于内心世界的情感和思想的一种载体，进而获得了更
加久远的意义。叶圣陶对以前的科举有过这样的叙说："从前书塾里，学生
并不个个作文。将来预备学工业、商业的，读了几年书认识一些字也就算
了，只有预备应科举的几个才在相当的时候开始作文。"③ "科举时代每一个
青年在书房里读书作文，无非为着装进材料，预备应试题目。一朝应付得
法，考试中式，就是读书的成功。"④ 然而能够中式并出仕的人数极少，因
此，在中国传统的思想观念中，也便有了对文人"百无一用是书生"的社
会地位的界定。在文学启蒙阶段，在一些先进知识分子的倡导下，文学界相
继发生了一系列的革命，文学作为思想传播的重要工具被提升到新的位置
上。胡适的文学改良观、陈独秀的文学革命观都丰富了文学发展的时代性，
周作人更是提出了"人的文学"观，呼吁"自然人性"的解放，为文章的
写作注入更多的生命意识。而文学注重情感表达的超功利性特点，使其超越

---

① 宋荐戈：《中华近世通鉴·教育专卷》，中国广播电视出版社 2000 年版，第 147—148 页。
② 宋荐戈：《中华近世通鉴·教育专卷》，中国广播电视出版社 2000 年版，第 164—165 页。
③ 中央教育科学研究所编：《叶圣陶语文教育论集》（下册），教育科学出版社 1980 年版，第
411 页。
④ 刘国正编：《叶圣陶语文教育文集》（第三卷），人民教育出版社 1994 年版，第 35 页。

了单一的价值评判标准，文学作品能够通过对读者情感的陶冶，实现对人的心灵的净化，从而赋予更加丰富的内涵意蕴和文学张力。到20世纪上半叶，作文教学价值取向大体经历了从关注"经世致用"到关注"个性发展"再到关注"实际应用"的过程。这期间读经的内容到作文的形式主要是用于经世致用，同时也增加了修身的目的。辛亥革命至五四运动前后，作文教学的价值追求则更为注重"自由发表思想"，关注个性以及兴趣与特长。① 在长期的语文教育探索过程中，很多著名的语文教育家也强调了作文教学中注重学生情感、思想解放的问题，作文命题要符合学生心理特点。夏丏尊对此作了一个生动的比喻，他把作文命题看作是给炮竹安上药线。命题者要考虑炮竹（学生）是否储备火药。也就是说，要研究学生心中的"郁积"，有没有到一"爆"为快的时候。② 叶圣陶说："教师命题的时候必须排除自己的成见与偏好；惟据平时对于学生的观察，测知他们胸中该当积蓄些什么，而就在这范围之内拟定题目。"③ 由此可见，民国中小学作文教学更注重对学生自我情感表达的尊重，教师也往往引而不发，从"启"的角度来引导学生进行思想与情感的迸发。除此之外，白话文演讲的教学策略也在提高学生的表达水平中发挥了积极作用，作文建立在流利的口语表达和阅读之上，有助于作文写作中的生活化表达和学生自我思想的表达。到了"五四"时期，由于教育改革之风的兴起和白话文运动的展开，对"国语"的重视程度，达到前所未有的新高度。作文注重的是应用文的练习和写作，读、作、写字共同教学，并且强调与其他科目的联络和设计。④ 叶圣陶也曾将作文写作比喻成用笔说话，认为学生只有有想说的话才有可以写得出的文字。随后的1929年到1936年，在颁布的一系列课程标准中，作文教学的特点是注重从口述到笔述的演进，注重说话、阅读与写作的密切联系。孟宪承在《初中语文教学法之研究》中指出："我们在实际生活里说话作文，本是为着有种思想和感情，必要向人表白，才用语言和文字的工具来表白的。"叶圣陶也指出："勉强去写，这就是一种无聊而又无益的事。"同时指出合理的命题应该是"以学生自我做中心，要学生自然对于题目有思想和感情要表白"。

---

① 黄伟：《高中作文教学的百年回眸与检讨》，《德州学院学报》2006年第2期。
② 夏丏尊、叶圣陶：《文章讲话》，中华书局2007年版，第119页。
③ 叶圣陶：《怎样写作》，中华书局2007年版，第128页。
④ 张隆华：《中国语文教育史纲》，湖南师范大学出版社1991年版，第184页。

1948 年《修订高级中学国文课程标准》作文教学的课程目标为："熟练应用语体文及明易文言文表达情意，能作切合生活上最需要、应用最广之文字。"

总之，现代作家实现由学生身份到作家身份的转变，这一成功的蜕变过程离不开他们曾经接受的中小学作文教学的影响。这些作家在接受中小学新理念教育的时期，正是他们思想、情感各方面最容易获得启蒙并因之塑形的阶段。因此，这一时期作文写作的学习和具体实践对他们产生了深刻的影响。从宏观意义上讲，民国中小学作文教学之所以能够取得如此自由化、现代化的发展，离不开民国教育体制的保障。没有民国教育体制作为支撑，就没有中小学作文教学的健康发展，也就不可能有后来的大批的现代作家的诞生。从这样的意义上说，受益于民国教育体制的中小学作文写作教学，恰是民国时期现代作家诞生的摇篮。

第三节　民国教育体制内的大学作文与作家培育[①]
——以杨振声的文学教育与文学传承为例

在中国现代文学发展的历史进程中，有不少具有双重身份的作家型教授。一方面，他们从事文学创作，并因之享誉文坛；另一方面，他们又处于民国教育体制之内，从事文学教育。这样的双重身份，使他们对于中国现代文学的发展产生了非同一般的影响。作家从事文学创作的感性魅力与教授从事文学教育的理性思辨，相得益彰，相互促进，由此成为中国现代文学发展史一道亮丽的风景线。在这些作家型教授中，杨振声便是具有代表性的人物之一。然而，既往的文学研究对杨振声这样的作家型教授的发掘和阐释远远不够。这既与人们既有的思维惯性有关，也与人们对文学教育的重视不够有关。在既往的学术研究中，在凸显其作家身份的同时，却忽视了他们的教授身份；而那些凸显其教授身份的学术研究，又有意无意地遮蔽了他们的作家身份。人们往往把作家的创作剥离于他们所赖以安身立命的民国教育体制。实际上，我们如果忽视了这一点，就忽视了文学生产的具体背景，也就忽视了作家的文学场域对其文学创作潜在的制约作用。因此，我们需要从民国教

---

① 本节前后两部分分别刊发于《山东社会科学》2015 年第 9 期、《山东师范大学学报》2015年第 6 期。

育体制出发，对教授型作家和作家型教授的双重身份予以发掘和阐释。尤其是像杨振声这样的作家型教授，除了作家和教授的双重身份，还曾经担任过大学校长等职务，他对文学教育和文学生产的作用就更加特殊。正是因为杨振声依托民国教育体制的行政资源，才使一些没有得到社会广泛认同的青年作家进入大学，既在大学体制内进行文学创作，又在大学体制内承担着大学教育的课程。这样的认同，不仅改变了作家的文学创作所赖以展开的社会生态，而且改变了大学内部的文学教育和文学传承的文化生态，由此使大学的文学教育和文学传承获得了有机的对接。

一　杨振声文学教育的历程

杨振声先后在武昌高等师范学校、北京大学、燕京大学、中山大学、清华大学、国立青岛大学、西南联合大学、北京大学等大学执教。[①] 杨振声的文学教育，可以划分为四个时期，即文学教育的探索期、文学教育的发展期、文学教育的收获期和文学教育的顺延期。杨振声的文学教育是从他在武汉大学担任教职开始的，而在北京时期，杨振声初步显示了文学教育的开拓性才能，这可以看作杨振声文学教育的探索期。在国立青岛大学时期，杨振声的文学教育和行政权力结合到一起，两者相得益彰，借助大学的行政权力，杨振声的文学教育设想在实践中获得进一步的深化，这可以看作杨振声文学教育的实践期。在西南联大时期，杨振声的文学教育又获得进一步的提升，并由此确立了文学教育的基本路径，这可以看作杨振声文学教育的收获期。抗日战争结束后，各个高校开始复员，杨振声作为复员北京大学的先行接受者，为北京大学重返北平开展教学做了大量的工作，同时依然从事文学教育，这可以看作杨振声文学教育的顺延期。下面，按照时间顺序对杨振声文学教育的具体情形作一梳理。

（一）杨振声文学教育的探索期

杨振声留学归来后，一直在大学从事教育工作，主要是从事教学工作。

---

① 杨振声在大学从事文学教育之前，是在蓬莱的小学从事教育工作。但是，杨振声真正现代意义上的文学教育，是在经过了五四新文化运动的洗礼，接受了北京大学的现代教育之后开始的。杨振声在民国教育体制内的文学教育，随着新中国的成立告一段落。在1952年全国高校院系调整时，杨振声被组织上调离北京大学，安排到吉林大学任教，直到1956年病逝。本文对杨振声研究的时段仅限制于民国时期的大学文学教育。

值得玩味的是，作为大学教师，杨振声的教学工作与其所获得的教育学博士学位并没有多大的关系。这个时期，他的文学教育理念还未定型，而各个大学的人事招聘又各有相对的自主性，因此，寻寻觅觅、处处对比，选定学校便成为杨振声的一个主要工作。显然，学校的变动不居，在拓展杨振声的文学教育视野的同时，也有助于杨振声的文学教育理念的培育和定型。

杨振声于1919年赴美国哥伦比亚大学留学。1923年，他在哥伦比亚大学毕业，后转入哈佛大学读教育心理学。1924年，获教育学博士学位①，学成回国。在"五四"时期，参与了新文化运动，是经过了新文化运动洗礼的一代学生。在五四新文化运动如火如荼地展开、由此得以从边缘走向中心之后，如何建构五四新文化，便成为他们这一代所要探索的首要问题。与此同时，作为参与五四新文化运动的一大批学生，即将结束他们的大学学业，由此开始走向更为广阔的社会人生大课堂。在五四新文化洗礼下成长起来的学生，有些返回桑梓之地，开始从事教育；有些漂流异地，继续上下求索。在后者的漂流队伍中，有些便踏上了异国之地，开始了他们的留学生涯。在留学期间，他们继续学习的专业，基本上在业已定型的大学教育基点上顺承展开，即便是稍有变异，也是围绕着业已形成的知识系统而自然外延。杨振声作为北京大学国文门毕业的学生，在国外的大学里自然无法继续他的国文学习了，而与国文教育有关联的是教育学和心理学。这些专业，对处于新旧蜕变的中国教育而言，也是最为迫切的。正是基于这种客观情形，以杨振声为代表的第三代学生与胡适为代表的第二代学生相比，他们在美国留学期间所接受的教育，其影响的深度和广度自然就不再那么深刻和广泛了。这也就决定了杨振声归国之后，其所学习的教育专业，只能到民国教育体制内部去找寻，而在民国教育体制内部，国文门便成为其首选。这种情形和郁达夫有所不同。郁达夫留学日本期间，其所学习的专业是经济学专业，因此，他归国后主要从事的是经济学教学工作。这表明，在民国教育体制内，经济学已经在大学内得到有效的确立，正处于转型的中国已经摒弃了传统的轻视经济学等学问的观念，开始把经济学纳入民国教育体制内。这样的体制，自然使郁达夫所学习的经济学专业有了用武之地。与此相对应，从事文学创作则成了郁达夫教师职位的业余工作。杨振声所学习的专业，则与郁达夫有所不同。尽管在留学期间获得的学位是教育学博士学位，但他归国后并没有从事

---

① 季培刚：《杨振声编年事辑初稿》，黄河出版社2007年版，第32页。

教育学的教学工作，而是在国文系从事文学教育工作。在杨振声这种看似阴差阳错的职业选择中，恰恰成就了杨振声作为国文系教师从事文学教育的辉煌，这也由此使杨振声的文学教育对文学的代际传承起到了积极的作用。

　　五四文学获得确立之后，从事现代文学创作，已经逐渐地获得了社会的认同乃至推崇。但是，这种认同和推崇更多地局限在新式学校之中，那些对现代文学认同和推崇的读者也大都是接受了现代教育的学生，以及由学生转化而来、处于其他社会阶层的"新式"人物，如在各级学校中从事教育的教师，在报刊工作的编辑记者，在政府机构工作的公务人员等。但是，在20世纪20年代的社会转型过程中，一个作家如果不进入学校或者报刊编辑部等体制内，单纯地依靠文学创作来解决"吃饭问题"是不现实的。这种情形，在时过多年后，依然无法成为作家"为稻粱谋"的手段，自然也就谈不上成为作家"安身立命"的根本了。实际上，鲁迅在上海从事专业的文学创作之前，也一直在探索着教师身份与作家身份之间的融洽。鲁迅探索的最终结果是断然离开大学，放下大学的教鞭，专心致志地从事杂文创作，由此开启了职业作家的生涯。与鲁迅的这种职业选择截然不同的是，许多作家最终还是进入民国教育体制内，由此开始了一边执掌教鞭、一边执笔写作的"半教师半创作"的生涯。杨振声在进入民国教育体制之前，便面临着这种文学创作与文学教育的困惑和矛盾。1925年1月6日，杨振声给胡适的信函中对自己小说《玉君》的创作情景进行说明后，曾就自己所面临的现实的"吃饭问题"谈道："目前中州大学又约我去担任教育或国文的功课（我已经辞过一次，是在欧洲时，孟真、志希、书贻诸人迫我辞了来北京，同时并辞退上海自治学院的聘书），山东一师也约我去担任英文学（文学专修科）。我对北京，虽是留恋徘徊不忍去，但为吃饭问题，恐不久终需出京。"[1] 这说明，杨振声尽管对文学创作情有独钟，但为了解决"吃饭问题"，还是要进入民国教育体制内，甚至为此还别离了深情眷恋的北京，最终来到武汉，由此开始了文学教育的生涯。

　　杨振声的大学教学是从武汉开始的。1925年2月2日，"晚，在东兴楼为即将赴武昌师范大学任教的杨振声饯行，周作人应邀出席"[2]。据沈从文所述：武昌高等师范学校因杨振声、郁达夫两先生应聘主持中文系讲"现

① 季培刚：《杨振声编年事辑初稿》，黄河出版社2007年版，第34页。
② 孙玉蓉编：《俞平伯年谱》，天津人民出版社2001年版，第87页。

代中国文学"，学生文学团体因之而活跃，胡云翼、贺扬灵、刘大杰三位是当时比较知名而又活跃的青年作家。① 杨振声在武昌高等师范学校中讲解"现代中国文学"，奠定了他嗣后的大学文学教育的方向，这应该是杨振声对新文学情有独钟所致。作为从美国留学归来的杨振声，并没有顺承留学时所学的教育专业继续从事教育学的教学研究或教学，而是顺承他早在留学之前所受到的五四新文学的熏染，继续着自己的新文学事业。关于这一点，我们可以从杨振声归国后便从事中篇小说《玉君》的创作可见一斑。至于杨振声与郁达夫等以文学创作而得到学生认同的缘由，体现在他们对学生社团的培育和扶持，对学生向着文学创作方向的引领和推崇等方面。杨振声等人对新文学在武昌高等师范学校的传播，起到了积极的作用。实际上，居于民国教育体制下的武昌高等师范学校，从 20 世纪 20 年代初期便确立的文学教育成为该校绵延不断的文化传统。

1925 年冬，杨振声到北京任北大中文系教授。据沈从文所述："民十二回国，任教职于武昌高等师范中文系，和郁达夫同事。十二三年回北京，在北京大学文学院任教职，和丁西林同住于景山东街北头，丁时任北大物理系主任。"②

1926 年，杨振声被燕京大学聘为中文系教授，主讲"现代文学"。据冯友兰所述："当时北京的教育界是非常困难的，为数不多的教育经费，也被军阀们挪用了。学校发工资往往只发几成，甚至有发百分之几的。有一个教授，同时在四个大学里教课，到了年节，四个大学都发不出工资，当时称为'四大皆空'。教育界的人所羡慕的有两个地方：一个是清华，一个是燕京。这两个地方都是每月工资照发。我在燕京占了一个地位，在当时北京教育界那是可遇而不可求的……"③

1927 年，杨振声与同校俞平伯等接到广州国立中山大学聘书，决定南下任教。④ 在中山大学期间，杨振声的文学教育思想初步形成，这既有周边同事的思想影响，也有其本人对文学特别钟情之故。杨振声曾经回忆："在广州中山大学时，戴季陶先生常至忧思徘徊，夜不能寐，在那忧虑新文学的

① 沈从文：《湘人对于新文学运动的贡献》，《吉首大学学报》（社会科学版）1982 年第 1 期。
② 季培刚：《杨振声编年事辑初稿》，黄河出版社 2007 年版，第 38 页。
③ 冯友兰：《三松堂自序》，生活·读书·新知三联书店 1984 年版，第 73—74 页。
④ 《中山大学之新气象》，《广州国民日报》1926 年 10 月 25 日。

前途。他说几次的战功，还不及一篇小说的力量大。所以要想创造健全的文学改造中国。这话表示文学之重要，是很对的。"① 杨振声作为中山大学的教师，对身为中山大学校领导的戴季陶推崇文学之功效是服膺的，这对他确立起文学教育的现代理念，尤其是把大学的文学教育整合到"文学改造中国"的系统中，其作用不容小觑。

　　1928 年，杨振声从中山大学返回北京，先后在燕京大学中文系和清华大学国文系任教。这个时期，杨振声的文学教育开始从理念转化为实践，并借助其所掌握的行政权力，使其文学教育进入大学课堂。杨振声在"北伐胜利后，曾在燕京大学任教职，似与顾颉刚先生同时，此事问问顾先生必当能记忆时间"② 冯友兰还进一步回忆了杨振声是怎样结缘清华大学的："在纽约常同罗家伦和我在一起的北大同学杨振声，这时候也在燕京。罗家伦把我们两个从燕京'挖'出来，列入他的班子之中。那时候，北方久处于军阀统治的水深火热之中，凡是南边来的人，都非常受欢迎。司徒雷登也看到燕京将来是要和南京国民政府打交道的，北大、清华又是邻居，不敢得罪罗家伦，而且要特别表示好意，就答应放杨振声和我离开燕京。……在清华那边，教授和学生们也都震于北伐的声威，表示欢迎。我们这个班子就顺利地把清华接收了。"③ 通过冯友兰的回忆可以看到，杨振声在清华大学新任校长罗家伦的提携下进入清华大学。对此，陈岱孙也有过类似的陈述："今甫先生于 1928 年秋季始业时来清华大学，是北伐后，清华由外交部改隶于当时所谓大学院（后来之教育部），由新校长罗家伦聘请来任中文系教授兼大学教务长的。他对于教务长一职十分厌恶。1929 年大学组织条例经过更改，采取在大学下分立学院的制度；清华成立了文、理、法三个学院。他被教授会推选为文学院院长兼教务长的职务。"④ 这样一来，进入清华大学的杨振声，就不再是一个普通的教师，而成为一个具有相当学术权力的教授。这样的身份为他积极推进新文学教育，起到了"保驾护航"的作用。进入清华大学的杨振声，开始自觉地从事和制定大学文学教育的发展方略，尤其是注

---

　　① 杨振声：《新文学的将来》，《清华大学校刊》"文学"增刊第 1 期，1928 年 12 月 12 日。

　　② 据沈从文未刊手稿复印件。详见季培刚《杨振声编年事辑初稿》，黄河出版社 2007 年版，第 374 页。

　　③ 冯友兰：《三松堂自序》，生活·读书·新知三联书店 1984 年版，第 74 页。

　　④ 据陈岱孙致杨起函。参见季培刚《杨振声编年事辑初稿》，黄河出版社 2007 年版，第 78 页。

重新文学课程的设置和开展。1929 年 6 月，经教授会选举、校长聘任：杨振声为文学院院长兼国文系主任。① 1930 年，杨振声讲授"当代比较小说"，与朱自清、俞平伯合开"高级作文"课，"词"习作课。②

清华大学这一时期的文学教育，与其他大学相比，具有其显著的特色。这正如杨振声总结的那样："那时清华国文系与他校最不同的一点，是我们注重新旧文学的贯通与中外文学的结合。"③ 也就是说，清华大学国文系的文学教育，一方面注重"新旧文学的贯通"，另一方面注重"中外文学的融会"。从前者来说，就是在"旧文学"一统天下的情形下给"新文学"以应有的地位，使新文学能够列入其中，获得存在和发展的空间；从后者来说，就是在中国文学占据统治地位的情形下，给外国文学以存在和发展的空间。这两个方面的拓展，表明了"五四"以来确立的新文学，已经和"旧文学"一起，成为大学文学教育的重要组成部分；而中外文学的融会，则意味着中西文学通过融会贯通实现了中国文学的发展。五四新文学正是在此基础上的继承和深化。

可以说，在清华大学执掌文学院和国文系的杨振声，在国内第一次使新文学研究进入大学课堂。④ 朱自清也是如此。虽然朱自清后来放弃了新文学课程的教学，改教古典文学课程，但是，他作为清华大学文学教育的组织者，在大学文学教育中一直没有放弃新文学。1936 年，朱自清在日记中曾经这样说过："下午进城。全部上班时间与杨交谈。工作中有两条原则或者有用：1. 适应新文学；2. 有选择地采用西方文学。"⑤ 朱自清所秉承的两条原则，与杨振声所强调的"新旧文学的贯通"和"中外文学的融会"，可谓异曲同工。这可以看作深受五四新文化运动洗礼而成长起来的第三代学生⑥已经在第二代学生的基础上，通过他们所掌握的教育权力，使新文学课程进入了大学的文学教育体系之中。这便直接影响了 20 世纪 30 年代接受大

---

① 清华大学校史研究室编：《清华大学九十年》，清华大学出版社 2001 年版，第 49—51 页。

② 孙玉蓉编：《俞平伯年谱》，天津人民出版社 2001 年版，第 131 页。

③ 杨振声：《为追悼朱自清先生讲到中国文学系》，《文学杂志》1948 年第 3 卷第 5 期。

④ 参见黄延复《二三十年代清华校园文化》，广西师范大学出版社 2001 年版，第 70 页。

⑤ 朱乔森编：《朱自清全集》第九卷《日记编·日记》（上），江苏教育出版社 1998 年版，第 440 页。

⑥ 笔者把晚清到五四新文化运动这一时期接受新式教育影响下而成长起来的学生，划分为三代。第一代以严复为代表，第二代以鲁迅、胡适、陈独秀为代表，第三代以五四新文化运动期间正在接受读书的巴金等为代表。杨振声、朱自清等人自然也属于第三代代表性的人物。

学文学教育的学生的文化心理结构，使他们接纳新文化已经内化为一种自然而然的行为。这对改变大学新文学被排斥乃至被遮蔽的情形，具有巨大的校正作用，其意义怎样估计都不过分。

（二）杨振声文学教育的发展期

杨振声作为清华大学文学院院长和国文系主任，在文学教育实践中确立了明晰的"中国文学的新方向"①，这对他1930年确立国立青岛大学国文系的办学方针具有极其重要的作用。在国立青岛大学时期，可看作杨振声文学教育的发展期。

杨振声离开京城，朱自清接任了清华大学文学院国文系主任。当时，杨振声和同是新文学作家型教授的朱自清，商定了"中国文学的新方向始终未变"的办学方针，进而把他在清华大学确立的这种办学方针带到国立青岛大学。对此，傅斯年也有嘱托。杨振声后来回忆道："记得去年离开北平的时候，傅斯年先生对我说：'只要你能领导两、三个学生走上学问的正路，也便不虚此一行了。'我深感其言。本来，一世纪中才能出几个真正的学者，外国人花几百万为一个学者造研究室，因为他们所看到的，是学术与全人类的关系！"② 这样的夫子自道，彰显了杨振声从事教育的出发点和归结点。在新创办的国立青岛大学里，杨振声对"中国文学的新方向"的坚守，也驱使他在全面经营国立青岛大学的同时，特别突出国文系的文学教育的特色。

1930年，国立青岛大学确定设文、理两学院，下分中文、外文、教育、数学、物理、化学、生物七个系。③ 据杨振声自述："原来主张大学分院不分系。院中设若干讲座。学生得自由择师，听其指导。择师之后，由一位或一位以上的导师就其性质能力所及，厘定他在大学的课程。这个议案当时经过一番讨论之后通过了。后来大学成立，在报部的时候，被部中的司长与科员给批驳了！说是不合部章。按部章只好依样画葫芦来分系。"④ 由此可以看到，杨振声作为国立青岛大学的总规划者，本来是依照他所认同的教育规律，注重学生的个性发展的，以"量身定做"的方式来培养他所期望的那

---

① 杨振声：《为追悼朱自清先生讲到中国文学系》，《文学杂志》1948年第3卷第5期。

② 《山东大学校史资料》1982年第2期，第35页。

③ 《山东大学校史资料》1982年第2期，第17页。

④ 杨振声：《为追悼朱自清先生讲到中国文学系》，《文学杂志》1948年第3卷第5期。

种精英式的"真正的学者"。作为具有相对自主办学权力的杨振声，尽管只能"按部章只好依样画葫芦来分系"，但就其内里来说，他依然可以落实他所认同的那种"学生得自由择师"的办学思路。实际上，从国立青岛大学的文学教育来看，杨振声的这种办学思路获得了很大程度上的实现。如在臧克家、陈梦家之于闻一多，我们还是可以看到"学生得自由择师"的痕迹。这样的一种办学思路，对文学教育及其文学传承来说，正是继承了中国传统私塾教育的那种"师傅带徒弟"的教育方式，在耳濡目染之中，培育了学生与其导师精神相通的品格及其审美趣味。

杨振声作为校长，先后聘请了在文学界已经享有盛誉的闻一多、梁实秋等人进入国立青岛大学。闻一多任文学院院长兼中文系主任，梁实秋任外文系主任兼图书馆馆长。除此之外，杨振声还邀请了赵太侔、沈从文、吴伯箫、方令孺等一批作家型教师来校任教。这些作家型教师的到来，对促进国立青岛大学的文学发展起了积极作用。如果说杨振声邀请闻一多、梁实秋等人来校任教，可以看作顺理成章的话，那么，邀请沈从文来校任教，则有所不同。沈从文作为一名并没有多少教育资历的青年作家，尽管有过短暂的教学经历，但总体上来说究竟是否有资格进入国立青岛大学，还是有疑问的。但杨振声却能够不拘一格，延揽沈从文加盟到国立青岛大学，的确显示了其非凡的眼光，那就是杨振声既非常看重沈从文的文学创作，又非常看重沈从文的文学创作实践对大学生文学创作的示范作用。实际上，如果没有杨振声对沈从文的特别认同，那么沈从文进行文学生产所需要的物质条件也许就难以维系。尤其值得肯定的是，一直持续到西南联大时期，杨振声对沈从文都特别看重，由此结出的硕果之一，便是在沈从文的文学教育影响下，作为青年学生的汪曾祺继承和发扬了沈从文的文学传统，并由此延续了"京派"的文学香火。汪曾祺的出现，正使杨振声当年和傅斯年所期待的"领导两、三个学生走上学问的正路，也便不虚此一行了"的期望得以实现，只不过这"两、三个学生"所走的"正路"，还不是"学问"，而是"文学创作"之路。

杨振声在国立青岛大学期间，不仅延揽了一大批在文学创作上具有影响的作家型教师进入大学传道授业，而且在处理学校行政事务之外，还亲自授课，在国文系开设了《小说作法》等课程。杨振声以身示范，对新文学课程在大学里站稳脚跟功不可没。

(三) 杨振声文学教育的收获期

杨振声在文学教育上的收获期，是在西南联大时期。这既与西南联大在全中国所占的独特地位有着紧密的关系，也与该时期的文学教育结出累累硕果有着内在的关系。从前者来看，国立西南联大与国立青岛大学相比，其地位是不能同日而语的。前者是集纳了北京大学、清华大学和南开大学三所中国顶尖级大学力量的一所"联合大学"，吸纳的是全国顶尖级的教师和优秀的学生，对全国的学术和文学教育具有某种示范和风标的作用；而后者则是刚刚组建的大学，尽管它也属于"国立大学"，但毕竟带有地方性特色。

西南联大时期，新文学课程尽管已经受到重视，但还没有能够和古代文学课程分庭抗礼。这从闻一多、朱自清等从事新文学创作的作家型教授，纷纷改治古代文学，便略见端倪。杨振声身体力行，矢志不渝地从事新文学课程的教学工作。杨振声尽管也从事古代文学的教学工作，但是，他用力最甚的还是新文学课程。对此，孙昌熙说："1936 年，我读北大中文系一年级，在全系的课程表里没有一门新文学课程，更谈不到总结研究五四新文化运动的发展史了。"[1] "1938 年秋，先生破天荒地开创了《中国新文学简史与创作实习》课。根据中国文学的发展规律，适应时代的要求，先生把五四运动这颗革命之花种植到高等学府，把新文学革命实绩抬上讲坛。"[2] 孙昌熙的这一回忆，使我们看到杨振声在西南联大时期的文学教育的独特贡献，并不在于他和其他作家型教授一样也讲授了古代文学课程，而在于他的不同——开设了新文学课程。正是基于这一点，陈平原在考察大学的文学教育课程时，得出结论："联大校园里，新文学家不少，个人创作没问题，作为课程讲授则是另一回事。即便是早已声名远扬的新诗人闻一多、散文家朱自清，也都对此不感兴趣；真正推动西南联大的现代文学教学的，还是杨振声先生。"[3] 这的确是中肯之论。关于杨振声在西南联大时期的文学教育的具体情况，杨起还有过这样更为详尽的回忆："学校对大一国文非常重视，将其规定为全校一年级的共同必修课。"[4] 教材建设当然有一个过程，但不管

① 孙昌熙：《把中国新文学抬上大学讲坛的人——追忆在抗日战争期间接受恩师杨振声（今甫）教授教诲的日子》，《泰安师专学报》1989 年第 2 期。

② 孙昌熙：《把中国新文学抬上大学讲坛的人——追忆在抗日战争期间接受恩师杨振声（今甫）教授教诲的日子》，《泰安师专学报》1989 年第 2 期。

③ 陈平原：《六位师长和一所大学——我所知道的西南联大》，《大学有精神》，北京大学出版社 2009 年版，第 93 页。

④ 杨起、王荣禧：《为传播五四精神而奋斗不息——追思家父杨振声的一生》，载季培刚《杨振声编年事辑初稿》，黄河出版社 2007 年版，第 406—407 页。

怎样，杨振声都坚持了自己所认同的新文学方向。在教育部重申大一国文课必须采用部订教材时，杨振声依然坚持了自己所认同的新文学方向。"1944年，当时的教育部重申大一国文课必须采用部订教材。联大没有低头，而是在使用部订教材的同时，大一国文委员会另编一册《西南联合大学大一国文习作参考文选》作为补充教材，里面不仅有1942年西南联大《大一国文课本》中的文章，还增选了胡适、鲁迅、徐志摩、冰心、宗白华、朱光潜、梁宗岱等人的名篇。为了避嫌，教材中没选当时在西南联大任教的作家的文章。这也体现出他为人的正派、清廉。这册文选，后来改称《语体文示范》，我父亲为此书写的序言《新文学在大学里》突出地点明了编印宗旨。"① 杨振声的这一策略，较好地坚守了"新文学在大学里"的主张。至于杨振声文学教育展开的具体方式，我们从有关学生的回忆中可以略见一斑。1939年，杨振声担任"现代文学讨论及习作"课程，据阴法鲁所述："我们听过他对鲁迅作品的很高的评价。他耐心地细致地修改学生的习作，不但每篇都有详尽的总批语，而且还有很多眉批。在他的课堂上，暴露社会黑暗的习作受到了表扬。这就给了青年们一点启示：新文学的使命是什么。"② 可见，杨振声的新文学的课程，落足点在于"新文学的使命"。由这些当时人的回忆可以看到，杨振声不仅以身示范，积极从事新文学课程的教学实践工作，而且从教材建设入手，从源头上抓起，为大学文学教育课程的规范化和系统化做了很多积极而又有成效的工作。

（四）杨振声文学教育的顺延期

随着抗日战争的胜利，作为北京大学、清华大学和南开大学三校"联合"起来的西南联大，其战时的历史使命也就完成了。随之，各个学校开始北上"复员"。杨振声作为北京大学的教师和校级领导，受学校之托北上接管北京大学。

1946年，第一次教务会议在蔡元培先生纪念堂召开。会上，教务长郑华炽提议组织大一课程委员会，其中由杨振声负责国文。③ 第一学期，杨振

---

① 杨起、王荣禧：《为传播五四精神而奋斗不息——追思家父杨振声的一生》，载季培刚《杨振声编年事辑初稿》，黄河出版社2007年版，第406—407页。

② 阴法鲁：《追悼杨振声同志》，《九三社讯》1956年第4期。

③ 北京大学档案：《国立北京大学教务会议记录》，载王学珍、郭建荣《北京大学史料》（4），北京大学出版2000年版，第534页。

声与冯文炳为中文系三、四年级学生开必修课"英文文学选读",上课时间为每周一、三的四五节课,地点在"北 20"教室。① 同时,他还为中文系二、三、四年级学生开选修课"现代文学"(上期)和"传记文学研究"(下期),上课时间为周三第十至十二节,地点在"北 6"教室。② 第二学期,杨振声与冯文炳继续为中文系三、四年级学生开必修课"英文文学选读",上课时间为每周一、三的四五节课,地点为"北 20"教室。③ 同时,杨振声还为中文系二、三、四年级学生开选修课"现代文学"(上期),上课时间为周三第十至十二节,地点在"北 6"教室。④ 可见,杨振声在复员后的北京大学,其所讲授的课程在"现代文学"之外,还有"英文文学选读"。这一细微的变化,意味着杨振声的文学教育出现了些许变化,那就是从当初着重挣得"新文学"在大学里应有的地位,到现在已经转移到如何引领"新文学"在大学里发展这一更为重要的环节。杨振声开始重视"英文文学选读",固然像有人指出的那样是"意在纠正学中国文学而不懂西方文学的偏向"问题,但是,如果我们仅仅着眼于"纠正"和"修补",而没有看到这一"纠正"和"修补"背后的深远动因,即如何通过对"英文文学"的介绍,来建构中国"新文学"这一出发点和落脚点,那就把其价值和意义低估了。

在复员之后的北京大学,杨振声尽管依然继续坚持在西南联大时期已经相对成熟的文学教育思想,并且也继续身体力行,但是,重新恢复既有三校的"各自为政"后,教师和学生都回到了原有的学校,"三朵金花"共处时引发的"争奇斗妍"的盛况,已经犹如明日黄花。再加上北京大学复员所带来的诸多乔迁杂事,既使这些饱经流离之苦的教师有复员的喜悦,也在一定程度上中断了他们既有的文学教育的路径。至于抗日战争胜利之后接踵而至的内战,则在较大的程度上冲击着既有的文学教育的节奏,甚至在某些特

---

① 北京大学档案:《国立北京大学教务会议记录》,载王学珍、郭建荣《北京大学史料》(4),北京大学出版 2000 年版,第 490 页。

② 北京大学档案:《国立北京大学文学院中国语文学系课程表》,载土学珍、郭建荣《北京大学史料》(4),北京大学出版 2000 年版,第 492 页。

③ 北京大学档案:《国立北京大学文学院中国语文学系课程表》,载王学珍、郭建荣《北京大学史料》(4),北京大学出版 2000 年版,第 491 页。

④ 北京大学档案:《国立北京大学文学院中国语文学系课程表》,载王学珍、郭建荣《北京大学史料》(4),北京大学出版 2000 年版,第 493 页。

定的历史场域下，人们还需要厘定自我的政治身份——那种面对民族敌人时的单一身份，自然也就不复存在了。正是源于这诸多历史因素的介入，杨振声的文学教育尽管依然继续推进，但从总体上看，仅仅是既有程序的延续而已。

二　杨振声的文学教育思想

杨振声不遗余力地致力于让新文学进入大学课堂的工作，并不仅源于其新文学作家的身份，还在于其对建设中国新文学课程的一种自觉。杨振声把新文学纳入大学课堂，是将其纳入中国现代文学传承链条之中加以确认和凸显，是从薪火的代际相传着眼的。那么，在杨振声文学教育实践的背后，到底隐含着怎样的文学教育思想？我们认为，主要表现在以下几个方面：

其一，杨振声文学教育的指导思想是通才教育。在中国传统教育中，并没有清晰的学科意识，所谓"文史哲"不分家也就是说天下学术为一家的。既然"文史哲"不分家，那么传统教育就是一种宽泛意义上的"通才教育"。但是，这种状况，随着现代教育的兴起，有了巨大的变化，学科越分越细，标志着现代教育机制已经获得了确立。但是，当这种学科分野日益强化之后，随之而来的是学科之间出现了壁垒。也就是说，学科各成体系，学科之间相通的部分正在减少，不通的部分正在增长。正是在此背景下，杨振声所注重的通才教育便具有了独到的价值和意义。

杨振声的通才教育打通了文理学院之间的界限。杨振声认为文理两学院是没有绝对的界限的："大学常把文学院与理学院看为截然不同，大概把科学放在理学院，非科学放在文学院，是错误的。""文、理两学院不但不能此疆彼界，而严格地说起来，更是相得益彰。文学院的学问，方法上是得力于自然科学；理学院的学问，表现上也得力于文学美术。文学院中的人，思想上越接近科学越好；理学院中的人，做人上也越接近文学越好"，"文理本来就不能分家，最多不过如一家两院罢"。[①] 杨振声的通才教育思想就其本质而言，并不是对传统教育的回归，而是对现代教育中存在的弊端的规避。这种把文理打通的通才教育思想，对处于初创时期的中国现代大学教育

---

① 《校长报告》，载《国立青岛大学周刊》第 2 期，1931 年 5 月 11 日。参见刘香的《边缘的自由——1930—1937：国立青岛/山东大学"教授作家"研究》，博士学位论文，山东师范大学，2005 年。

来说，其意义尤其重大。民国教育体制，尽管已经确立了现代教育的外部形式，但依然存在着诸多问题。其中的主要问题是，文学院的学生对自然科学缺少必要的了解和把握，反之亦然。从中国现代文学的生成来看，像鲁迅、胡适、郭沫若等文学大家，没有一个不是具有自然科学的学科背景的。他们甚至就是从学习自然科学作为切入点，然后借助这个"现代"的"跳板"，转换到现代文学的。或许可以说，如果没有现代自然科学的学科知识背景作为支撑，他们要创作出现代文学作品、要倡导现代文学理论，也许是不可想象的事。杨振声作为深受五四新文化运动影响而成长起来的学生，自然是深谙其道。因此，当他掌握了大学行政权力之后，便致力于文理之间的兼容和贯通，目的是在文学院的学生心灵深处植根下自然科学的思想，在理学院的学生心灵深处植根下文学艺术的因子。杨振声的这种通才教育思想产生积极的作用。对此，教育部曾对国立青岛大学文理学院合办的做法给予了肯定："事属新创，用意尚佳。"① 然而，要打通文理之间的楚河汉界，又谈何容易？杨振声的这种文理兼容设想，在具体的实践中依然存在着一道道难以跨越的鸿沟，其中最为关键的问题是，一旦强化了"一家"的共性，那么，"两院"的个性又怎样来体现呢？毕竟，说到底，杨振声所说的"一家"还是最终归结到"两院"这个落脚点上的。没有了"两院"，所谓的"一家"也就没有了意义。如相对于文学院的学生来说，自然科学的思想尽管非常重要，但最终落脚点在于如何把自然科学的思想熔铸到文学研究这个基点上来；离开了这个基点，自然科学的思想就失却了存在的意义和价值。通才教育既是一个理论问题，更是一个实践问题。杨振声作为国立青岛大学的校长，在通才教育上既有理论建树，又有实践推进，其意义是不容低估的。

通才教育在民国教育体制内，就其具体实践过程来看，前后有很大的区别。在国立青岛大学时期，杨振声提倡文理"一家两院"，强化的是"一家"，这可以看作通才教育的草创阶段。到了 20 世纪的 40 年代西南联大时期，通才教育则相对定型，那就是在承认文理"一家"的前提下，更注重"两院"。并在"两院"的前提下，注重了"名教授"开设的基础课程。西南联大时期如此的"通才教育"，就不再是那种一般意义上的"一家"式的

① 《校长报告》，载《国立青岛大学周刊》第 2 期，1931 年 5 月 11 日。参见刘香的《边缘的自由——1930—1937：国立青岛/山东大学"教授作家"研究》，博士学位论文，山东师范大学，2005 年。

教育形式，而是在尊重"两院"的基础上，强化了选修课的比重，而同样的选修课，又由不同的老师承担，由此带有"百家争鸣"的特色。这样一来，对"通才教育"就真正地起到了深化的作用。当然，"通才教育"在西南联大时期不是杨振声一人主导的，但他作为西南联大的行政领导者，所起的作用还是显而易见的。

杨振声重视通才教育的原因很多，但不容忽视的一个方面，是与他所接受的教育关系甚大。如果从知识结构来看，杨振声本人的知识结构还是较为广泛的，从传统的私塾到现代的大学，从国内的一流大学到国外的一流大学，他在文学、教育、心理等学科领域都有一定的造诣。不仅如此，杨振声还积极从事新文学创作，堪称学问与创作俱为上乘的学者和作家。正是这样的多学科背景，使杨振声极为推崇通才教育。

其二，杨振声的文学教育填充了"新与旧""中与西"之间的鸿沟。杨振声不仅注重跨学科的融会贯通，拆除了现代大学学科之间的壁垒，而且还注重现代与传统、中国与外国之间的融会贯通，由此促成了新旧文学、中外文学的跨界融合。

杨振声推崇的通才教育，把落脚点纳入文学教育这个基点之上。这不但没有削弱教育的中心地位，反而使文学教育取得了更为宽广的基础，对文学教育转化为大学生的文学创作，促成学生对自我生活体验的提升和凝练，产生了积极的作用。早在20世纪20年代末，杨振声与朱自清在清华大学商定国文系课程时就有了这样的文学自觉："我们的课程的组织，一方面注重研究我们的旧文学，一方面更参考外国的现代文学。"[1] 也就是说，杨振声把新文学的建立首先奠基于中国本土的文化和文学资源的基础之上，这是新文学之所以区别于西方文学的关键所在。毕竟，新文学是从旧文学中蜕变而来的，指望新文学能够和旧文学一刀两断，那是不可能的——许多作家本身就深受"旧文学"的影响，又怎么能指望他们所创作出来的"新文学"与"旧文学"毫无干系呢？但是，"新文学"毕竟又不是"旧文学"的翻版，它是对"旧文学"的"扬弃"，而这个"扬弃"的内在机制，又是有赖于对"外国的现代文学"的汲取与转化。也正是基于这一点，杨振声又特别重视"新文学"对"外国现代文学"的"参

---

① 杨振声：《为追悼朱自清先生讲到中国文学系》，《文学杂志》1948年第3卷第5期。载张守常编《最完整的人格——朱自清先生哀念集》，北京出版社1988年版。

考"。对此，杨振声这样说："为什么更要参考外国现代文学呢？正因为我们要创造中国新文学，不是要因袭中国旧文学。中国文学有它光荣的历史，但是某一时代的光荣的历史，不是现在的，更不是我们的，只是历史的而已。"①可以看到，杨振声在文学教育中，特别重视西方现代文学的经典作品，并把这些经典作品当作中国现代文学创作的参照，当作中国现代文学创作的宝贵资源。杨振声这种学习西方文学的路径，与那种重视西方文学理论的路径有所不同，前者是注重西方现代文学文本的细读，然后经过自我的感悟，实现现代文学的中国化；后者则是注重对西方现代文学理论的归依，然后再用其所认同的理论，来指导中国的现代文学创作。显然，这种重视理论的路径，在中国化的过程中，往往容易演变为以西方的文学理论来剪裁中国社会现实，具体到作家创作出来的文学作品上，往往会有"西化有余、中化不足"的弊端。杨振声通过借助西方的"机械"来创造中国新文学的路径，其价值和意义是非常大的。至于这种路径上所表现出来的"器"和"道"的二元论，以及它对西方文学之"器"背后的"道"的忽视，尽管从学理上来看存在某些偏颇，但虑及杨振声提出这种文学教育路径的具体语境，倒是可以理解的。

　　杨振声在文学教育中重视培养学生阅读作家作品的习惯，在具体的实践中产生了积极效果。如深受杨振声影响的学生萧乾就这样说过："一九二九年返北平，进了不需文凭的燕大国文专修班。那一年，我旁听了从清华大学来的客座教授杨振声（字今甫）的'现代文学'课。在这之前，我只是十六岁在北新书局当练习生的那个夏季，由于校对《语丝》《呐喊》《寄小读者》以及奉命去北大图书馆抄录发表在杂志上的徐志摩所译曼殊斐尔的短篇小说等，对中外现代文学取得了一鳞半爪的知识。今甫师上半年讲的是五四以来的中国新文学：鲁迅、茅盾、蒋光慈、郁达夫以及沈从文等二十年代的作家；下半年讲授托尔斯泰、屠格涅夫、陀思妥耶夫斯基、哈代以及罗曼·罗兰等外国作家。那对我起了启蒙作用"；"今甫师讲课极富感发性，每次上课必抱着一大摞夹了纸条的参考书，随讲随引。听完他的课，总促使我们去找原作来读"。②在另一篇回忆性的文章中，萧乾还谈到杨振声的文

---

①　杨振声：《为追悼朱自清先生讲到中国文学系》，《文学杂志》1948 年第 3 卷第 5 期。

②　萧乾：《我的恩师杨振声》，《人生百味》，中国世界语出版社 1999 年版，第 365 页。

学教育对其文学阅读习惯的影响："最早指导我系统地读中外名著的，是杨振声老师。他不但教我认真地读了鲁迅、郁达夫、蒋光慈、沈从文、茅盾、叶绍钧的书，也把托尔斯泰、罗曼·罗兰、屠格涅夫等介绍给我。"① 在文学教育中，杨振声注重培养学生阅读文学经典的习惯，这便使学生能够走进具体可感的文本世界，从中获得属于自己的文学体验和文学感悟，从而对自身的文学创作起到一定的涵养作用。显然，这种学习路径和那种仅仅依赖教科书的路径是不可同日而语的。学生在老师的引领下走进丰富多彩的文本世界，恰如蜜蜂飞到百花盛开的艺苑一样。至于他们会采哪些花、会酿怎样的蜜，则与其审美趣味有着极大的关联。可以肯定的是，不管他们会酿出怎样的蜜，都不会是同属于一种"味道"的蜜。用杨振声的话来说，就是"对于中国文学的将来，只能多多供给他些新营养，新材料，新刺激，让他与外国文学自由接触，自由渗合，自由吸收。……想把中外文学打成一片，让他们起点化合作用，好产生出新花样来"②。

杨振声文学教育的目的之一，还是落脚于培养能够传承"新文学"的作家。对此，杨振声有过明晰的阐释："试图使大部分学生能从事白话文学的创作与研究，以便在学生时代就打好基础，启发其将来成为作家的'才性'。"③ 为此，课程表中规定："大一大二英文，都是必修。三四年级有西洋文学概要，西洋文学各体研究，中国新文学研究，当代比较文学及新文学习作也都是必修。选修学程中又有西洋文学专集研究。这在当时的各大学中清华实在是第一个把新旧文学，中外文学联合在一起的。"④ 同时，还规定学生必须修24个学分的外国语言与文学课程。⑤ 在大学的文学教育中，注重启发学生"将来成为作家的才性"的教育目的，这是罕见的。

在当时的大学里，且不说提倡新文学，注重培养学生成长为新文学作家，即便是开设一些新文学课程，也并不都是可以得到承认的。曾经就读于西南联大的学生刘北汜就曾回忆，罗常培先生讲起过这样一件事情："有一

① 唐文一、刘屏东主编，萧乾著：《关于书》，《往事随想　萧乾》，四川人民出版社2000年版，第264页。
② 参见《中国文学系消息》，载《清华周刊》第86期，1929年9月16日。
③ 《中国文学系概况》，《国立清华大学二十周年纪念刊》，1931年，转引自黄延复《二三十年代清华校园文化》，广西师范大学出版社2000年版，第69页。
④ 杨振声：《为追悼朱自清先生讲到中国文学系》，《文学杂志》1948年第3卷第5期。
⑤ 季培刚：《杨振声编年事辑初稿》，黄河出版社2007年版，第88页。

个同学，学号是 1188。他填的表里，说他爱读新文学，讨厌旧文学、老古董。这思想要纠正。国文系，就是研究中国语言文字、中国古代文学的系。爱读新文学，就不该读中文系！……"① 对比之下，杨振声提前了十几年而倡导和践行新文学教育，开启了新文学教育与作家培养的实验，其先锋意味是十足的。

由上述可见，杨振声的文学教育一方面注重新文学要从旧文学中获得汲取的资源，另一方面注重对外国文学资源的借鉴。在这两个维度上，新文学获得了中外文学的融会贯通。这样的新文学观，正是对中国现代文学发展方向的一种自觉。

其三，杨振声的文学教育落脚于培育学生从事新文学的创作能力。尊重学生的个性，而不是泯灭学生的个性，是文学教育必须恪守的基本原则。要做到这一点，就需要在文学教育过程中，把培养学生的独立人格放在首位，以促成学生确立自我的主体性。这既需要因材施教的教学方式，又需要循循善诱的教学方式。杨振声的文学教育，正是循着这样两个途径展开的。

杨振声在文学教育的过程中注重因材施教，早在清华大学任教时期便有了充分的体现。他在清华大学中文系开设"中国新文学简史与创作实习"课时，就对大学国文系的教育有着清醒的认知，彰显出了注重学生个性的文学教育思想："我知道以往的国文系，实在是'国学专修馆'（闻先生的名词）。"②

杨振声在这里所表现出来的文学教育观念是多方面的，但就其核心而言，则是要从学生的实际出发，不再硬性地规定学生必须选修什么，而是根据"各教员更可以各授所长，因人成风"，缩短"先生与学生中间的距离"，解决"两代的冲突与矛盾"，进而"创造我们自己的文学史创作文艺"。这样国文系的学生就不再是被动地去接受古人遗留下来的"考据"等学问，而是充分发挥学生的"创新的想象力"，创造出属于"我们"的"将来"。杨振声的这番宏论，无疑值得重视。③

---

① 刘北汜：《忆朱自清先生》，《新文学史料》1982 年第 4 期。

② 杨振声：《为追悼朱自清先生讲到中国文学系》，《文学杂志》1948 年第 3 卷第 5 期。

③ 杨振声的文学创作尽管在中国现代文学史中没有得到应有的关注，但随着学术研究的深化，杨振声之于中国现代文学的价值及其意义，正在逐步地得到了重视和阐释。像解志熙二三万字的长篇论文《气豪笔健文自雄——漫说文坛健将杨振声兼谈京派问题》（原刊于《文艺争鸣》2014 年第 11 期，中国人民大学报刊复印资料《中国现代、当代文学研究》2015 年第 2 期全文转载），便可以看作有关杨振声的学术研究进入了新时期。

　　如果说因材施教是突出学生的主体地位的话，那么，循循善诱的教学方式则可以看作实现学生主体地位的途径。不同的教师在授课过程中所惯用的教学方式是不同的，在这表象差异的背后，隐含的是教师的教育理念的差异。如果教师把学生当作一个具有自己独立思想的情感主体的人，那么，就需要尊重这个主体的自主性。教师授课的过程中，就应该采用循循善诱的教学方式，通过对学生内在主体的启发，使外在的结论转化为学生自主消化后习得的结论。学生经过自主消化吸收之后习得的结论，就和那种外在硬性灌输的结论具有了根本的区别。对于教育学和心理学有着相当学科背景的杨振声来说，他是自觉地践行这种教学方式的。对此，杨振声的学生萧乾有过这样的回忆："他不念事先备好的讲义，也从不把自己的观点强加给学生。他只启发，并不灌输。他一向以平等待人，对我这个旁听生也从未歧视过。"① 其实，如果我们对这种教学方式予以进一步发掘，还会发现，杨振声之所以重视启发式教学，正是奠基于五四新文化运动确立起来的人的观念，也就是人的平等观念。这种众生平等的现代理念，使杨振声懂得了怎样尊重人，怎样平等待人，这和传统的灌输式教学方式最大的区别，便在于破除了那种教师高高在上的"贵族意识"，取而代之的是一种"平民意识"。唯其如此，杨振声才会在授课过程中，"讲课总是慢条斯理，井井有条。一边讲，一边还在思索。而且他一向是先介绍作家生平和时代背景，然后才一本本地讲作品内容"②。杨振声在讲课的过程中，注重以平等的意识，用那种拉家常的话语方式，而不是那种布道的话语方式，在融汇了自我的情感体验和独立思考的基础上，来传递他对文学的理解。

　　杨振声的这种注重启发式的教学方式，在20世纪40年代后期可以说到了挥洒自如的程度。杨振声所教过的北京大学中文系大一学生顾文安回忆了1946年杨振声的风采："中文系一年级时大一国文主讲老师是杨振声教授，他是中文系的知名人士，我们有幸听他讲课，感到十分高兴。第一堂课是在红楼教室，杨老师进入教室，只见他是高高的个子，大约五十岁，两眼炯炯有神，挺威严的样子，手里拿个烟斗，身穿皮领大衣，头戴皮帽，蛮有绅士

————

① 萧乾：《我的启蒙老师杨振声》，《北京城杂忆》，生活·读书·新知三联书店2014年版，第164页。

② 唐文一、刘屏东主编：《关于书》，《往事随想　萧乾》，四川人民出版社2000年版，第264页。

派头。他讲鲁迅《狂人日记》《阿 Q 正传》的时代背景……同学们听得入神，老师讲课有个特点，决不用自己的观点强加于人，而是启发同学们自己去思考。在课堂之外，他慈祥和蔼，非常关心同学们的学习和生活，经常请同学们到他家中欢叙，听取同学们对讲课的意见。"① 对此，复员回到北平，在北京大学继续上四年级的诸有琼也有过类似的回忆："杨先生讲课，从来不照本宣科，往往像是在话家常。杨先生是中国新文学运动的先驱者之一。他讲现代文学，就好像在讲他自己和周围朋友的故事一样。许多现代作家都是他的熟人，他讲作家，不是千篇一律地讲生平传略、主要作品等，而常常是通过一篇代表作，引导我们欣赏作品，启发我们思考问题，再联系到作家的经历以及他个人在和作家交往中看到听到的一些不见于文字的轶事、趣事。讲得亲切、自然、生动、活泼，听后觉得他们都似乎活生生地在我的面前。所以，听杨先生讲课，总是很有兴趣，而且不用费劲就记得住。"② "在我的教授老师中，我觉得杨先生最是平易近人了。他一个人曾一度住在学校办公室松公府后院的一间大屋里。我有时在课后去看他，随便聊天。"③ 这些回忆表明，杨振声的教学是在平等的对话中，启发学生思考问题，进而使学生自主地认识客观对象，完成学生主体意识的建构。

　　杨振声的文学教育，注重因材施教，注重启发，其目的之一是培养学生具有独立从事文学创作的能力。在大学的文学课程中，与文学创作关系较为密切的是"习作"课程。严格讲来，"习作"这一课程的核心不仅在于教师怎样讲，还在于学生怎样写。从教师所传授的外在的写作体验和写作理论转化为学生的内在写作实践能力，是"习作"课程的关键所在。这就需要教师能够把自己在文学创作过程中获取的体验转化为口头的语言，学生再借助这语言转化为自己的感悟，最后再转化为学生自主的文学创作实践。显然，这是一门难度非常大的课程。但杨振声在讲授这门课程时，不仅重视课堂教学中的理论导引，更重视培养学生文学创作的实践能力。对此，曾经亲炙杨振声"现代中国文学讨论及习作"这门课程的吴宏聪这样回忆道："他的教

---

　　① 顾文安：《沙滩四年》，《北大岁月：1946—1949 的记忆》，北京大学出版社 2013 年版，第65 页。

　　② 杜家贵主编，诸有琼：《忆杨振声老师》，《北大红楼：永远的丰碑（1898—1952）》，社会科学文献出版社 2012 年版，第 279 页。

　　③ 杜家贵主编，诸有琼：《忆杨振声老师》，《北大红楼：永远的丰碑（1898—1952）》，社会科学文献出版社 2012 年版，第 279、280 页。

学方法是全新的，每次上课都由先生提出一些问题让大家讨论。……讨论后跟着要交习作，讨论小说交小说，讨论散文交散文，训练很严格，要求也很高，作业批改更详尽，每次作业都批改得密密麻麻。"①吴宏聪的回忆，为我们提供了西南联大时期杨振声讲授"习作"课程的风貌。对此，陈平原有过这样的评论："明眼人一看就明白，这是美国大学的教学方式。杨先生留美时学的是教育心理学，不是文学，但如何教书，道理是相通的。或许，正因为念过教育学和心理学，才知道如何营造课堂氛围，调动学生的学习积极性。"②由教师主导提出问题，然后让学生进行讨论，这的确是类似西方现代教育方法中的头脑风暴法，大家在自由的陈述中，发表自己的见解，质疑对手的偏颇，最终接近真理。当然，让学生进行讨论，并不是说教师就可以让学生的思想放任自流，而毫无节制和导向了。杨振声让大家自由讨论后，"再针对同学讨论中提出的问题议论开去，做个总结"③，这样的讨论，思想上的火花会呈现出一种"碎片化"的特点，较之以前的混沌状态，已经实现了认知层面上的第一次飞跃。杨振声的可贵之处在于他不仅重视讨论的作用，更重视讨论后的思想转化的过程。根据习作课程的特点，杨振声还要求学生把这些"碎片化"的思想，从口头语言转化为书面语言。学生的这一写作过程结束之后，杨振声再动手"批改得密密麻麻"，则使学生对自我写作之不足以及如何提升，有了一个显性的认知。如果学生对老师"批改得密密麻麻"的习作玩味再三，那自然就会体悟到文章写作的奥秘，内化于心。这诚如他的学生所说："有时为了示范，先生还替我们加上几行。"④学生通过对教师的"示范动作"的外在模仿和内在移植，可以达到提升自我写作能力的目的。

　　杨振声之所以如此凸显学生动手写作小说、散文等现代文体的能力，是基于他对社会初步确认和接纳新文学而富有的一种历史使命感。杨振声把教

①　吴宏聪：《忆恩师杨振声先生》，《现代教育报》2004年3月19日。参见季培刚《杨振声编年事辑初稿》，黄河出版社2007年版，第266页。

②　陈平原：《六位师长和一所大学——我所知道的西南联大》，《大学有精神》，北京大学出版社2009年版，第95页。

③　吴宏聪《忆恩师杨振声先生》，《现代教育报》2004年3月19日。参见季培刚《杨振声编年事辑初稿》，黄河出版社2007年版，第266页。

④　吴宏聪：《忆恩师杨振声先生》，2004年3月19日《现代教育报》。参见季培刚《杨振声编年事辑初稿》，黄河出版社2007年版，第266页。

师的文学教育和学生的文学创作纳入整个"五四"以来的新文学的赓续这一链条之中。从这样的意义上说，杨振声的文学教育思想的核心在于引领学生创造出属于新时代的"新文学"。

三　杨振声的文学教育作用

杨振声作为中国现代文学史上的作家型教授，除了作家和教授身份，还曾掌控着大学教育资源，其对文学教育和文学生产的作用就更加特殊。正是依托民国教育体制的行政资源，一些没有得到广泛社会认同的青年作家得以进入大学，既在大学体制内进行着自我的文学创作，又承担着教书育人的重要责任。这不仅改变了作家的文学创作赖以展开的社会生态，而且改变了大学内部的文学教育和文学传承的文化生态。但是，在既往的文学研究中，有关这方面的研究还远远不够。所以，从民国教育体制系统内部出发，对杨振声为代表的作家和教授的双重身份对中国现代文学发展带来的影响进行深入发掘和阐释，便显得尤为迫切和重要。

（一）杨振声本人作为通才教育下的典范，不仅深谙文学、教育学、心理学等现代学科的内在规律，而且在文学创作上取得显著的成绩，在大学管理上也有着超常的才能。这便使杨振声的人格具有了特殊的魅力，为其文学教育发挥出最大的效能产生了重要作用。

随着知识界对五四新文化运动越来越推崇，那些参与五四新文化运动的老师和学生，逐渐地被罩上了一层神圣的光环。作为五四新文化运动的参与者，杨振声曾经和傅斯年、罗家伦等一起创办《新潮》，又因火烧赵家楼而被捕，被直接参与五四运动这样的光环所笼罩，便使其人格具有了第一层非凡魅力。北京大学毕业后又留学美国，研修教育和心理学，并获得了美国的博士学位，这又使其人格具有了第二层非凡魅力。值得关注的是，随着中国对西学的逐渐认同，留学海外并获取学位也逐渐为民国教育体制所接纳和推崇，这种情形的转折点是获得了博士学位的胡适①直接被北京大学聘为教

---

①　胡适回国前是否获得了博士学位并不重要，重要的是胡适回国后之所以获聘北京大学的教授一职，在人们的心目中，还是与胡适的博士身份有着极大的关联。在民国教育体制内，把博士和一个人的具体姓氏结合起来加以确认的，恐怕除了胡适别无第二人。实际上，在胡适留给人们的印象中，人们常把胡适和博士连接起来，称为"胡博士"，这似乎已经演变成为针对胡适的一个特指。至于"胡教授"这样的称呼，人们就隔膜了许多，这自然不是人们对胡适的特指。值得肯定的是，在民国教育体制内，博士的称谓已经取代了科举中的状元之类的称谓，本身具有了某种非凡的魅力。

授；回国后的杨振声积极从事文学创作，创作出了《玉君》这一具有影响力的小说，与文学创作同等重要的是，他还在20世纪30年代主编了中小学教科书，这对那些接受教科书熏染的学生来讲又多了一层亲和力，自然又使其人格具有了第三层非凡魅力。杨振声的这三重人格魅力，给其文学教育带来了积极的影响。

　　杨振声之所以具有非凡的人格魅力，来自其所逐渐建构起来的现代学术品格，而包容则是其为显著的内涵之一。包容作为一种极其重要的现代精神，早在传统社会中便得到推崇，只不过其所推崇的包容更多局限于人的胸襟方面。如人们常说的"宰相肚里能撑船"，便着重于宰相作为"一人之下，万人之上"的重要官员，需要协调来自方方面面的关系，如果没有一种宽阔的胸襟，那么，就不可能做好协调工作。但是，传统社会所推崇的胸襟即便再阔达，也都不过是隶属于同一特质范畴之内的，而不可能是截然不同甚至截然对峙的两种思想。但是，包容作为现代精神品格，则与此有着较为显著的差异，在包容这一范畴之中，既可能是隶属于同一特质范畴之内的，也可能是截然不同甚至截然对峙的两种思想。因此，在现代西方社会中，所谓的"我反对你的观点，但我誓死捍卫你说话的权利"正是这个道理。那么，具体到杨振声，则是对学生采取包容的态度，哪怕是对学生与自己的学术观点不同的思想，也采取包容的态度。尤其值得赞许的是，杨振声不仅予以包容，而且积极地促成学生思想成果的刊发。实际上，杨振声不仅尊重学生自主选择的权利，而且以坦荡之心、关爱之心提携学生，努力促成他们在学术上的发展。如玉成了吴宏聪毕业留校任教就是最好的例证。吴宏聪在西南联大做毕业论文时，作为导师之一的杨振声先生不同意其中的一些观点。"后来吴先生凭此文大学毕业，杨先生不但心无芥蒂，还与闻一多先生联名推荐吴先生留校任教。'当年留校非常之难，都是百里挑一。'"① 正是这种坦荡荡的君子风范，使杨振声的包容，在中国传统的学术传承的链条中获得了一种新的势能，那就是包容学生，尊重学术。如此一来，就使中国传统教育中注重师徒代际继承、而排斥师徒代际出新的学术传统，有了改写的机缘。实际情况也的确如此。当杨振声对吴宏聪采取了如此的包容态度，也就把这样的一种包容的精神植根于学生的心田之中，假以时日，当学生成长为学术的权威之后，便会自觉不自觉地循着老师业已拓展的包容路径，包容

---

① 林世宁、马海洋：《吴宏聪：学统薪传，余泽流芳》，《羊城晚报》2011年8月20日。

自己的学生，由此别开中国学术之一种崭新的面目。吴宏聪对于这样一件小事，在后来不止一次地谈起过。如吴宏聪曾撰写文章这样回忆道："一席话使我顿开茅塞，深深感到先生言传身教，把'五四'科学民主的气氛和追求个性的学术传统也带到西南联大来了。先生从不把自己的观点强加给学生，他只是启发，并不灌输。在先生指导下治学，不知不觉中受到他渊博的学识和高尚的人格熏陶。我在联大四年，选修了不少课程，都有收获，但先生这一课是最为深刻的。"① 吴宏聪的学生吴定宇就说过："吴先生多次跟他谈起当年在西南联大做毕业论文时的一段经历。"这正表明了这样的一件事，给吴宏聪留下的印象是如此深刻，给吴宏聪带来的震撼是如此之大，这才使吴宏聪"多次"跟自己的学生谈起。吴宏聪如此这般的强化，又使得这样的精神获得代际的传承。对此，已经成为中山大学博士生导师的吴定宇就这样说："吴先生的许多弟子也继承了这种学统，并以此授徒，西南联大的学统仍在代代传承。"② 实际上，吴宏聪对杨振声的这种包容的学术态度既是心仪的，也是亲自践行的。他在成为中山大学的知名学者之后，也的确是如此做的。如吴宏聪对自己的弟子陈平原，便是如此："吴先生有一次明确表示不同意我某篇文章的观点，但仍将其推荐给《中山大学研究生学刊》发表。吴先生的这种胸襟，除了个人气质，还得益于毕业自西南联大的学历背景。"③ 实际上，吴宏聪之所以能够如此去做，正如陈平原推断的那样，这正得益于"西南联大的学历背景"。唯其如此，使这些作家型教师在开展文学教育的过程中，个性倒是发展得充分了，但是，这如果和那种规范的、尤其是从学生业已接受的那种科班的教学模式比较来说，便显得有些无法对接。这也是国立青岛大学发生的那场"驱逐不学无术文人闻一多"的诱因之一。

杨振声作为教师，其所追求的是得天下英才而育之；作为大学的校长，其所追求的则是得天下英才而用之。对此，山东大学在校史中这样介绍杨振声："以其声望和地位，广聘国内专家、学者来校任教，加以青岛自然环境优美，气候宜人，素有'东方瑞士'之称，应聘者待遇虽比某些大学略低，

---

① 吴宏聪：《忆恩师杨振声先生》，《现代教育报》2004 年 3 月 19 日。
② 林世宁、马海洋：《吴宏聪：学统薪传，余泽流芳》，《羊城晚报》2011 年 8 月 20 日。
③ 林世宁、马海洋：《吴宏聪：学统薪传，余泽流芳》，《羊城晚报》2011 年 8 月 20 日。

也甘愿俯就。当时学校虽系初建，但师资阵营比较整齐。"① 其实，早在国立青岛大学筹备时期，杨振声就走出去积极引进优秀教师，尤其是那些在学术研究和创作方面并举的作家型教师，更为杨振声所关注和重视。如他对闻一多和梁实秋便非常看重，为了能够把这些作家型教师引入青岛大学，他动之以情，晓之以理，从气候到环境，极尽渲染青岛之良好的"风景环境"。杨振声在说服梁实秋时，便这样说过："上海不是居住的地方，讲风景环境，青岛是全国第一"，不妨"先尝后买"。② 没承想，这一看立刻就认定了"这地方在天时、地利、人和三方面都够标准宜于定居。……一言而决，决定在青岛大学任教"③。闻一多任文学院院长兼中文系主任，梁实秋任外文系主任兼图书馆馆长。正是在杨振声的积极延揽下，一大批作家型教师荟萃于新成立的国立青岛大学，这对国立青岛大学的文学教育打下了坚实的基础。

杨振声的人格魅力对作家型教师进入大学起到了重要的作用。杨振声作为作家型教师，和那些作家型教师具有更多的"交集"，由此吸引了诸多作家型教师来到国立青岛大学、西南联大等大学，使这些大学的文学教育开展得有声有色。像沈从文，如果没有杨振声等人的积极引荐和接纳，这样一位未曾接受过正规的大学学术训练的作家，自然也就难以进入国立青岛大学和国立西南联合大学成为大学教授。源于杨振声掌握着大学校长的权力，加之国立青岛大学属于刚刚创建的大学，其自身的门槛相对较低，沈从文进入国立青岛大学担任教职相对容易一些。但是，当沈从文进入西南联大这样的国立头牌大学时，其情形就要复杂多了。在此过程中，杨振声的积极引荐，还是起到了不容忽视的作用。

杨振声利用他所掌握的大学权力，在引进一些具有"新文学"背景的教师方面，尤为突出。大学引进一些具有丰厚学术素养的专业人才，人们不会觉得有什么不妥。但是，如果大学所引进的人才并没有多少学术素养，而仅仅有文学创作方面的成就的话，那情形就大不一样了。杨振声正是在引荐沈从文进入西南联大任教方面表现出了相当的胆识和魄力。他又一次把没有多少学术背景的沈从文引进到西南联大，这在当时产生轰动的程度可想而

---

①　山东大学校史编写组：《山东大学校史资料》1982 年第 2 期。

②　梁实秋：《梁实秋怀人丛录》，中国广播电视出版社 1991 年版，第 213 页。

③　梁实秋：《梁实秋怀人丛录》，中国广播电视出版社 1991 年版，第 138 页。

知。所以，当杨振声把沈从文引进到西南联大之后，便有一些人对此表达了不同意见，好在有杨振声的鼎力支持，沈从文得以在 1939 年西南联大的常务委员会会议上通过了审核，但其编制不在国文系，而是在西南联大师范学院中文系。这说明沈从文即便是进入了西南联大，但就其所占据的位置而言，依然处于西南联大的边缘地带。也许，在那些学贯中西的大学者看来，师范学院中文系需要培养从事教育的教师，而将来担任国文科目的教师，作文又是必不可少的，所以，具有文学创作履历的沈从文，便由此得以填充到这个特殊的教职位置上。显然，如果没有杨振声的鼎力引荐，像沈从文这样仅有新文学作家的背景，而缺少现代学科积累的人，要进入依然把学术放在重要位置的西南联大，几乎是不可能的。当然，历史业已证明，杨振声引荐沈从文从教于西南联大，可谓是慧眼识珠；而沈从文执教于西南联大，则用另一种文学家的独立的教学方式，培养了汪曾祺等优秀作家，也再次证明了杨振声的引荐的确有其过人之处。但是，写作新诗而在学生中负有盛名的查良铮（以"穆旦"作为笔名），在 18 岁时便考入清华大学外文系；1940年，年仅 23 岁的查良铮在西南联大毕业，因为其成绩优异，得以留校任教。对此情形，有人认为写新诗的穆旦，看不起写小说的沈从文，有点让人意外。其实，查良铮"看不起"沈从文，和那些执教古典文学的教师"看不起"沈从文，其所站的文化立场是有所不同的。严格来说，查良铮和沈从文之间的隔阂，是"新文学"的内部之争，其中不乏那种"文体之争"的色彩。但杨振声站在"新文学"的基点上，超越了"文体"之间的门户之见，以更为广博的胸襟，把同属于"新文学"阵营的小说家沈从文延揽到西南联大，的确显示了他的与众不同之处。这正如沈从文的夫人张兆和在给杨振声的儿子杨起的一封信中所写的那样："今甫先生为人处事，从几封信中可见一斑。我一直觉得他对从文像慈父严兄一样，十分关切；对其他朋友亦然。这样的忠厚长者，如今已很少见了。"① 此话还是公允的。

杨振声对沈从文是非常赏识的，他在沈从文的文学实践中，可谓有着不一般的知遇之恩。那么，我们又该怎样来理解杨振声对沈从文的接纳呢？或者说，杨振声为什么会对沈从文如此的赏识呢？与此相对应的另一个现象是，作为西南联大的重要作家和学者的朱自清，尽管他本人对文学创作有着深刻的体验，但我们发现，朱自清对大学这个平台上的文学传承，并没有起

---

① 季培刚：《杨振声编年事辑初稿》，黄河出版社 2007 年版，第 425 页。

到很大的作用。甚至在某些方面，因为对学术的坚守，他对文学的传承还持有一种抵触的态度。如汪曾祺在西南联大肄业后，本来是可以依照沈从文的路径，担任大学教师，使西南联大的文学创作进一步获得繁荣，但朱自清并没有认同汪曾祺，而是拒绝了汪曾祺。这里，我们不能说朱自清对汪曾祺有什么偏见，而是说，朱自清那代学者，他们的文化观念和文化立场，使他们对此并不是持有积极的态度。在他们那代学者的心目中，大学作为学术研究的方面还是得到了很大程度的凸显，这和他们所接纳的大学教育有着紧密的关联。而沈从文等人，在朱自清那里，并不是非常地被看重和推崇的。这里也说明了这样的一个基本事实，一个大学在文化传承的过程中，那些受到了正规的文学教育的人，他们在心理上逐渐地形成了一个基本的大学文学教育的图式，这就是在耳濡目染中所接纳的文学知识的传授，也就是学术在他们那里被当作了一个极其重要的方面获得了推崇，而中国那种传统的教学方式，尤其是师傅带徒弟的、手把手式的教学方式，并没有获得认同。

　　朱自清等人为什么没有像杨振声那样认同乃至推崇沈从文等人所坚守的文学传承方式呢？这与知识分子对学术价值的理解有着直接的关系。在学院派的知识分子那里，学术实际上是他们实现社会价值的一个重要方式和重要途径，所谓的"修身齐家治国平天下"就是这样的一种路径的基本体现。那么，他们认同什么以及拒绝什么，就与他们的"修身齐家治国平天下"的价值体系有着深刻的关系。也就是说，一切的价值尺度只有放到这个平台上，才会找寻到自我的位置，也才会获得自我的顺序。朱自清等学者型的人物，包括闻一多等诗人，最后走上了学术的研究之路，而逐渐地疏远了新诗创作的道路，也正是这样的一种价值体系作用的结果。况且作为大学的教授，不仅在当时的社会中拥有较为显赫的社会地位，得以进入大学教育体制的资格，进而获得较为丰厚的报酬，这点是一般作家所无法比拟的。因此，当时作家在未能获得体制认同的情况下，单纯地依靠作家自身的创作养活自己，还是有一定的困难。作家职业只能作为一种正统的职业之外的职业存在着，而无法独立存在着。因此，沈从文也就只好在大学的体制中获得认同，进而为自己的文学创作找寻到了进一步展开的物质基础。由此一来，作家在大学里处于一种尴尬的情境中，便与整个社会的价值体系有着紧密的关系。作为知识分子，其刻意建构的是"穷则独善其身、达则兼济天下"的人生价值体系，那些宏大的理论建构便获得了他们的认同和推崇，而那些琐碎的表现现实社会生活的小说则被看作大丈夫不屑为之的"末技小道"。沈从文等人的文学创作，在大学里没有获得推崇，恐怕与这种观念有着一定的关联。所以，沈从文不被大学里大师级的学者所认同和接纳，汪曾祺不被朱自清认可和接纳，自然就可以理解了。

　　即便是在这样的社会背景下杨振声延揽新文学作家进入大学，以实现其"新文学在大学里"的梦想，可谓到了不遗余力的地步。在 20 世纪 30 年代初已崭露头角的作家李广田，也是由杨振声聘到西南联大的。孙昌熙对此曾经有过这样的回忆："在三十年代初即崭露头角的散文家、诗人、文论家的李广田先生，是先生聘请到联大来的，李先生也担任了《大一国文》课。李先生还在中文系开《文学理论》（现在香港出版题名《文学论》）偷偷摸摸地传播马列文论，受到先生的热烈欢迎。"[1] 正是经过杨振声为代表的一代新文学开拓者的共同耕耘，西南联大的文学教育才呈现出前所未有的繁荣态势。这恰如孙昌熙所说的那样：杨振声"先生在西南联大为中国新文学披荆斩棘地开辟道路，或者说'打天下'，是胜利的。那标志，就是新作家群的不断涌现"[2]。这就是说，西南联大文学教育的成功，并不仅仅在于它培育了一个汪曾祺，而在于它培育了一批新文学的作家，这些作家以"群体"的方式崛起于 20 世纪 40 年代的中国文学界，由此极大地改写了中国现代文学的版图。

　　杨振声积极延揽新文学作家到大学任教，甚至形成了一种思维定式。1941 年，当杨振声得知作家老舍无工作时，便致函西南联大总校中文系主任罗常培，提出拟聘老舍作北京大学教授，专任大一国文。罗常培将杨振声的美意转告了老舍。此时的老舍已经专注于写作，才没有答应这一邀请。尽管老舍没有到西南联大执教，但这依然显示出杨振声对作家参与文学教育的关注到了几乎痴迷的程度。

　　杨振声在延揽作家型教师进入大学方面做了大量的工作。这些作家型教师进入大学，执掌了大学教鞭之后，的确吸引了大量的文学青年慕名进入大学，由此在大学里形成了教学相长的良好态势。

　　（二）杨振声对那些心怀文学憧憬的学生进入大学国文系后从事文学创

---

[1]　孙昌熙：《把中国新文学抬上大学讲坛的人——追忆在抗日战争期间接受恩师杨振声（今甫）教授教诲的日子》，《泰安师专学报》1989 年第 2 期。

[2]　孙昌熙：《把中国新文学抬上大学讲坛的人——追忆在抗日战争期间接受恩师杨振声（今甫）教授教诲的日子》，《泰安师专学报》1989 年第 2 期。

作起到了积极导引的作用，由此使"新文学在大学里"获得了立足之地。

杨振声作为一名作家型教师，其文学教育得以顺利展开的前提是他在文学创作方面所取得的成就。他本身就是"京派"作家群中的活跃人物，在当时"京派"作家的各种文学活动中颇具影响力。其代表性作品是中篇小说《玉君》。[①] 杨振声早在 1924 年就已经写成了初稿，并先后交由邓以蛰、陈源、胡适等阅览，后按照几人的建议进行了三次修改。[②] 具体到这篇小说的创作情形，杨振声在 1925 年 1 月 6 日给胡适的信函中曾经有过这样的自白："《玉君》写到后面，便时常想到速速了结，以便预备下学年教书吃饭问题，所以就不免草率了。对于中国教育思想与制度史，至今未能动手，也是上了《玉君》的当。现在时间仓猝，想到更胆怯起来。我对于中国旧学，原来没有多大根底，又加上五年多的间断。所可恃者，仅有心理学与社会学的些须底子，在批评学说与制度方面，可有星点帮助而已。至于搜集材料，可是要几年的工夫。所以每想到这门功课，就感到'蚊虻负山'的恐怖！"[③] 1925 年 3 月初，杨振声创作的小说《玉君》作为"现代丛书"中的"文艺丛书"第一种，由北京大学现代社出版。该小说出版后，引起了较大的反响。1925 年，据徐丹甫所述："《现代评论》并不注重文学，不过陈西滢、丁西林、杨振声、凌叔华辈俱为现代撰稿，遂成重要的文艺中心。西林先生的戏，振声先生的小说，都是很受读者欢迎的。"[④] 徐丹甫在此把杨振声的小说和丁西林的戏剧联系起来，把其"很受读者欢迎"的情形展现在我们面前。到了 1926 年 4 月，《现代评论》又刊载了陈西滢的《闲话》，列举了"中国新出有价值的书"共 11 种，其把杨振声创作的小说《玉君》视为长篇小说代表，认为"要是没有杨振声先生的《玉君》，我们简直可以说

---

①　对于杨振声创作的《玉君》属于中篇小说还是长篇小说，在不同的时期有不同的说法。在该小说诞生之初，人们把其视为长篇小说，这也许与当时长篇小说比较缺乏有关，像《玉君》这样的篇幅便已经"很长"了。但随着后来"更长"的小说的诞生，《玉君》的"长度"便被人们定位为中篇小说。

②　杨振声在《〈玉君〉自序》中提道："先谢谢邓叔存先生，为了他的批评，我改了第一遍。再谢谢陈通伯先生，为了他的批评，我改了第二遍。最后再谢谢胡适之先生，为了他的批评，我改了第三遍。"

③　季培刚：《杨振声编年事辑初稿》，黄河出版社 2007 年版，第 34 页。

④　徐丹甫：《北京文艺界之分门别户》，薛绥之主编《鲁迅生平史料汇编》（第 4 辑），天津人民出版社 1983 年版。

没有长篇小说"。① 到了 20 世纪二三十年代之交，在鲁迅所编辑的《中国新文学大系·小说二集》中，尽管没有收入《玉君》这篇小说，却收入了他的《渔家》这篇小说。鲁迅在前言中针对杨振声在《新潮》刊发的一些小说给予了这样的评价："杨振声是极要描写民间疾苦的"②，但随后又对杨振声的《玉君》提出了批评："他先决定了'想把天然艺术化'，唯一的方法是'说假话'，'说假话才是小说家'。于是依照了这定律，并且博采众议，将'玉君'创造出来了。然而这是一定的：不过一个傀儡，她的降生也就是死亡。"③ 鲁迅对杨振声的小说《玉君》尽管提出了严厉的批评，却没有妨碍杨振声小说《玉君》进入经典化的历史进程。也许，这恰是鲁迅作为文学伟人超越一般人之处：尽管鲁迅自己并不是很欣赏杨振声及其小说《玉君》，但鲁迅并没有把杨振声的所有小说都置之脑后，视而不见，完全根据自己的好恶来决定哪些作家的哪些作品入选，而是采取了一种相对科学的态度，既不隐瞒自己的观点，又指出其值得肯定的方面，只不过鲁迅的评论不像那些带有"同人"性质的圈子批评那样，无限制地推崇到无以复加的程度而已。甚至可以这样说，鲁迅的这种批评，反而使杨振声的小说《玉君》赢得了读者更多的关注。这诚如杨振声的学生在回忆中所陈述的那样："杨先生是五四新文学的前辈，他的《玉君》一书，虽曾受到鲁迅的非议，但在以反封建为主题的长篇小说创作中仍不失其领先地位。"④ 这正所谓仁者见仁、智者见智，鲁迅的批评不仅没有遮蔽《玉君》的文学史价值，反而对其经典化起到了积极作用。

客观来说，杨振声所创作的小说《玉君》的确为其赢得了巨大的声誉，这使许多学生把杨振声和《玉君》结合起来加以指认。如臧克家在回忆国立青岛大学求学的经历时就说过，"校长是'五四'时期的老作家，写过

---

① 陈西滢：《新文学运动以来的十部著作（下）》，《西滢闲话》，人民文学出版社 2000 年版，第 202 页。

② 鲁迅：《导言》，《中国新文学大系·小说二集》，上海良友图书印刷公司 1935 年版，第 2 页。

③ 鲁迅：《导言》，《中国新文学大系·小说二集》，上海良友图书印刷公司 1935 年版，第 3 页。

④ 王景山：《师恩难忘 难忘恩师》，李广田《李广田全集》第 6 卷，云南人民出版社 2010 年版，第 552 页。

《玉君》的杨振声先生"①；褚斌杰在提及杨振声时也说："以写《玉君》而名噪一时的著名作家杨振声，是位颀高身材，面孔黧黑的人"②；学生诸有琼对杨振声的记忆也和小说《玉君》联系在一起："那时对于杨先生，我只是朦朦胧胧地知道他是'五四'运动中的一名闯将，是'新潮社'的创始人之一，还是早期著名的现代中篇小说《玉君》的作者。"③ 即便是教师们之间的辩论，学生在提及杨振声时，也在其名字前面加上中篇小说《玉君》作为修饰语："不料写过中篇小说《玉君》的杨振声教授又站起来附和朱先生的意见，甚至直截了当提出中文系课程中应该增加现代文学比重的问题。"④ 至于在现代文学史上占据一席之地的施蛰存，也不无唏嘘地感叹道："杨振声是位忠厚长者，写过一本小说《玉君》之后，就放弃了文学创作，很可惜。"⑤ 由这些回忆中我们可以看到，当杨振声被历史湮没了许久之后，那些曾经亲炙其人其文熏染的学生，回眸历史，在拂去历史的尘埃之后，依然熠熠生辉的是杨振声及其创作的小说《玉君》。

　　杨振声其人其文，对那些正处于求学过程中的学生来讲，的确具有楷模作用。大学的文学教育，严格讲来，既是一个传授知识的过程，更是一个社会理想培育的过程。有时候，社会理想的培育比知识的传授更重要。叶圣陶曾经对教育的内在规律有过这样的阐释："教是为了不教。"这就是说，教育的目的在于教会学生自主学习，自主成长。从文学教育来看，文学教育的目的不在于教会学生某种写作技巧，或者教会学生知晓一些写作理论，而在于培育学生对写作的社会意义的认同乃至推崇，使学生把自我的人生形式和文学创作的形式有机地对接起来，把文学创作当作自我人生的展开的有意义的形式。所以，杨振声文学教育的独到之处，正在于他着力培养学生对文学创作的这种有意义的人生展开形式的认同和归依。

　　杨振声在文学教育上的这番苦心，结出了丰硕的果实。我们且不说沈从文、李广田等人在杨振声的引荐下在创作上取得的成绩如何突出，单就杨振声所教过的学生来说，就有一大批人深受其影响，由此走上献身文学

① 臧克家：《悲愤满怀苦吟诗》，《乡土情深》，山东大学出版社1985年版。

② 季培刚：《杨振声编年事辑初稿》，黄河出版社2007年版，第354页。

③ 诸有琼：《忆杨振声老师》，《北京大学校友通讯》1984年第2期。

④ 刘北汜：《忆朱自清先生》，《新文学史料》1982年第4期。

⑤ 施蛰存：《滇云浦雨话从文》，《沙上的脚迹》，辽宁教育出版社1995年版，第131页。

的道路。我们不妨从杨振声的学生回忆中摘取几段，领略一下他的风采：

新中国成立后成为中山大学教授的吴宏聪，考入西南联大中文系，当时他最想见到的人之一就是杨振声："1938 年，我考进西南联合大学中文系，获悉杨振声先生、闻一多先生、朱自清先生、沈从文先生等均在系里任教，非常高兴。我在中学念书时便拜读过杨振声等先生的文学创作和翻译作品，心仪已久。杨先生是'五四'新文化运动的闯将，1919 年初与傅斯年、罗家伦创办《新潮》杂志，'五四'北京学生大游行那天，他不顾个人安危，冲破军警重重包围，跟北大的几个同学，首先越墙跃入卖国贼的巢穴——赵家楼的英勇事迹，早已为人所熟知，所以我到联大后想做的第一件事，便是找个机会，瞻仰上述几位先生的丰采。"①

至于北京大学的学生诸有琼，则把杨振声当作自己的人生所追慕的"标准形象"："我上中文系，一是想当作家，二是想当教授，而杨振声就是我心目中教授的标准形象。"②

由此可见，杨振声以及一大批与杨振声类似的作家型教师，以其自身散发出来的非凡魅力，吸引了更多有志于文学创作和文学传承的学生，进入了大学中文系，这就使他所苦心经营的"新文学在大学里"有了立足之地，为新文学在大学里的发展和壮大，搭建了一个坚实的平台，为学生传承和创造新文学奠定了基础。

（三）杨振声对学生文学创作的欣赏和提携，促成了学生的文学创作从自发状态逐渐地调整到自觉状态；学生经过艰辛创作之后创作出来的作品，在杨振声的推荐下，最终得到社会的认可，实现其社会价值，由此使学生的文学创作得以良性循环，最终为学生在大学里创造出新文学拓展了无限的空间。

进入大学的学生对杨振声等作家型教师心怀仰慕之意，这固然是他们走上文学道路的前提条件，但如果没有这批作家型教师的精心导引，学生是不会自动自发地成长蜕变为新文学作家的。

积极参与学生组织的文学活动，顺应学生的自我发展需要，使学生获得了良好的发展环境。尤其是对新文学热爱者的提携，使他们的文学生产获得了良好的实现。具体来说，杨振声在文学教育中对学生的提携方式体现在以

---

① 吴宏聪：《忆恩师杨振声先生》，《现代教育报》2004 年 3 月 19 日。

② 诸有琼：《忆杨振声老师》，《北京大学校友通讯》1984 年第 2 期。

下三个方面：

一是对学生表现出来的文学天赋的欣赏。作家或学者的成长是有规律的，也是有阶段性的。一般来说，人是在不断成长的过程中完成自我提升和完善的。在人生早期的成长阶段，内外因素对其成长起着重要的作用。正如一棵小树，能否成长为参天大树不仅取决于外部的土壤水分等条件，也取决于其是否具有不断成长的意念，以及克服成长过程中障碍的意志。那么，在这一过程中，处于学习阶段的学生要成长为某一方面的专业人才，既与外在提供足够的优异条件有关，也与学生自我内在的潜能得到最大限度的释放有关。换言之，对处于学习阶段的学生来说，老师对他们的欣赏，对他们完成自我认同、建构自我主体具有不可小觑的作用。杨振声作为从事过教育学和心理学研究的教师，深谙其道。他善于带着欣赏的"有色眼镜"来看待学生，即便他们非常稚嫩也绝不否认其独到的价值。这样的欣赏，在学生还没有确立起自我主体性时，其作用之大是无法估量的。孙昌熙便有过这样的回忆："我无意中写出了先生认为较好的作业，我自己对它没有认识，如果不是受到先生的启蒙，我根本不知道这就是一篇讽刺小说。……我这篇作业得到先生的好评，发了第二卷。回到座位上，仔细研究先生的精心批改：先生不仅告诉我应该怎样写，而且把我的作业点石成金。我越揣摩越感动，我决心在先生的指导下，走创作的路。……从此我在《平明》上连续发表了《河边》《长江上》《某夜》等，算是敲开了昆明文艺界的大门。我把这些不像样的东西都送到先生家里，请先生继续指点，先生很高兴，并嘱我多读作品，越是大作家的作品越要揣摩。少读当时这派、那派的文艺理论；尤其要结合自己的笔性选读与自己相近的外国名家作品。"[1] 通过孙昌熙的陈述可以看到，一方面，杨振声有一双慧眼，能够及时地发现学生写作方面的优长，然后给予高度的肯定；另一方面，杨振声还有一个"手指"，能够把学生平凡的习作点石成金。这两个方面，既激发了学生对自我的认同，又提升了学生对写作规律的认识。而学生则在"越揣摩越感动"的同时，坚定了"走创作的路"，由此渐臻写作佳境，在一发而不可收的同时，"敲开了昆明文艺界的大门"。

杨振声对学生的欣赏，还表现在他对优秀学生那种不拘一格的认同

---

[1]　孙昌熙：《把中国新文学抬上大学讲坛的人——追忆在抗日战争期间接受恩师杨振声（今甫）教授教诲的日子》，《泰安师专学报》1989 年第 2 期。

上。杨振声在开设必修课"历代诗选（汉魏六朝）"时，就因为汪曾祺表现突出，竟然让汪曾祺"可以不考了"。对此，汪曾祺有过这样的回忆："杨振声先生这个人资格很老，他当时是文学院院长，给我们讲汉魏六朝诗。他上课比较随便，也很有长者风度。对我他好像挺照顾，期末考试前他说，汪曾祺可以不考了。"① 作为必修课，杨振声竟然自作主张允诺汪曾祺"可以不考了"，由此可以看到，在民国教育体制内，教师在教学过程中被赋予了更大的自主权，以至于可以跨越"考试"这个看似不可跨越的界限，根据学生平时的表现便打开了"绿灯"。其实，在这看似不符合规矩的权力背后，我们应该看到的是，老师通过使用这种特殊的权力，其所表现出来的是对学生的欣赏，由此给学生的创作带来的激励作用是非常突出的。

二是对学生创作出来的文学作品的推荐。杨振声作为一名作家型教师，除了教师身份，还有另一个重要身份就是编辑。早在 20 世纪 30 年代，他就编辑过《大公报》的副刊《文艺》，到了 40 年代后期，又编辑过天津和北平两地报纸的文艺副刊。对此，常风有过这样的回忆："光复后的北平和天津原有的报纸都恢复了，又办了些新报纸。天津和北平两地的报纸都请杨先生和沈先生编文艺副刊。他们两位承担了起来，交给几位青年作家负责编辑。杨沈两位先生还是像以前一样时时刻刻在培养与提掖青年人。"② 这说明了杨振声和那些一般的作家型教师不同，他的编辑身份也是不容忽视的。

作家型教师和报纸编辑的双重身份，使杨振声对学生创作出来的文学作品，兼具教师的赏识和编辑所具有的挑剔眼光与遴选意识。因此，他曾专门撰写《新文学在大学里：大一国文习作参考文选序》③ 一文，支持和指导大学生的文学习作。当杨振声发现学生创作出优秀的作品之后，除了热情洋溢的首肯之外，还有了一番积极推荐的苦心。对那些名不见经传的学生作者来说，杨振声对其文学作品的认同，对编辑们选择的影响无疑也是非常显著的。事实上也的确如此，如果没有名流的赏识，编辑要从那些汗牛充栋的自然来稿中发现文学新人的稿子，的确带有某种偶然的因素。而文学新人的稿

---

① 李辉：《汪曾祺听沈从文上课》，《中华读书报》2004 年 4 月 14 日。

② 常风：《留在我心中的记忆》，《逝水集》，辽宁教育出版社 1995 年版。

③ 杨振声在《国文月刊》刊发了许多文章，详情可参阅李宗刚《国文月刊（1940—1949）目录辑校》，《山东师范大学学报》（人文社会科学版）2013 年第 4 期。

子，也的确有其不可避免的稚嫩之处，因此，很多的学生稿件如泥牛入大海，从此便了无痕迹了。这种情形并不在少数，只不过不被外人知晓而已。由此说来，杨振声对学生创作出来的文学作品积极推荐，便对学生向着文学创作道路上继续走下去具有某种导引作用。如1933年，杨振声和沈从文接编《大公报》的副刊《文艺》，便把其学生萧乾的第一篇小说《蚕》刊发出来。对此，萧乾充满无限感激之情地说："天津《大公报》本来有个《文学副刊》，编者是清华的著名学者吴宓先生。那个刊物发表了很多有学术价值的文章。然而报社嫌他编得太老气横秋，1933年秋天改请杨沈二位接编并改名《文艺》。那年九月，我写了篇题名为《蚕》的短篇投了去。十一月间，登出来了。那是我生平第一篇小说。刊出后，受到林徽因等先辈作家的热情鼓励。我接着就写下去了。每个月总有一二篇投去。这样，我就成为《文艺》的经常撰稿人。每逢两位主编在来今雨轩举行茶会，我都必然参加。那是我在文学创作上的起步。"[1] 萧乾的这一自白表明，杨振声的认同和推崇，对其走上文学创作道路，作用是非常大的。这不仅使他的文学创作由此获得了良性循环，还使他一步跨进了作家圈子，由此使他对作家身份有了一种自我认同和自觉实践。与萧乾的这一自白遥相呼应的是孙昌熙的回忆："先生把这篇《小队长的故事》交由沈从文先生，推荐给风子先生主编的昆明《中央日报》副刊《平明》发表了，但删掉了'的故事'三字，（可能因为是篇人物素描?）也许是沈先生?他叫我继续向《平明》副刊投稿。"[2] 通过这些在历史的淘洗中依然留下的片羽灵光中我们不难发现，杨振声在文学教育的过程中，对学生的优秀作品不遗余力地予以推荐的背后，实际上隐含着对文学新人的栽培，这正是他创造新文学愿景的具体实践。

三是对学生组织的文学社团的积极参与和支持。学生组织的文学社团作为学生自主发起的群众性组织，为爱好文学的学生搭建了一个带有公共领域性质的平台，学生通过这个平台，互相砥砺文学思想、互相激励文学创作、互相找寻文学知音，由此使本来寂寞的文学创作之路，不再是一个人在创作，而是一批人在创作。但是，这些文学社团，基本上由一些在文学创作上刚刚起步的学生组成，这样的社团如果没有一大批在文学上取得非凡成绩的

---

① 萧乾：《他是不应被遗忘的——怀念杨振声师》，《瞭望周刊》1993年第1期。

② 孙昌熙：《把中国新文学抬上大学讲坛的人——追忆在抗日战争期间接受恩师杨振声（今甫）教授教诲的日子》，《泰安师专学报》1989年第2期。

作家为他们提供必要的支持，那最终的结果很可能是自生自灭。作为作家型教师，杨振声不仅是一位优秀的编辑，也是一位出色的领导，其行政领导这一特殊身份，相对学生组织的社团而言，其帮助和支持，便对社团的健康发展产生了非同一般的积极作用，从某种程度上讲，这种作用正如蔡元培之于新潮社的作用。

早在国立青岛大学时期，杨振声就对学生发起的刁斗文艺社及其主办的《刁斗》季刊给予积极的支持；1944 年，杨振声对西南联大文艺壁报社也给予了大力的支持，还积极参加该社团举办的纪念"五四"文艺晚会，并发表了题为《五四运动与新文学运动》的演讲。在该演讲中，杨振声对五四运动与新文学运动作出了新的阐释。如果说在五四运动期间，新文化运动的诉求是科学和民主的话，那么，随着社会的现实需要，对五四运动与新文学运动的诉求，更多地落足于民主这一基点之上，而科学则逐渐地被边缘化了。实际上，在激进主义文化的主导下，很多学者对科学，尤其是对社会科学的认识，逐渐地被情绪所主导，这也为民主诉求中出现的某些流血事件埋下了"伏笔"。在 1948 年 10 月，北平各大院校发起"鲁迅先生逝世十二周年纪念"活动。北京大学学生自治会委托各社团在北楼大礼堂举办朗诵、讲演、演出，杨振声等北京大学教师也都积极参加讲演。① 由此可见，杨振声在学生社团组织的有关纪念活动上的演讲，促进了学生认同和皈依五四运动及新文学运动所张扬和精神，为新文学的赓续作出了贡献。

总的来说，杨振声通过大学的文学教育，实践了他的"新文学在大学里"发展和传承的梦想。这与那些直接参与中国现代文学建构的作家有所不同，杨振声更多的是借助大学教育这个平台，把一些作家纳入这个平台，进而完成了文学生产和文学传承，由此使新文学在大学里获得了文学生产和传承的良性循环。而杨振声作为一名大学里的作家型教师兼有一定的行政决策权力的组织者，其对大学里的新文学生产和传承的作用自然是一般人所无法比拟的。

四　杨振声的文学创作现象解析

杨振声进入民国教育体制之前，其所获得的社会声誉更多地来自其小说家的身份，但是，随着他的学者身份的日益凸显，以及他对文学教育的不断

---

① 姜德明：《黎明前的纪念》，《书摊寻梦》，北京燕山出版社 1996 年版。

实践，杨振声的小说家身份逐渐淡出了人们的视野。早在 20 世纪 30 年代，鲁迅在编辑《中国新文学大系·小说二集》时，就说过："我们此后也不再见这位作家的创作。"① 其实，杨振声在创作出《玉君》之后，并没有放弃文学创作，只不过他的专注点已经不再在小说创作方面，而在于散文和杂文的写作等方面。对此，已经有学者进行了全面的勾勒。② 毋庸讳言，较之《玉君》，后来的作品是相形见绌的。对此，尽管有人作过阐释，但依然没有从民国教育体制这个维度，对其予以回答。

20 世纪 50 年代，杨振声在回顾自己走过的人生道路时，曾经有过这样的解释："这前后三十年间，我也并非在睡觉，却是不够警醒的；也并非不感苦恼，却是找不到出路。我是闷在葫芦里了，这葫芦是以个人主义为表里的。"③ 杨振声的这种自我检视，是在经过"思想改造"之后作出的，其中有的可能是发自内心，有的可能是违心之论。那么，我们从民国教育体制维度来予以审视的话，究竟该怎样解释呢？

其一，杨振声身在民国教育体制之中，这使他的文学创作没有那种客观上所需要的良好条件。文学创作是需要一定的外在条件的，其中之一便是要有充裕的时间。文学创作和文学教育之间，对于不同的作家，尤其是作家从事文学创作的具体时段来说，并不一定都会起到促进作用，有时候，文学教育还会影响到作家的文学创作。我们知道，文学创作，尤其是中长篇小说的创作，是需要作家在某一特定的时间内把自我沉浸到文学创作中，使文学创作和作家的思想情感互为表里、互为动因、互相促进，最终驱动着作家的文学创作以势不可当之势、以日行千里的速度推进。这正如有些作家自述的那样，一天往往是下笔万言。正是在充裕的时间的支撑下，一方面，作家创造着被自己想象出来虚拟的文学世界；另一方面，作家的思想和情感又被自己想象出来的这个虚拟的文学世界所激荡和鼓动着，以一发而不可收的态势，书写着发自内心的汩汩流淌出来的文字。显然，这样的一个文学创作过程，如果没有一定的时间作支撑，那简直就是无法想象的。然而，这对身在大学

---

① 鲁迅：《导言》，《中国新文学大系·小说二集》，上海良友图书印刷公司 1935 年版，第 3 页。

② 解志熙：《气豪笔健文自雄——漫说文坛健将杨振声兼谈京派问题》，《文艺争鸣》2014 年第 11 期。

③ 杨振声：《我蹩在时代的后面》，《她的第一次爱》，华夏出版社 1999 年版，第 221 页。

教育体制内的作家来说，时间却被教学所切割。毕竟，教学这样的常规性的工作，是以其不变的节奏来运行着的。到了上课的时间，不管作家是否富有文学创作的激情，都面临着不得不中断的问题。这也正是很多作家进入大学教育体制后，未能延续既有的文学创作态势的重要原因所在。

其二，作家身在大学教育体制之内，其被衡量的尺度发生了转换，作家的文学创作处于边缘化的位置，由此影响作家从事文学创作的价值取向。作家从事的文学创作和大学教师从事的教学工作，严格来说，既有紧密的关系，又有内在的矛盾。所谓的紧密关系，就是一个作家从事文学创作，对其教学实践工作，一方面有助于其加深对所讲解的文学作品的理解深度，具有切中肯綮的感性力量，这正是很多理性的抽象认知所不具备的，如此的感性认知和理性深度的结合，自然是那种单一维度的阐释所难以望其项背的；另一方面有助于作家累积起更为显赫的文学盛名。在大学教育体制下，一个作家从事教学工作，也许更容易获得某些学生的认同。学生不一定苛求老师的学问，但是对那些能够书写出优秀的文学作品的老师，往往是格外心仪的。我们从西南联大的许多学生的回忆中可以看出，他们在进入西南联大之前，对那些身兼教师和作家两职于一身的老师，总是充满了无限的想象。如闻一多、朱自清等人，都曾借助他们的诗歌或者散文，赢得了学生们的崇敬。古人云，爱其师方能信其道，对这些具有相当的文学创作实绩光环的老师来说，自然就会赢得学生更多的期盼。

这里还有一个有趣的现象。当学生走近这些戴着光环的老师时，往往会发现，现实中的老师，远不是他们在阅读其文学作品时所编织出来的形象。他们自身的影像，往往是平凡无奇的。如果把这些带有作家光环的老师放到芸芸众生之中，毫无过人之处，更不是他们所想象的那样熠熠生辉、光环灼人。尤其令学生失望的是，尽管他们可以用手中的笔写出那么华丽的文字，但当他们用方言表达思想感情时，却又是那样的生涩和隔膜。我们知道，作为老师传道解惑的过程，并不是用文字来进行的，而是用语言来完成的。然而，中国的语言文字又恰好是具有两个特征：一个是语言文字的统一性；另一个是语音的地方性。这样的两重性，就使作家在文学作品中所操持的文字，是全国通用的白话文，这正是中国语言统一所带来的自然结果；然而，具体到同一文字，不同的地方读音又是不同的，这就使语音具有了地方性。而诸多学校招收的学生，又都是来自四面八方，五湖四海，当他们操持着自己的方言进入同一课堂时，就会出现语言交流上的诸多障碍。这种情形，同样会影响到学生对老师通过语音来表情达意的效能。对此，有学生就对盛名之下的沈从文的讲课有这样的回忆："低着头，发音很低，听不清楚。"这样的教学，怎能苛求学生产生美感呢？又怎能使学生那种既有的美好遐想和期盼获得实现呢？杨振声在讲课中的方言到底给学生留下了怎样的印象，已经无从细致考察。但是，从部分学生的回忆中，我们依然可以看到，他们还是有着深刻的印象："杨振声先生教我现代文学课。他那颀长的身材，穿着中式长袍，举止持重，潇洒脱俗，一派学者风度，说话带着胶东乡音，不急不慢，抑扬顿挫，很有节奏感。"① 杨振声的方言尽管"很有节奏感"，但毕竟是胶东方言。而从教育注重"口耳相传"的方式来看，那些在大学里操持着标准的"官话"的学者，更被推崇是自不待言的。

　　总的来看，在民国教育体制内，作为作家型教师，杨振声奉五四新文学运动以来的"新文学"为圭臬，通过致力于让"新文学在大学里"的孜孜实践，为新文学在大学里站稳脚跟起到了重要作用。与此相对应，大学由于有了新文学的立足之地，就使新文学由此找寻到了传承者，两者相辅相成，最终使新文学得以在大学获得了长足发展。

---

　　① 诸有琼：《忆杨振声老师》，《北大红楼：永远的丰碑（1898—1952）》，社会科学文献出版社 2012 年版，第 279 页。

第五章　民国教育体制与中国现代女性作家作品

随着民国教育体制的确立，女性在法理上获得了进入学校读书的机会，这就从根本上改变了传统的私塾教育的局限性，使女性与男性一样，获得了接受教育的平等机会。

在民国教育体制中，女性接受教育的权利不仅得到了充分的保障，还得到了充分的实现。为了能够更好地使女性接受教育，在国民政府的主导下，成立了一些专门招收女生的学校。女子学校的建立和嗣后的民国教育体制对男女同校的规约，使男女同校在包括教会学校在内的学校中得到落实，这既为男女之间的情感和思想交流提供了条件，也为女性从事情感题材的文学创作提供了资源，并由此催生出中国现代文学史上第一批现代女性作家，从而极大地改写了中国文学的性别格局，保证了中国现代文学在性别上的均衡。北京女子师范学校作为中国最早也是最高的女子专门学校，便培养出了冯沅君、庐隐、苏雪林、石评梅、陆晶清等中国现代作家。而这种教育实绩又反过来强化了女性追求知识和成长为作家的愿望。

在民国教育体制中，教会学校的传教功能逐渐地受到抑制，而其现代的学校育人功能则逐渐获得了凸显。因此，教会学校不仅依然获得存在和发展的空间，而且还在传播西方文学方面起到了积极的作用。冰心作为教会学校的学生，便是借助教会学校这一平台进入中国现代文学创作实践的。她的文学创作在中国现代文学的发生期具有广泛的影响，成为中国现代文学无法绕开的对象。冰心的文学创作实践表明，中国现代文学在发生和发展的过程中，中西多种教育形式均是影响中国现代文学作家成长的重要因素。

如果说北京借助得天独厚的政治文化优势成为女性走上中国现代文学创作的重镇，那么，开埠较早且得时代风气之先的上海，则是中国现代文学得以发生和发展的又一重镇。在上海这个相对现代化的大都市里，学校的教育获得更多的自由空间，其文化甚至还形成了海派的特色。与此相对应，上海的学校教育孕育了更具有现代性的作家。张爱玲便是其中具有代表性的女性作家。张爱玲的文学创作方法、观念和风格莫不与其所接受的民国教育息息相关。得天独厚的生活经历使张爱玲自小就接受了中国传统文化与西方现代文明的熏染，中西合璧成为她文学创作的最大特点。张爱玲一手漂亮的英文以及西方文学、历史、艺术方面的知识得自科学系统的现代学校教育。

总的来看，正是借助民国教育体制的保驾护航，许多接受了现代教育的女性走出传统的樊篱，在抒发自我压抑的情感和思想的同时，也使中国现代文学这个百花园里出现了争奇斗艳、姹紫嫣红的文学景观。

第一节　民国教育体制与中国现代女性作家①

民国教育体制，作为民国体制的组成部分，体现了民国体制的某些规范性要求，尤其是在"人人平等"的口号下，女性和男性获得了同等的权利，表现在民国教育上，便是国家设立了女子学校，女性享有了和男性同等的教育权利。民国教育体制下的女性，相对于传统社会中的女性而言，进步的标志便是走出了家庭，进入了新式学校中。在晚清的新式教育中，尽管也提倡女性进入新式学堂，但是，这样的倡导并没有得到社会全面的响应，能够进入学堂接受新式教育的女性毕竟是凤毛麟角。"妇女需要受教育的必要性在 1907 年还是得到了承认，于是制订了关于女子师范学堂和女子小学的章程。即使如此，妇女受教育的目的也只限于培养贤妻良母和一些教师而已。男女平等和婚姻自由仍旧被否定。结果，甚至受初等教育的男女儿童也要分校就读，而且妇女不得参加政治集会。"② 这就是说，在晚清政府主导的新式教育中，女性受教育的必要性尽管得到了承认，但从承认到实施，其历程之长却是不难想象的。随着中华民国的成立，男女平等的观念获得国家体制的保障，像冰心、庐隐、冯沅君、石评梅、丁玲、萧红、谢冰莹等，都是在民国时期接受新式教育的。这些女性作家的大量涌现，使中国现代文学的发展呈现出丰富多彩的态势。

---

① 本节刊发于《社会科学辑刊》2016 年第 1 期。

② ［美］费正清：《剑桥中国晚清史（1800—1911）》（下卷），中国社会科学院历史研究所编译室译，中国社会科学出版社 1985 年版，第 360 页。

一

　　在民国教育体制中，女性接受教育的权利不仅得到充分的保障，还得到了充分的实现。为了能够更好地使女性接受教育，在国民政府的主导下，成立了一些专门招收女生的学校。1912 年 1 月 19 日，"南京临时政府教育部公布《普通教育暂行办法》，共 14 条。主要内容是：从前各项学堂，均改称为学校；监督、堂长应一律改称为校长。初等小学校可以男女同校。凡各种教科书，务合乎共和民国宗旨。清学部颁行之教科书，一律禁用。凡民间通行之教科书，其中如有遵崇清廷及旧时官制、军制等课程，并避讳、抬头等字样，应由各该书局自行修改，呈送样本于教育部及本省民政司、教育会存查。如学校教员遇有教科书中不合共和宗旨者，可随时删改，亦可呈请省民政司或教育会，通知该书局改正。小学读经科一律废止"①。这便从总体上设定了民国教育之宗旨、教科书、课程设置等一系列重要问题，尤其是明确了"初等小学校可以男女同校"，为未来的男女同校奠定了法理上的基础，由此完成了与晚清政府主导下的新式教育的分离。到了 1912 年 9 月，北京政府教育部又颁布《中学校令》，规定"专教女子之中学校称女子中学校"②，随后颁布的《壬子—癸丑学制》也对女子学校有着特别的规定，指出中学可单独设立女子学校。这便在民国教育体制内确保了女子学校设立的法理依据，为女子走进学校接受教育打开了方便之门。然而，值得关注的是，这种权利还仅仅是停留在纸上。1900 年出生的冯沅君，在民国政府成立之际，正是要进入学校读书的年龄，但是，"她的大兄、二兄都先后赴京、沪进入大、中学。母亲虽开明，也不会再专门为一名女孩子请私塾先生了。加上农村的封建势力重如磐石，社会舆论不准女孩子上学读书"。如此的情景，如果不是冯沅君有着强烈的求知欲，"一方面利用家中父兄念过的书，刻苦攻读，每到夜晚听母亲口授'四书'、'五经'，自己还经常吟诗作赋；一方面贪婪地阅读大兄、二兄利用寒暑假带回来的中国古典名著及新出的报刊，从中接受新的思想，也为她后来毕生从事古典文学研究打下了坚实的基础"③，她绝难有机会进入民国学校读书，自然也就谈不上嗣后的文学

---

①　宋荐戈：《中华近世通鉴·教育专卷》，中国广播电视出版社 2000 年版，第 349 页。

②　《教育杂志》第 4 卷，1912 年，第 8 号。

③　孙瑞珍：《冯沅君》，《中国现代女作家》，黑龙江人民出版社 1983 年版，第 109 页。

创作及成就。

　　男女同校尽管从民国教育体制上得到了保障，但在实际操作中，还难以落到实处。然而，源于女子学校有了存在的合法性，女子学校在全国各地纷纷建立。据教育部第五次全国教育统计资料显示，1916—1917 学年，全国便有北京、黑龙江、江苏、福建、湖北五省市设有女子中学，总学生数 724 人。① 这一数量在今天看来并不很多，但从中国历史发展的维度来看，除了晚清建立的北京女子师范学校、外国传教士创办的教会大学可以招收女生，其他各省均没有相应地建立起独立的女子学校。即便有些学校招收女生，但在当时看来，依然带有"大逆不道"的反叛色彩。如丁玲曾经有过这样的回忆："三十岁的母亲在师范班，七岁的我②在幼稚班。这事现在看来很平常，但那时却轰动了县城。开学那天，学生们打扮得花枝招展……我母亲穿得很素净，一件宝蓝色的薄羊皮袄和黑色的百褶绸裙。她落落大方的姿态，很使我感到骄傲呢……有些亲戚族人就在背后叽叽喳喳，哪里见过，一个名门的年青寡妇这样抛头露面！但我母亲不理这些，在家里灯下攻读，在校里广结女友。"③ 透过丁玲带有真切体验的回忆，说明女性进入学校在民初仍鲜有所闻。且不说教育体制上的阻碍，单就亲戚族人来说，也会引来他们"背后叽叽喳喳"，尤其是作为名门的寡妇，更属于没有恪守妇道。然而，正是这样的叛逆之举，是个人迈出的一小步，却标志着中国历史发展的一大步。至于在民国教育体制内设立专门的女子学校，这恐怕比偶尔的一两个女子进入"师范班"引起的反响要更大。

　　在民国教育的发展过程中，通过建立专门的女子学校来解决女生入学问题，还是无法满足其现实要求。况且在女子学校建立的过程中，也没有真正地建立起与一般学校同等的课程体系和教育目标。在此情形下，女生争取男女教育平等的权利，便成为民国教育体制确立之后面临的首要问题。在这方面，邓春兰站在了争取男女教育平等的最前列。"一九一九年五月十九日，她上书给北京大学校长蔡元培，申述妇女与男子应'职业、政权一切平等'，为此，'应以教育平等为基础'，要求'国立大学增女生席'，'实行

---

① 杜学元：《中国女子教育通史》，贵州教育出版社 1995 年版，第 443 页。
② 从丁玲的年龄来推断，其母亲进入师范班学习，应该在辛亥革命前后。
③ 丁玲：《向警予同志留给我的影响》，《收获》1980 年第 1 期。

男女同班'。她从妇女解放的高度，阐述了男女同校的必要性。"① 邓春兰给蔡元培的信寄出后不久，也就是"约在一九一九年六月间，北京女子师范从各省招生，在邓宗主持下，甘肃省教育厅首次录取了六名女学生，她们是韩玉贞、孟自芬、田维岚、吴瑞霞、邓春兰和她的堂姐姐邓春岑。通过考试，按成绩录取"②。尽管邓春兰获得了进一步读书的机会，但她的男女同校诉求并没有得到根本的解决。

1919 年年底，蔡元培在复职北京大学校长后，就男女同校问题答上海《中华新报》旅京记者时说："大学之开女禁问题，则余以为不必有所表示。因教育部所定规程，对于大学学生，本无限于男子之规定，如选举法中之选举权者。且稽诸欧美各国，无不男女并收。故余以为无开女禁之问题。即如北京大学明年招生时，倘有程度相合之女学生，尽可报考。如程度及格，亦可录取也。"③ 蔡元培不愧为具有丰富社会经验的教育家，他通过援引教育部规定，把男女同校的问题，化解到了民国教育体制之内。由此使男女同校的重大社会问题，本身就不成为问题，只不过人们源于既有的经验，一些女生没有报考罢了；如果女生报考，成绩合格，录取也就在情理之中。这样的处理策略，相对于胡适于 1919 年 10 月 15 日刊发在《少年中国》第 4 期妇女号的文章《大学开女禁的问题》，可谓是高明了许多。

其实，邓春兰之所以能够上书提出大学要开女禁的问题，恰是来自民国体制对男女平等权利的归依。她正是由此出发，延伸出男女同校、男女同等接受教育的权利，这是基于民国体制之上的权利，自然也是民国教育体制所允诺的权利。对此，邓春兰就曾有过这样的回忆："我想到男女既然应该平等，为什么在教育方面存在的男女不平等现象还不革除呢？"④ 邓春兰的这一解释恰好说明，随着民国教育的不断发展，一些接受了女子专门学校教育的女生，在五四新文化运动的鼓荡下，开始真正地追求男女在各方面的平等，教育平等只不过是其中的平等诉求之一。

随着民国教育的发展，北京大学的男女同校并不能从根本上解决女子接

---

① 朱有瓛：《中国近代学制史料》（第 3 辑下册），华东师范大学出版社 1992 年版，第 82—83 页。

② 朱有瓛：《中国近代学制史料》（第 3 辑下册），华东师范大学出版社 1992 年版，第 84 页。

③ 朱有瓛：《中国近代学制史料》（第 3 辑下册），华东师范大学出版社 1992 年版，第 87 页。

④ 朱有瓛：《中国近代学制史料》（第 3 辑下册），华东师范大学出版社 1992 年版，第 83 页。

受初等教育的问题，而初等教育要实现男女同校，显然不仅面临着民国教育体制的桎梏，而且还受到人们的传统观念的羁绊，作为历史的过渡，创办女子中学，先让女子接受中学教育，便成为当务之急。在此情形下，1921 年 7 月，教育部又训令各省教育厅"速设女子中学，并于相当学校附设女子中学部，以资推广"①。1921 年，"广东省立中等学校开始招收女生。北京高等师范学校附属中学亦招收一班女生。此为中等学校男女同校之始"②。到了 1922 年，以山东省为例，民国教育主管部门则在山东省立女子职业学校女子中学班的基础上，建立了山东省立女子中学。除此之外，山东省内的山东省立济南高级中学、省立济南中学、正谊中学、育英中学等也开始招收女生，实现了男女同校。

　　1922 年以后，中学男女开始同校同学。但就实际情况来看，女生主动要求男女同校并积极报考的并不是很多，大多是优先选择报考女子学校。女性和男性享受同等教育的权利，已经在民国教育体制上得到了解决，这便意味着女子接受学校教育将由此进入一个新的历史发展阶段。但从发展的具体情形来看，训令从发布到落地还需要一个过程，实际情况也的确如此。以 1922—1923 学年山东省中等教育女生人数与总数比较表来看，普通中学的在校人数有 6291 人，其中女生人数为 92 人，女生所占比例为 5.56%；而中等师范的在校学生人数为 2286 人，其中女生人数为 365 人，占比例 15.97%，乙种实业学校 1.38%，甲种实业学校 5.57%。③ 这说明，女子进入学校接受民国教育体制内的男女同校的中初等教育，依然是道阻且长。

　　1928 年，南京国民政府成立后召开了第一次全国教育会议，决定继续实行《壬戌学制》。开始在中小学推广男女同校，但对女子中学教育还是有保留地作了特殊规定："女子中等教育，应培养女子特有的社会职分，而适应其特殊的需要，故女子中学应单独设立为宜。"④ 在民国教育体制内，这样的学制尽管还留有一个尾巴，但男女同校的新局面已经打开。山东省教育方面的有关数据显示，1922 年，统计的女生数仅 92 人，而 1930 年，山东

---

　　①　《教育杂志》第 13 卷，1921 年第 8 号。

　　②　宋荐戈：《中华近世通鉴·教育专卷》，中国广播电视出版社 2000 年版，第 365 页。

　　③　俞庆棠：《三十五年来中国之女子教育》，载庄俞《最近三十五年之中国教育》，商务印书馆 1931 年版，第 184—185 页。

　　④　李华兴：《民国教育史》，上海教育出版社 1997 年版，第 727 页。

省在读女中学生已达到 2533 人，女子中学生的绝对人数已经是 1922 年的 27 倍。女生入学率也从 5.56% 提高至 15%，与男生的差距开始缩小。山东已有 43 所省市中学实现了男女兼收，其中，高中 10 所，初中 33 所。① 从山东的情形来看，女子教育确实进入了发展的新阶段。

当然，如果说男女同校仅仅是一个形式问题的话，那么，女子学校到底是怎样开展文学教育的，才是我们所关心的核心问题。我们不妨从董锡惠的回忆文章中还原一下 20 世纪 30 年代的国文课的真实情形：

"傅老师是高唐县人，教我们高中国文时已 50 多岁了②。是一位知识渊博、治学态度严谨的好教师。他除了教规定的课本外，每周利用一个课时，指导我们学习课外读物，……同时对古代各个时期的代表作品以及当代文学家的优秀作品，也给我们作了介绍，并指导我们阅读。从那时起，我对古代文学作品有所了解，更喜欢阅读近代、现代文学作品。如鲁迅、巴金、茅盾、郭沫若等名家的作品，从而提高了阅读和写作能力。"③

由这样的回忆我们可以看到，50 多岁的傅老师，恰好是 19 世纪 80 年代出生的一代，其年龄正好和鲁迅相当，但就其对鲁迅、巴金、茅盾、郭沫若等现代文学作品的推崇来看，整个中学的国文课程，白话文的确已经占据了主导地位，与此相关联的是，学生的作文写作，也是顺承着中国现代文学的路径向前推进的，如其作文题目，不再像茅盾的策论写作那样带有科举考试的韵味，而是直接来自现实生活，实现了"我手写我口"。像《人生苦与乐》《一幕喜剧》《读书留影》《雨后的街市》《今年的中秋节》《秋》《一个最勤勉的同学》等，无不洋溢着浓郁的生活气息。可以看出，民国期间中学的文学教育和文学传承，已经真正实现了与私塾教育的切割。尤其值得称道的是，学校为了提升学生作文写作的积极性，还"布置了一个学生成绩展览室，供学生们互相观摩，互相砥砺。……最引人注目的是张贴在墙上的、经老师用红笔圈圈点点的、既有眉批又有总批语的学生优秀作文。有些作文水平确实较高。有文言文，有语体文，还有诗词歌赋等，参观阅读后收

---

① 程谪凡：《中国现代女子教育史》，中华书局 1936 年版，第 167 页。

② 从董锡惠的回忆中，可以佐证我们在本节随后提到的山东第一女子师范学校对招收男教师，规定男性教员必须年满 50 岁，没留胡子的不要，并非空穴来风或者民间传说，这很可能确有其事。

③ 董锡惠：《我记忆中的山东省立女子中学》，济南市政协文史资料委员会、济南市教育委员会编《解放前济南的学校》，济南出版社 1991 年版，第 75 页。

益颇大。被选贴优秀作文的同学，大家都投以钦佩与羡慕的目光"①。这种情形说明，中学的作文教学，已经与中国现代文学取得同步发展的节奏，自然，这便为中国现代文学培养和输送了大批的"后备军"，成为中国现代文学与民国教育相互依存与相互促进的范例。

在女子教育的发展过程中，还需要我们关注的是教会大学。教会大学的办学权被外国人所垄断，但国民政府要求各个教会大学要在中国政府立案，由此把教会大学的教育权力部分纳入了民国教育体制之内。像男女同校的问题，在教会大学中便解决得较好。1933 年 3 月，《教育季刊》刊登美国平信徒调查团撰写的《中国的基督教大学》一文，该文指出："目前中国的基督教大学共 13 所，除圣约翰大学为完全男校、华南和金陵女大为完全女校外，其余均为男女同校。13 校中共有教职员 700 余人。学生 4000 余人，四分之一为女生。这些大学大部分已在中国政府立案。"② 显然，教会大学中的女生比例高出了一般学校许多，这也是冰心等许多中国现代女性作家具有教会大学教育背景的内在缘由。

二

中国现代女性作家均接受了较为系统的民国教育，在这诸多学校中，最具有代表性的便是北京女子高等师范学校。③ 1902 年，晚清政府建立"北京女子师范学校"。1912 年，中华民国教育部又将其改名为"北京女子高等师范学校"，1919 年改名为"国立北京女子高等师范学校"，1924 年 5 月改名为"国立北京女子师范大学"。1928 年国民政府实施大学院制，把北京的 9 所国立高等学校合并为北平大学。北京女子师范大学改称北平大学第二师范学院。1931 年，北平大学第二师范学院与北平师范大学合并。接着，"国民政府教育部决定北平师范大学与北平女子师范学院合并为国立北平师范大学。9 月，两校正式合并，以徐炳昶为校长。该校分教育学院、文学院、理学院，并设研究院和附中南校、北校、第一附小、第二附小。至此，北平女

---

① 董锡惠：《我记忆中的山东省立女子中学》，济南市政协文史资料委员会、济南市教育委员会编《解放前济南的学校》，济南出版社 1991 年版，第 71 页。

② 宋荐戈：《中华近世通鉴·教育专卷》，中国广播电视出版社 2000 年版，第 312 页。

③ 为了行文的方便，对各个时期的学校名称，均用"北京女子高等师范学校"称号。

师大与男师大合并为一校"①。

北京女子高等师范学校作为民国教育体制内的学校，其校长自然是由教育部任命的。其校长有吴鼎昌（1912.5—1913.3）、胡雨人（1913.3—1914.2）、姚华（1914.2—1917.1）、方还（1917.3—1919.7）、毛邦伟（1919.9—1920.9）、熊崇熙（1920.9—1921.10）、毛邦伟（1921.10—1922.7）、许寿裳（1922.7—1924.2）、杨荫榆（1924.2—1925.8）等。② 这些校长，均为接受了新式教育的学生。与他们的知识结构和文化理念相对应的是，他们在延聘国文科教师时，也注重聘任那些具有新式教育背景的人担任或兼任教师。其中，最有代表性的任课教师有胡适、李大钊、周作人、鲁迅、沈士远、沈尹默、沈兼士、钱玄同、马裕藻、朱希祖、林语堂、徐祖正、黎锦熙、郑奠、林励儒等。这些教师作为五四新文化运动的发起者、引领者，到北京女子高等师范学校任教，对学生的思想解放、个性自由和文学潜能的释放，都产生了积极的作用。

作为中国最早也是最高等的女子专门学校，许多优秀的女性先后考入这所女子学校。她们在老师们现代意识的熏染下，先后走上了中国现代文学创作的道路，其中的代表性作家有冯沅君、庐隐、苏雪林、石评梅、陆晶清等。

五四新文化运动前后，北京女子高等师范学校增设了"国文专修科"，这为女子在学校接受系统的国文课程教育提供了便利，也为她们从事文学创作奠定了坚实的基础。冯沅君正是乘着这一时代变革的东风，跨进了文学创作的行列："一九一七年暑假，在北京念书的长兄友兰回来了。冯沅君从哥哥口中喜闻北洋军阀政府把清慈禧太后创办的女子师范改为北京女子高等师范，增设了国文专修科。她理直气壮地向母亲提出了要去上学的要求。"③ 在母亲的允诺下，"冯沅君到北京后，立即参加入学考试。这次应考只考作文一门，她早在家乡自学时，六朝小赋就已写得相当纯熟了，由于水平比较高，一次投考，便考中了"④。进入北京女子高等师范之后，冯沅君

---

① 宋荐戈：《中华近世通鉴·教育专卷》，中国广播电视出版社2000年版，第528页。

② 关于这一课题，王翠艳在其《女子高等教育与中国现代女性文学的发生——以北京女子高等师范为中心》（文化艺术出版社2007年版）一书中有着较为详尽的阐释，该校校长一览表详见该书第39—40页。

③ 孙瑞珍：《冯沅君》，《中国现代女作家》，黑龙江人民出版社1983年版，第109页。

④ 孙瑞珍：《冯沅君》，《中国现代女作家》，黑龙江人民出版社1983年版，第110页。

的知识结构从"母亲口授'四书'、'五经'",转变为五四新文学作品,"文学研究会和创造社出版的新文艺作品,特别是郭沫若那气势奔放,具有鲜明革命浪漫主义色彩的诗歌、小说、戏剧,大大地打开了她的眼界,震撼着她的心灵"。① 这样一来,冯沅君才完成了由传统女性向现代女性的过渡,由此走上文学创作的道路,出版了自己创作的新文学作品《卷葹》(1926年)、《春痕》(1926年)、《劫灰》(1928年),一举成长为卓有成就的中国现代文学女性作家。

北京女子高等师范学校作为女子教育的翘楚,深得那些在五四新文化运动中已经觉醒的女性的服膺。她们并不满足于既有的生活,而是向往北京,渴望到北京女子高等师范学校学习。庐隐便是在这种心理的驱动下,于1919年秋考进该校国文部做旁听生,由此结束了她偏远地区小教员的生活。当庐隐带着满身的精神伤痕来到学校时,她内在深受压抑的精神便在习作写作中得到宣泄,并由此得到了老师的赏识:"老师的批语是:'立意用语别具心裁,非好学深思者不办。'"② 庐隐从事文学创作的潜在才能得到了老师的认同,这为她在文学创作道路上走得更远提供了无限的可能。不仅如此,那些正在倡导新文学的闯将,又担任庐隐等女生的教师,这便为她们走上新文学的道路,提供了思想上的支撑。在这些教师中,胡适是值得一提的人物。胡适作为她的老师,讲授《中国哲学史大纲》,这使她对一些宏大的哲学命题有了新的认识,为她的文学创作提供了哲学上的帮助——这也正是庐隐在带有自传色彩的小说《海滨故人》中,之所以有如此之多的人生哲学上的疑问的缘由。在民国教育体制的影响下,庐隐作为觉醒了的女性,其迷茫和困惑的人生体验恰是过渡时代赋予她的最为宝贵的馈赠。实际上,我们如果把这批觉醒了的女性置于历史的原野上,就会发现,她们的迷茫和困惑,恰是人的个性觉醒的标志。她们"几乎全是一些'追求人生意义'的热情的然而空想的青年在那里苦闷徘徊,或是一些负荷着几千年传统思想束缚的青年在狂叫着'自我发展',然而他们的脆弱的心灵却又动辄多所顾忌"③。这种迷茫和困惑,在中国古典小说中,是不曾有过的,即便是《红楼梦》中的林黛玉,其所具有的情感和意识,也更多地打上了深深的闺阁

---

① 孙瑞珍:《冯沅君》,《中国现代女作家》,黑龙江人民出版社1983年版,第110—111页。
② 阎纯德:《庐隐》,《中国现代女作家》,黑龙江人民出版社1983年版,第261页。
③ 茅盾:《中国新文学大系·小说一集·导言》,上海良友图书印刷公司1935年版,第19页。

哀怨的烙印，这与庐隐在小说中塑造的觉醒了的知识女性相比具有截然不同的性格特征。对于其作品的这一特点，庐隐有过这样的自我表白："我常常觉得心里梗着一些什么东西，必得设法把它吐出来才痛快。"①　显然，北京女子高等师范学校为庐隐成长为中国现代作家，提供了最为适宜的条件。

与庐隐情形相似的苏雪林，1919 年"在安徽省立第一女子师范校长徐皇甫的帮助下，苏雪林进入北京高等女子师范成为国文系旁听生。虽然到北京后不久，苏雪林就受教于胡适、周作人、陈衡哲、李大钊等人，且以'五四'人自命"②。从苏雪林的"'五四'人自命"中可以看出，这一代深受五四新文化运动洗礼的女性，已经自觉地把自己的文化血脉嫁接到了五四文学之上，这正是中国现代文学得以生生不息的内在动力。从苏雪林后来的文学历程看，这个自命为"五四人"的女性，的确是传承了五四新文化运动闯将们的精神，大胆地张扬自我，甚至连她们的师辈也不放在眼里。以至于到后来，苏雪林竟然与五四文学创作实绩的代表者鲁迅直接交手。我们如果撇开其中的是非，单就其敢于质疑与论争本身来看，便不难看出她的确传承了五四新文化的质疑与批判精神。

如果说北京女子高等师范学校国文科荟萃了诸多在文学创作方面具有特殊才能的女生，那么，在其他学科中，也不乏在文学创作上具有天赋的女生。石评梅便是其中的一个。1919 年，石评梅阴差阳错地考入北京女子高等师范学校体育科。在此期间，她结识了志同道合的一大批文学同道，并与她们结下了深厚的友谊，成为文学创作上的挚友，陆晶清便是其中之一。她们不仅在文学创作上志同道合，而且后来还一起创办了"蔷薇社"，出版了《蔷薇周刊》。这说明，在北京女子高等师范学校这个公共领域中，所谓的专业制约对石评梅是不存在的。相反，这倒促成了她的文学天赋的释放："她的第一篇问世之作，却是当学生时写的一个六幕剧《这是谁的罪？》，一九二二年四月在《晨报副刊》上连载。评梅所在的北京女子高等师范学校，常常召开游艺会，排演各种节目，这个剧就是应同级级友会演出的急需，她

---

① 阎纯德：《庐隐》，《中国现代女作家》，黑龙江人民出版社 1983 年版，第 271 页。

② 《苏雪林自传》（江苏文艺出版社 1996 年版）中说：苏雪林诞生于一个极其保守的家庭，思想保守，但是，在五四运动尚未爆发的前一年，她在母校附小学当教员时，组织了一个国文补习班，请原在女师授课国学最优长的陈慎登授课。陈终日痛骂陈独秀、胡适，指为异端邪说、洪水猛兽，因为他骂得太激烈，反倒引起了她的兴趣，想把这类书刊弄来看看，究竟是何种东西。这说明她在未到北京之前，思想已起了变化。

用了两夜时间匆匆赶出来的。"① 其实，这样的文学创作之路，恰是应时代之需而诞生的，更具有针对性和现实性，这与那种躲在小楼里的无病呻吟之作，显然不是取着同一路径进行创作的。

至于石评梅的挚友陆晶清，则可以看作深受北京女子高等师范学校国文科影响而成长起来的女性作家。陆晶清上过云南女子初级师范，"她的语文成绩非常突出，受国文老师———一位写诗能手的影响，她对诗的兴趣又一天天提高了。不久逢到'五四'新文学运动，旧诗不再行时，她转而改学新诗。同时在父亲的鼓励和支持下，她冲破学校的高压和社会的侮蔑辱骂，参加了云南学生响应北京'五四'运动的反日反封建活动。"如果不是五四新文化运动，陆晶清也许会成长为一名具有相当功底的古典诗词作家，但是，当时代的风向转换之时，她开始学习新诗。1922 年，她考取了北京女子高等师范学校国文科。在此期间，她结识了五四新文化运动的倡导者周作人，"周作人告诉她，写好新诗，应该深入研究旧诗词和歌谣，因此有一个时期，她放下诗专读起了词曲和歌谣"。②

当然，除北京女子高等师范学校，还有一些学校在培育中国现代女性作家方面也是功不可没。燕京大学便是其中之一。从燕京大学走出来的女性作家，除了下面一节将要专门论述的冰心之外，还有凌淑华等。凌叔华早在天津女师读书时就开始文学创作，在进入燕京大学外文系后，又选听了周作人的新文学课程，立志做一个女作家，由此得到周作人的支持和提携。周作人把她的作品《女儿身世太凄凉》推荐给孙伏园，于 1924 年 1 月 13 日刊发于《晨报副刊》。与凌淑华的文学道路相似的还有白薇，她走上文学创作之路，就是看中了文学作为宣战的武器的功能："'我要宣战的武器！我要学习文学，学习文学！'这，便是她由博物学转向文学的初衷。她说指引她迈进文学之门的导师是田汉。"③ 这些实例从另一维度说明，女性作家在五四新文学运动之后之所以能够如雨后春笋一般地涌现出来，恰是五四新文化运动的主将们，以教师的身份，借助女子学校或者教会学校这样的平台，进行文学的代际传承的自然结果。

---

① 白舒荣：《石评梅》，《中国现代女作家》，黑龙江人民出版社 1983 年版，第 121—122 页。
② 白舒荣：《陆晶清》，《中国现代女作家》，黑龙江人民出版社 1983 年版，第 300 页。
③ 白舒荣：《白薇》，《中国现代女作家》，黑龙江人民出版社 1983 年版，第 75 页。

三

随着民国教育体制的不断完善，男女接受教育的机会也获得了民国教育体制的确认，一些学校开始男女兼招，由此开始实行男女同校，女校不再单独存在，男女同校得到了真正意义上的实现。在此情形下，女性开始接受与男性同等的教育。对此，有学者对其意义有过这样的指认："妇女不许受新式教育，因为在中国，男女在公共场所是严格隔离的，决不允许他们一起上学堂，也不许在大街上一起行走；如果妇女阅读太多的西方书籍，使她们误入歧途而模仿外国的风习，那就会贻害不浅；如果竟然发生这类情况，她们就会开始闹婚姻自由而无视父母和丈夫的权威了。"① 实际上，女性进入学校，阅读西方书籍，其意义不仅在于女性争取婚姻自由，也不在于无视父母和丈夫的权威，而是在于女性进入新式学校后，从根本上改变了在中国社会占据着话语权的男性中心地位，具体表现在中国现代文学方面，即改变了作家群体的性别结构。这意味着中国现代女性作家，将不再像历史上李清照等女性词人那样，仅仅是以个例的形式出现，而是以一种群体的方式呈现出井喷的态势。一大批女性，从学生时期开始便进行文学创作，在走出校门之后继续从事创作，由此成长为具有影响力的女性作家。具体来说，男女同校对女生成长为中国现代文学作家，具有以下几个方面的作用：

其一，男女同校，为传统社会中横亘在男女之间的那道"天河"架上了桥梁，男女之间的自由交往由此变成了现实，男女之间的情感和思想得以自由对话与交流，这对男女的个性觉醒起到了极其重要的促进作用，也为中国现代文学的爱情主题提供了可资借鉴的资源。在中国传统社会中，强调"男女授受不亲"，而女性由于无法和男性一样接受同等的教育，导致男女在社会化的初始阶段，便已经有了泾渭分明的分界线。女性在家庭中所接受的知识是以《女儿经》为代表的传统女性的自我认同和被迫归依，所接受的社会训练是诸如绣花一类的所谓的"女工"。尤其值得关注的是，女性在社会化的过程中，几乎完全被摈弃于社会之外，成为"大门不出，二门不迈"的"闺秀"。这样的一种教育模式，完全扼杀了女性全面发展的可能性。这且不说她们作为人无法获得全面的发展，即便是作为女性也无法得到

---

① ［美］费正清：《剑桥中国晚清史（1800—1911 年）》（下卷），中国社会科学院历史研究所编译室译，中国社会科学出版社 1985 年版，第 300 页。

全面发展。但是，随着新式教育的崛起，女性逐渐地获得了和男性同等接受教育的权利。她们的潜在素质得到了全面释放和提升，甚至在某些方面能够和男性并驾齐驱，难分伯仲。由此说来，男女同校是背离了纲常名教规范要求的，这对中国传统文化的冲击是非常大的。对此情形，谢冰莹在其散文中就这样记述了她父亲对学校的诅咒："学校不知是什么魔窟，凡是进去的人，都像着了魔一般，回来都闹着退婚；只要是父母代定的婚姻，不论好歹，都不承认。"① 其实，谢冰莹的父亲所看到的仅仅是学校的一个方面，他并没有看到，学校在重塑女性的社会角色上还具有极其重要的作用，那就是学校使女性由此获得了自我表达的机缘。这对向来压抑自我内在真实情感的中国传统女性来说，是不可想象的；而对中国传统的男性来说，更是难以接受的。

　　至于到了民国教育阶段，男女之间的楚河汉界更是被彻底地填平和拆除，男女开始同校，男女之间的交往也从"男女之大防"，逐渐地变得自然率真，这使男性由此可以更好地走近女性，对女性世界有了更为清晰的认知，并由此使诸多男性生出无限的爱慕之情。这种情形的出现，我们如果把其置于历史的长河中加以确认，就可以看到，男性对爱慕的女性如此痴情，甚至到了"神魂颠倒""夜不能寐"的程度，这在历史上是不曾有过的。一般说来，所谓的"哀怨"往往是和女性联系在一起的，如"闺怨"，在此情感的驱动下，发之为文，则是"闺怨诗"；而所谓的"男怨"，历史上则是少见的，所谓的"男怨诗"也不常见。但是，到了民国政体确立后，尤其是在民国教育体制的规范制约下，许多女性在接受了现代教育之后，获得和男性同等的发展机会和空间，这不仅确立了女性在社会中的独立地位，而且也确立了女性作为现代人的独立价值。

　　当女性和男性获得同等进入学校的机缘之后，女性既有情感和思想的恒定性便到了解体的时候。女性对封建礼教的恪守的前提，是女性被家庭这一牢笼羁绊着。这种情形恰如古代保存完整的"木乃伊"，其能够几千年不出现朽坏的前提是保存环境的封闭性，一旦这种环境的封闭性被打破，那么，"木乃伊"的解体便是无法避免的事情。当女性既有情感和思想生成的封闭的文化环境被打破，那么，女性的觉醒便是早晚的事情。这正如人们常说的那样："哪个女子不怀春，哪个男子不钟情。"这些得时代风气之先的女性，

---

① 谢冰莹：《被母亲关起来了》，《谢冰莹文集》（上），安徽文艺出版社1999年版，第97页。

自然会在一个新的人生起点上书写她们崭新的人生蓝图。

其二，男女同校使情爱题材的文学创作获得了取之不尽、用之不竭的文化资源。爱情是文学永恒的主题，在现实生活中，男女同校，朝夕相处之间，难免日久生情，这自然就促成了男女情爱的复苏。男女情爱的复苏，相对于被压抑了几千年的青年男女来说，其意义可谓是怎样估计都不过分。自然，这相对于中国现代文学来说，其意义也是如此。

在中国古代文学作品中，由男女同校而带来的爱情故事便是一个重要主题。由爱情故事演绎而来的文学作品更是深受读者喜爱。《梁山伯与祝英台》堪称这方面的经典之作。梁山伯与祝英台之所以能够演绎出千古流传的爱情悲剧故事，正来自男女同校所带来的情爱的复苏。本来，祝英台作为女性，根据礼教的规范约束，是难以进入学堂读书的。她为了能够读书，女扮男装，这便跨越了性别的楚河汉界，得以和梁山伯终日相守，共切磋，同读书，由此萌发了爱情。然而，觉醒后的男女情爱是无法见容于封建礼教的。由此使男女真挚的情爱不得不以悲剧而告终。尽管在梁祝故事的最后，梁山伯与祝英台化作蝴蝶，演绎了一曲情投意合的"蝴蝶恋"，但这同样无法掩盖其悲剧意义。由此说来，千古传唱的梁山伯与祝英台的故事，便以哀婉悲凉的曲调诱发了无数读者类似情感的深深共鸣。但是，从梁山伯与祝英台之间的爱情悲剧发生的物理空间来看，恰是由男女同校引发的。

在男女同校的过程中，随着男女之间交往的增多，处于青春期的男女情感也就犹如久旱的大地得到甘霖的滋润，焕发出郁郁葱葱的绿色。正是在情感复苏的情形下，男女之间的情爱成为学生们文学书写的不竭源泉。丁玲的《莎菲女士的日记》，便可以看作在这种情感作用下的产物。在《莎菲女士的日记》这部小说中，莎菲作为一个接受了现代教育的学生，其情感的复苏与觉醒、追求与迷茫，恰是在学校这个场所发生的。如果我们把莎菲与那些身处闺阁之中的女性相比，可以明显地看出，莎菲的情感已经不再是那种伤春感怀的情感类型，也不是自我哀怨的情感类型，而是带有激烈张力的情感类型。这恰如雷霆与狂飙，把几千年来士大夫所尊崇的那种闺阁神像彻底打碎了；这对几千年来安分守己、不敢逾越雷池半步的传统女性形象来说，恰是一个大胆的反叛。其实，莎菲对爱情的这种大胆率真的追求，恰是丁玲进入民国教育体制下的学校、接受现代教育之后真实情感的折射。丁玲在1920年进入上海大学接受现代教育。在此过程中，她接触了大量的男性学生，与同学王卫红甚至还演绎了一场轰轰烈烈的爱情故事，这无疑使丁玲挚伏的情感有了复苏的机缘。所以，当丁玲面对那些羁绊着女性情感解放的外在规范时，便再也无法抑制内心的愤懑，开始用笔来书写这带着自我情感的啼血之作。由此说来，莎菲这样已经觉醒了的现代女性形象，只能孕育和诞生在已经觉醒了的女性学生手中，这自然是为那些依然身在闺阁、恪守"女儿经"的传统女性无法接受的。

其三，男女同校，使中国现代文学的性别生态得到有效的保持，这确保了女性和男性作家优势互补、共同发展的良性态势。

男女同校，促成了女生情感复苏的同时，也促成她们走上了文学创作的道路。对此情形，谢冰莹在日记中有过这样的自述：

"我真太自苦了，太自寻烦恼了！脑海中为什么只有他的影子呢？眼睛所看到的，好像尽是他的笑容；耳中所听到的，好像尽是他的声音。别人写来的信，也当做是他的，看了一遍又是一遍，整个的心完全被他占有了！唉，这怎么好呢？我一点事也不想做，而且也不能做；我无论在上课，吃饭，行坐，睡眠的时候，总是想着他。听讲，一句也听不进；看书，一个字也看不懂；总之，什么事都不能做，除了静坐着想他而外。"①

"在我第一次和他见面的时候，他的视线和我的视线互相接触的一刹那，他便撒下了爱的种子在我的心田；同时像磁吸引铁似的，把我的心和灵魂，都吸进他的心内去了。从这时起，我开始对于异性发生了情感。"②

"我常在半夜三更，从凄凉可怕的梦境里惊醒来时，就用力捶着自己的脑袋骂着：——你这无用的东西，赶快去死掉吧！高洁的少女心里，为什么要藏着一个异性的影子呢？那是多么不幸的事呀！你的前途，将要被那个影子，像旋风似的卷去了，你的生命，将要被那个影子，像猛兽似的吞没了，多么危险呀！……苦海茫茫，回头是岸；再不觉悟，你的一生就这样完了！"③

透过谢冰莹的这种痛彻心扉的自我表白，我们可以看到，男女同校激发了女生对异性的想象，也激发了她们自我压抑了许久的情爱，这为她们从事文学创作，不仅提供了素材，还激发了创作的冲动。对此，较早的中国现代女性作家陈衡哲说："我既不是文学家，更不是什么小说家，我的小说不过

---

① 谢冰莹：《初恋》，《谢冰莹文集》（上），安徽文艺出版社1999年版，第55页。
② 谢冰莹：《初恋》，《谢冰莹文集》（上），安徽文艺出版社1999年版，第55页。
③ 谢冰莹：《初恋》，《谢冰莹文集》（上），安徽文艺出版社1999年版，第56页。

是一种内心冲动的产品。"① 我们从陈衡哲的这番真切表白中可以看到，正是源于人的意识的觉醒，使她有了如此之多的情愫需要外化出来，而文学创作便成了这种情愫外化的最佳方式。从这样的意义上说，中国现代女性作家之所以能够横空出世，恰是在于民国教育拆除了横亘在男女之间的那道鸿沟，实现了男女同校的缘故。

男女同校，不仅促成了男女同学之间情感的良性互动，而且对男性教师的情感也带来某些积极的影响。在民国早期的教育中，尤其是在较为保守省份的女子学校中，人们的传统观念固然严重制约着女子学校的健康发展，但更为严重的是来自掌管民国教育权力的人，竟然也制定了一些背离民国教育体制规范的苛刻要求。山东省政府主席韩复榘对女校聘用男教师作教员有着严格的限制。山东第一女子师范学校对招收男教师规定：到女师当教员，必须年满 50 岁，没留胡子的不要；教员讲书，二目必须仰视；眼看天花板，不准看学生的面孔。② 这样的硬性规范，随着民国教育在体制上取消女子专门学校而失却了存在的空间。但就其限定本身来看，也的确切中了男女同校、男女教师之间的情感命脉。这种情形在身为教师的沈从文那里，便有着一定的表现。

沈从文应邀到大学任教，也许因为没有"仰视"的缘故，结果是不仅看到了女生张兆和的面孔，而且还生出了诸多的情愫，最后发展为给女生张兆和写情书。如果不是胡适在其间斡旋，其结局真是不得而知。然而，这种情形恰好说明，在男女同校的物理空间中，情爱的复苏将是难以避免的事情，这不仅改写了男生（抑或男性教师）和女生的人生轨迹，而且还改写了中国现代文学的发展轨迹。严格说来，女生与青年男性教师之间的爱情，对促进青年教师的文学创作，其积极效能是不可小觑的。沈从文在国立青岛大学任教时，恰是其收获爱情的丰盛期，其文学创作也渐入佳境。

当然，这种情形并非为沈从文所独有，像在北京女子高等师范学校兼课的教师鲁迅，也在兼课之余结识了女生许广平，他们同样演绎出了非凡的爱情故事。

其四，女性从自我的狭窄的小天地中走了出来，开始瞩目重大的社会问

---

① 阎纯德：《陈衡哲》，《中国现代女作家》，黑龙江人民出版社 1983 年版，第 319 页。

② 中国科学院山东分院历史研究所：《山东省志资料》，山东人民出版社 1959 年第 2 期，第 69 页。

题，由此使其文学创作具有了更为丰厚的社会内涵。女性从束缚自我的狭小天地中走出来，由此接触到丰富的社会，其视野自然就获得了扩放，其关注的对象便不再是那种个人身边的琐碎事情，而是关乎社会发展的大事。女性由此和男性一起，成为拯救中国社会危机、力挽狂澜的"半边天"。对此情形，美国学者费正清等人站在西方文化的基点上，便得出这样的结论："住宿学校和不久出现的男女同校是一种新现象，有一种能诱发导致罢课和政治运动的学生舆论和组织的无限能量。共和国的新学生与教师一样关心民族命运并负有责任感。"① 这的确是中肯之论。当女性走到社会的舞台中心时，性别已经不再是制约一个人的社会价值的重要尺度，思想和情感超越了性别而成为评判的重要尺度。这方面的代表性女性作家有丁玲、萧红等。

如果说丁玲创作的《莎菲女士的日记》，更多地着眼于女性自我情感的话，那么，到了 20 世纪 30 年代，丁玲则把眼光聚焦到社会问题，创作出了《水》等社会小说。尤其值得肯定的是，到了 40 年代，丁玲还创作出了《太阳照在桑干河上》这样反映重大社会问题的小说。至于萧红，则在男女同校的锤炼之后，个性解放的意识开始觉醒，由此摆脱了未婚夫的纠缠，1934 年夏天，与她所心仪的萧军一起来到青岛。"萧军应舒群之约担任了《青岛晨报》的副刊编辑，萧红完成了以后著名国内的中篇小说《生死场》。萧军也在编辑工作之余完成了《八月的乡村》，两人一起南下，来到左翼文学的发源地上海。"② 当然，在女性通向个性解放道路上仍布满阴霾。但从总体上说，走出自我狭小天地的女性，已经不再是男性的附庸，她们已经实践了子君当年发出的"我是我自己的"宏愿，与男性作家一道，成为关注社会问题、表现社会问题的中国现代文学作家，至于"女性"这样的修饰语，则真的成了多余的词语。

总的来看，在民国教育体制内，女性的解放程度真正地成为民国教育进步的标尺。随着越来越多的女性进入了学校，尤其是随着男女同校的全面实施，女性和男性获得真正意义上的教育平等。与这种平等相对应的是，女性的情感开始苏醒，这正如郁达夫所说的那样，她们发出了苦闷的叫喊声。当她们把这种苦闷的叫喊声转化为语言文字时，中国现代文学便由此揭开了新

---

① ［美］费正清：《剑桥中国晚清史（1800—1911）》（下卷），中国社会科学院历史研究所编译室译，中国社会科学出版社 1985 年版，第 364 页。

② 骆宾基：《萧红》，《中国现代女作家》，黑龙江人民出版社 1983 年版，第 226 页。

的一页。

第二节　民国教育体制制导下的现代女性作家典范[①]
——以冰心及其文学创作为例

五四文学的发生发展离不开新式教育对知识分子文化心理结构的冲击与重构。特别是1905年科举制度废除之后，以科学、民主思想为代表的西学声势渐大，新式教育飞速发展，为五四文学培养了创建主体和以青年学生为主、能够与新文学形成同频共振的接受主体。[②] 在知识与文化的薪火相传中，某些接受主体又得以转化为文学创作者，从而推动了现代文学的蓬勃发展。作家冰心就是其中的佼佼者。

学界对冰心的研究，多集中在对其文学作品本体的阐释。有些阐释即便涉及了冰心的女性性别，也没有从民国教育体制这一视点进行深入研究，更没有从冰心所接受的文学教育对其文学创作的影响方面进行阐释。实际上，冰心能够成长为现代作家，一个无法忽视的重要因素就是在民国教育体制制导下，她所接受的文学教育对其文学创作产生了深远影响。可以说，如果没有接受现代文学教育，冰心绝难成长为中国现代文学作家。从这样的意义上看，冰心的现代作家成长之路，便赫然区别于中国传统的女性作家——那种依托私塾或者家学接受文学教育与文学传承的方式。

一

在中国传统的女性作家中，有些人能够走上文学创作，尤其是诗词创作之路，与其早期所接受的私塾教育、家学传统紧密相关。如李清照走上诗词创作之路，便深受其父影响。这种作家成长之路昭示着，在中国传统社会中，文学教育主要依托家庭展开，私塾教育仅仅是家庭教育的补充形式。如果在家庭教育中，没有父辈的文学教育，文学的代际传承是无法完成的。然而，这种文学的代际传承方式随着民国教育体制的确立，得到根本改观。家庭不再是影响个人能否成长为作家的最根本因素，学校教育逐渐取代家庭教

---

　　① 本节系笔者与博士生丁燕燕合作撰写，刊发于《湖北大学学报》（哲学社会科学版）2016年第5期。

　　② 李宗刚：《新式教育下的学生和五四文学的发生》，《文学评论》2006年第2期。

育和私塾教育，成为文学教育展开的重要平台，文学的代际传承也由此从根本上得到了改写。冰心成长为作家的道路便是如此。正如她在回顾自己走上文学创作之路时所说的那样："做梦也想不到我会以写作为业。"① 然而，做梦也想不到的事情，在民国教育体制的制导下，不仅变成了现实，而且还成为冰心的社会价值得以实现的最重要方式，以至当后人再追溯冰心的人生之路时，"中国现代文学作家"，尤其是"中国现代女性作家"的称号便成为冰心最为重要的文化符号。

冰心作为 1900 年出生的一代，恰处于中国社会数千年未有之大变局中。这就使她自觉或不自觉地被卷入历史变化的大潮中，从而见证了这个时代的变革，也参与了这个时代的变革，成为体现着时代文化思潮变迁的重要载体。在清末民初的社会大变局中，最为重要的一个变化就是教育的变化，传统的私塾教育，已经无法适应晚清救亡图存的社会需要，开始出现土崩瓦解之势，取而代之的是新式教育的崛起。新式教育作为国家主导下的现代教育，参与了一代人的文化心理建构，"它以一种渐变的方式解构着古老的、封闭的思维空间，催生了一种与整个世界多向度交流和置换的文学语境"②，也由此改写了他们的命运。冰心正是在清末民初的新式教育的影响下，改写了既有的人生底色，从而逸出了传统女性的生活轨迹，最终成长为中国现代作家。

冰心在踏上文学创作道路之前，并没有自觉的文学追求。作为 3 岁便随海军军官的父亲迁居山东烟台的"随军家属"，充其量只能算是生活在"大军营"中的"林黛玉"。这个时期，冰心在 4 岁时便开始发蒙，到了 7 岁时已经开始阅读《论语》《三国演义》《聊斋志异》等中国传统经典书籍。但是，这样的阅读体验，并不表明未来的冰心就必然会走到新文学创作的道路上来。这只能说为她未来的文学之路作了一点必要的铺垫，而真正深刻影响着冰心走上文学创作之路的还是民国教育体制下创办的新式学校。

在中国传统社会中，女性是绝难进入学堂读书的，即便是晚清政府提倡新式教育，让女性进入新式学堂接受教育也没有成为一种国家设定的法规。

---

① 冰心：《从"五四"到"四五"》，《冰心全集》第七卷，海峡文艺出版社 1994 年版，第 35 页。

② 殷国明：《历史裂变与跨文化语境的形成关于中国 20 世纪学术思想变迁的反思与探究》，《山东师范大学学报》（人文社会科学版）2014 年第 5 期。

中华民国成立后，在科学和民主诉求的制导下，民国教育体制已经把女性接受学校教育纳入国家所主导的法规之中。这使冰心有机会接受新式学校的教育，为她铺设了一条可以成长为作家的通衢。至于晚清的翻译小说，更给冰心以早期的文学启蒙。如冰心 11 岁就被林纾翻译的《巴黎茶花女遗事》吸引，并成为她"以后竭力搜求'林译小说'的开始，也可以说是我追求阅读西方文学作品的开始"①。正是这样的翻译小说以及新式教育，使冰心有可能走出传统的樊篱，最终在民国教育体制的制导下成长为中国现代文学作家。

　　1911 年，南京临时政府成立，教育部在蔡元培的主持下，改进教育制度，革新教育内容，提倡小学男女同校，奖励女学。根据民国教育的有关规定，各省均设立师范学校，尤其值得肯定的是，各省还专门成立了女子师范学校。这就为女子进入现代学校，接受现代教育，奠定了坚实的基础。就是在这种情形下，冰心以第一名的成绩考入福州女子师范学校预科，正式进入现代学校，开始接触到浅近的科学，增长了见识。

　　1914 年，冰心以优异成绩考取北京的教会学校——贝满女中。冰心在"感情最丰富，思想最活泼"的 14 岁年纪，以"一个山边海角独学无友的野孩子，一下子投入到大城市集体学习的生活中"，感到既陌生又好奇。② 在紧张严肃的中学，冰心的代数之类的成绩较差，但她的圣经、英文和国文科目成绩较好。早在女子师范学校预科期间，冰心的国文成绩就得到了国文老师林步瀛的赏识。"林先生用朱砂笔在她的作文上画了许多圆圈，有的篇章，几乎整页都画满了红圈圈。"有两次，林先生还欣喜万分地批注了"雷霆震睿，冰雪聪明""柳州风骨，长吉清才"两句各八个大字的评语。③ 这样不吝笔墨的赞誉，激发了冰心文学创作的兴趣，其作用是怎样估计都不过分的。进入贝满女中之后，根据民国教育体制的规定，即便是教会学校，也应该有国文课程，这使冰心在教会学校得以继续自己国文课程的学习。而国文课程的一个重要方面，就是作文。冰心在作文方面的优异成绩，在贝满女中得到了进一步的提升。为此，老师曾给她的作文成绩打到了 100

---

① 冰心：《我的故乡》，《冰心全集》第七卷，海峡文艺出版社 1994 年版，第 15 页。

② 冰心：《我的中学时代》，《冰心全集》第七卷，海峡文艺出版社 1994 年版，第 373 页。

③ 卓如：《冰心传》，海峡文艺出版社 2000 年版，第 28 页。

加 20 的分数①。这样的成绩，意味着冰心的作文水准已经达到了某种高度。

冰心在福州女子师范学校预科和贝满女中学习的课程到底有哪些？限于资料，我们不得而知。但从其预科学校以及教会中学的性质来看，它和中学课程应该大体上同属于一个层次，在总体上介于中、初等教育之间。1912 年中华民国教育部公布《中学校令实施细则》规定的中学课程表详如表1②：

表1　　　　1912 年《教育部公布中学校令实施细则》规定的中学课程表

学科/学年	第一学年	第二学年	第三学年	第四学年
修身	1	1	1	1
国文	7	7	5	5
外国语	7	8	8	8
历史	2	2	2	2
地理	2	2	2	2
数学	5	5	5	4
博物	3	3	2	
物理化学			4	4
法制经济				2
图画	1	1	1	2
手工	1	1	1	1
乐歌	1	1	1	1
体操	3	3	3	3
总计	33	34	35	35

从表 1 中可以看出，中学的课程基本上是把西方的自然科学课程与中国传统的国文课程相结合。与此同时，外语所占的课时也开始有了一定程度的增加。考虑到女子师范教育和女子教育的特点，冰心所在的女子师范预科学校和贝满女中应该还有一些专门针对女性特点的课程。但不管怎样，在民国教育体制的制导下，课程的设置已经从晚清的"中学为主，西学为用"向着中学西学并举的方向发展，尤其是学校的指导思想，已经不再是晚清政府所张扬的忠君教育，而是国民教育。即便是教会学校，也从根本上颠覆了既

① 冰心：《我入了贝满中斋》，《冰心全集》第七卷，海峡文艺出版社 1994 年版，第 460 页。
② 舒新城：《中国近代教育史资料》，人民教育出版社 1981 年版，第 523 页。

有的忠君教育，开始向学生灌输宗教方面的信仰。不管怎样，这样的教育，哪怕是宗教教育所宣扬的在上帝面前人人平等的思想，都极大地颠覆了中国传统教育中的皇权崇拜，也就从根本上确立了个人在教育中的主体地位。它为冰心找寻到自我的主体性，尤其是发现和张扬自我在文学创作方面的天赋，具有非常重要的促进作用。

1918 年，冰心升入华北协和女子大学理预科，有感于西医的科学严谨，为救治像母亲那样的病人而一心一意想要学医，"对于理科的功课，特别用功"。然而，五四新文化运动的浪潮却把她"'震'上了写作的道路"。① 冰心以女学生谢婉莹的身份在表兄刘放园编辑的《晨报副刊》登载了第一篇作品《二十一日听审的感想》。之后便一发而不可收，相继发表了《两个家庭》《斯人独憔悴》《秋雨秋风愁煞人》《去国》等一系列问题小说，署名冰心女士，逐渐引起文坛注意。由于写作耽误的许多理科实验难以弥补，加之兴趣使然，冰心于 1920 年改入文科。

1920 年，华北协和女子大学、华北协和大学（通州）和汇文大学合并成燕京大学。冰心在新的文科院系如鱼得水。她积极参加各类社团活动，投身社会福利工作，演出话剧筹集善款，入编委编辑燕大期刊；创作大量小说、诗歌，逐渐形成"爱的哲学"观。其中小说、散文集《超人》和诗集《繁星》《春水》分别由商务印书馆和新潮出版社出版。1923 年，冰心由燕京大学毕业，获学士学位和金钥匙奖，并得到美国威尔斯利女子文理学院奖学金资助赴美深造，开始了三年留美生涯。动身前的离愁别恨和离家后的乡思乡愁使冰心将一腔深情付诸文字，写成了系列散文《往事》。入学不久，冰心因故疾复发住进疗养院。闲散的养病时期让冰心在异域他乡得以亲近自然，重新体味无拘无束的童真童趣。与异族友人的交往又让冰心感到人间之"爱"的伟大，逐步加深了对母爱、自然和童心的理解。数月后，冰心痊愈出院，返校读书。在威校，冰心结识了许多美国朋友，并和中国留美同学访学探友、往来频繁。他们建立了学术组织"湖社"，每月一次探讨学术问题；公演传统戏剧《琵琶记》，传扬中国文化。

留学美国，对冰心的文学创作具有极其重要的促进作用。身在异国他乡，既会产生怀念故园的情愫，也会获得一种新的文化眼光。正是在这双重

---

① 冰心：《从"五四"到"四五"》，《冰心全集》第七卷，海峡文艺出版社 1994 年版，第 35—36 页。

因素的作用下，"五四"时期已经崭露头角的冰心，再次焕发出文学创作的青春，创作了《寄小读者》《山中杂记》等。这些作品为国内那些还被羁绊在传统与现代并存的教育樊篱中的学生，打开了一扇瞭望异域文化的窗口，客观上起到了参与建构"小读者"现代文化心理结构的作用。从某种意义上说，冰心在《寄小读者》中所谈到的诸多文化问题，是整个 20 世纪中国文学都无法绕开的问题，也恰是那些留学生接触美国文化后共有的体验。

冰心所处的校园，自贝满女中、燕京大学到威尔斯利学院都属于教会学校，在学制、课程设置、教学方式上都带有强烈的西式色彩。可以说近代中国的新式教育首先是由教会学校得风气之先，然后再在其他公办与私立学校中得到渐次铺开。它改变了传统私塾散漫随意的风气，取而代之的是科学谨严的教学机制。其中，课程设置与教科书的选用无疑意义重大。因为"课程是知识的一种系统安排，而且是一种有目的的安排，它是由意向性的知识组成的。通过对孩子们意识转化的控制，它的支持者们设计了在他们的社会中非常有效和流行的理论世界观"①。课程作为校园教育所依据的知识系统，带有强烈的意识形态色彩，选择什么样的知识文本即教科书，以什么样的方式将其组织在一起，采取什么样的态度评价这些知识，都隐含着课程设置者的权力意志，体现着他们的思想取向。与只注重文字记忆与伦理教育的传统私塾相比，教会学校的课程设置呈现出广博丰富、自然科学与社会科学并重的特点。以 1919—1920 年燕京大学的《课程规划》为例，校方要求学生必修的课程涵盖国文、英语、历史、自然科学、哲学或伦理学、宗教各学科门类共 56 种，并为学生提供语言和文学、自然和物理科学、社会科学三大门类共计 92 门选修课程，学校还要求学生都有主系和副系（也称辅系），亦即每一学生都要"跨学院"。② 这样的课程设置保证了学生获取知识的全面和均衡，更为重要的是，在充满现代性焦虑的 20 世纪 20 年代，它因借镜于西方而暗含了某种对科学、民主、自由等现代意识的指认。人们相信，只要能够进入校园去学习这些知识体系设置合理的课程，就能获得梦寐以求的现代品格。这也解释了为什么冰心在从事创作之前，要选择一心一意学医，

---

① ［英］麦克·F. D. 扬：《知识与控制———教育社会学新探》，谢维和、朱旭东译，华东师范大学出版社 2002 年版，第 107 页。

② 参见艾德敷《燕京大学》，转引自陈滔娜、关冰《民国时期大学课程体系与课程实施分析》，《高等理科教育》2012 年第 4 期。

"对于理科的功课，特别用功"①的原因。因为母亲体弱多病，在多方求医的过程中，冰心对严谨科学的西医极为信服，为了获得这种科学知识她必然要进入校园，并对理科功课特别用功。即使多年后，当冰心留学海外亲炙西方文明时，她依然对校园所具有的这种现代意义深信不疑。

教会学校的其他特点也深刻影响了冰心的文学创作。例如，教会学校的资金不依赖本土政府而取自西方捐助国，学校具有更多的独立性和封闭性；在课程设置与考核上，宗教类课程占据必修课的优势地位，《圣经》内容与宗教教义成为成绩考察的重点。而根据福柯的"权力与规训"理论，教育内容与教育方式本身无疑就代表了某种知识权力的运作，它必然使作为"公共领域"的教会学校校园呈现出与其他校园不一样的面貌。冰心所在的贝满女中就设有圣经课，教师在课上读《新约》和《旧约》，"每天上午除上课外，最后半小时还有一个聚会，多半是本校的中美教师或公理会的牧师来给我'讲道'。此外就是星期天的'查经班'，把校里的非基督徒学生，不分班次地编在一起……讲半小时的圣经故事"②。虽然冰心一开始觉得这些课程和活动对自己都是负担，也并没有信教，但经过一段适应期后，她开始逐渐了解耶稣基督这个"人"。当她"看到一个穷苦木匠家庭的私生子，竟然能有那么多信从他的人，而且因为宣传'爱人如己'，而被残酷地钉在十字架上"，赞叹道："这个形象是可敬的。"③这种类似于宗教信仰的情感对冰心的创作影响深远。

1926年，冰心由威尔斯利学院毕业，获硕士学位，并于同年回国，相继任教于燕京大学、清华大学和北平女子文理学院，完成了由学生到教师的身份转换。然而，成为教师之后的冰心，并没有能够再次延伸读书期间的那种文学创作态势，而是过多地把精力投入到大学教学中，使其文学创作盛况不再。冰心在燕园度过了宁静温馨的12年生活后，抗日战争爆发，从此开始了颠沛流离的生活。她先后到云南昆明、呈贡，后到重庆。其间冰心以"男士"为笔名撰写了一组以女性生活为题材的文章，结集为《关于女人》。但其文学的影响力已经无法和前期的文学创作相提并论。1946年，冰心赴

①　冰心：《从"五四"到"四五"》，《冰心全集》第七卷，海峡文艺出版社1994年版，第36页。

②　冰心：《我入了贝满中斋》，《冰心全集》第七卷，海峡文艺出版社1994年版，第461页。

③　冰心：《我入了贝满中斋》，《冰心全集》第七卷，海峡文艺出版社1994年版，第463页。

日本，曾在东京大学（原帝国大学）任教。直到解放后，冰心才再次回到中国。

二

纵观冰心的创作生涯，有一个极为有趣的现象，那就是她创作的高峰期恰巧集中于 20 世纪二三十年代，这一时段正是冰心由学生向作家再向教师身份转换的校园生活时期。这说明，民国教育体制，尤其是民国教育体制制导下的校园这一"公共领域"，是促使冰心走上中国现代文学创作道路的极其重要的一个因素。

在民国教育体制的制导下，校园作为"公共领域"包含教师与学生、学生与学生、教师学生与知识运作间的多元互动关系，与封闭单调的私人领域形成鲜明对比。中国封建社会在本质上是一个皇权和父权集权的大家庭，具有私人领域的特性，而处于这一社会中的私塾自然不可避免地也具有这一属性。传统私塾教育以科举中第为根本目标，"十年寒窗无人问"只为"一举成名天下知"。既然以进入国家体制、依附政治权力为最高追求，它就很难成为独立自主地发挥知识效能的领地。相反，它往往是家国同构社会组织的缩影。这样一来，教师与学生的关系也就成为"君君臣臣，父父子子"宗法关系的变体。从这个意义上说，私塾远未脱离封建家庭的私人领域。现代学校则不然，"校园"作为现代概念，包含物质与精神两层含义：一方面它指由教材教具、仪器设备、教学楼、实验室、图书馆、阅览室、公共活动场所构成的物理空间；另一方面也意味着在此空间中围绕教师、学生和现代知识运作所形成的人文精神和思想氛围。可以说，校园是典型的哈贝马斯理论下的"公共领域"（public sphere）。在这一领域中，教师与学生进行着以阅读为中介、以交流为中心、以公共事务为话题的公共交往。[①] 一个在家庭生活中只能扮演孝子贤孙，被固定于血缘伦理底层的青年，一旦置身校园这一"公共领域"便会焕发出勃勃生机。他可以参加各类社团组织，在某一知识范畴下与志同道合的同学谈论公共事务、参与社会生活；他也可以通过阅读报纸、杂志，或将自己的思想写成文章刊登在报纸杂志上，与其他读者和作者进行基于阅读的潜在交流；他还拥有选择的自由和能力，校园为他提

---

① ［德］哈贝马斯：《公共领域的结构转型》，曹卫东、王晓珏等译，学林出版社 1999 年版，第 3 页。

供了同教师或同学进行相互交流的机会，不同思想的并置与碰撞保证了选择的客观公正。总之，校园这一"公共领域"使学生摆脱了家庭的拘囿，成长为具有自我意志的主体的"人"。冰心创作于1919年的小说《斯人独憔悴》似乎就从反面论证了这一点。作品描写南京学堂学生代表颖铭、颖石两兄弟参加爱国请愿运动，却受到身为军阀政府官僚的父亲的压制，他们先是被禁闭在家中，后又在父亲的安排下做了办事员，百般无奈中只能痛苦烦闷地低吟："冠盖满京华，斯人独憔悴"。冰心有意将父子冲突的故事放在校园与家庭两类生活场景表现。当颖铭、颖石处于校园这一"公共领域"时，他们阅读现代书籍和杂志，自由而活泼，认定自己是"国民一分子"。为救国，他们写鼓动文章、发传单、请愿游行，即使受伤被捕也在所不辞，真可谓"国尔忘家"。然而一旦回到家中，他们便不再具有社会属性，只能是父亲温顺的儿子。为了平息父亲的怒气，他们变得谨小慎微，绝望消沉，即使背地里"拿起笔乱写些白话文章，写完又不敢留着，便又自己撕了"，或者"每天临几张字帖，读几遍唐诗，自己在小院子里，浇花种竹，率性连外面的事情，不闻不问起来"。① 同一个青年人，在校园和家庭中判若两人，不能不暴露出封建家庭这一私人领域对人的主体性的无情剥夺，当然它也从反面论证了校园作为"公共领域"的现代效能。

文学教育的新范式对冰心的文学创作产生了深刻的影响。校园为冰心提供了现代意识和实实在在的国文知识基础。创作新文学应该具有什么样的文学观念，采用怎样的文学技法，掌握什么样的语言形式都受到现代学校文学教育的影响。对此，不能忽视1912年民国政府教育部颁布的文件。它明文规定了国文教育的基本要求："国文要旨在通解普遍语言文字，能自由发表思想，并使略解高深文字，涵养文学之兴趣，兼以启发智德。国文首宜授以近世文，渐及于近古文，并文字源流、文法要略，及文学史之大概，使作实用简易之文，兼课习字。"② 国文教育摒弃传统私塾追索三坟五典、贵古贱今的观念，"首宜授以近世文，渐及于近古文"，在思想上削弱了经典古籍对人的束缚；而"涵养文学之兴趣"与"启发智德"的兼顾则避免了私塾教育机械单一的功利性追求；至于"自由发表思想"和"作实用简易之文"

---

① 冰心：《斯人独憔悴》，《冰心全集》第一卷，海峡文艺出版社1994年版，第25页。

② 《1912年12月教育部公布中学校令施行规则》，载朱有瓛主编《中国近代学制史料》第3辑（上册），华东师范大学出版社1990年版，第352页。

则简直就是"五四"文学精神的提前预演。无独有偶，颇有见地的文学史家司马长风也将新文学的胜利与新式教科书联系在一起："1920 年 1 月，教育部颁布了一个部令，要国民学校一二年的国文，从九年秋季起，一律改用国语。到了 1921 年，全国小学教科书纷纷改用白话文。全国报纸和杂志也都相继改用白话文。自 1917 年开始的文学革命，到 1920 年 1 月已获得全面胜利，这是新文学史自然的分水岭。"① 白话文学进入教科书成为新旧文学的"分水岭"，足见教科书在校园这一"公共领域"中的独特作用。因为教科书是课程设置中的知识承载物，规范着人们如何想象知识、想象怎样的知识。而国文教科书则以具体的文本选择和篇章结构影响着人们对文学的想象。它向人们展示什么是文学，什么是非文学，怎样接受和欣赏文学，文学的语言和风格在何种程度上与时代相契合。冰心求学的 20 世纪二三十年代，正是白话文学战胜文言文学逐渐取得主流地位的时代。可以想见，她的创作不能不受这一潮流的影响。冰心回忆说，她"启蒙的第一本书，就是商务印书馆出版的线装的《国文教科书》第一册。我在学认'天地日月，山水土木'这几个伟大而笔划简单的字的同时，还认得了'商务印书馆'这五个很重要的字。我从《国文教科书》的第一册，一直读了下去，每一册每一课，都有中外历史人物故事，还有与国事、家事、天下事有关的课文，我觉得每天读着，都在增长着学问与知识"②。与古代私塾教授《弟子规》《三字经》《千家诗》等开蒙读物只重记忆背诵不求意义讲解不同，作为近现代中国出版业中历史最悠久的出版机构，商务印书馆在 1904 年系统编印出版的这套《最新教科书》，根据儿童身心发展状况，从最简单直观的事物性名词"天地日月，山水土木"开始教起，在儿童具备了基本的认知和理解能力之后，再渐次向他们讲述"中外历史人物故事"和"国事、家事、天下事"，在潜移默化中使其"增长着学问与知识"。冰心的文学创作能够不囿于一己之私的小天地，而是描写社会问题，歌颂人间大爱，"以新的审美形式为表现方法"③，自然与这种新式课程的设置与现代教科书的影响大有关联。

---

① 司马长风：《中国新文学史·导言》，《中国新文学史》上卷，昭明出版社 1975 年版，第 11 页。
② 冰心：《我和商务印书馆》，《冰心全集》第八卷，海峡文艺出版社 1994 年版，第 51 页。
③ 丁帆：《我们需要用什么样的文学史观治史》，《山东师范大学学报》2013 年第 2 期。

冰心作为第一代女作家的成功无疑受益于校园这一"公共领域"。中国古代也有女性创作文学，但男尊女卑的伦理观念和私人领域的封建属性使她们无法以创作自立。冰心能够冲破男权和社会制度的樊篱，成长为现代女作家，得益于校园为她提供了走出闺阁进入社会的机会。女性通过新式教育获得谋生能力，而女性作家则能够以创作彰显自身价值，这些无疑都是社会进步的象征。冰心在自述中就说，校园使她"体会到了'切磋琢磨'的好处，也得到了集体生活的温暖"①。在女性由家庭进入校园的历史进程中，1920年燕京大学实现男女同校，是需要格外注意的事件。虽然民国政府教育部早已发布这一政策，但真正施行的学校却并不多，燕京大学算是较早的例子。冰心回忆说，"当时男女合校还是一件很新鲜的事，因此我们都很拘谨"，男生"也很腼腆"。但当坐在后面的男同学"把脚放在我们椅子下面的横杠上，簌簌抖动的时候，我们就使劲地把椅子往前一拉，他们的脚就忽然砰的一声砸到地上。我们自然没有回头，但都忍住笑，也不知道他们伸出舌头笑了没有"②。虽然当女性在公共领域第一次面对男女共处的情景时不免羞涩、拘谨、腼腆，但毕竟她们迈出了与男性平等共处的第一步。冰心和女同学那些装作无意实则有心地向异性做出的无伤大雅的恶作剧就是证明。而只要有了最初的突破，男女同学间的交往便会在校园这一"公共领域"中逐渐走向深入。冰心也确实通过这一途径获得了自我人格的确立和完善。

首先，校园中的社团学会将兴趣相似、志向相同的学生聚集在一起，使他们为达成同一目标而相互配合、共同协作，具有"公共领域"的多重功能。社团成员可以"在互相切磋中得到启发，在互相赏识中确立信念，在互相认同中实现自我的社会价值"。冰心在贝满女中每星期三下午都参加"文学会"，即训练学生演讲辩论的集会，虽然第一次上台紧张窘迫，以匆忙下台收场，但经过一年的锻炼，冰心逐渐磨炼出来，她开始喜欢这个发表意见的机会，并使她"以后在群众的场合，敢于从容地作即席发言"③。大学时代，冰心参加了学生自治会，除伙食委员会因为走读生的关系没有被派任务，其他几乎所有委员会都有冰心的职务。这些在全校学生会里有职务的人，"都不免常和男生接触"，所以，冰心比其他女同学更早地习惯了与

---

①　冰心：《我的中学时代》，《冰心全集》第七卷，海峡文艺出版社 1994 年版，第 374 页。

②　冰心：《我的大学生涯》，《冰心全集》第七卷，海峡文艺出版社 1994 年版，第 584 页。

③　冰心：《我入了贝满中斋》，《冰心全集》第七卷，海峡文艺出版社 1994 年版，第 462 页。

男同学的交往。她"不怕男孩子",甚至被男同学认为"利害"。① 社团活动锻炼了冰心的胆量和能力,也为她以平等自由的态度对待异性提供了可能。无论是在现实生活中还是于文学创作里,冰心在男性面前从未失却女性的价值和尊严。这种健全的两性观在冰心小说集《关于女人》中展露无遗。她借叙事人"男士"之口对女性发出了由衷的赞美:"世界上若没有女人,这世界至少要失去十分之五的'真'、十分之六的'善'、十分之七的'美'。"② 除此之外,冰心还热心于社会福利工作,曾经为筹集善款排演莎士比亚的戏剧,并且在一次演出中得到了鲁迅和俄国盲诗人爱罗先珂先生的赞扬。有时,冰心也自己翻译剧本并亲自挑选演员。她还是演讲会的主持人,曾邀请过鲁迅、胡适、吴贻芳等名家到燕大演讲。这些丰富多彩的社团活动开阔了冰心的视野,加深了她对生活的体验,对此后的文学创作都大有裨益。至于后来,在同学的推荐下,冰心成为"文学研究会"会员,得以与周作人、沈雁冰等"五四"先驱齐名,则是对她文学创作实绩的肯定。历史的巧合在于,促使冰心走上文学道路的第一篇作品正是她参加校园社团活动的结果。那是1919年,五四运动爆发,冰心被协和女子大学选作北京女学界联合会的文书,专门负责拟写宣传材料。她积极参加学生罢课游行,兴奋地关注时事消息。受爱国思潮的感染和鼓动,冰心写下了揭露和批判军阀腐朽统治的纪实性散文《二十一日听审的感想》,从此走上文坛。冰心自认为是1919年五四运动的浪潮把她"'震'上了写作的道路"③,此言非虚。

其次,报章与学校的结合,对学生的文学思维具有激活作用。校园中的学生虽然囿于一时一地,但在阅读报纸杂志时,文字的同一性会使他们自觉不自觉地将异时异地的其他阅读者想象成与自己拥有同样观念的人,从而形成"想象的共同体"。在社会新变期,这种想象会为个体提供归属感和安全感。冰心所处的校园在当时"新思潮空前高涨,新出的报纸杂志,像雨后春笋一般,几乎看不过来。我们都贪婪地争着买,争着借,彼此传阅"④。"五四"思潮为了扩大影响需要借助报纸杂志的力量进行宣传,而报纸杂志

① 冰心:《我的大学生涯》,《冰心全集》第七卷,海峡文艺出版社1994年版,第584页。

② 冰心:《〈关于女人〉后记》,《冰心全集》第三卷,海峡文艺出版社1994年版,第306页。

③ 冰心:《从"五四"到"四五"》,《冰心全集》第七卷,海峡文艺出版社1994年版,第35页。

④ 冰心:《回忆"五四"》,《冰心全集》第七卷,海峡文艺出版社1994年版,第26页。

也需要利用新思想的号召来聚拢客户。当这对关系被放置在校园这一"公共领域"中时，它的效用就被无限放大了。学生们"贪婪地争着买，争着借，彼此传阅"，在相互影响和激励中，现代文明开始深入人心。冰心的创作就与报纸杂志等现代传媒息息相关。她的第一篇作品发表在《晨报副刊》。表兄刘放园就是此报的编辑，为了鼓励冰心继续创作，他不断地给冰心寄《新潮》《新青年》《改造》等十几种新出的杂志，冰心从这些书报上，"知道了杜威和罗素；也知道了托尔斯泰和泰戈尔。这时我才懂得小说里有哲学的"①。而且当看了"这些书报上大学生们写的东西"，冰心"写作的胆子又大了一些，觉得反正大家都是试笔，我又何妨把我自己所见所闻的一些小问题，也写出来求教呢"②。报刊的感召成为冰心创作"问题小说"的原因，而冰心写诗的缘起也与现代传媒相关。她曾经将一篇散文《可爱的》寄到《晨报副刊》，在刊发时，编辑却自作主张地将其分行排列成了诗的形式，"下边还有记者的一段按语：……这篇小文，很饶诗趣，把它一行行的分写了，放在诗栏里，也没有不可"③。在某种意义上可以说，冰心创作诗歌是受了这位编辑的鼓励启发。

再次，教师与学生是构成校园这一"公共领域"的两大主体，他们之间的互动与交流必然会影响到作家的文学观念和创作风格。在冰心求学的时代，许多"五四"文学运动的先驱都是燕大的专职或兼职教授，也有的曾到燕大做过演讲。通过课堂讲授、课下演讲、指导演剧、推介新文学报刊及声援学生运动等方式，他们不仅向学生传授了系统的文化知识，还在更深层面启发了他们对新思想的接收。周作人就曾做过冰心的国文教师，她的毕业论文《元代的戏曲》就是由周作人审阅的。冰心回忆说："他一字没改就退回给我，说'你就写吧'。于是在同班们几乎都已交出论文之后，我才匆匆忙忙地把毕业论文交了上去。"④ 对冰心的论文提纲未改一字，并且论文提交后就轻而易举地通过了，都表明周作人对冰心写作能力的肯定，这对于一个文坛后辈无疑是极大的鼓舞。更重要的是，周作人在新文学课上还讲授过冰心的《繁星》和《超人》，只不过因为冰心用的是笔名，所以他并没有发

---

① 冰心：《我的文学生活》，《冰心全集》第三卷，海峡文艺出版社1994年版，第9页。
② 冰心：《回忆"五四"》，《冰心全集》第七卷，海峡文艺出版社1994年版，第26页。
③ 冰心：《我的文学生活》，《冰心全集》第三卷，海峡文艺出版社1994年版，第10页。
④ 冰心：《我的大学生涯》，《冰心全集》第七卷，海峡文艺出版社1994年版，第589页。

现作品的创作者正在台下听讲。一部文学作品能够成为大学课堂讲授的内容，通常意味着讲授者对这部作品的某种认同。对于初出茅庐的作家冰心而言，能亲耳聆听文学大师对自己作品的肯定无疑是创作的最大动力。更不用说，周作人似乎对冰心的创作风格还颇为倾心。因为冰心作品在日本最初的译作正是周作人翻译的她的《爱的实现》。小说讲述了一位诗人在海边小屋进行创作时每天都会看到两个天真烂漫的孩子从房前经过，给他的创作带来了无限灵感和欢愉。突然有一天下起了倾盆大雨，孩子没有按时出现，诗人感觉文思枯竭，出门等待两个孩子而不得。没想到等诗人回到屋中却发现那两个孩子为了躲雨不知什么时候早已在自己屋里安稳地睡去。看着两个在睡梦中微笑的孩子，诗人思如泉涌，终于顺利完成了文稿。在冰心的笔下，儿童不仅拥有天真无邪的面容，还成为诗人创造力的源泉，呈现出前所未有的艺术魅力。这种儿童观无疑与周作人不谋而合。而翻译活动最讲究译者与译作间的精神契合，周作人选择冰心的这样一篇小说进行翻译，让我们有理由相信，冰心在小说中对儿童之美的抒写与周作人在"五四"时期和对儿童文学的提倡存在着内在关系。或许可以说，通过教师周作人在课堂的讲授、课后的指导和翻译实践的不断强化，部分地形成了冰心关注儿童描写儿童的创作特色。例如，冰心在《繁星》中称自己的小弟弟是"我灵魂中三颗光明喜乐的星。/温柔的，/无可言说的，/灵魂深处的孩子呵！"[1]，并在诸多篇章中描写儿童的纯真欢乐，赞美孩子质朴心灵折射出的宇宙无言的神秘。在《离家的一年》中第一次离家远行思念小姊姊的"他"，《寂寞》中因妹妹离去而倍感寂寞的小小，《别后》中寄人篱下、羡慕别人有善解人意的姐姐自己却没有的"他"，都是这样的儿童形象。特别是在散文集《寄小读者》中，冰心以孩子的视角和口吻向小读者讲述海外风光、奇闻逸事，抒写远离祖国、挂念家乡母亲的离愁别绪。文字轻灵，情感细腻，赢得了孩子们的喜爱，成为中国现代儿童文学珍贵的探索之作。

　　校园中的学生，因为年龄相仿、思想接近，学习生活大部分时间在一起，很容易形成一种相互回应着的潜在公共领域。特别是女学生，基于同性间的彼此理解和关爱，她们之间的情谊会更加坚固和动人。毕竟当时能够进入校园的女学生还是少数，人们对女学生的认识还存在各种偏差。这些负面因素反而能将校园中的女学生更紧密地结合在一起，使她们在相互倾诉中寻

---

① 冰心：《繁星·四》，载卓如《冰心全集》第一卷，海峡文艺出版社 1994 年版，第 235 页。

找安慰，相互激励中追求价值。冰心在《"破坏与建设时代"的女学生》一
文中，曾依据社会态度将"女学生"分为三个时期："崇拜女学生的时期"
"厌恶女学生的时期"和"第三时期的女学生"，并呼吁"我所敬爱的女学
生呵！我们要和社会的心理奋斗，要将他们的厌恶心理挽回过来。不但求他
们的信仰，也要将他们所崇拜的'欧美女学生'的基础，建立起来"。"敬
爱的'第三时期女学生'呵！我们从今日起，要奋斗！"① 冰心虽然出生在
一个开明的家庭，生活幸福顺遂，然而当她耳闻目睹身边女同学的痛苦经历
时，不能不因同为女性而生出种种同情。她自觉地将自己作为"女学生"
群体中的一员，与女性同伴一起领受这个称呼带给她们的光荣和屈辱。当她
拿起笔来进行创作时，自然会自觉不自觉地将身为"女学生"的感受与体
验表现在作品中。可以说，"女学生"是冰心许多作品的出发点和落脚点。
这些作品有的以"女学生"为主角，有的以"女学生"为叙述者，有的虽
然采取儿童视角，但却可以将其看成"女学生"以澄澈和清明的眼光看世
界的象征。

三

现代文学教育深刻影响了冰心的文学创作，其作品的思想资源、艺术素
材和历史渊源无一不与校园这一"公共领域"相关。具体来说，主要体现
在以下几个方面：

其一，宗教的特点在冰心的文学创作中有着较多的体现。她的作品中许
多人物形象都具有耶稣基督作为"人"的无私、牺牲、博爱的"可敬"品
性，甚至形成冰心创作观念三足鼎立的母爱、自然和童心，在某种意义上就
是此种品性的升华。母爱的无私、自然的博大、儿童天使般的纯真不正是耶
稣之爱的对应吗？连冰心本人也承认：中学时代，"因着基督教义的影响，
潜隐的形成了我自己的'爱'的哲学"。② 冰心创作的诗歌作品，有的以
"迎神曲""送神曲""晚祷""圣诗"等宗教字眼命名；有的借用《圣经》
典故敷演成篇；有的则以宗教祷告的口吻抒发对自然、爱、命运、艺术等神
圣事物的虔诚、敬畏之情。她感悟命运的深奥神秘："世界上，/来路便是

---

① 冰心：《"破坏与建设时代"的女学生》，《冰心全集》第一卷，海峡文艺出版社1994年版，
第10页。

② 冰心：《我的文学生活》，《冰心全集》第三卷，海峡文艺出版社1994年版，第8页。

归途，/归途也成来路"①；发现自然的广博美好："自然的微笑里，/融化了/人类的怨嗔"②；赞美造物主的仁慈伟大："我这时是在什么世界呢？/上帝呵！我这微小的人儿，/要如何的赞美你。/在这严静的深夜，/赐与我感谢的心情，/恬默的心灵，/来歌唱天婴降生。"③ 在《世界上有的是快乐……光明》《最后的安息》《超人》等问题小说中，冰心则模仿《圣经》的叙事模式，以"爱"的哲学作为解决社会问题的良药。有学者认为《圣经》的叙事存在着一个"U"型模式，即"叙事主体通过抗争或在外力帮助下渡过劫难，重获安稳平和状态"，"因其历经磨难后的幸福结局给人以慰藉和希望，其主旨是坚信真善美等美好事物或道理必将最终延续"。④ 冰心的小说也存在这种"U"型结构，只不过她更倾向于在故事中设计天使般的人物，以他（她）宗教般的宣喻作为故事出现转折、主人公获得救赎的契机。冰心的名篇《超人》的主人公何彬是一个疏离于社会和人群、冷心冷面的青年，因为厌烦深夜的噪声，出于本能救助了楼下生病的贫儿禄儿，却得到禄儿最真诚的回报，最终促使他认识到"世界上的母亲和母亲都是好朋友，世界上的儿子和儿子也都是好朋友，都是互相牵连，不是互相遗弃的"⑤，从而重温人间真情，获得新生。禄儿是引发何彬性格转变的重要因素。他是个只有12岁的孩子，平日做事勤勤恳恳，受人救助懂得感恩，即使被拒绝仍然以执着真诚之心对待何彬。他纯真圣洁，以人性的善良和美好感召何彬，几乎是天使的化身。而禄儿写给何彬的信无疑就是上帝之爱的回音，如圣乐般涤荡着人们的灵魂，最终使何彬得到救赎。冰心让何彬从一个厌世者到遇见并帮助禄儿，再到受禄儿感动情感升华，转变为一个对生活抱有热情的青年，从而完成了类似《圣经》"U"型结构的故事叙述。这种叙事方式和天使般人物形象的设置在冰心其他问题小说中也颇为常见。《世界上有的是快乐……光明》让一个小男孩和一个小女孩以"银钟般清朗的声音"劝阻了一个准备蹈海自尽的青年，使他如闻"云端天乐一般"，拨散了

① 冰心：《送神曲》，《冰心全集》第一卷，海峡文艺出版社1994年版，第285页。
② 冰心：《春水·四九》，《冰心全集》第一卷，海峡文艺出版社1994年版，第361页。
③ 冰心：《圣诗·天婴》，《冰心全集》第一卷，海峡文艺出版社1994年版，第177页。
④ 王国喜：《〈圣经〉叙事模式及其承载的主题寓意探析》，《太原师范学院学报》2012年第4期。
⑤ 冰心：《超人》，《冰心全集》第一卷，海峡文艺出版社1994年版，第190页。

心中的阴翳，"起了一种不可思议、庄严华美的感情"。①《最后的安息》的主人公惠姑则是一个从城市到乡下别墅避暑的富人家的女儿。她怜悯关心受婆婆虐待的童养媳翠儿，当翠儿被恶毒的婆婆暴打将死时，陪伴在她身边，使从未体会到什么是快乐和爱的翠儿第一次感受到来自人间的温暖。"她憔悴鳞伤的面庞上，满了微笑，灿烂的朝阳，穿进黑暗的窗棂，正照在她的脸上，好像接她去到极乐世界"，在惠姑的"爱"里，翠儿得到了"最后的安息"。② 禄儿、两个孩子、惠姑都是冰心"爱"的哲学的象征，他们如天使一般将仁慈博爱撒播到人间，使濒临绝望的人们获得灵魂的拯救。宗教因素的运用使冰心的作品带有一种独特的柔美气息。

其二，冰心的文学创作凸显现代意识，具有舒缓优雅的艺术风格。她创作于 1924 年的小说《六一姊》以第一人称叙事，讲述了"我"对童年玩伴"六一姊"的钦佩与怀念。六一姊活泼美丽，曾以乡村女儿的机智宽厚化解了童年时期"我"的困窘。然而十年后，当"我"在"凝阴的廊上，低头疾写，追写十年前的她的嘉言懿行"时，文本深处的裂痕却十分鲜明地显露出来。作为接受过校园教育的"我"和无知无识的"六一姊"从形象到精神都表现出现代与传统、文明与野蛮之间难以逾越的分野。六一姊在弟弟六一出生后便没有了自己的名字，因为在以男性血缘伦理维系的家族谱系中，不可能容纳"铃儿"这样一个女性存在，然而六一姊却毫无挣扎地认同了这种无名状态，甚至"怕听'铃儿'两个字"。等长大一点，六一姊不用别人强制，自己把脚裹得极小。当"我"用一双天足在院中玩耍，叫她出来时，她却只能扶着门框站着看，说："我跑不动。"而"那时我已起首学做句子，读整本的书了，对于事物的兴味，渐渐的和她两样"。"我"的生活充满了"书房""功课""书写""同学"等与校园教育相关的词汇，这些都是六一姊从未接触也无从想象的东西。③ 所以，十年后，当我为六一姊"低头疾写"的时刻也正是见证"我"在校园中获取现代意识的时刻。"我"的追忆与其说是对六一姊的怀念，不如说是对造成"我"与六一姊生活与精神差异的现代教育的礼赞。

---

① 冰心：《世界上有的是快乐……光明》，《冰心全集》第一卷，海峡文艺出版社 1994 年版，第 69 页。

② 冰心：《最后的安息》，《冰心全集》第一卷，海峡文艺出版社 1994 年版，第 84 页。

③ 冰心：《六一姊》，《冰心全集》第二卷，海峡文艺出版社 1994 年版，第 150—155 页。

　　与此同时，弥漫在教会学校的宗教氛围使冰心身处的校园文化更趋严肃和保守，让浸润其中的冰心在文学创作风格上表现出舒缓优雅的特点。正如胡适评价的那样，冰心的作品中西合璧，"继承了中国传统对自然的热爱，并在她写作技巧上善于利用形象，因此使她的风格既朴实无华又优美高雅"，给新文学"带来了一种柔美和优雅，既清新，又直截"。① 与培养了庐隐、石评梅、冯沅君等现代第一代女作家的北京女子高等师范学校不同，冰心所在的"燕大是一所美国人创办的私立教会大学，在学制、教学方式及行政管理上引进了美国的教学体系，用来研究中国的传统文化，构成一个东西方文化交融的新的教学基地"；"在这种中西文化交融的方针指导下，燕大国文系既不走抱残守缺、钻故纸堆的老路，又不取全盘西化的偏激路线；而是既保留和发扬中国传统文化，又推动新文化的兴起，从而走在了各大学的前列"。② 燕京大学的中庸保守与女高师的开放热情、敏锐追踪社会政治对比鲜明。与此相映成趣的，是冰心作品中人物形象的"去情欲化"描写和冯沅君、石评梅笔下大胆"越轨"的笔致；是冰心"我在母亲的怀里，母亲在小舟里，小舟在月明的大海里"③ 的浅吟低唱和庐隐对"海滨故人"风流云散后的痛彻体验、悲哭哀号。如果除去个人生活经历与性格气质差异对文学创作的影响，应该承认，两所学校不同的校园文化氛围也是左右她们文学创作风格的重要因素。

　　其三，关注女性是冰心作为中国现代女性作家的重要主题。与封建社会"三从四德"的女性形象不同，冰心更多地写出了现代女性温柔端庄、坚毅勇敢的一面，并对接受过现代教育的"女学生"形象情有独钟。《两个家庭》是冰心问题小说的处女作，也可以把它看作冰心此后大部分创作的原型。作品通过一个女学生的目光审视了两种不同女性为各自家庭带来的幸福和烦扰。陈先生的太太是一个旧式妇女，因为没受过现代教育，缺乏管理家庭、教育孩子的知识，整日沉湎于打牌社交，从而使家庭杂乱无章、儿啼女哭、生活矛盾尖锐，最终导致陈先生抑郁而亡。另一个家庭的太太亚茜则因

---

　　① 冰心：《回忆中的胡适先生》，《冰心全集》第八卷，海峡文艺出版社 1994 年版，第 549—550 页。

　　② 钱家珏：《透过国文系探讨燕大的教学观》，《燕大文史资料》第 4 辑，北京大学出版社 1989 年版，第 166 页。

　　③ 冰心：《春水·一〇五》，《冰心全集》第一卷，海峡文艺出版社 1994 年版，第 377 页。

接受过现代教育，志趣高雅，与丈夫志同道合，孩子培养得天真活泼、温顺懂礼，家里打扫得处处洁净规则，温馨和谐。在一悲一喜、一抑一扬的故事对比中不难发现，造成两个家庭不同境遇的主要原因是家庭主妇文化教养的不同。值得注意的是，这种结论的得出完全来自作品叙述者——"女学生"带有鲜明倾向性的主观视角。而在文本中被作为正面形象塑造、受到叙述者肯定的亚茜恰巧也是一个嫁做人妇的"女学生"。如果考虑到作品的创作者冰心也是一个"女学生"，那么得出如下的结论就不会显得特别突兀："女学生"的视角和身份深刻影响了冰心创作的题材和观念。一方面，"女学生"是冰心创作的素材，她有意凸显"女学生"在接受校园教育后所具有的现代品性，赞美她们庄严优美的情感和自尊自立的品格；另一方面，冰心也不回避身为新旧思想交替时代的"女学生"所背负的压力和痛苦，写出了她们的无奈和苍凉。《是谁断送了你》的主人公怡萱生在封建家庭，冲破重重阻碍才争得上学的权力，却由于一个浮浪男同学写的一封求爱信被发现，受到父母的猜忌冤枉，而一病不起。《秋风秋雨愁煞人》《庄鸿的姐姐》中的云英和庄鸿的姐姐也都是在校园接受现代教育的"女学生"，本可大有所为，但却由于封建婚姻和封建家庭的拖累使前者心灰意冷、后者劳累致死。冰心非常关注"女学生"坎坷复杂的命运，以"女学生"的目光观察世界。即使当冰心早已由学生变为大学教师甚至知名作家，依然对"女学生"这一角色情有独钟。20 世纪 40 年代，她以"男士"为笔名创作的小说集《关于女人》，除去以调侃笔墨介绍创作动机的前两篇，共 14 篇作品，其中与"女学生"有关的占了大半。《我的教师》《我的同学》《我的同班》《我的学生》一望而知是以"女学生"为主角或叙事者的作品。《叫我老头子的弟妇》《请我自己想法子的弟妇》《我的朋友的太太》《我的朋友的母亲》诸篇也无一不围绕"女学生"设置情节，铺展故事。难怪有学者认为，小说集《关于女人》是冰心以男士为幌子，"试图把当年的同性爱在易性表达中写出，以达到既不逾规越矩、亦可告慰师友的效果"①。

　　总之，在民国教育体制的制导下，冰心才会从一个中国传统女性蜕变为现代女性，进而逐渐走上了现代文学的创作道路。在此过程中，如果没有学校的国文课程、没有国文课程中的作文训练，冰心在文学创作方面的天赋也就绝难发掘出来，自然更不会自发地释放出来。然而，同样值得我们深思的是，从现

---

① 赵慧芳：《冰心关于"同性爱"的演讲》，《中国现代文学研究丛刊》2013 年第 5 期。

代学校的文学教育中成长起来的中国现代作家，在拆掉了文学教育这一动力系统之后，她们的文学创作就犹如被压抑了许久的火山，一旦喷发随之而来的就是长久的间歇。冰心身为教师重返校园之后，尽管学校作为具有现代效能的"公共领域"，依然散发着迷人的魅力，但其作用对冰心来说似乎已经锐减不少。即便如此，我们也完全可以这样说，冰心作为民国教育体制制导下成长起来的中国现代女性作家，是一个值得我们再三研读的典范。

第三节 民国教育体制与张爱玲的现代文学创作①

如果说冰心是在民国教育体制内觉醒了的第一代现代知识女性，那么，张爱玲则是在民国教育体制内觉醒了的第二代现代知识女性。张爱玲作为孤岛时期一鸣惊人的现代文学作家，以独具韵致的文学创作与传奇式的人生经历为人瞩目。学界对张爱玲的研究已涵盖生平资料的挖掘，文学主题意蕴、创作风格的阐释，女性意识的彰显等多个层面，甚至出现了文学研究的"张学"。然而，从民国教育体制的视点对张爱玲何以成长为中国现代作家的研究，却没有得到应有的重视。其实，张爱玲的文学创作的方法、观念和风格莫不与其所接受的民国教育有着紧密的关联。所以，从民国教育体制的维度，对张爱玲的中国现代文学创作进行探析，便显得尤为必要。

一

得天独厚的生活经历使张爱玲自小就接受了中国传统文化与西方现代文明的熏染。张爱玲出身名门，曾外祖父是大名鼎鼎的李鸿章，祖父是清末著名的"清流派"代表张佩纶。在张爱玲很小的时候家里就延请塾师，为她和弟弟张子静讲解传统经典。即使后来张爱玲到上海读小学之后，家里依然有塾师教导弟弟。她课余回家，也曾跟塾师学作过古诗。张爱玲自小就显示出不凡的天才，"三岁时能背诵唐诗"，七岁写家庭悲剧小说，八岁尝试创作乌托邦式小说。② 她作的古诗被先生浓圈密点，名士风流的父亲也对她赞赏有加。张爱玲此后文学创作中的传统文化意蕴无疑由此而来。不仅如此，

---

① 本节系笔者和博士生丁燕燕合作撰写。

② 张爱玲：《天才梦》，载南妮编《童言无忌 张爱玲小品精萃》，上海书店 1994 年版，第60 页。

张爱玲的母亲和姑姑接受了现代思想，冲破重重阻碍出国留学，是中国最早的一代"娜拉"。在她们的影响下，张爱玲学习钢琴、油画和英文，阅读现代小说，初步接触了西方现代文明，"具有洋式淑女的风度"①。1929 年，在母亲的支持下，张爱玲进入新式学校——黄氏小学读书，开始接受正规的现代学校教育。入学报名时，母亲觉得张爱玲的原名"煐"不够响亮，心情踌躇，临时从英文单词中"胡乱译两个字"，取名"张爱玲"。② 由中文"张煐"到英文"Eileen chang"，冥冥之中，似乎预示着张爱玲将开始另一段别样的人生。果然，此后不久，张爱玲入上海圣玛利亚女子中学，在住校生活期间，为学校刊物《凤藻》《国光》投稿，发表了一些小说、书评和论文，初步展露了她文学创作的才华。其中有一篇《霸王别姬》写得悲壮豪迈、慷慨激昂，深得中文教师汪宏声的推崇，认为作品之成熟，"与郭沫若的《楚霸王之死》相比较，简直可以说一声有过之无不及"③。1938 年，张爱玲以远东地区第一名的成绩考入英国伦敦大学，因战事之故，翌年转入香港大学文学系。系统的文学教育为张爱玲的创作奠定了坚实的基础。与此同时，她的《天才梦》在《西风》月刊举办的征文比赛中获奖，文名渐渐为人所知。经过前期的思想与创作准备之后，1943 年，张爱玲在孤岛上海终于迎来了她创作生涯的巅峰。到 1944 年，短短两年间，张爱玲以小说集《传奇》和散文集《流言》一跃成为当时上海知名度最高的女作家。此后，由于种种原因，张爱玲定居海外，文学影响力减弱。直到 20 世纪八九十年代又再次出现在人们的视野中。

中西合璧是张爱玲文学创作的最大特点。正如学者评价的那样，她的作品"是中国画的飘逸、简约与西洋画的丰满、细腻及色彩铺陈的缝合"④。追溯这一特点形成的原因，就不能不提到张爱玲所接受的民国教育。

首先，张爱玲一手漂亮的英文以及西方文学、历史、艺术方面的知识得

---

① 张爱玲：《私语》，载南妮编《童言无忌　张爱玲小品精萃》，上海书店 1994 年版，第 52 页。

② 张爱玲：《必也正名乎》，载南妮编《童言无忌　张爱玲小品精萃》，上海书店 1994 年版，第 67 页。

③ 汪宏声：《记张爱玲》，载于青、金宏达编《张爱玲研究资料》，海峡文艺出版社 1994 年版，第 55 页。

④ 孟悦、戴锦华：《浮出历史地表——现代妇女文学研究》，河南人民出版社 1989 年版，第 250 页。

自科学系统的现代学校教育。课程（curriculum）一词由拉丁语"currere"派生而来，名词意为"跑道"，动词意为"奔跑"。那么课程就指学校为学生设定的学习路径，即学生应学习的学科总和及其进程与安排，也指学生在这些路径上的学习过程及所获得的学习结果。在张爱玲求学的 20 世纪 30 年代，中国的现代教育在借鉴西方科学教育的基础上"稳步发展，并逐渐趋向本土化"，国民政府在 30 年代的教育立法和制度建设大体完备，开始"使教育有法可依、有章可循，起到了规范教育、严格管理的作用"。[①] 张爱玲求学的上海圣玛利亚女校是一所美国人开办的教会学校。教会学校历来就重视英文，学校的课程分为中文与英文两部分，主要涉及国文、历史、地理和宗教等方面。而张爱玲此后就读的香港大学更是以英文教学为主，是一所综合大学，有文、理、工、医四个学院。张爱玲就读于文学院，选修 C1 组别的课程。头两年修英文、中国语文及文学、翻译与比较，选修历史或逻辑，张爱玲弃逻辑而选读历史。英文课除了写作训练以外，还有名家作品选读，其中毛姆的作品是老师极力推荐的；中文课有文学、历史、哲学三门主课。[②] 文、史、哲与自然科学知识的系统学习拓展了她的视野，对中外文学知识的广泛涉猎则为她的创作提供了思想资源。在她日后的创作中，英国作家毛姆的影响就极为明显。而英文在她所接受的学校教育中贯穿始终，再加上张爱玲的勤奋好学，使她的英文写作水平有了极大的提高。特别是到香港大学求学时，张爱玲为了节约金钱，除学习以外几乎没有任何娱乐活动。她对所有功课都全力以赴，一人独揽了中文系仅有的两个奖学金。为了提高英文水平，她甚至坚持求学三年不曾写过一篇中文文章，即使是给姑姑的家书也以英文写成，这为此后她的英文文学创作奠定了坚实基础。

其次，现代学校作为公共领域，以其独特的校园氛围和丰富多彩的社团活动影响了张爱玲的创作。例如，张爱玲进入的香港大学是一个华洋杂处、中西交融的学校，在这里上学的学生多是来自马来西亚、印度、新加坡、英国等地的富足华侨子弟，授课的教师也多是外国学者。张爱玲的特殊身世使她异于众人而时时处于旁观者的位置，从而在她此后的文学创作中能够以香港为背景，对处于其中的人情世故进行纤毫毕现的描写。有人说，香港之于

---

① 李华兴：《论民国教育史的分期》，《上海师范大学学报》1997 年第 1 期。

② 邵迎建：《传奇文学与流言人生张爱玲的文学》，生活·读书·新知三联书店 1998 年版，第 58 页。

张爱玲有如下的关系："香港的地理空间和人事为张爱玲扩阔了写作题材；五六十年代则是香港的文化空间为张爱玲的现代中文写作提供了新的可能与限制：如写作政治性或商业性作品、翻译及应邀为报刊写作。这一方面是香港的文化背景引发了张爱玲作品的复杂性，另一方面亦可通过张作反衬香港文化的特色。"① 此言不虚。香港独特的社会历史、风土人情为张爱玲提供了创作素材，张爱玲以香港为背景的文学创作又反过来强化了这些特色，两者互为影响、相得益彰。另外，学校中的社团活动与杂志期刊为张爱玲提供了发表创作的机会。这是中国传统私塾所无法比拟的，也是私塾所不屑为之的。学校中的社团活动与杂志期刊与学校的根本使命有着密切的关系。作为近代学校，即便是那些教会学校，也会为了确保其教育目标的实现，充分发挥学校的教育效能和凝聚作用。从教育功能来看，校刊作为承载学校教育理念的载体，具有教化学生、导引学生发展的教育功能。它对课堂教学形成了补充和支撑，在互相促进中最终促成了学校教育效能的实现；从教育的凝聚作用来看，校刊作为学生自主编辑的刊物，对凝聚学生们的关注焦点和情感认同都具有积极作用。上海圣玛利亚女校以"非梧桐不栖，非醴不饮"的"凤"作为学校标志，其校刊便名《凤藻》（*The Phoenix*）。校刊编辑由历届毕业班负责，刊发内容中英文兼具。国光会则是校内的一个课外活动小组，虽属校内组织，选举程序却极为严肃认真。社团干事先从各班选出班级候选人再参加校级选举，由全校学生民主推选。在中文系教师汪宏声的支持下，社团成员创办了刊物《国光》。正是在这一现代学校的公共平台之上，张爱玲早期的文学创作才能得到了充分的展现和充足的发展。《凤藻》1932 年第12 期年刊发表了张爱玲的处女作《不幸的她》，编者特地说明作者还是初中一年级的学生。小说描写了两个小学同学兼好友，一个高中毕业后为了反抗守旧的母亲为她安排的封建婚姻而离家漂泊，另一个则在师范学院毕业后服务社会并嫁给了志同道合的旧时好友过着幸福的家庭生活。两相对比，借人物之口，张爱玲感叹："人生聚散，本是常事，无论怎样，我们总有藏着泪珠撒手的一日。"② 忧郁苍凉的情调出自 12 岁的张爱玲之笔，已初步具有她

---

① 梁秉钧：《张爱玲与香港》，载刘绍铭、梁秉钧、许子东编《再读张爱玲》，山东画报出版社 2004 年版，第 199 页。

② 张爱玲：《不幸的她》，载子通、亦清编《张爱玲文集·补遗》，中国华侨出版社 2002 年版，第 228 页。

此后文学创作的雏形。此后，张爱玲又陆续在《凤藻》上发表了散文《迟暮》《秋雨》，评论《论卡通画之前途》及用英文创作的散文《牧羊者素描》《心愿》。此外她还在《国光》上发表了农村题材小说《牛》和历史小说《霸王别姬》以及四篇评论和两首打油诗，在校内名声大振。因家庭变故而感到痛苦自卑的张爱玲从中获得了难得的自信和鼓舞。纵观此时张爱玲的创作，多是散文、评论、打油诗和短篇小说等短小作品。她之所以以此为创作的肇始点，一方面源于这些文体本身便于驾驭，它们对刚刚从事小说创作的年轻作者来说，更利于他们的文学表达；另一方面，也与刊发这些作品的刊物定位和性质有关。《凤藻》和《国光》这样的学校刊物，面对的是广大学生群体，需要更多的学生参与。在此情形下，为了在有限的版面中刊发更多的文章，自然只能选择那些篇幅短小的文体。同时，限于财力和人力，校刊本身也没有足够的篇幅来支撑长篇作品的发表。

与此同时，在学校这一公共领域中，教师、学生间的互动也影响着张爱玲的文学创作。教会学校自创办之初就存在着重英文轻中文的倾向。随着20世纪30年代中国民族主义思潮的兴起，国民政府对文化传统教育日益加强。上海圣玛利亚女校响应国民政府的教育政策，宣称："不与流俗同污，始终保其纯洁高上学府，于东南半壁、不偏不倚，深得先哲中庸之道者，首推本校。"① 为此，学校聘请汪宏声为中文部教务主任，兼授高中国文，以期改变中文贫弱的现状。汪宏声果然不负众望，到校后便改变传统教授方式，改命题作文为课堂自主习作，并为学生提供与其日常生活接近的选题，渐渐激发了学生主动创作的热情。就是在这样的习作课上，张爱玲的《看云》一文写得"神情潇洒，词藻瑰丽"，从而受到汪宏声的注意和鼓励。② 除了外在的鼓励，教师的课堂授课也为张爱玲的文学创作提供了方法和思路。她曾在回忆中学生活时特别提到写作课："先生向我们说：'做文章，开头一定要好，起头起得好，方才能够抓住读者的注意力。结尾一定也要好，收得好，方才有回味。'我们大家点头领会。她继续说道：'中间一

① 《圣玛利亚女书院校史》，载朱有瓛、高时良《中国近代学制史料》第4辑，华东师范大学出版社1993年版，第306页。

② 汪宏声：《记张爱玲》，载于青、金宏达《张爱玲研究资料》，海峡文艺出版社1994年版，第53页。

定也要好——'还未说出所以然来，我们早已哄堂大笑。"① 张爱玲虽然以
嬉笑游戏的笔墨回忆教师对文章写作的讲授，但不可否认，在她此后的许多
小说创作中为了吸引读者，她确实着意将开头结尾设计得巧妙精致，深得文
章作法之三味。而她创作《霸王别姬》的动机就直接来自课堂学习的启发，
是老师汪宏声"在课上介绍历史小说之后根据项羽本纪写的"②。而到了香
港大学，国文系唯一的一位中国教师许地山则为张爱玲的创作提供了新的视
角和思想。学者邵迎建曾详细分析过他们师生二人的传承关系，并认为张爱
玲《茉莉香片》中的言教授就有许地山的影子。"许地山对中国文化在进行
实证研究的基础上提出理性批判的治学态度，唤起了青年张爱玲的共鸣"，
许地山对"近三百年来底中国女装"的研究与具有宗教情怀的"爱"之描
写在张爱玲的《更衣记》《第一炉香》《心经》中皆有呈现。③

　　如果说教师与学生的关系更多的是知识的传授，那么学校中学生与学生
的关系则更加平等、自由和活泼。他们可以在相互交流切磋中增长见识、深
化人生体验。张爱玲由于特殊的人生经历在面对陌生人时常常沉默而冷静，
但在相熟的同龄人中，却能表现出难得的青春热情。中学时代，张爱玲与一
个大她几岁的同学散步，在朦胧的月光下，同学向她表达深情厚谊，她受了
浪漫氛围的感染，心里生出无限的感动说："我是……除了我的母亲，就只
有你了。"④ 这种缱绻缠绵的柔情无疑为张爱玲的创作提供了另一种情感体
验。除此之外，同学之间的问题讨论、思想交流和阅读反馈能修正张爱玲文
学创作的方向，强化其创作的兴趣和信心。张爱玲小学时的作文课，充斥着
新文化运动后文坛流行的"新文艺滥调"，张爱玲称其为"新台阁体"，而
作家张资平的创作无疑就是这种腔调的代表。张爱玲有一个姓张的同学就喜

---

①　张爱玲：《论写作》，载南妮编《童言无忌　张爱玲小品精萃》，上海书店 1994 年版，第
141 页。

②　汪宏声：《记张爱玲》，载于青、金宏达《张爱玲研究资料》，海峡文艺出版社 1994 年版，
第 55 页。

③　邵迎建：《女装·时装·更衣记·爱——张爱玲与恩师许地山》，《新文学史料》2011 年第
1 期。

④　张爱玲：《童言无忌》，载南妮编《童言无忌　张爱玲小品精萃》，上海书店 1994 年版，第
7 页。

欢张资平，但张爱玲却喜欢张恨水，两人常为此在课下争辩。① 为此，张爱玲还在私下创作一些与张恨水传统章回小说相通的作品。有一次，她用铅笔在笔记簿上第一次写成一篇有收梢的小说，引起了同学们的注意。他们"睡在蚊帐里翻阅，摩来摩去，字迹都擦糊涂了"。因为文中的负心汉叫殷梅生，还引起一个同班姓殷的同学的不满而提笔将名字改成了王梅生。"我又给改回来。几次三番改来改去，纸也擦穿了"。② 同学之间手手相传地阅读一篇习作，小说中虚构人物的姓氏也能引发一场不大不小的"战争"，以至于"摩来摩去，字迹都擦糊涂了"，"纸也擦穿了"。对于张爱玲来说，一篇尝试之作能让同学们如此痴迷和重视，无疑为她此后创作描写日常生活、雅俗共赏的小说奠定了基础。张爱玲的创作生涯中还有两人不得不提。一个是毕业于圣约翰大学的林语堂，他学习成绩优异被保送出国留学，以英文创作在西方世界名声大噪。当时的圣玛利亚女校和圣约翰大学仅一墙之隔。当时已在美国的林语堂写了一部小说《京华烟云》，张爱玲看了之后认为自己也可以写出这样的小说来，于是作为圣玛利亚女校的学生，张爱玲把林语堂作为文学创作预备超越的对象："我要比林语堂还出风头，我要穿最别致的衣服，周游世界，在上海自己有房子，过一种干脆俐落的生活。"③ 考虑到此后张爱玲文学创作的通俗风格和她对以英文写作在西方世界引起轰动所抱有的强烈欲望，不得不说是受了林语堂的影响。另一位则是张爱玲在香港大学时的同学兼好友——炎樱。她"姓摩希甸，父亲是阿拉伯裔锡兰人（今斯里兰卡）"，"母亲是天津人"。④ 炎樱大方热情的性格与沉静的张爱玲正好形成互补，她的华侨身份与天真大胆的言谈举止都成为后来张爱玲文学创作的重要素材。

① 张爱玲：《存稿》，载南妮编《童言无忌 张爱玲小品精萃》，上海书店 1994 年版，第 168—169 页。

② 张爱玲：《存稿》，载南妮编《童言无忌 张爱玲小品精萃》，上海书店 1994 年版，第 168—169 页。

③ 张爱玲：《私语》，载南妮编《童言无忌 张爱玲小品精萃》，上海书店 1994 年版，第 54 页。

④ 张爱玲：《对照记：1982 年以后作品》，《张爱玲典藏全集——对照记：1952 年以后作品》，哈尔滨出版社 2003 年版，第 61 页。

二

现代教育特别是文学教育形成了张爱玲文学创作的独特风格。第一，张爱玲的作品多以女性为主角，写出了她们看似新潮实则守旧的文化心理。这里所谓的"新"主要指她们受过新式教育，过着"新时代"的女性们才能享受的现代都市生活，而她们的"旧"则主要是指她们的思想意识和人生道路。张爱玲从在现代学校教育中接触到的女性身上看到了这种似新实旧的特质，并由此反思女性在现代社会中的价值与困境。《倾城之恋》中的白流苏是这类人物的典型。离婚之后的白流苏客居在娘家受到哥嫂排挤，偶然遇到南洋商人之子范柳原，在亦真亦假的感情纠葛中，因为战争的到来使两个自私的人都有了那么一点真情。白流苏终于得到范柳原的一纸婚约，从此过上了有物质保障的生活。张爱玲借用一个陈俗烂套的爱情故事讲述了白流苏这样一个受传统文化与时代潮流双重影响下的新式女性令人哀叹的悲凉命运。白流苏和纨绔子弟的前夫离婚看似能够掌握自己的命运，但最终却不得不屈服于金钱和社会的力量，再次回到男性的怀抱。正因张爱玲在教会学校所看到的女性处境一样。所以她也对现代教育的功用提出质疑："在某种范围内，可爱的人品与风韵是可以用人工培养出来的，世界各国各种不同样的淑女教育全是以此为目标"，"以美好的身体取悦于人，是世界上最古老的职业，也是极普遍的妇女职业，为了谋生而结婚的女人全可以归在这一项下。这也无庸讳言——有美的身体，以身体悦人；有美的思想，以思想悦人，其实也没有多大分别"。[1] 教育为女性提供了系统的现代知识和思想，经过漫长而艰难的塑造之后，女性在面对社会与男性时却不得不重回传统的牢笼，这不能不说是张爱玲对中国女性命运的独特发现。她延续着鲁迅对"娜拉走后怎样"的思考，深化了国民性批判的主题。

第二，张爱玲小说创作的题材，主要是自己生长于其中、有着自我切身感受的题材。张爱玲作为大家闺秀，并没有像丁玲等人对社会压迫个人有着更为真切的体验，而是对家庭压迫个人有着切身感受。正是基于这种独特的人生体验，张爱玲在从事文学创作伊始，便有了不吐不快的内在动力。所以，张爱玲从事文学创作所选择的题材，尽管在某种程度上远离了社会这个

---

① 张爱玲：《谈女人》，载南妮编《童言无忌　张爱玲小品精萃》，上海书店 1994 年版，第116—122 页。

大时代的风云变化，但是，家庭作为大社会的细胞，其一波一澜都折射出了社会的风云。犹如全息系统一样，张爱玲的文学聚焦点是她生活于其中的家庭。与此同时，特别值得肯定的是，张爱玲生活于其中的家庭，相对于整个社会的普通家庭来说，还具有某些独特性。她的家庭作为从中国传统社会蜕变而来的大家庭，既保存了中国传统社会的因子，又因为处于都市之中，更多地接受了来自西方文化的浸染，吸纳了西方社会的因子。例如张爱玲家庭中的鸦片之害，便是鸦片战争以来西方糟粕文化的缩影。尤其值得玩味的是，在张爱玲家族的血脉传承链条中，从其曾外祖父李鸿章身处"中国数千年来未有之变局"的环境之中，以"明知不可为而为之"的悲壮式谢幕，再到其祖父厕身于中国近代历史进程，最后到父亲的败落，正是中国近代史兴衰交替的一个缩影。张爱玲的文学创作就揭示了在这一历史进程中中国人的世俗生活。

　　第三，张爱玲的创作完美整合了中国文学传统和西方现代技巧，体现出中西交融、雅俗共赏的特点。一方面，现代教育向张爱玲提供的西方文学、历史、地理、宗教等知识为她的写作提供了现代视野；另一方面，张爱玲家学传统中的古典文学底蕴又在现代教育思想的烛照下呈现出新的时代面貌。张爱玲求学的圣玛利亚中学在教育体制与课程设置方面具有鲜明的西式色彩。福柯认为，"任何教育体制都是维持或改变话语权威的政治工具"[1]，所谓教育在这个角度上来说就是政策制定者利用这一权力对被教育者进行规训的活动。20 世纪 30 年代的中国教育正是国民政府以国家机器的力量维持统治、统一思想的历史时期。教会学校也不能逸出这样的权力范围，因此在《圣玛利亚女书院章程》中明文规定初级与高级课程中除了英文、历史、国文、心算、地理、基督本纪等课程外，还有修身、读经等课程[2]，体现出"中学为体、西学为用"的教育观念。童年时代就已有扎实的国文训练的张爱玲在这种学校环境的熏陶下，必然会一边巩固她的传统文化基础，一边形成新的现代思想，从而形成了她文学创作的多向面貌。小说《心经》描写了一个爱上自己父亲的女孩被抛弃被伤害的故事。作品既有细腻的白描手

---

　　① 参见黄华《权力，身体与自我——福柯与女性主义文学批评》，北京大学出版社 2005 年版，第 31 页。

　　② 《圣玛利亚女书院章程》，载朱有瓛、高时良《中国近代学制史料》第 4 辑，华东师范大学出版社 1993 年版，第 309—311 页。

法，也有弗洛伊德精神分析理论的巧妙运用，呈现出丰富多彩的艺术效果。《茉莉香片》《红玫瑰与白玫瑰》《金锁记》《花凋》《色戒》等无疑都有这样的特点。

第四，张爱玲的创作以苍凉为基调，注重揭示人物形象的内在心理，善于表现"人生安稳的一面"[①]，极少跌宕起伏、大喜大悲的故事情节。无论是聂传庆对言丹朱的嫉妒谋害（《茉莉香片》），还是曹七巧被黄金的枷锁异化了的人性（《金锁记》），抑或是曼桢与世钧相隔 18 年无望的爱情（《十八春》），在张爱玲笔下都是平缓地进行叙述，恰似一个"美丽的，苍凉的手势"[②]。这种创作风格的形成源于张爱玲对人生透彻而深刻的认识，其中也与学校教育的引导与启发大有关系。张爱玲在香港求学的 20 世纪 30 年代正是中国社会急剧变化，战争阴云密布的时代。特别是求学的最后阶段，张爱玲亲历战争，目睹了战争期间人的盲目和疯狂，亲身体验了死亡威胁下人的渺小和无助，这让她对人和命运有了更深切的理解："生在现在，要继续活下而且活得称心，真是难，就像'双手擘开生死路'那样的艰难巨大的事，所以我们这一代的人对于物质生活，生命的本身，能够多一点明了与爱悦，也是应当的。"[③] 那个在战争袭来却为穿什么衣服而苦恼的女同学和冒死也要把一箱衣服运下山的苏雷伽，那个应征入伍却被自己人误杀的历史教授佛朗士和为了在战争间隙看一场电影、吃一支冰淇淋而长途跋涉的炎樱，各种人与事的并置使生命显得虚无而荒谬。人性的自私与冷漠，生命的坚强与欢愉都给张爱玲以极大的心理震撼。战火让人们"急于攀住一点踏实的东西"并重新发现活着的喜悦。张爱玲从中看到了自己的"苍白、渺小"，"我们的自私与空虚，我们恬不知耻的愚蠢——谁都像我们一样，然而我们每一个人都是孤独的"[④]。也许只有拥有了这种深刻的人生体验，张爱玲笔下才会有为了一己之利陷害妹妹的姐姐（《十八春》），剥夺儿女

---

① 张爱玲：《自己的文章》，载南妮编《童言无忌　张爱玲小品精萃》，上海书店 1994 年版，第 160 页。

② 张爱玲：《金锁记》，《张爱玲典藏全集 7（中短篇小说：1943 年作品）》，哈尔滨出版社 2003 年版，第 27 页。

③ 张爱玲：《我看苏青》，载南妮编《童言无忌　张爱玲小品精萃》，上海书店 1994 年版，第 204—205 页。

④ 张爱玲：《烬余录》，载南妮编《童言无忌　张爱玲小品精萃》，上海书店 1994 年版，第 28 页。

幸福的母亲（《金锁记》），以青春貌美的侄女为诱饵来满足自己欲望的姑母（《沉香屑·第一炉香》）。

第五，张爱玲善于捕捉动作、颜色、声音等细节，语言优美而华丽。张爱玲以艺术家的敏锐直觉感受和观察世界，在她的笔下动作蕴含着情感，颜色是活的，声音有了质感。她可以将虚无缥缈、难以言传的细节以富于画面感的语言呈现出来。例如她听到夜里电车进厂的铃声："克林，克赖，克赖，克赖！""吵闹之中又带着一点由疲乏而生的驯服，是快上床的孩子，等着母亲来刷洗他们"。① 她描写陷入婚后无爱生活中的冯碧落是"绣在屏风上的鸟——悒郁的紫色缎子屏风上，织金云朵里的一只白鸟。年深月久了，羽毛暗了，霉了，给虫蛀了，死也还死在屏风上"②。感觉的奇特新异和语言的精致到位都令人叹为观止。这与她所接受的艺术训练和熏陶有关。张爱玲自小就学习绘画和钢琴，品味高雅的母亲也时时以"淑女"的标准要求她。更重要的是学校教育延续了对这些艺术趣味的培养。张爱玲上的圣玛利亚女校就特别重视音乐教学，这在其学院设置上表现得尤为明显："本院共分三斋，曰西学斋，中学斋，琴学斋"，"学生入院必须兼习中西两学，唯琴学一科系陶情适性之需，本院并不勉强，如学生父母愿学此科，准学生尽心习练，唯既学之后，不准畏难中止，如欲中止，应俟琴师及监院允准方可"。③ 将琴学与中学和西学并列为一科，足见学校对音乐的重视。音乐的学习培养了张爱玲的艺术感觉和情趣，为她的文学创作提供了灵感和素材。她的散文《谈音乐》《谈跳舞》《谈画》和诸多电影评论文章写得文采斐然、灵动飘逸，无疑就是最好的证明。

三

在过去的文学研究中，学者们多是从家庭的维度对张爱玲及其思想进行阐释。但是，对于一个极其复杂的作家来说，任何单一维度的阐释，都是不全面的。我们还需要从其他维度上进行深入的阐释。其中，教育的维

---

① 张爱玲：《公寓生活记趣》，载南妮编《童言无忌　张爱玲小品精萃》，上海书店1994年版，第12页。

② 张爱玲：《茉莉香片》，《张爱玲典藏全集7（中短篇小说：1943年作品）》，哈尔滨出版社2003年版，第97—98页。

③ 《圣玛利亚女书院章程》，载朱有瓛、高时良《中国近代学制史料》第4辑，华东师范大学出版社1993年版，第309—310页。

度便是这诸多维度中不可或缺的一个。严格来说，一个人所接受的教育，尤其是早年所接受的教育，对其思想和情感的形成具有至关重要的影响。从某种程度上说，一个作家童年的人生体验以及童年之后在学校所接受的教育，对其人生的走向具有奠定方向的作用。对张爱玲来说，同样如此。童年张爱玲在家庭中是寂寞的，即便是最为宝贵的母爱，也是畸形的。这加重了张爱玲的人生孤寂感。这种人生体验，使张爱玲在童年时期便看清了世人的真面目，尤其是看到了人性中的弱点。这就使张爱玲在面对丰富复杂的客观世界时，用业已形成的眼光更多地去找寻那些畸形的人性，并进而印证她所获得的既有人生体验。这样的交互作用，使张爱玲对人生充满了一种类似绝望的情感体验。然而，正是这种绝望的情感，又在一定维度上和五四新文学对家庭罪恶的批判维度有了对接，使张爱玲的文学作品能够和时代同步。而张爱玲对人性的发掘和批判的深度，则在一定程度上对五四新文化运动以来的中国现代文学具有显著的深化意义。同时，张爱玲童年时期对人性的绝望和她所接受的民国教育都没有把关于国家、民族、博爱等理念植入她的情感和思想深处。相反，倒是民国中小学里那些充满悖论的方面，以原始的面貌进一步印证和强化了张爱玲既有的思想和情感。

在 20 世纪 30 年代民族矛盾日益突出的中国，张爱玲就读的上海圣玛利亚女子中学和香港大学，前者代表的是完全按照美式方法进行教学的一所教会学校，后者则是直接建立在经济繁荣的殖民地上由英国设立的一所大学，其目的都是让中国人认同其文化理念。10 年前发生的"非基督教"运动在面临 30 年代的时代语境时变本加厉地演变为殖民统治下民族意识的渐次觉醒。张爱玲的中文教师汪宏声对教会学校重英文轻中文状况的不满就是这种思想的表现。有学者认为：这是"对早已在殖民地国际都市上海形成的英、美、法资本主义租界文化，尤其是以基督教为中心的殖民主义教育的弊端所表现出的民族主义危机意识"①。然而，张爱玲的感受却与汪宏声大有不同。如果说"现代国家是作为一种整治性、传教性和劝诱性势力而诞生的。这一势力决意要使被统治的全体民众接受一次彻底的检查，以使他们得到改造从而进入有序的社会（近似于理性戒律）"，"现代国家是一种造园国

---

① ［韩］任佑卿：《"娜拉"的自杀：上海租界的民族叙事与张爱玲的〈霸王别姬〉》，《中国现代文学研究丛刊》2006 年第 6 期。

(gardening state)"①，而张爱玲却由于独特的人生经历与超拔的思想冲破了这种检查与改造，她的家国之思异于常人。其可能的原因有以下几个：首先，张爱玲有着异于常人的生活经历。她的家庭曾经显赫一时，祖辈们曾站在政治权力的最高峰，然而就是这样一个官宦之家，却在张爱玲父亲一辈中急遽衰落。这种切肤之痛让张爱玲对权力和政治这样的宏大话语不感兴趣。其次，母亲的多次离家使张爱玲从小就缺少一种"家"的安全感，反而对母亲所代表的洋化生活产生了挥之不去的好奇与迷恋。民族与国家的认同和母亲的缺失一样显得虚无缥缈。再次，民国教育发展到20世纪30年代，在西学西艺的输入与"四书五经"的宣扬上始终保持着微妙的平衡。在夹缝中接受教育的张爱玲从都市的日常生活中找到了安放灵魂之所。上海圣玛利亚女校的教会性质与香港大学繁杂的学生来源都不能不让张爱玲拥有一种更为开阔的人生态度。当她与肤色和文化背景都迥异于自己的炎樱及其他异族同学交往时，无疑会时时提醒自己感受生命的视角不能拘囿于一时一地。它必须"超越上海、香港、锡兰、英国等狭窄的地域、国族，在以世界版图为背景的空间才能界定"。关于"我是谁?"的疑问会与"什么是中国人""什么是锡兰人""什么是华侨"等概念紧密相连，从而使张爱玲形成了更具超越性的家国感受。② 最后也是最重要的是，张爱玲的女性意识使她天然地与权力、国家等政治话语保持着距离。正如她在《霸王别姬》中描写的那样，虞姬仅是男性英雄项羽身边的一个陪衬，项羽"知道怎样运用他的佩刀，他的长矛，和他的江东子弟去获得他的皇冕"，然而她却不能，"她仅仅是他的高亢的英雄的呼啸的一个微弱的回声，渐渐轻下去，轻下去，终于死寂了"。③ 分解的关系。战争、英雄、国家、民族等宏大话语本质上是一种男性强力的存在，它与女性有一种与生俱来的隔膜。伍尔夫就认为：女性"无法共享民族的斗争提供给男性的光荣、利益以及'男性'的成就感"④。甚至女性作家张爱玲会时刻提防着男性所具有的这种强大劣根性有

---

① 齐格蒙特·鲍曼：《现代性与矛盾性》，邵迎生译，商务印书馆2003年版，第31页。

② 邵迎建：《传奇文学与流言人生张爱玲的文学》，生活·读书·新知三联书店1998年版，第64页。

③ 张爱玲：《霸王别姬》，载金宏达、于青编《张爱玲文集》第1卷，安徽文艺出版社1992年版，第8页。

④ ［英］弗吉尼亚·伍尔夫，转引自任佑卿《"娜拉"的自杀：上海租界的民族叙事与张爱玲的〈霸王别姬〉》，《中国现代文学研究丛刊》2006年第6期。

可能对国家和民族造成的某种破坏。她说："男性如果对于衣着感到兴趣一些，也许他们会安份一点，不至于千方百计争取社会的注意与赞美，为了造就一己的声望，不惜祸国殃民。"① 张爱玲的写作从来都是站在女性独有的立场和视角之上，她从不避讳对男性劣根性的厌弃与拒绝。这种情感体验似乎从她的童年时代就开始出现了，在"我父亲的家，那里什么我都看不起，雅（鸦）片，教我弟弟做《汉高祖论》的老先生，章回小说，懒洋洋灰扑扑地活下去。像拜火教的波斯人，我把世界强行分作两半，光明与黑暗，善与恶，神与魔。属于我父亲这一边的必定是不好的"②。因此，张爱玲对民族、国家的认同与其说是某种政治态度，毋宁说是一种由女性直觉捕捉到的坚实生活的底子。她更倾向于在日常生活的常态中表现时代的巨大变动，在30 年前的月亮与悠悠响着的胡琴声中去体味生命的真实。也正因为如此，在与胡兰成的交往中，张爱玲看到的不是一个国民党高官，而仅是一个"因为懂得，所以慈悲"③，褪去了政治外衣的世俗男人。即使在《秧歌》《赤地之恋》《色戒》等关乎战争、政治意识形态的作品中，张爱玲也决不直接表现那些冷硬的观念或宏大的场景。相反，她会将其掩藏在饮食男女、爱恨情仇的纠葛中来表现。她谈自己"甚至只是写些男女间的小事情，我的作品里没有战争，也没有革命"④。

如此一来，张爱玲对日常生活的烦琐描写和一己生命的刻骨铭记就显得别有意味。它既是一种对抗，一种策略，也是一种经验，一种生活。多年之后，张爱玲在离乡万里的海外开始了对往日记忆的反刍，创作的自传三部曲：《易经》《雷峰塔》和《小团圆》就是这种生活的证明。她远离了国家认同的维度，从自我的人性出发，满足于人性、人情的自我认同，从而走向了家庭，走向了更为隐秘的人性。这样一种走向，又最终决定了她的创作风貌，那就是褪去民族国家的色彩，更注重日常生活与隐秘人性的描写与观

---

① 张爱玲：《更衣记》，载南妮编《童言无忌　张爱玲小品精萃》，上海书店 1994 年版，第44 页。

② 张爱玲：《私语》，载南妮编《童言无忌　张爱玲小品精萃》，上海书店 1994 年版，第53 页。

③ 胡兰成：《论张爱玲》，载陈子善编《张爱玲的风气——1949 年前张爱玲评说》，山东画报出版社 2004 年版，第 21 页。

④ 张爱玲：《自己的文章》，载南妮编《童言无忌　张爱玲小品精萃》，上海书店 1994 年版，第 163 页。

察，是一种"私语"文学。一方面，孤岛时期的上海处于一种意识形态的"空场"和话语空隙中，为女性个体经验、欲望、幻想的张扬提供了绝佳的舞台。另一方面，20世纪三四十年代的中国，各种矛盾激化，人民生活在水深火热之中，人类最基本的食色之需成为人们反复诉说的对象。张爱玲抓住了这种人生安稳的底子，在窃窃私语之中"抓住一点真实的，最基本的东西"来"证实自己的存在"①，感受活着的意义。她谈及的"吃与画饼充饥""草炉饼""说胡萝卜""公寓生活记趣""谈女人""谈音乐""谈画""谈跳舞"，在琐碎生活的点滴中理解人生真意。即使在阅读经典、回顾历史时也不忘强调现世生活的价值。张爱玲认为《红楼梦》的伟大之处在于描画了高门望族日常生活的质地，而诸葛亮的丰功伟绩抵不过卧龙岗自在真切的世俗生活，她揣测说："抛下卧龙岗的自在生涯出来干大事，为了'先帝爷'一点知己之恩的回忆，便舍命忘身地替阿斗争天下，他也背地里觉得不值么？"② 这些观点都与她注重日常生活细节，善于刻画世俗人情的创作风格相一致。

自然，从人性发掘的深度来看，张爱玲因为把这个维度放在第一位，自然就凸显了这一维度的分量，从而使得这一维度成为标示其文学作品的重要特质；然而，任何事物都是一分为二的，一味地注重凸显人性维度，势必会遮蔽其他维度的分量。就张爱玲的文学作品来讲，那就是人性的维度遮蔽和压抑了其国家民族乃至政治等维度。这样的遮蔽和挤压，自然会限制张爱玲的文学作品应该具有的丰富的社会内涵，由此在凸显了人性力度的同时，自然会遮蔽社会的力度。这样的遮蔽，使得张爱玲只能成为一个拿着解剖刀，面对自我所解剖的对象时，犹如一个冷静的医生那样，进行着深入细致的解析。这样的一种冷寂，使得张爱玲在解析的过程中，把自己的感情置于脑后。由此说来，我们便看到了在张爱玲那冰冷的解剖刀下，人性之病被剖析时的冰冷的声音。这样的一种人性深度，自然是一般的中国现代文学作家所无法企及的，从这样的维度来说，张爱玲在人性发掘方面所达到的深度，是足以震撼读者

---

① 张爱玲：《自己的文章》，载南妮编《童言无忌 张爱玲小品精萃》，上海书店1994年版，第162页。

② 张爱玲：《洋人看京戏及其他》，载南妮编《童言无忌 张爱玲小品精萃》，上海书店1994年版，第72—73页。

的。但是，张爱玲唯其过分冷静，以至于这种冷静使自我的感情也退居到了脑后，从而使她的文学作品在人性解析上达到了相当深度的同时，又使其情感也一并被置之度外了，这对一部优秀的文学作品来说，其得失自然在伯仲之间。

第六章　民国教育体制内作家影像及他者建构

　　在中国传统社会中，虽有文章乃"经国之大业，不朽之盛事"之说，强调了文学经国与个人不朽的关系。但这并没有成为社会的共识，更没有成为人们认同乃至推崇文学的社会价值尺度，实际上，文人只能依附于政治家才会获得其社会价值，文人的影像自然也就不为社会所看重。但是，随着民国教育体制的建立，文学获得独立的社会存在价值，作家同样获得了独立的社会存在价值。至于作家的影像则逐渐成为人们想象性建构的对象，承载了人们对中国现代文学的认同和皈依。值得我们关注的是，这种情形的发生与民国教育体制有着密切的关系。

　　在民国教育体制内，作家创作的文学作品才有机会获得进入学校课堂的机缘，这在促成现代新文学传播的同时，也促成了接受主体对其人其文的认同和推崇。随着民国对教育的一系列的改革，尤其是随着民国政府要求中小学教材使用白话文这一法规的实施，朱自清等中国现代文学作家的作品进入了学校的课堂，并成为学生耳熟能详的作品，自然，在这些作品背后的作家，便成为人们的想象性建构的对象，并在想象性建构的过程中，赋予其诸多丰富的文化内涵，由此承载了他们对中国现代文学的认同和皈依。

　　当然，在学生对中国现代文学作家进行想象性建构之前，作家依恃其自我建构起来的主体性，对自我影像会有一个有意识的建构过程，这使他们在对抗自卑、超越自我的同时，实现了对自我背负的文化的超越，由此促成了他们对自我现代人格的建构，使他们承载起了中国现代文化。其中，朱自清便是极具典型性的一位作家。

　　朱自清作为一个身在民国教育体制内的现代知识分子，不仅从事现代文学的创作实践，而且从事大学的现代文学教育，其影像在人们的想象性建构中，同样富有深意。从民国教育体制的视点，重新审视朱自清的文学教育及其文学传承，较为全面地还原朱自清的历史影像，对我们理解中国现代文学发展的复杂性和丰富性，认识民国教育体制对中国现代文学的作用具有重要意义。

朱自清作为不同时期中国现代作家的代表性人物，其影像的自我建构及其人们对其影像的想象性建构，恰好折射出了在民国教育体制的作用下中国现代文学发生和发展的"背影"。

第一节　民国教育体制内朱自清的影像及他者建构①

朱自清是中国现代文学史上不容忽视的重要人物，也是民国教育体制内不容忽视的重要人物。朱自清从求学于北京大学，到留学归来后执教于清华大学，作为一个身在民国教育体制内的现代知识分子，不仅从事现代文学的创作实践，而且从事大学的现代文学教育。然而，对朱自清这样一个重要的历史人物，我们尚缺乏一个全面的认识，以至于在后来的中国现代文学史中，着力凸显的只是散文家的朱自清，尤其是具有民族气节的散文家朱自清，而忽视了作为文学教育家和学者的朱自清。其实，在民国教育体制内，朱自清的历史影像依次展开的次序是中国传统文人的影像、学者和教育家影像以及散文家影像。

朱自清在五四新文化运动的感召下，走上了文学创作的道路，他由此留给世人的是文学家的影像。朱自清于1916年夏天考入北京大学预科，在北京大学，在五四新文化运动浪潮洗礼下，朱自清最早从事的是现代新诗创作，发表了《睡吧，小小的人》《光明》《满月的光》等诗作，最早的作品便是1922年商务印书馆出版的诗集《雪朝》。朱自清不仅积极从事现代新诗的创作，而且还积极从事现代散文的创作，他的《匆匆》《春》《背影》《桨声灯影里的秦淮河》等散文作品都被称为白话美文的典范。对朱自清的现代散文，郁达夫曾给予很高的评价："朱自清虽则是一个诗人，可是他的散文，仍能够满贮着那一种诗意，文学研究会的散文作家中，除冰心女士

---

① 本节系笔者与研究生关姗合作撰写，刊发于《福建师范大学学报》（哲学社会科学版）2016年第3期。

外，文字之美，要算他了。"① 朱自清还积极投入五四新文化运动中去，参加了"新潮社""晨光社""湖畔社""文学研究会"等文学社团，参与了诸多的文学活动。

1920 年，朱自清在北京大学毕业后便开始了他的教师生涯。他一方面继续从事文学创作活动，创办期刊。1922 年，朱自清与叶圣陶、俞平伯等人共同创办了中国新文学史上的第一个诗刊——《诗》月刊，后来他们还合编过文学刊物《我们的七月》和《我们的六月》。另一方面积极探索语文教学改革。工作后的朱自清生活清苦，为了养家糊口辗转奔波多地担任教员，曾经任职于杭州第一师范、扬州八中、上海中国公学、浙江第一师范、浙江第十中学等学校。他恪守着教书育人的职责，在语文学科教育方面积极探索，曾与叶圣陶合著《国文教学》《精读指导举隅》《略读指导举隅》，还为开明书店编纂国文教科书，为改进中学国文的教材教法作出了较大贡献。

1925 年，经好友俞平伯的介绍，朱自清重返北京并到清华大学国文系任教。② 在清华大学国文系任教期间，朱自清尽管身在大学校园，但没有完全远离时代，做在象牙塔里不闻世事的纯粹意义上的学者，而是一直关心社会，积极参与一些学生组织的社会活动。1926 年 3 月 8 日，朱自清与学生一起参加了在天安门举行的反对八国最后通牒的示威游行活动，遭到政府镇压，并酿成了"三·一八"惨案。面对段祺瑞政府掩盖杀害学生的现实，朱自清拍案而起，执笔写下了《执政府大屠杀记》一文。在该文中，我们可以感受到朱自清作为现代知识分子的人文情怀。

尽管朱自清心系社会，但他并没有直接参与到政治活动中，依然保持了一个独立的知识分子的文化身份。1927 年"四·一二"政变之后，朋友劝朱自清加入国民党，他婉言拒绝了。对此，朱自清曾经表达过自己当时内心深处的些许惘然，觉得"这时代如闪电般，或如游丝般，总不时让你瞥着一下。它有这样大的力量，决不从它巨灵般的手掌中放掉一个人；你不能不

---

① 郁达夫：《现代散文导论》下，载蔡元培等《中国新文学大系导论集》，岳麓书社 2011 年版，第 189 页。

② 至于朱自清到底是怎样进入清华大学担任教师一职的，在诸多陈述中有所差异。如有人说是俞平伯介绍，有人说是胡适引荐。详见刘克敌《百年文学与大学》，中国文联出版社 2004 年版，第 94 页；张传敏《民国时期的大学新文学课程研究》，人民出版社 2010 年，第 69 页。

或多或少感着它的威胁……那里走呢！我所彷徨的便是这个"①。朱自清对当时那种激进的社会变革诉求，并不是特别服膺。他对那些积极投身于社会变革中的学生，就有过这样的自白："请原谅我，也许是年岁太大的关系，太刺激的文字于我不适宜。你们要斗争是可敬的，不过，我得慢慢的来。"②

1928 年 9 月，由罗家伦等起草的《国立清华大学条例》经国民政府批准并正式发布。其第一条为："国立清华大学根据中华民国教育宗旨，以求中华民族在学术上之独立发展而完成建设新中国之使命为宗旨。"③ 此后，国立清华大学的名称得到了官方的正式确认。这一"命名"把清华大学由外交部管辖的留美预备学校变为民国教育体制内的一所正式大学。作为清华大学教授的朱自清，在不自觉中进入了民国教育体制之内。

在民国教育体制中，朱自清不仅是清华大学的教授，而且还是担任一定行政职务的管理者。1931 年，梅贻琦任清华大学校长，欧洲留学回国的朱自清深得其赏识并被任命为国文系主任。担任系主任的朱自清当时这样说过："本系从民国十七年由杨振声先生主持，他提供一个新的目的，这就是'创造我们这个时代的新文学'。"④ 正是基于创造"新文学"的需要，他们专门开设了"中国新文学研究"这一选修课，朱自清的"中国新文学研究"⑤ 受到了学生们的欢迎。对此，朱自清的学生王瑶曾这样回忆："朱先生讲授'中国新文学研究'课程，始于一九二九年春季。当时距'五四'已有十年，新文学运动已经历了它的倡导和开创的时期，各种文学体裁都出现了许多作者和作品，赢得了读者的爱好，产生了广泛的社会影响。但当时还没有人对这一阶段的历程作过系统的回顾和总结，更没有人在大学讲坛上开过这类性质的课程……因此朱先生的《纲要》可以说是最早用历史总结的态度来系统研究新文学的成果……朱先生的《纲要》无论从哪一方面说

---

① 朱自清：《那里走——呈萍郢火栗四君》，《朱自清全集》第 4 卷，江苏教育出版社 1990 年版，第 226 页。

② 吴晗：《悼念朱佩弦先生》，《观察》第 5 卷第 1 期，1948 年 9 月 4 日。

③ 清华大学校史研究室编：《清华大学史料选编·解放战争时期的清华大学（1946—1948）》第 4 卷，清华大学出版社 1994 年版，第 138 页。

④ 《朱自清全集》第 8 卷，江苏教育出版社 1993 年版，第 405—406 页。

⑤ "中国新文学研究"是 1929 年春朱自清开设的一门新课课程所用的讲义。课程所用的讲义由王瑶、赵园等人根据朱自清的三种手稿整理而成。讲义以《中国新文学纲要》为名，收入《朱自清全集》第 9 卷，江苏教育出版社 1993 年版。

都是带有开创性的，它显示着前驱者开拓的足迹。"① 可见，朱自清开设
"中国新文学研究"这一课程，对于改变民国教育体制内既有的学科结构，
促成新文学进入大学课堂，为"新文学"登堂入室，与"许郑之学"并起
并坐，起到了重要作用。就此而论，我们可以把它和《中国新文学大系》
之于"中国新文学"的作用相提并论。

1933年，朱自清的文学教育兴趣出现了转向。他停止了"中国新文学
研究"的授课，开设了"中国文学批评史""中国文学史"等课程，既与
"中国新文学研究"的课程有了一定的空隙，又和他既有的新文学方向有了
距离。至于朱自清开设的课程为什么会有这种转向，后人对此有不同的阐
释。陈平原曾经说过："1933年以后，朱先生已意兴阑珊，不再开设这门课
程。"② 刘克敌则说："1933年，迫于外界压力，朱自清停止了'中国新文
学研究'的授课。"③ 其实，这两种解释，一个注重主体自身的原因，另一
个强调外在客观的原因，正可谓两种对立的阐释。如果说朱自清停止开设这
门课是因为"意兴阑珊"，那么，即便没有外在压力，也会"去意已决"；
如果说迫于外在压力，那言外之意就是朱自清还对讲授这门课"兴趣盎
然"，只是虑及外在压力，不得已而停止开设这门课。其实，具体来看，这
两种原因应该是并存不悖的。一方面，朱自清的确对新文学课程已经没有了
当初的那种热忱，这可以从他在西南联大任教期间对新文学课程不是很热心
略见一斑。另一方面，从民国教育体制来看，大学中的新文学课程的确没有
争得古典文学那样高的地位，一些从事新文学教学的教师，即便不至于被看
作"不学无术"，也被当作"略逊一筹"。这样一来，朱自清作为从事新文
学教学的教师，在清华大学的文化氛围的影响下，弃"中国新文学研究"
这一课程而改教古典文学课程，也就在情理之中了。从某种程度上说，朱自
清的这一转向，并不是一个特殊的文学教育现象，而是具有一定的代表性。
如现代新诗诗人闻一多，在国立青岛大学被当作"不学无术"的文人之后，
也转向从事古典文学的研究和授课。

朱自清开设的课程尽管出现了转向，但这并不意味着他和新文学真的绝

① 王瑶：《先驱者的足迹——读朱自清先生遗稿〈中国新文学研究纲要〉》，《朱自清全集》
第8卷，江苏教育出版社1993年版，第127—128页。
② 陈平原：《大学有精神》，北京大学出版社2009年版，第93页。
③ 刘克敌：《百年文学与大学》，中国文联出版社2004年版，第99页。

缘了。毕竟，朱自清还是带着新文学的"底色"转向古典文学的研究和授课的，这样的"底色"使朱自清和那些"本色"的古典文学教师有着很大的区别。在抗日战争时期，新文学课程便被正式列入教育部颁布的大学中文系课程表内，而制作这个课程表的，就有朱自清。清华大学南迁之后，朱自清先后担任过中文系教授会主席、中文系主任、师范学院国文系主任等职。1938 年，朱自清与罗常培一起讨论大学中文系课程草案，拟定大学国文系科目草案报教育部，经过修改后于 1939 年秋天正式颁布。①

　　朱自清进入大学任教之后，其中最为显著的变化是朱自清的散文家影像逐渐让位给了朱自清的学者影像。可以说，在民国教育体制内，朱自清更为清晰的影像是学者，而不是文学家。

　　朱自清尽管是新文学作家，但就其根本认同来看，身在民国教育体制内的朱自清，在西南联大以后的文学教育中，对新文学课程的热情有所偏转。如 1938 年 11 月 21 日，朱自清在日记中这样写道："今甫对中文系很感兴趣，他想把创作训练作为中文系的培养目标之一。但这个计划不会成功的，他对此提出不少想法，我不愿同他争辩。他想召开一个会议来讨论一年级的作文课，我只好同意。"② 由此可以看到，尽管朱自清把新文学课程纳入了大学中文系课程表中，但他对大学的"创作训练"的"作文课"却并不是特别热心。其实，在朱自清的学术研究和文学创作之间，他的认同是有所分裂的，这恐怕与其自身在民国教育体制内有着极大的关系。也就是说，在清华大学内，学术被抬高到了无可比拟的高度，它已经压抑了文学创作在大学内应有的地位。对这种情形，我们如果对比朱自清担任中学教师和大学教师的授课情况，便可以看出其中的端倪：在中学担任教师的朱自清，在课堂上热衷于讲解新文学，提倡用白话文来代替文言文，甚至还积极引导学生的白话文创作，鼓励学生开展一些文学活动。尤其值得称赞的是，这个时期的朱自清，不仅积极提倡新文学创作，而且还身体力行，亲自从事新文学作品的创作。

　　总的看来，作为西南联大的重要学者的朱自清，在文学创作与学术研究之间，已经偏转于学术研究。朱自清在大学这个平台上，其文学家身份并没有像学者身份那样显赫，甚至在某些方面因为对学术的坚守，还使他对文学

---

① 张传敏：《民国时期的大学新文学课程研究》，人民出版社 2010 年版，第 73 页。

② 《朱自清全集》第 9 卷，江苏教育出版社 1998 年版，第 560 页。

创作实践持有一种不甚认同的态度。如汪曾祺在西南联大肄业时，本来可以传承沈从文的衣钵，担任大学的教师，使西南联大的文学创作实践获得进一步繁荣。但是，朱自清并不是很认同此事。在此，我们不能把这一不甚认同归之于朱自清对汪曾祺有什么偏见，而应该看到，在朱自清那代学者的心目中，大学作为推崇学术的象牙塔，文学创作还没有像学术研究一样，被同等地看待。显然，这和他们所接纳的大学教育有着紧密的关系。

李广田对朱自清曾经有过这样的评价："在别人的谈话中，以及在别人的文字中，大都提到佩弦先生是一个最完整的人，我觉得这话很对。"① 那么，身在民国教育体制内的朱自清，作为"一个最完整的人"，在去世之后，人们又怎样看待的呢？

朱自清的去世，自然会引起民国教育体制内学者的反响。从当时报道朱自清逝世的消息来看，朱自清在当时更多的是作为一个学者的影像呈现在公众视野中的。人们在回忆文章中，更多地突出了朱自清作为学者严谨的一面，然后才是中国现代散文大家的影像。如《中建》（北平版）半月刊在1948 年 8 月 20 日出版的第 3 期、在 9 月 5 日出版的第 4 期，便刊载了大量纪念朱自清的文章，该刊几乎成了"纪念朱自清专号"。其中，在第 3 期上有《朱自清先生传略》、清华文艺社的《痛悼我们的导师》、林庚的《悼佩弦先生》、吴晗的《悼朱佩弦先生》、冯至的《朱自清先生》、闻家驷的《一个死不得的人》；在第 4 期上有俞平伯的《净友（朱佩弦兄遗念）》、杨振声的《朱自清先生与现代散文》、渐离的《双星的陨落——悼念朱自清先生》、郑昕的《怀念佩弦先生》、李广田的《记朱佩弦先生》、王瑶的《悼朱佩弦师》② 等。具体来说，朱自清留给世人的影像主要表现在以下三个方面：

其一，中国传统文人的现代典范。朱自清固然是深受五四新文化洗礼而成长起来的学者和文学家，但是，这并不意味着朱自清割断了与中国传统文化之间的联系。中国传统文化极其重视那种"天下为公"的入世情怀，这种精神在中国传统文化向现代文化转型的过程中，成为现代知识分子精神成长的极其重要的资源。在中国传统文化中，个体生命之价值，并不是由个体、家族或聚族而居的乡村来决定的，而是由国家来决定的。国家的标准固

① 李广田：《最完整的人格——哀念朱自清先生》，《观察》1948 年第 5 卷第 2 期。
② 俞平伯等：《最完整的人格——朱自清先生哀念集》，北京出版社 1988 年版。

然有一家一姓之帝王的标准，更有超越一家一姓之帝王的民族标准。两者在此是互相融合、贯通在一起的。正是在这一文化传统的滋润下，朱自清的传统文化人格得到了培育与定型。这种传统文化人格的外化表现形式，便是朱自清一方面把个体置于这一价值体系之中，另一方面朱自清又注重培育和涵养学生的家国一体的情怀。如朱自清于 1938 年 8 月在蒙自为清华第十级毕业生题词中便如此写道："诸君又走了这么多的路，更多的认识了我们的内地，我们的农村，我们的国家。诸君一定会不负所学，各尽所能，来报效我们的民族，以完成抗战建国的大业的。"① 朱自清的这一题词，从其产生的内在机理来看，自然是先内化于内心，后外化于具体的期待。其思维的演绎路线是：从具体的个人作为切入点，最终落脚于民族和国家。对此，针对朱自清在清华中文系毕业生欢送会上勉励同学说的话："青年人对政治有热忱，是很好的事情；但一个人也应该把他的本分工作做好，人家才会相信你。"有学者解读为"这也是他自己的做人态度，并贯穿终生"②。可谓一语中的。朱自清勉励学生的话语，可以看作他自我文化认同的表白，由此表现出来的是他把自我纳入民族和国家的体系之中的一种文化自觉，是有道理的。

朱自清那种"温柔敦厚"和"独立不倚"的文化品格，滋养了他"内方外圆"的处世方式。自幼便接受私塾教育的朱自清，逐渐养成了"整饬而温和、庄重而矜持"的性格。孙伏园在《悼佩弦》中说："佩弦有一个平和中正的性格，他从来不用猛烈刺激的言辞，也从来没有感情冲动的语调，虽然那时我们都在二十左右的年龄。"冯至也曾经说过：朱自清是"一个没有偏见的、过于宽容的人，容易给人以乡愿的印象，但是我们从朱先生的身上看不出一点乡愿的气味。一切在他的心中自有分寸，他对于恶势力绝不宽容。尤其是近两年来，也就是回到北平以来，他的文字与行动无时不在支持新文艺以及新中国向着光明方面的发展，他有愤激，是热烈的渴望，不过这都蒙在他那平静的面貌与朴质的生活形式下边，使一个生疏的人不能立即发现……他一步步地转变，所以步步都脚踏实地；他认为应该怎样，便怎样。

---

① 赵瑞蕻：《纪念西南联大六十周年》，载李宗刚《炮声与弦歌》，人民出版社 2014 年版，第295 页。

② 刘克敌：《百年文学与大学》，中国文联出版社 2004 年版，第 102 页。

我们应该怎样呢？每个心地清明的中国人都会知道得清楚。"① 这一评价，也正好说明了朱自清尽管深受五四新文化的影响，但是并没有像五四新文学运动最初的倡导者那样，对封建传统文化采取激烈批判的文化立场。事实上，朱自清对传统文化的"背影"，既有那种决绝的文化姿态，又有那种眷恋的文化情愫。这恐怕也正是朱自清在大学教育体制内，从认同并推崇新文学以及讲授新文学课程，最终却转向古典文学研究的内在动因。

固然，朱自清作为亲炙中国传统文化成长起来的知识分子，无法割舍他和传统文化之间的那种"脐带"关联。但是，作为接受了现代新文化熏染后的朱自清，又如新生的婴儿，他最终又切断了与母体相连接的"脐带"，并因此获得了独立的成长空间，进而实现了从传统文化人格向现代文化人格的过渡。尽管朱自清深受传统文化的影响，但是，五四新文化运动则为他走出传统并转化为现代知识分子提供了历史契机。作为一个深受五四新文化洗礼的青年学生，朱自清尽管在性格上和他的老师那一代有所不同，但就其内在精神而言，还是一脉相承的，这便是他那种"独立不倚"的文化品格。严格说来，这种"独立不倚"的文化品格，既是中国传统文人那种"狂狷"的表现形式，又是现代知识分子人格独立和主体张扬的表征。朱自清有着古代士大夫洁身自好、不同流合污的性格特点，他的挚友们称他为"积极的狷者"。至于他对"自由民主"等现代文化理念的追求，更是顺应时代要求而表现出来的文化自觉，这恰是他"独立不倚"文化品格的自然显现，并由此成为"少有的性格相对单一和完整的人"。这也是李广田为什么把朱自清看作一个"有至情""爱真理""很有风趣"的全面发展的人，而不是那种传统士大夫的"有矫情""唯书本是瞻"② 的被异化的人的内在缘由。

其二，现代学者和教育家的楷模。朱自清去世后，在世人的心目中，散文家的朱自清固然一直得到推崇，但朱自清当时更为显赫的还是他那来自民国教育体制内的大学教授这一学者和教育家的身份。如果没有这一显赫的身份，仅仅以散文家行世的朱自清，被如此"高调"地纪念，几乎是难以想象的。事实上，在民国教育体制内，作为大学教授的身份本身就受到了特别的推崇。正如梅贻琦所说的那样，"所谓大学者，非谓有大楼之谓也，有大师之谓也"。显然，梅贻琦在这里把"大楼"和"大师"予以对比，是因为

---

① 冯至著，高远东编选：《冯至文集》，华夏出版社 2000 年版，第 274 页。

② 李广田：《最完整的人格——哀念朱自清先生》，《文学杂志》1948 年第 3 卷第 5 期。

他认为大学里的学者拥有较高的"学问"。所谓学问者，概莫能外的是"专业知识"。在《现代汉语词典》中对此就有过这样的界定："正确反映客观事物的系统知识"，"知识；学识"。① 正是基于这样的一种价值尺度，那些"知识"或者"学识"便在大学里获得了较大的推崇，而那些与学问关系不是很密切的"技能"，包括一些文学家的文学创作，都被看作"君子不为"的末技小道。事实也的确如此，尽管在民国教育体制内新文学得到了认同，甚至作为一门课程还占据了一席之地，但是，这门课程的学问却深受那些推崇古典文学的学者的小觑。这正如王瑶所说的那样："当时大学中文系的课程还有着浓厚的尊古之风，所谓许（慎）、郑（玄）之学仍然是学生入门的先导，文字、声韵、训诂之类课程充斥其间，而'新文学'是没有地位的。"② 尤其值得我们关注的是，这种倾向不仅在一些从事古典文学的教师中较为普遍，即便在一些新文学作家的潜意识中也有某种偏差性的认知。在民国教育体制内，对学术的推崇便压抑乃至遮蔽了对文学创作的认同。

朱自清作为清华大学的教授，之所以备受人们的推崇，恰在于他的严谨治学态度以及他在文学、教育上的独到贡献。据清华文科研究所的同学何善周回忆说："朱先生'课书'很严，定期给昭琛指定参考书，限期阅读，要求作札记，定期亲自答疑，并提出问题令昭琛解答。师徒二人还常对某一个问题交谈讨论。……朱先生如同上大班课一样，站在讲桌后面讲解（在西南联大只有陈寅恪先生坐着讲课），昭琛坐在讲桌前面听讲。师徒相对，朱先生一直讲解两个小时。"③ 与这一记述异曲同工的是季镇淮的回忆："1942年暑假后，先生讲授'文辞研究'一门新课程。……听课学生只有二人，一个是王瑶，原清华中文系的复学生；另一个是我，清华研究生。没有课本，上课时，朱先生拿着四方的卡片，在黑板上一条一条地抄材料，抄过了再讲，讲过了又抄，一丝不苟，好像对着许多学生讲课一样。王瑶坐在前面，照抄笔记；我坐在后面，没抄笔记。"④ 至于朱自清的学生汪曾祺也这样回忆道："西南联大中文系教授对学生的要求是不严格的。除了一些基础

---

① 《现代汉语词典》，商务印书馆 2014 年版，第 1479 页。

② 王瑶：《王瑶全集》第 5 卷，河北教育出版社 2000 年版，第 608 页。

③ 何善周：《怀念昭琛——中国现代文学史的奠基人》，《王瑶先生纪念集》，天津人民出版社 1990 年版，第 30 页。

④ 季镇淮：《纪念佩弦师逝世三十周年》，《来之文录》，北京大学出版 1992 年版，第 433 页。

课，如文字学（陈梦家先生授）、声韵学（罗常培先生授）要按时听课，其余的，都较随便。比较严一点的是朱自清先生的'宋诗'。他一首一首地讲，要求学生记笔记，背，还要定期考试，小考，大考。有些课，也有考试，考试也就是那么回事。一般都只是学期终了，交一篇读书报告。联大中文系读书报告不重抄书，而重有无独创性的见解。有的可以说是怪论。有一个同学交了一篇关于李贺的报告给闻先生，说别人的诗都是在白底子上画画，李贺的诗是在黑底子上画画，所以颜色特别浓烈，大为闻先生激赏。有一个同学在杨振声先生教的'汉魏六朝诗选'课上，就'车轮生四角'这样的合乎情悖乎理的想象写了一篇很短的报告《方车轮》。就凭这份报告，在期终考试时，杨先生宣布该生可以免考。"① 从这些学生的回忆中我们可以看到，作为学者的朱自清既授课严谨，又严格考试，可以说对于学生的要求是极其严格的，这恐怕还与作学术研究所需要的科学态度有着极为深刻的关系。毕竟，学术是容不得一点懈怠和马虎的。

当然，如果说朱自清对国文系的学生严格要求是基于他对文学传承的自觉担当的话，那么，对全校学生跨系开设的大一国文课程，朱自清也照例严格要求，这一行为便可以看作他教育思想一以贯之的体现。在给清华大学理工科的学生开设大一国文时，朱自清不仅在课堂上严格要求，而且还在课下认真批改学生的作文，这就更加难能可贵了。对此，朱自清的学生伍铁平有过这样的回忆："1946 年至 1947 年我在清华大学化工系学习，大一国文老师是朱自清先生。我至今还珍藏着他亲自批改的我的作文练习。""在清华，朱先生担任中文系系主任，并负责全校一年级学生的国文课教学。他承继了西南联大的传统，在大一国文课里加进鲁迅的许多作品和其他一些白话作品。他不顾任何人的反对，规定了高尔基的《母亲》，茅盾的《清明前后》，夏衍的《法西斯细菌》，屠格涅夫的《罗亭》和沙汀的《淘金记》为大一国文必读书。这五本书的内容都是进步的。《罗亭》写俄国民粹派在革命队伍中的动摇性，《淘金记》暴露四川乡下保甲制度的黑暗和刻画地主何寡妇的毒辣。在国文期终考试时，朱先生出的考题是：'试比较《母亲》里的母亲和《淘金记》里的何寡妇'。他和同学事后闲谈时说道，我出这个题是有意的，让每个学生比较这两个人：一个是为被剥削被压迫者的解放而英勇斗争的母亲，另一个则是旧社会的寄生虫——地主何寡妇。朱先生关于大一国

---

① 汪曾祺：《西南联大中文系》，《汪曾祺散文》，广西人民出版社 2006 年版，第 149 页。

文课外读物必读的这个明智的规定，对一年一度清华五六百新生的思想教育起了很大的作用，使他们进步，并坚决投入学生运动的洪流。"① 通过这些回忆文章，我们不难看出朱自清与其说是一位富有温情的文学家，不如说是一位严谨的教育家，其严肃认真的教学态度，正是一个学者的态度。对此，王瑶赞扬道："这种严肃的负责精神，整个的贯彻着他一生的治学和为人。他虽负责，并不揽权，更不跋扈。"他"尊重别人的意见是他经常的态度"，然而，尊重别人的意见，并不意味着就没有了文化立场，朱自清在尊重别人意见的同时，对"自己的信念却很坚定"。② 这正说明了朱自清作为一个现代知识分子，既融合了传统知识分子的那种包容的美德，又汲取了现代知识分子那种独立的品格。

朱自清语文教育家的身份，严格来说，也应该隶属于他的现代学者和教育家身份之中。但是，源于他在语文教学方面的实践经历，朱自清的这一身份受到了特别的关注。如朱自清的好友叶圣陶，曾经与他在同一所学校教书，又是志趣相同的文学研究会的成员。在《悼念朱自清先生》一文中，叶圣陶就把朱自清纳入了语文教育家的行列中加以言说："我们历数国内文学家，有的能够着手创作，可惜的是'莫把金针度与人'；有的能够从事研究，遗憾的是'可怜无补费精神'。像朱先生那样为人而不为己，深入而能浅出，适应当前的需要，解决当前的问题，单就语文教育一端而言，就太难能可贵了。"③ 叶圣陶充分肯定了朱自清在教育上的贡献，为我们留下了一个在三尺讲台上辛勤耕耘的语文教师的影像。

其三，散文家的影像。朱自清不仅积极从事新文学教育，而且还积极从事新文学创作，为白话美文的创作确立了典范。在诸多的纪念文章中，许多作者把朱自清的人格和文章的品格联系起来加以阐释，高度评价了朱自清在散文创作方面所取得的成就。杨振声在纪念文章中就这样写道："最后，我觉得朱先生的性情造成他散文的风格。你同他谈话处事或读他的文章，印象都是那么诚恳，谦虚，温厚，朴素而并不缺乏风趣。对人对事对文章，他一切处理的那末公允，妥当，恰到好处。他文如其人，风华是从朴素出来，幽

① 伍铁平：《回忆清华的大一国文课和朱自清老师》，《清华大学学报》（哲学社会科学版）1995 年第 4 期。

② 王瑶：《念朱自清先生》，《中国现代文学史论集》，北京大学出版 1998 年版，第 359 页。

③ 卢今、范桥：《叶圣陶散文》上册，中国广播电视出版 1997 年版，第 263 页。

默是从忠厚出来，腴厚是从平淡出来。他的散文，确实给我们开出一条平坦大道，这条道将永久领导我们自迩以至远，自卑以升高。"① 杨振声从"文如其人"的定律出发，把他的散文的"风华""幽默""腴厚"的风格与朱自清做人的"朴素""忠厚""平淡"结合起来，从"性情"导向了他的散文风格，确是知人之论。然而，值得玩味的是，杨振声作为积极推进新文学在大学课堂占有一席之地的重要推手，在纪念朱自清的文章中，本该是先论述朱自清在文学创作方面所取得的成绩，但是，他却在"最后"才叙及了朱自清的散文成就，这或许可以看作学院派的学者、文学家，对新文学的推崇还要借助理性认知的力量才会获得实现，否则的话，在其潜意识中，学者至上的意识便会占据主导地位。至于其他纪念性的文章，则在展现朱自清散文家影像的同时，更多地注重展现他的学者兼教育家的影像。固然，朱自清的散文家影像和学者兼教育家影像互为表里、相得益彰，但在行文中，作者是先阐释还是"最后"阐释，其态度还是有一定区别的。

有些纪念文章在强调朱自清的学者身份和文学家影像之外，也不乏借助纪念朱自清来表达对时局的不满情绪。如清华大学邓以蛰教授面对朱自清的悲惨遭遇，便发出这样的喟叹："举目伤心，此去焉知非幸事。一寒澈骨，再来不作教书人。"这就把国家的凋敝和个人的死亡对接起来，表达了对时局的强烈不满。这样的情绪，正是一个时代情绪的真实再现。有的还表达了无限的惆怅与失落的情感，如冯友兰在挽联中就这样写道："人间哀中国，破碎山河，又损伤《背影》作者；地下逢一多，心酸论语，应惆怅清华文坛。"顺承这种路径，有作者探讨了朱自清的死因，强调朱自清是被贫病逼死的，这便把批判的锋芒指向了"这样的中国"："朱自清先生死了，被贫病逼死了……纪念朱自清先生，我们更不能忘记：他是生在这样的中国，而才被贫病交迫死的。"② 作为新闻类的报刊发表这类文章，对促成青年一代奋力改变"这样的中国"具有激励作用。尤其值得关注的是，这样的一种情绪和看法并不是出自个别作者，而是一类作者。如发表在同一期的《一代师表死于贫病，文学家朱自清逝世》一文，便将其死因归结为薪酬不足难以养家糊口："拼命写稿工作，这实在是他致死的主要原因。"《燕京新

① 杨振声：《朱自清先生与现代散文》，《朱自清选集》，人民文学出版社 2004 年版，第274 页。
② 徐中玉：《敬悼朱自清先生》，《时与文》1948 年第 18 期。

闻》作为进步学生主办的刊物，已经把"朱自清之死"和"这样的中国"
联系起来加以阐释，这使"朱自清之死"具有了批判和否定"这样的中国"
的效能。这样的解读思维方式，也开启了对朱自清之死的政治化解读的先
河。这样的解读和朱自清同代人的解读，其文化基点是有所差异的，看似
"毫厘之差"，其结果则会导向"千里之别"。历史的事实也已经说明，人们
对朱自清意识形态化的解读，正是以此为界碑的。

　　朱自清病逝的消息，除了在具有时效性的新闻类报刊上产生影响外，还
在一些非时效性的刊物上持续了相当长的一段时间。"先生既殁，亲友知
交，文坛作家，以及他的学生皆执笔为文，追忆哀悼，遍载国内数十种刊
物。"① 这些文章中不乏一些后来成为名人的悼念之作。徐中玉在《敬悼朱
自清先生》一文中写道："朱先生的逝世，是闻一多先生逝世以后文学界的
又一个大不幸，大损失。以两位先生的见识学历，在文学的历史和原理方面
都可能写出极有价值的巨著，但战乱、穷困、甚至迫害限制了他们。"② 这
就在一定程度上把批判的矛头指向了外部的大环境。其他纪念文章有的刊登
在《新路周刊》上，如沈从文的《不毁灭的背影》；有的刊登在《观察》
上，如李广田的《最完整的人格：哀念朱自清先生》等。抗战时期由西南
联大师范学院中文系教授创办的重要刊物《国文月刊》，也专门刊载了纪念
朱自清的文章，如主编蒲江清的《朱自清先生传略》以及王瑶的《朱自清
先生的学术研究工作》等③。

　　从学理的层面来看，文学家朱自清和学者朱自清本身就相互纠缠在一
起，二者互为表里，难分伯仲。但就其实际来看，朱自清的文学家身份，似
乎带有某些客串的性质，而朱自清的学者身份则是他一以贯之的坚守与归
依。否则，我们也无法解释朱自清为什么会逐渐地退守到学者的阵地上，由
此相对地疏远了新文学创作。事实上，在中国现代文学的发展过程中，从文
学家影像到学者影像的转换，不仅在朱自清那里有着突出的表现，而且在闻
一多等学者那里也有着同样的表现。这一现象说明，中国现代文学在确立之
后，沉潜于新文学作家情感和思想深处的重学术轻创作的潜意识，还是在不
经意间泛上了他们的意识层面，成为制导其为文治学的潜在因素。

---

①　浦江清：《朱自清先生略传》，《国文月刊》1948 年第 72 期。

②　徐中玉：《敬悼朱自清先生》，《燕京新闻》1948 年第 15 卷第 11 期。

③　王瑶：《朱自清先生的学术研究工作》，《国文月刊》1948 年第 71 期。

第二节　革命谱系中朱自清的散文家影像①

在中国革命的叙事谱系中，朱自清被视为民族的脊梁，成为革命谱系在文化战线的代表性人物；在中国现代文学的历史叙事中，朱自清被视为中国现代著名的散文家，成为五四新文学运动以来的现代散文的代表性人物。新中国成立后，朱自清的政治影像日趋淡化，取而代之的是散文家影像，并逐步遮蔽了政治影像。② 然而，值得玩味的是，朱自清的散文家影像在中华人民共和国的文学教育和文学传播中，正是借助他的政治影像，才得以进入主流意识形态主导下的语文课堂，从而在中学生的心理深处建构起了朱自清的散文家影像。在革命"高扬"的年代里，朱自清在散文中所抒发的个人情感，之所以没有被视为"小资产阶级情调"，正是借助其政治影像作用的结果。由此保留和传播了五四文学建构起来的美学世界。

一　影像生成的背景

朱自清从求学于北京大学，到执教于杭州第一师范学校，再到执教于清华大学，不仅投身现代文学的创作实践，而且从事大学的文学教育和学校管理，属于典型的民国教育体制内的现代知识分子。他与中国共产党领导的中国革命并没有多少内在的联系。然而，作为一个重要的历史人物，朱自清在新中国成立后的文学教育中却获得了着力的凸显，尤其是他的散文家影像获得特别凸显。较之冰心、俞平伯等同时代的散文家，较之徐志摩等同时代的诗人，他的散文书写中那些本来隶属于"小资产阶级情调"的个人化情感，并没有被人们刻意地放大，更没有被人们边缘化，相反，却得到了深受体制规范制约的文学教育的青睐。究其根源，这与毛泽东赋予朱自清以特别的政治影像密切相关。朱自清这种特别的政治影像，使他这个本来隶属于民国教育体制内的知识分子，在革命谱系中获得了存在的位置和价值，自然，这也使他在文学教育中获得了特别的推崇。

朱自清身后留给文学家和政治家最为深刻的影像是"签名"和"死

---

① 原刊于《山西大学学报》（哲学社会科学版）2017 年第 1 期。

② 在民国教育体制内，朱自清还是一个具有极大学术影响力的学者，但是，朱自清的学者影像逐渐地为散文家影像所取代。

亡"。"签名"一事是由当时民盟的活跃人物吴晗操办的。在拒绝"美援面粉"的声明上签字是 1948 年发生的事情。当时，物资贫乏，经济困难，国民党针对美国的"援助"计划，给高等知识分子发放"配购证"。吴晗便以"反对美国扶植日本"的口号起草了一份拒领"救济粮"的声明，来到朱自清家动员他签字。吴晗后来回忆说："在反对美国反对国民党的一些宣言、通电、声明等等的斗争中，我总是找他。他一看见我，也就明白来意，'是签名的吧？'看了稿子，就写上自己的名字。就我记忆所及，大概十次中有八九次他是签名的。"① 朱自清签名的直接结果是给其家庭生活带来了很大的压力，但就其签名的直接动因来说，我们可以清晰地看到，"反对美国扶植日本的政策"是朱自清签名的内在动因，而朱自清之所以产生这种内在动因，又根植于他的思想中一以贯之的"个人的责任"；至于发起人吴晗在"签名"和"反对美国扶植日本的政策"之间，还糅合了"反对国民党"的因子，则是"进步人士"的一种斗争策略。然而，这种斗争策略相对于朱自清来说，则考虑甚少——毕竟，身在民国教育体制内的朱自清，即便再"反对国民党"，也不可能像那些革命者一样，达到"不共戴天"的地步。不管朱自清和吴晗在签名问题上的内在动机有着怎样的不同，在朱自清那里，知识分子的那种一诺千金的仁人志士风范，依然被他看得高于一切。朱自清去世后，他给后人留下的"背影"，既有知识分子外在体型上的"骨瘦如柴"，又有内在精神上的"铮铮铁骨"。显然，这样的一个"背影"，对站在不同文化立场上的言说者来讲，都是解读朱自清及其文学作品无法绕过的历史事实。

　　然而，朱自清的"签名"以及嗣后接踵而至的"死亡"，使有些人在朱自清的"死亡"与"签名"之间画上具有内在因果关系的等号。这种情形，随着毛泽东发表的那篇《别了，司徒雷登》的广为流传而影响极大，人们逐渐把毛泽东在"修辞手法"上使用的"宁愿饿死"，误解为"饿死"，以至于有些人还专门写文章，认为朱自清并非"饿死"。② 那么，在朱自清的死亡和签名之间是否有着必然的联系呢？根据朱自清的实际情况来看，其死

---

① 吴晗：《关于朱自清不领美国"救济粮"》，《人民日报》1960 年 11 月 20 日。

② 张充和回忆说："闻一多性子刚烈，朱自清则脾气很好，都说他是不肯吃美国面粉而饿死，我听着不太像，这不像他的秉性所为。"详见谢晨星《听民国才女讲故事》，《深圳商报》2013 年 8 月 5 日。

亡的直接诱因应是胃病，这在朱自清日记中已经有明晰的记录。1941 年 3 月 8 日，他在日记中写道："本来诸事顺遂的，然而因为饿影响了效率。过去从来没有感到饿过，并常夸耀不知饥饿为何物。但是现在一到十二点腿也软了，手也颤了，眼睛发花，吃一点东西就行。这恐怕是吃两顿饭的原因。也是过多地使用储存的精力的缘故。"① 1942 年 12 月 11 日，他在日记中又写道："早晨很冷，三时醒来不能再入睡。勉力出席八时的课，回到宿舍时像个软体动物。读钱基博的《明代文学》。午睡后额外食月饼一块，致胃不适，当心！是收敛的时候了，你独居此处，病倒了无人照料，下决心使自己强健以等待胜利。"② 如此病状，正是胃病造成的。这种情形，到了朱自清生命的后期，表现尤甚。1948 年 1 月 2 日，他在日记里写道："胃不适，似痛非痛，持续约十二小时，最后痉挛，整夜呕水。"③ 6 月 18 日，朱自清在拒绝"美援面粉"的声明上签字。对于"签字"造成的后果，朱自清有着清醒的认知。他在日记中写道："我在《拒绝'美援'和'美援'面粉的宣言》上签了名，这意味着每月使家中损失六百万法币，对全家生活影响颇大；但下午认真思索的结果，坚信我的签名之举是正确的。因为我们既然反对美国扶植日本的政策，就应采取直接的行动，就不应逃避个人的责任。"④ 6 月 22 日，朱自清在日记中写道："体重四十一点四公斤……应努力超过五十公斤的标准体重。"⑤ 7 月 5 日，他又记下这样一件事："我应吃流食一个月，但晚上抑制不住吃了个包子。"7 月 14 日，他又写道："决心把明天作为新生命的开始日，身体至关重要。"⑥ 然而，终究难遂人意，朱自清的胃病日渐加重。正如他的夫人陈竹隐在回忆中所说："他的病情已经很严重了，呕吐很厉害……医生说应尽快动手术。"⑦ 朱自清的儿子朱闰生也说，朱自清"身体就越来越坏，胃病经常发作，一发作起来就呕吐，彻

---

① 刘宜庆：《绝代风流：西南联大生活录》，北京航空航天大学出版 2009 年版，第 45 页。
② 《朱自清全集》第 10 卷，江苏教育出版社 1998 年版，第 213 页。
③ 《朱自清全集》第 10 卷，江苏教育出版社 1998 年版，第 487 页。
④ 《朱自清全集》第 10 卷，江苏教育出版社 1998 年版，第 511 页。
⑤ 《朱自清全集》第 10 卷，江苏教育出版社 1998 年版，第 512 页。
⑥ 《朱自清全集》第 10 卷，江苏教育出版社 1998 年版，第 515 页。
⑦ 陈竹隐：《追忆朱自清》，《文化史料（丛刊）》第 3 辑，文史资料出版社 1982 年版，第 21—22 页。

夜甚至连续几天疼痛不止"①。1948 年 8 月 10 日，朱自清进入了弥留之际，在病榻上对妻子断断续续地说："我……已……拒绝……美援，不要……去……买……配售……的……美国……面粉。"② 12 日，朱自清彻底掩上了生命的帷幕，完成了自我人生最后影像的雕琢。

朱自清的去世与疾病之间的关系，同时代熟识他的人在有关文字中多有记载。如吴晗有过这样的回忆："这时候，他的胃病已经很沉重了，只能吃很少的东西，多一点就要吐。面庞消瘦，说话声音低沉。"③ 其实，早在1945 年夏天，47 岁的朱自清已经显出老态。吴组缃就这样记录了自己对朱自清的印象："等到朱先生从屋里走出来，霎时间我可愣住了。他忽然变得那样憔悴和萎弱，皮肤苍白松弛，眼睛也失去了光彩，穿着白色的西裤和衬衫，格外显出瘦削劳倦之态。……他的眼睛可怜地眨动着，黑珠作晦暗色，白珠黄黝黝的，眼角的红肉球凸露出来；他在凳上正襟危坐着，一言一动都使人觉得他很吃力。"④ 吴组缃的这种描写，虽然是在朱自清去世之后撰写的，带有某种"以果推因"的成分，但不管怎样，客观来说，朱自清的胃病一直恶化是其死亡的直接诱因，至于"签名"一事则仅仅具有雪上加霜的作用。对此，有人进行了这样的归因："长期的粗劣伙食使他的胃病加重，状况恶化，最终导致了朱自清英年早逝"，"朱自清的胃病也是经历八年抗战之后中国学者的后遗症"。⑤ 显然，这结论是相对公允的，至于其把朱自清的"胃病"看作"八年抗战之后中国学者的后遗症"，则有从一个极端走向另一个极端之嫌了。

总的看来，身在民国教育体制内的朱自清的疾病及其签名，获得了更多的政治意蕴。毕竟，疾病是在复杂的社会中"生成"的，而带病参与签名，则使身在体制内的朱自清具有了某种反"体制"的色彩。由此而带来的结果，便使其"影像"具有了社会的、文化的、政治的丰富意蕴。

---

① 朱闰生：《魂牵梦萦绿杨情——记父亲朱自清与扬州》，《江苏文史资料·朱自清》第 57辑，1992 年版，第 73 页。

② 刘宜庆：《绝代风流：西南联大生活录》，北京航空航天大学出版 2009 年版，第 47 页。

③ 吴晗：《关于朱自清不领美国"救济粮"》，《人民日报》1960 年 11 月 20 日。

④ 刘宜庆：《绝代风流：西南联大生活录》，北京航空航天大学出版 2009 年版，第 47 页。

⑤ 刘宜庆：《绝代风流：西南联大生活录》，北京航空航天大学出版 2009 年版，第 45—46 页。

二　革命谱系的纳入

朱自清作为一个现代知识分子，具备坚定的文化操守和独立的文化人格，在疾病缠身、生活极度困窘的情形下，依然没有领取美国的"救济粮"，由此成为现代的"伯夷"。由此，身在民国教育体制内的朱自清的签名便具有了某种反"体制"的色彩。毛泽东敏锐地看到了这一行为的政治意味，将其作为对蒋介石政权及其支持蒋介石政权的美国进行文化反击的一个"抓手"。

在《别了，司徒雷登》一文中，毛泽东把朱自清纳入中国共产党的意识形态下，确认了其行为举止的革命意义："我们中国人是有骨气的。许多曾经是自由主义者或民主个人主义者的人们，在美国帝国主义者及其走狗国民党反动派面前站起来了。闻一多拍案而起，横眉怒对国民党的手枪，宁可倒下去，不愿屈服。朱自清一身重病，宁可饿死，不领美国的'救济粮'。唐朝的韩愈写过《伯夷颂》，颂的是一个对自己国家的人民不负责任、开小差逃跑、又反对武王领导的当时的人民解放战争、颇有些'民主个人主义'思想的伯夷，那是颂错了。我们应当写闻一多颂，写朱自清颂，他们表现了我们民族的英雄气概。"① 毛泽东把朱自清和闻一多并列在一起，整合到"我们民族的英雄气概"这一谱系之中。毛泽东对朱自清的肯定，强化了他那种"宁可饿死，不领美国的'救济粮'"的"英雄气概"。毛泽东在文章中用的"宁可"一词，是指人们心理上的意愿，但不是唯一的确指。实际上，当时有很多大学教授都在宣言上签了字，若说只有朱自清"饿死了"，自然是不准确的。毛泽东用"宁可饿死"强化的是朱自清对美国的反抗态度。

其实，不管朱自清到底是"饿死"的还是"病死"的，都不影响毛泽东将他纳入"我们民族的英雄气概"这一谱系之中加以确认。那么，我们就有必要进一步追问，毛泽东到底是从何种层面上推崇朱自清的"英雄气概"呢？毛泽东把朱自清与闻一多都看作坚守气节的民族英雄，并把朱自清去世的原因导向"饿死"，是有着很深的政治意味的。

在新中国成立之前，以毛泽东为代表的共产党人将文人气质的朱自清纳

---

① 毛泽东：《别了，司徒雷登》，《毛泽东选集》第 4 卷，人民出版社 1991 年版，第 1495—1496 页。

入了政治话语中加以解读，这也就意味着随后的执政党，在对"自由主义知识分子"的言说中，会把其纳入政党的政治话语之中。朱自清所代表的现代知识分子，被纳入了革命的统一战线中，并且成为新政权的同路人，这不仅更易于为民众所接受，而且还能为即将诞生的新政权争取到更多的认同。实际上，这是政治上争夺话语权的一种表现形式。朱自清被毛泽东纳入到共产党所认同的意识形态中，使其由此成为一个具有鲜明的民族气节的人，一个对帝国主义坚决反抗的人。

然而，在突出朱自清民族气节的同时，极容易忽视朱自清的另一面，即他还是一个温情脉脉的、富有感伤气质的文人。实际上，基于意识形态话语的需要，人们把完整的朱自清影像割裂了，即在突出朱自清的铮铮铁骨的同时，没有把朱自清的那种人道主义情怀和对民主的渴望有机地融汇起来。就此而言，被意识形态化了的朱自清，不仅不高大，反而还带有某些狭隘的民族意识。对此，我们可以从朱自清拒领美国救济粮这一行为的内在心理予以考辨。

朱自清在拒领美国救济粮的签名这一事情上，彰显了反抗帝国主义的民族精神和文人风骨，在毛泽东将其纳入政治话语之后，"朱自清被意识形态化了，就像被意识形态化了的鲁迅一度只被突出和强调他的'硬骨头'精神和'韧性的战斗'精神一样，渐渐偏离了那个实实在在的历史人物"①。朱自清的这一影像，是建立在毛泽东对他的意识形态解读之上的，显然，这不是朱自清的完整影像。朱自清一生洁身自好，虽致力于新文化运动的民主、自由的建构之中，却极少参与政治活动。朱自清的文人气节被毛泽东阐释为具有政治意味的"民族的英雄气概"，从而使朱自清这类现代知识分子与中国共产党孜孜以求的政治目标走到了一起。

据回忆，外表谦和的朱自清并不愿意拒绝别人，更何况这种颇具爱国色彩的签名活动。自古以来，爱国情怀的民族气节历来就深受文人推崇，"富贵不能淫，贫贱不能移，威武不能屈"更成为历代仁人志士的座右铭。深受传统文化熏陶的朱自清自然也很注重"气节"。1947 年 4 月 9 日，朱自清在庆祝联大新诗社成立 3 周年纪念会上作了关于"气节"的演讲。他专门讲了气节的由来，以及气节之于国家和民族的重要性，并强调指出："气节

---

① 孙德喜：《历史的误会——现代文坛上的人和事》，青岛出版社 2012 年版，第 141 页。

是我国固有的道德标准，现代还用着这个标准来衡量人们的行为。"① 正是
通过对气节"古为今用"，他鼓励青年一代树立正确的道德标准，由此建构
起国家和民族的道德标准。这样看来，当把朱自清拒绝美国的救济粮与反对
"美国扶植日本"的国家和民族立场连接起来时，他在名单上签字，也就不
难理解了。

　　其实，朱自清的这一现代人格，与现代知识分子对民主和自由的认同相
一致。这种认同，从其传承的脉络来看，也与西南联大师生对民主和自由的
认同相吻合。正是在这种认同的基础上，李公朴、闻一多等人才会从学者转
变为斗士。尽管朱自清的性情与李公朴、闻一多有所区别，但在对这种精神
的认同方面却是一致的。实际上，闻一多和朱自清都是有着进步思想的爱国
民主人士，都对自由和民主有着极强的认同。朱自清在闻一多死后整理并出
版了《闻一多全集》，他在开明版中亲自为其写"序"，歌颂闻一多先生为
民主运动贡献了他的生命。如果说文人之间的相互评说带有强烈的主观色彩
的话，那么，我们完全可以说，这正是朱自清"虽不能至，然心向往之"
的一种人生境界。

三　散文家影像的凸显

　　在新中国成立后，朱自清的政治影像日趋淡化，取而代之的是他的散文
家影像。然而，很多人没有看到，朱自清的散文家影像之所以在新中国的文
学教育和文学传播中得到扩放，恰好来自他的政治影像的支撑。

　　朱自清去世之后，在其"文人"影像的价值和意义重新阐释之后，他
作为一个进步的民主主义进步人士得到了进一步的确认，这便确保了朱自清
的散文在新中国有了传播的"合法性"。朱自清的散文固然以其自身所蕴含
的内在张力而具有被无限阐释和记忆的空间，但是，朱自清的散文如果没有
被纳入新中国占据主导地位的意识形态话语体系之中，那么，作为文学家的
朱自清，充其量也不过是一个带有"小资产阶级"思想和情趣的散文家。
毕竟，朱自清所创造出来的散文世界，是一个充满了温情的文学世界。这样
的一个文学世界，在新中国成立之后，并没有获得推崇。在更多的时候，这
样的文学世界是被看作带有"小资产阶级"情调的文学世界，是受主流意

---

　　① 朱自清：《论气节》，《朱自清全集·散文编》第 3 卷，江苏教育出版社 1996 年版，第
150 页。

识形态拒斥的。但是，朱自清在生命的最后时刻，拒绝领取美国救济粮，则使他具备了某种鲜明的政治色彩，即反对美国和蒋介石政权的色彩。从中国共产党的立场来讲，既然朱自清拒绝和那个"反动"阵营为伍，那自然就成为革命阵营中的一员，如此，朱自清便受到了特别礼遇和推崇。

如果说朱自清的政治影像为其散文获文学史叙述的特别青睐奠定了坚实基础，那么，朱自清散文书写的个人化情感则使其散文超越了意识形态的规训，具有了普泛的存在价值，自然也就为散文传播赢得了更为广阔的生存与传播的空间。散文是基于形象建构以传达思想和感情的文学样式，这与那种依靠概念判断来进行逻辑推理的学理性文章相比，形象承载思想和感情的容量要大得多。尤其值得肯定的是，朱自清的散文有着"温柔敦厚"的特质，这种特质对那些深受传统文化熏染的读者来说，自然会"无字不香"。如在《背影》一文中，读者解读出来的父亲形象，超越了意识形态的规训，没有阶级的标签。读者既看不到其父亲身上的"小资产阶级"情调，更看不到其父亲的阶级立场和阶级身份。朱自清所塑造的父亲形象不再是政治意义上的父亲形象，而是中国传统文化视阈下的"严父"形象，一个在新旧文化转型过程中性格居于裂变的"慈父"形象。这样的慈父形象，对向来重视亲情的中国读者来说，很容易引发他们既有记忆中那份温馨的情愫，从而产生强烈的情感共鸣。至于《绿》《荷塘月色》等写景散文，更是以华美的语言征服了读者，使人们流连忘返于其营构的诗情画意之中，这也标示了白话文书写所可能企及的美学新高度。朱自清与俞平伯游秦淮河时所写的同题散文《桨声灯影里的秦淮河》，其所抒发的情感本来同属于一个"阶级"范畴，但缘于朱自清的政治影像的支撑，这样的散文最终免于被"批斗"。这表明，朱自清的政治影像对其在新中国的散文家影像的建构起到了"保驾护航"的潜在作用。

朱自清的影像并不仅仅局限于散文家，他还是一个学者，但在实际的传播过程中，朱自清的学者影像之所以为散文家影像所取代，其原因恰恰来自散文这种文体本身。散文作为一种重要的文学样式，本身就具有老少咸宜的大众化特点，这无疑为朱自清散文的传播奠定了广泛的群众基础。朱自清的散文由于使用了精练而优美的白话，便于那些具有一般阅读能力的人接受。与此相反，理论性文章源于其学理的深奥性、专业性，不易为普通读者所理解和接受。从传播的受众来看，这种学理性文章自然属于"曲高和寡"，与"老少咸宜"的散文有着显著的差异。新中国成立后，由人民教育出版社主导编写的中小学语文课本，收入了朱自清的大量散文。朱自清的散文由此成为培养学生语文能力和审美情趣的重要方式，这又反过来促成了朱自清散文的传播。与此相反，学术则具有鲜明的意识形态性，且学术研究本身具有代际传承的特点，这使学者朱自清的影像随之代际传承，其学术的光芒日渐逊色。随着新中国成立，俞平伯等人的"资产阶级"学术思想被批判，解放前的一些学术研究也因为没有马克思主义的理论和方法作指导，所得出的一些结论已经不再符合主流意识形态话语的要求。即便是其中的某些研究成果没有鲜明的意识形态属性，但就学术研究本身来说，源于学术研究的理论性，其中的一些结论也已经不那么特别新鲜。这样一来，作为学者，朱自清的影像便不再像当初那样显赫耀眼了。正如古人所说的那样，"李杜文章万古传，至今已觉不新鲜"。学问本身就是这样一个代际累积和代际代谢的过程，一些人孜孜以求的学术，随着后人经验的积累，已经从当初的"学术前沿"转变为生活的常识。对这种情形，如果进一步加以审视，我们便会发现，不独朱自清一人的学术研究没有得到应有的重视，在现代中国一百多年的学术演进历程中，那些建构了诸多理论的学者，其学术研究的成果，且不说"万古传"了，单就"百年传"也已经很难；相反，一些建构起了文学世界的中国现代文学作家，即使在"百年"之后，还依然拥有很多的读者。这种情况的出现，既与我们所处的时代有着鲜明的意识形态性有着极大的关联，又与我们的学者缺少西方理论大家那种高屋建瓴、追根溯源的理论建构能力有着密切的联系。

　　当然，朱自清的散文家影像得到有效传播，还深受文学史书写的影响。在大学课堂中，学生对中国现代文学的理解受制于其所接受怎样的文学史教育，这将直接影响到这些学生转化为大中小学的文学教师之后的文学教育思想。无可讳言，在各种版本的中国现代文学史中，朱自清的散文家影像都得到了文学史书写者的高度推崇，这既对其散文的经典化起到了重要的促进作用，也对其散文的有效传播起到了积极的推动作用。文学史书写者掌握着一定的文学话语权，在其书写文学史时，哪些作家进入文学史，哪些作家被拒斥在文学史大门之外，哪些作家占有怎样的篇幅，其结果是大不一样的。文学史作为文学历史记忆的重要呈现方式，其作用是不容小觑的。尤其是作为大学教材的文学史，更是如此。那些进入文学史的作家通过大学课堂，获得和当下青年学生对话的历史平台，并在对话中获得了文学生命的传承和延续；而那些没有进入文学史的作家，则失却与现实对话的机缘，自然也就失却了影响学生的文化心理建构的平台，天长日久，且不说经典化，即便是能够被人们知晓也已经很难了。因此，朱自清及其散文能够穿越历史时空的阻隔，才能直抵当下，成为文学史记忆中的重要组成部分；与此相反，关于中国现代学术史，尤其是关于中国现代文学研究的学术史，则没有像中国现代文学史那样，进入大学课堂，成为大学文学教育的有机组成部分。这恐怕也正是学者朱自清为什么没有像文学家朱自清那样，以如此显赫的声誉，进入文学教育链条之中的缘由。

四　文学史的书写

朱自清的散文家影像，在诸多的中国现代文学史中，获得了充分的推崇。这种推崇对朱自清散文的发扬光大起到了极其重要的作用。早在 20 世纪 50 年代，散文家影像的朱自清便已经在中国现代文学史中确立了其无可动摇的地位。王瑶在其文学史中就这样写道：

"朱自清早期的散文，收在《踪迹》与《背影》里的，很有一些为人传诵的名篇，如《背影》《桨声灯影里的秦淮河》《荷塘月色》等，这些正是写法漂亮缜密，尽了对旧文学示威的任务的。他的文字秀丽委婉，又注意于口语的采用，虽然写的多是个人的经历和感想，但在《旅行杂记》里有对军阀的讽刺，《海行杂记》也有对帝国主义的诅咒，而且态度诚挚严肃，感人的力量很深。"①

值得我们关注的是，王瑶的《中国新文学史稿》并不是一般意义上的个人化文学史书写，而是代表着主流意识形态对中国现代文学进行书写。对此，王瑶曾经就这本文学史书写的指导思想有过这样的专门叙述："运用新观点，新方法，讲述自五四时代到现在的中国新文学的发展史，着重在各阶段的文艺思想斗争和其发展状况，以及散文，诗歌，戏剧，小说等著名作家和作品的评述。"② 王瑶的文学史尽管是以个人化的形式呈现出来的，但就其深层的指导思想而言，却是自觉地把毛泽东关于新民主主义论的理论框架作为自己的文学史书写的整体框架，这便打上了主流意识形态的深刻烙印。在此情形下，王瑶在其文学史中对朱自清其人其文的书写，便不再仅仅代表了其个人的思想和情感，而且还体现了主流意识形态的思想。毛泽东在有关

---

① 王瑶：《中国新文学史稿》（上），新文艺出版 1954 年版，第 126—127 页。
② 王瑶：《中国新文学史稿》（上），新文艺出版 1954 年版，第 1 页

文章中既然已经确认朱自清"表现了我们民族的英雄气概",自然,文学史的书写就要对朱自清给予相应地"礼遇",这也是王瑶为什么在其文学史书写中对朱自清给予高度评价的根本缘由。具体来说,王瑶把朱自清纳入中国新文学的发展链条中,强调他在中国新文学发展历史中的独特地位,指出他的散文创作"尽了对旧文学示威的任务",即便是朱自清那些写"个人的经历和感想"的散文,也特别强调了"对军阀的讽刺""对帝国主义的诅咒"的意义。至于朱自清的那些没有社会意义和价值的散文,也没有被视为"无病呻吟""闲情逸致"之作,更没有被提升到"小资产阶级"情调这一高度予以批判。1980 年,王瑶在修订该书时,又突出了朱自清的这些散文恰好体现了"他的缜密精致的艺术风格"①。

如果说王瑶在文学史书写中还可以相对地保持自我独立的学术品格,那么在王瑶之后,刘绶松对中国现代文学史进行书写时,则失却了这一相对独立的学术品格,从而使他的文学史书写打上了主流意识形态更为深刻的烙印。刘绶松对朱自清散文的文学史评述,已经不再像王瑶那样相对平和,而是更加意识形态化了。刘绶松对朱自清其人其文是这样叙说的:

"不同于郭沫若的散文的奔放恣肆,朱自清的散文是以清新简约见长的;也不同于郭沫若的散文的较浓厚的外国文学的色彩,朱自清的散文是具有着更显著的民族风格的。在内容上,朱自清的散文除了一部分自叙个人经历和感想的而外,也有一部分是战斗性比较明显的。例如在《生命的价格——七毛钱》一文中,……作者的对于侮辱孩子和践踏人类尊严的不合理的旧世界的憎恨是显而易见的。又例如在《航船中的文明》一文里,作者也对于所谓的东方'精神文明',投出了辛辣的讽刺。《背影》集中的《背影》一文,向来被称为最好的散文,但其中显然存在着比较多的小资产阶级知识分子的伤感的情调。《旅行札记》暴露了当时中国教育界的落后情况,《海行札记》讥弹了帝国主义的某些罪行,是两篇值得我们注意的作品。"②

在刘绶松的文学史书写中,我们可以清晰地看到这样几个显著的信息:其一,凸显了郭沫若散文的正统地位。在新中国成立后,郭沫若逐渐成为中国现代文学发展史上的重要人物,以至于在文学史上有"鲁郭茅,巴老曹"

---

① 王瑶:《中国新文学史稿》(上),新文艺出版 1954 年版,第 149 页。
② 刘绶松:《中国新文学史初稿》(上卷),作家出版社 1956 年版,第 196 页。

之说。鲁迅作为中国现代文学的旗手，1936 年逝世后，那么，在世的中国现代作家中，郭沫若被认为是继鲁迅后的"又一面旗帜"①，排在第一位。在此情形下，"唯郭沫若的马首是瞻"便具有了某种合法性和合理性。其实，对中国现代文学的诗人诗作进行评说，把郭沫若当作一个标杆也未尝不可。但是，在散文方面，刘绶松把朱自清的散文也纳入郭沫若的散文体系中加以确认，便表明文学史书写者已经部分地失却了散文评说的价值标尺。其二，凸显了朱自清散文的"民族风格"。朱自清的散文注重从中国古典文学，尤其是中国古典诗歌中汲取营养，注重使用大众的语言，营构具有民族特色的散文世界。这种注重从中国传统文学中汲取营养的做法在解放区的文学创作中得到了发扬光大。因此，刘绶松在此用"民族风格"概括朱自清的散文，并不意味着对其散文的否定，更不是否认其散文之于五四新文学传统的意义，而是在新的主流意识形态话语下，对朱自清散文创作的肯定。其三，凸显了朱自清散文的"伤感的情调"。刘绶松对朱自清散文的内容进行评说时有这么一句："朱自清的散文除了一部分自叙个人经历和感想的而外，也有一部分是战斗性比较明显的。"刘绶松在此似乎是凸显了朱自清"一部分"散文的"战斗性"，但就上下文来看，刘绶松更想传达的思想是朱自清散文的"伤感的情调"。尤其值得注意的是，刘绶松对这种"情调"还进行了阶级的限定，强调了这种"情调"的"小资产阶级知识分子"的属性。尽管如此，刘绶松的文学史还是充分肯定了朱自清散文的艺术价值。

在王瑶和刘绶松之后的时间里，中国社会进入了"文化大革命"时期，且不说文学史书写出现了停滞，即便是王瑶和刘绶松本人也深受动乱之苦，更为甚者，刘绶松竟然走上了绝路——刘绶松走上绝路的"情调"已经远非"伤感"可以概括。这诚如有学者指出的那样，"历史的发展实际上是一个复杂的结构关系。在这一结构中，各历史因素、历史力量的制衡与互动"②。然而，历史的运行规则总是"风雨之后见彩虹"。在历史进入了"新时期"之后，唐弢编写的文学史面世，这部同样打上主流意识形态印记的文学史，一方面凸显了朱自清的"小资产阶级"的阶级属性，另一方面又凸显了他的"爱国、有正义感"的社会属性：

---

① 邓小平：《在郭沫若同志追悼会上的悼词》，《人民日报》1978 年 6 月 19 日。

② 孔范今：《如何认识和评价五四新文化运动》，《山东师范大学学报》（人文社会科学版）2015 年第 6 期。

"作为一个爱国、有正义感的小资产阶级作家，朱自清在'五卅'前后革命渐趋高涨的年代里，曾经较多地表现了反帝反封建的激情。这在他一九二四年起写下的一部分诗文中留有鲜明的印记。在《赠 A. S.》中，他赞美过'手像火把'、'眼像波涛'、'要建红色的天国在地上'的革命者。当帝国主义反动派制造出'五卅'惨案后，他写下《血歌》，愤激的感情如'火山的崩裂'。他还以'三一八'斗争亲历者的身份，在《执政府大屠杀记》一文中对军阀暴行作出有力的揭露和控诉，另有一些散文也从侧面接触到了若干重大的社会现实问题。"①

从唐弢的文学史书写中可以看到，他强调朱自清的散文"表现了反帝反封建的激情"，指出他的散文"接触到了若干重大的社会现实问题"。这一评价对朱自清这样注重个人化思想和情感书写的散文家来说，无疑特别凸显了其散文政治上的进步性和题材上的社会性。然而，我们如果把唐弢和王瑶的文学史书写进行对比便会发现，唐弢的文学史书写并没有达到 20 世纪 50 年代王瑶的文学史书写所达到的高度，甚至在某些方面比王瑶更加远离文学本体。这表明，经过十年"文革"磨砺后的唐弢，对既有的极"左"思想的突破还是极其艰难的。

随着思想的解放，朱自清的散文逐渐得到了文学史家的重新确认。这些文学史家突出朱自清散文所独具的特点，进一步强化了朱自清的散文家影像。温儒敏认为：朱自清的"重要性如很多评论家所公认，只要学校选讲范文，或编文学史，谈到现代散文的语言、文体之完美，朱自清必被提及"②。程光炜主编的《中国现代文学史》把朱自清与冰心放在同一节中，认为"朱自清把古典与现代、文言与口语、情意与哲理、义理与辞章，结合到了近于完美的境地。尽管有'着意为文'、过于精细之嫌，但那既洗尽铅华又雍容华贵的风致，实在是现代散文的骄傲"③。朱栋霖等主编的《中国现代文学史 1917—2000》把朱自清与周作人、冰心列入一节，认为"朱自清的散文是面向人生的"，其描写山水的名文都寄寓了作者的人生态度，

① 唐弢：《中国现代文学史》（一），人民文学出版社 1984 年版，第 179—180 页。
② 钱理群、温儒敏、吴福辉：《中国现代文学三十年》（修订本），北京大学出版社 1998 年版，第 119 页。
③ 程光炜等：《中国现代文学史》，北京大学出版社 2011 年版，第 105 页。

"朱自清散文文人气颇重"①。严家炎在其主编的文学史中则这样评说朱自清的散文："朱自清的散文，态度诚挚恳切，文字熨帖传神，风格从容儒雅，善于借意象传达历史文化的韵味。无论记游写景，或是叙事抒情，颇有沁人心脾的魅力，而且处处显示着自己的个性。他尤擅长写亲情友情，作品如《背影》《儿女》《给亡妇》《冬天》等，都体现着作者温厚诚笃的性格和真挚反省的精神，感人至深。"②诸如此类的其他文学史，对朱自清及其散文倍加推崇的并不在少数。如此一来，进入中国现代文学史中的朱自清，其文学家的影像便自然得到了特别凸显。

其实，对朱自清散文的推崇，不仅表现在大陆诸多学者所撰写的中国现代文学史中，而且还表现在海外一些学者所撰写的中国现代文学史中。如司马长风出版的《中国新文学史》对朱自清给予了较高的礼遇，他甚至还把朱自清排在冰心的前面，予以特别推崇。司马长风在其文学史中用"朱自清散文如工笔画"进行概括。他是这样具体展开文学史书写的：

在现代散文作家当中，若论享誉之盛，朱自清与上述四大家比较实有过之，而无不及。尤其《背影》那篇散文几乎是家喻户晓。

"朱自清的散文细致凝重，与徐志摩的风流潇洒恰成比照。如果用绘画来比拟，徐志摩的散文是大写意，朱自清的散文则是工笔画。他的代表作除《背影》之外是《桨声灯影里的秦淮河》。他和俞平伯两人同游秦淮河，又以相同题目记游，但俞文俗气而累赘，而朱文则雍容华贵。朱的散文毛病在过于精细，密度过大，如煮粥，因水少太稠了。"③

无可讳言的是，司马长风对朱自清散文的评说，较之大陆先前以及同期的文学史对朱自清散文的评说，更切近其散文的精髓。司马长风将徐志摩的散文与朱自清的散文进行比较，远比刘绥松拿郭沫若的散文与朱自清的散文进行对比更贴切。当然，司马长风完全屏蔽了朱自清散文的社会价值和人性深度，一味地就朱自清的散文本体来谈他的散文，也有其视野不够开阔之嫌。

总的来看，朱自清的散文家影像之所以在新中国得到有效的传播，离不

---

① 朱栋霖、朱晓进、龙泉明：《中国现代文学史1917—2000》（上册），北京大学出版社2007年版，第120页。

② 严家炎：《二十世纪中国文学史》（上册），高等教育出版社2010年版，第241页。

③ 司马长风：《中国新文学史》（上卷），昭明出版社1980年版，第185页。

开其政治影像的支撑。朱自清从革命谱系中具有"英雄气概"的政治影像,到中国现代文学史上的散文家影像,两者的落差是非常大的。但是,令我们欣慰的是,这两种水火本来不相兼容的"元素"却在特定的历史时期融会贯通,确保了朱自清作为散文家的影像得到进一步凸显。显然,这种凸显对我们传承和发扬五四新文学的精髓有着深远的影响,其意义怎样估计都不过分。

结语　民国教育体制与中国现代文学关系的启示①

在民国文学教育中，固然对"理论和知识"谱系所构成的"学问"有重视的倾向，但从总体上来说，民国文学教育还没有把"学问"当作教育的唯一目的，因此，从课程设置情况来看，类似新文学研究和新文学创作实践的课程，都一并受到重视；从大学教师的录用情况来看，学位的限制也不是特别严格，这使那些以文学创作而著称的作家，也可以进入大学获得稳定的教职；从学生的认同情况来看，也没有把"学问"凌驾于文学创作之上。所有这些情形都清晰地表明，民国文学教育集纳了学者、作家等各派教师于一体、学生的文学素养和理论素养得以全面提升，从而为中国现代文学的发展和繁荣奠定了坚实的基础。

中国现代文学30年，已经被诸多的研究者看作取得了伟大成就的30年。这辉煌成就的取得固然有多方面的原因，但不可忽视的一个重要原因，就是作家进入大学带来的文学传承的良性循环。在民国教育中，许多作家都曾有过大学教学的履历。像胡适、周作人、鲁迅、郭沫若、茅盾、叶圣陶、郑振铎、杨振声、俞平伯、徐志摩、闻一多、梁实秋、沈从文、老舍、施蛰存、朱自清、钱锺书、废名、聂绀弩、林语堂、凌叔华、许地山、冯至、冯沅君等现代文学史上的著名作家，都曾身兼作家和大学教师这样一个双重角色。这对作家本人的创作来说，是一个积极的促进，对文学的传承来说，也是一个积极的促进。

当然，民国的文学教育能够容纳这样的人才，得力于作家与大学的双向选择。作家没有类似作协这样的体制可以进入，这是作家进入大学的外在动因，而大学在体制上又对作家有着一定的认同和接纳度，这都是促成作家进入大学的内在动因。迫于生计，作家要不就是专业的自由撰稿人，依靠稿酬

---

① 本部分原刊于《文艺争鸣》2011年第4期，收入本书时有删减。

来生活，要不就是进入报纸杂志社的编辑部，通过编辑等工作为生活找到衣食来源，但相比较而言，完全依靠稿费生活的自由撰稿人，对还没有获得较高社会声誉、拥有通畅的发表渠道的作家来说，往往会在生活上有捉襟见肘之感；报纸杂志的编辑，也受其数量的制约，难以承纳大量作家，况且一般情况下报纸杂志版面较多，内容较广，特别是专业性太强的期刊，一般作家也未必能够胜任。在此情况下，只有大学可以接纳较多数量的作家。这主要得力于大学的文学教育体制所设立的文学系，而文学系又在体制上认同了文学创作实践。即便是那些普通作家无法找寻到大学教职，也可以在中学从事语文教学，因为中学语文作为民国教育体制内极其重要的科目，也为作家从事文学教学提供了大量的机缘。像叶圣陶、老舍、柔石等作家，都有过在中小学教书育人的经历。当然，中小学由于受其基础教育的制约，作家还无法较好地实现文学创作和文学传承的兼而得之。许多作家在解决了生存温饱后，大都进入了大学或文学报刊编辑部，从事和文学传承有更直接关联的工作。

在民国的文学教育中，作家进入大学有一个发展的过程。在作家没有进入大学从事文学教育之前，大学往往把古籍、考据和国学等当作"圣经"让学生来诵读，而忽视了学生的文学创作实践。随着作家的进入，许多大学的文学教育出现转变，文学教育的课程设置出现了相应的变化，这对文学传承产生了积极影响。像作家兼学者的杨振声，在1928年任清华大学中文系主任时就强调："清华国文系与其他校最不同的一点，是我们注重新旧文学贯通与中外文学的结合。"[①] 并明确提出了"试图使大部分学生能从事于白话文学的创作与研究，在学生时代打好基础，启发其将来成为作家的才性"。为此，他还先后为高年级学生开设了《中国新文学研究》与《新文学习作》等选修课程，期望学生"往创造路上走"。再如北京大学国文系在20世纪30年代所制定的课表中也有了"新文艺试作"一课，其中，废名就由周作人推荐担任过北京大学国文系讲师，主讲"新文艺试作"。由此，诸多作家在大学体制内找到了自己的位置。总的来看，民国的文学教育对中国现代文学的发展和繁荣产生了积极的影响，具体来说，主要体现在以下三个方面：

首先，它在物质上解决了作家的衣食之忧，这使得作家有了从事文学创

---

① 杨振声：《为追悼朱自清先生讲到中国文学系》，《文学杂志》1948年10月第3卷第5期。

作所需要的物质条件。自古以来，从事教育工作一直是读书人为稻粱谋的重要手段，同样，作为读书人的作家，教育也是弥补其文学创作困窘的一种重要方式，许多作家一边从事教育，一边从事文学创作。像蒲松龄就是一方面担任大户人家的私塾先生，另一方面又从事《聊斋志异》的文学创作，从而使其依靠教学所获取的物质基础支撑了文学创作；至于我们在上面所涉及的作家，同样在大学获得了从事文学创作所需要的物质基础。像国立青岛大学就规定教授月薪 300—500（元）；讲师月薪 150—300（元）；助教月薪60—150（元）。① 这样高的月薪，对当年身为青年作家，并谋得了一份青岛大学教职的沈从文来说，其意义是不可小觑的，这使沈从文基本上摆脱了难以为继的生活困窘，为其游刃有余地从事文学创作奠定了坚实的物质基础。

其次，在文学传承上，又解决了文学传承中的"断裂"问题，通过大学的文学教育，作家有了传播自己的文学思想的公共空间，也使热爱文学的青年学生找寻到自己学习的楷模，使得文学传承途径从单纯的文本阅读转化为立体的文学熏染，使学生在耳濡目染中提升了自己的人生境界。在教育过程中，教师所传授的知识不但直接影响着学生的知识结构，而且作家的非凡人格魅力对学生正在成长着的人格具有重要的熏染作用。如闻一多在西南联大上课时就以其独特的人格魅力，折服了他的学生。据其学生回忆，闻一多身穿黑色长袍昂然走进教室，先掏出烟盒向学生笑问："哪位吸？"学生笑而不答，他就自己点了一支，灯光下烟雾缭绕，拖长声音念上一句："痛饮酒，熟读《离骚》，方得为真名士！"然后才开始讲课。在此情景下，闻一多所显示出来的洒脱不羁的名士风范、超然物外的达观态度以及民主平等的现代精神，自然跨越了横亘在师生之间的那道鸿沟，对学生正在建构的现代人格以示范意义。

在文学传承过程中，文学作品的熏染固然是最为重要的途径，同时在教学实践过程中，作家通过对其创作实践的言传身教，以及对自己在文学创作中所领悟到的创作规律的现身说法，更能促成学生对文学以及文学创作的深刻感悟，这无疑会极大地促进文学创作的代际传承。如北京大学学生正是在对教师的追慕中，完成了对"先生们"的精神的传承："在民国七年的时候，北京大学一般学生，一般高材学生，已经成熟的学生，里面有傅斯年先生，有罗家伦先生，有顾颉刚先生，……他们响应他们的先生们——北京大

---

① 《国立青岛大学一览》，民国二十年，现存青岛市档案馆。

学一般教授们，已经提倡了几年的新文艺新思想，也就是所谓的文艺革命，思想革命。他们办了一个杂志，……《新潮》杂志，在内容和见解两方面，都比他们的先生们办的《新青年》还成熟得多，内容也丰富得多，见解也成熟得多。"① 当然，傅斯年等人对于老师精神的传承，并不仅仅局限于文学传承，但这传承很能说明，老师的言传身教对学生的导引作用是多么的深刻。这在俞平伯、朱自清等学生那里，同样具有传承性。如俞平伯说："我还写过两篇白话小说：《花匠》和反对妇女守节的《狗和褒章》。《花匠》曾被鲁迅先生编选入《中国新文学大系》里。"② 朱自清在 1916 年夏考入北大预科班，在北京大学的新文学作家和教授们的双重影响下，走上了作家兼教授的非凡历程。这说明，他们走上文学道路，其本人对文学的热爱是一个方面，教师的熏染更是一个重要的方面。

事实上，在中国现代文学史上，许多作家被置于一个庞杂的传承谱系中。正是在这个传承谱系中，一代代文学新人才得以成长为文学巨人。像鲁迅在章太炎学术与人格的双重影响下，走上了文学创作之路；至于亲炙鲁迅人格的作家，又进一步地传承了鲁迅的为文之道的文学新人，更是非常普遍。从五四文学革命时期名不见经传的杨振声、俞平伯、巴金，到左翼文学运动期间的"左联"五烈士，再到后来的萧红、萧军、胡风等人，都曾获得过鲁迅的深刻影响和大力提携。当然，在这个传承谱系中，有些传承可能不是在大学教育体制中进行的，但其与大学的文学教育精神是一脉相承的，从某种意义上说，文学史也是作家的代际传承史。

在文学传承的过程中，还有一种情形也是至关重要的，那就是身居教育体制内的作家，可以通过其对大学权力的灵活使用，把发现的文学新人以破格的形式录取到大学中来，为他们成长为作家铺就了顺畅之路。像钱锺书被罗家伦破格录取到清华大学、臧克家③被闻一多破格录取到国立青岛大学，都可以看作文学传承获得良性循环的经典事例。

最后，在文学接受上，这还进一步激发了作家文学创作的积极性，使作

---

① 胡适：《中国文艺复兴运动》，《五四运动回忆录》（上），中国社会科学出版社 1979 年版，第 171 页。

② 俞平伯：《回忆新潮》，《五四运动亲历记》，中国文史出版社 1999 年版，第 326 页。

③ 罗家伦参加北京大学入学考试时曾经获得过胡适、蔡元培赏识，并被破格录取；闻一多参加清华大学入学考试时，也曾被破格录取。

家直接面对接受者，在质疑、拥趸、漠然中找寻到自己的作品与接受者之间的契合与缝隙所在，为提升其文学创作起到了重要作用。鲁迅就此情形就这样说过："凡有一人的主张，得了赞和，是促其前进的，得了反对，是促其奋斗的，独有叫喊于生人中，而生人并无反应，既非赞同，也无反对，如置身毫无边际的荒原，无可措手的了，这是怎样的悲哀呵。"① 这是鲁迅还未进入北京大学"客串"教师时所体验到的孤独寂寞的真实写照，但这种情形在鲁迅于北京大学开设中国小说史课程后，就有了显著的变化。其主要表现是，鲁迅在这里拥有了一些拥趸。曾经亲炙过鲁迅讲授小说史的学生鲁彦这样回忆道："大家在听他的小说史的讲述，却仿佛听到了全人类的灵魂的历史。"② 当然，鲁彦在此展开的叙述是建立在鲁迅已经"功成名就"的基础之上的，可能会因为对鲁迅存有敬仰的缘故，过滤掉了除此之外的一些其他体验，但不容置疑的是，作为作家的鲁迅，通过大学讲台，对鲁彦等学生走上文学创作的道路产生了积极影响。如此说来，作家站在大学的讲台上这一客观存在本身，就给学生以精神的熏染，更何况在作家的身后还有那么多的文学作品起着支撑作用呢？由此说来，通过大学讲坛，作家的声音获得了学生的积极的回音，这相比较鲁迅当年"抄古碑"时的寂寞，简直是天壤之别；甚至，鲁迅通过大学讲坛，还和自己的学生许广平碰擦出了爱情火花，这自然会对鲁迅的文学创作产生更为积极的促进作用。

在中国现代文学史上，正是依赖这样的大学文学教育，培养出了一大批贯通古今、融汇中西的"学者化作家"或"作家化学者"。当然，民国的文学教育也存在着争议。如果说那些"作家化学者"进入大学还没有什么争议的话，那么，像那些没有太高学历的作家，进入大学执掌大学的文学教育还是备受非议的。像沈从文在徐志摩的推荐下，于1928年进了胡适担任校长的上海中国公学，"将这个只有小学学历的沈从文，聘请到中国公学来担任讲师，主讲大学一年级'新文学研究'和'小说习作'。"③ 到了西南联大时期，沈从文则主讲《各体文习作》，还受到了学生们的追捧："那时，选读他《各体文习作》的同学很多，三间大的教室，总是座无虚席，不少同学不得不搬了椅子坐在门窗外听讲，因为，不止中文系的同学来上这门

---

① 《鲁迅全集》第1卷，人民文学出版社1981年版，第417页。

② 鲁彦：《活在人类的心里》，《中流》1936年11月5日，第1卷第5期。

③ 徐志摩：《天才作家沈从文受其欣赏和提携》，《人民政协报》2009年2月12日。

课，有空来旁听的其他系的同学也不少。"① 而学生在沈从文这里，也获得了文学创作的动力。像汪曾祺能够成长为作家，就与沈从文的大力提携有一定的关联，这正如有学生所回忆的那样："沈从文的路子是寂寞的！他是默默地固执地走着他的寂寞的路子。至于接近年轻人，鼓励年轻人……只要你愿意学习写作，无时无刻不可以和沈先生接近。我当时在国内发表的文章，十之八九，都经过沈先生润色过的，全篇发回来重写也是常有的事。"② 此时的沈从文，尽管已经在新文学创作上取得了很大的成绩，并且其讲授的课业受到学生的喜爱，但还是被一些学者看作没有"学问"，以至于有"学问"的刘文典很瞧不起没"学问"的沈从文："有一次跑警报，沈从文碰巧从刘文典身边擦肩而过。刘面露不悦之色，说：'我跑是为了保存国粹，学生跑是为了保留下一代的希望，可是该死的，你干吗跑啊？'"③ 这尽管只是传闻，但从另一个维度上说明了像沈从文这样的作家，也并没有得到全部时人的认同，好在这并没有妨碍沈从文得到民国大学的文学教育的认可。

    不管怎样，从总体上说，民国大学的文学教育还是为中国现代文学的发展繁荣，尤其是对文学传承，产生了很大作用。作家进入民国教育体制之内，从根本上促进作家和批评家的融汇，这既为作家的文学创作注入更多的活力，也为大学教师的文学批评提供了更多的支撑，同时，还有助于引导学生的文学创作实践，促成大学教师和学生的人文情怀的升华，一举改写了大学文学教育的既有知识版图，使大学的文学课程更好地回归文学本体。这也许正是民国教育体制与中国现代文学关系给我们带来的重要启示之一。

---

① 刘北汜：《执拗的拓荒者——怀念沈从文先生》，《新文学史料》1988 年第 4 期。
② 刘宜庆：《绝代风流：西南联大生活录》，北京航空航天大学出版社 2009 年版，第 52 页。
③ 刘宜庆：《绝代风流：西南联大生活录》，北京航空航天大学出版社 2009 年版，第 50 页。

参考书目

B：

巴金：《巴金全集》（共 26 卷），人民文学出版社 1986—1994 年版。

鲍晶编：《刘半农研究资料》，天津人民出版社 1988 年版。

北京大学校友会编：《北大岁月：1946—1949 的记忆》，北京大学出版社 2013 年版。

C：

常风：《逝水集》，辽宁教育出版社 1995 年版。

陈独秀：《陈独秀文集》，人民文学出版社 2013 年版。

陈独秀：《实庵自传》，亚东图书馆 1938 年版。

陈国球：《结构中国文学传统》，华中师范大学出版社 2011 年版。

陈国球：《文学如何成为知识?》，生活·读书·新知三联书店 2013 年版。

陈美英：《洪深年谱》（1894—1955），文化艺术出版社 1993 年版。

陈明远：《文化人的经济生活》，文汇出版社 2005 年版。

陈平原：《北大精神及其他》，上海文艺出版社 2000 年版。

陈平原：《大学有精神》，北京大学出版社 2009 年版。

陈平原：《老北大的故事》，江苏文艺出版社 1998 年版。

陈平原：《六说文学教育》，东方出版社 2016 年版。

陈平原：《文学史的形成与建构》，广西教育出版社 1999 年版。

陈平原：《现代中国的文学、教育与都市想象》，北京师范大学出版社 2011 年版。

陈平原：《中国大学十讲》，复旦大学出版社 2002 年版。

陈平原：《作为学科的文学史：文学教育的方法、途径及境界》，北京大学出版社 2016 年版。

陈平原、谢泳：《民国大学：遥想大学当年》，东方出版社 2012 年版。

陈漱渝：《鲁迅在北京》，天津人民出版社 1978 年版。

陈西滢：《西滢闲话》，人民文学出版社 2000 年版。

陈子善编：《回忆梁实秋》，吉林文史出版社 1992 年版。

陈子善编：《张爱玲的风气——1949 前张爱玲评说》，山东画报出版社 2004 年版。

程光炜主编：《中国现代文学史》，北京大学出版社 2011 年版。

程嫩生：《中国书院文学教育研究》，中国社会科学出版社 2014 年版。

程谪凡：《中国现代女子教育史》，中华书局 1936 年版。

D:

大一国文编撰委员会编：《西南联大国文课》，译林出版社 2015 年版。

邓九平：《文化名人：忆学生时代》（上册），同心出版社 2004 年版。

邓明以：《陈望道传》，复旦大学出版社 1995 年版。

邓招华：《西南联大诗人群史料钩沉汇校及文学年表长编》，人民出版社 2016 年版。

杜家贵主编：《北大红楼：永远的丰碑（1898—1952）》，社会科学文献出版社 2012 年版。

杜学元：《中国女子教育通史》，贵州教育出版社 1995 年版。

F:

樊洪业、张久春编：《科学救国之梦——任鸿隽文存》，上海科技教育出版社 2002 年版。

范伯群：《中国近现代通俗文学史》，江苏教育出版社 2000 年版。

范方俊：《洪深与二十世纪中外现代戏剧》，文化艺术出版社 2003 年版。

丰子恺：《丰子恺文集》（第 6 卷），浙江文艺出版社 1992 年版。

冯光廉、刘增人编：《臧克家研究资料》，甘肃人民出版社 1990 年版。

冯光廉、朱德发等：《中国现代文学史教程》（上下册），山东教育出版社 1984 年版。

冯友兰：《三松堂自序》，生活·读书·新知三联书店 1984 年版。

冯友兰、吴大猷、杨振宁等：《联大八年》，新星出版社 2010 年版。

冯至：《冯至全集》（第五卷），河北教育出版社 1999 年版。

冯至：《冯至选集》（第二卷），四川文艺出版社 1985 年版。

傅国涌编：《鲁迅的声音》，珠海出版社 2007 年版。

傅镛庭：《江苏省吴江县傅镛庭为社会教育问题致教育总长条陈》，《北洋政府档案》，中国档案出版社 2010 年版。

G:

高恒文：《东南大学与"学衡派"》，广西师范大学出版社 2002 年版。

高力克：《五四的思想世界》，学林出版社 2003 年版。

高叔平：《蔡元培年谱长编》（下），人民教育出版社 1998 年版。

高语罕：《作文与人生》，首都经济贸易大学出版社 2012 年版。

高远东编选：《冯至文集》，华夏出版社 2000 年版。

耿云志：《胡适年谱》，四川人民出版社 1989 年版。

顾黄初、李杏保主编：《二十世纪前期中国语文教育论集》，四川教育出版社 1991 年版。

顾颉刚：《当代中国史学》，辽宁教育出版社 1998 年版。

顾颉刚：《古史辨·自序》，北平朴社 1926 年版。

顾明远等：《鲁迅的教育思想和实践》，人民教育出版社 1980 年版。

顾晓绿：《一言难尽：1912—1949 民国映画》，团结出版社 2010 年版。

关晓虹：《晚清学部研究》，广东教育出版社 2000 年版。

郭沫若：《郭沫若全集》（第 11、12 卷），人民文学出版社 1992 年版。

郭英德：《中国古代文学与教育之关系研究》，北京大学出版社 2012 年版。

H:

韩同文：《广文校谱》，青岛师专印刷厂，1993 年。

郝长海、吴怀斌：《老舍年谱》，黄山书社 1988 年版。

郝平：《北京大学创办史实考源》，北京大学出版社 1998 年版。

何伟全、张玮：《图说西南联大》，云南教育出版社 2013 年版。

何晓明：《百年忧患——知识分子命运与中国现代化进程》，东方出版中心 1997 年版。

洪长泰：《到民间去：中国知识分子与民间文学 1918—1937》（新译本），董晓萍译，中国人民大学出版社 2015 年版。

洪深：《洪深文集》（共 4 卷），中国戏剧出版社 1987 年版。

侯宜杰：《梁启超文选》，百花文艺出版社 2006 年版。

胡适：《胡适全集》（第 42 卷），安徽教育出版社 2003 年版。

胡适：《胡适日记全编》（一、二），安徽教育出版社 2001 年版。

黄华：《权力，身体与自我——福柯与女性主义文学批评》，北京大学出版社 2005 年版。

黄键：《京派文学批评研究》，三联书店 2002 年版。

黄延复：《二三十年代清华校园文化》，广西师范大学出版社 2001 年版。

黄延复：《清华的校长们》，中国经济技术出版社 2003 年版。

黄延复、钟秀斌：《一个时代的斯文：清华校长梅贻琦》，九州出版社 2011 年版。

黄延复主编：《梅贻琦先生纪念集》，吉林文史出版社 1995 年版。

J：

季剑青：《北平的大学教育与文学生产：1928——1937》，北京大学出版社 2011 年版。

季培刚：《杨振声编年事辑初稿》，黄河出版社 2007 年版。

季镇淮：《来之文录》，北京大学出版社 1992 年版。

济南市政协文史资料委员会、济南市教育委员会编：《解放前济南的学校》，济南出版社 1991 年版。

江力：《鲁迅报告》，新世界出版社 2004 年。

江沛、姬丽萍：《气贯长虹·李大钊》，山东画报出版社 1998 年版。

江苏省政协文史资料委员会编：《江苏文史资料·朱自清》（第 57 辑），江苏文史资料编辑部，1992 年版。

姜德明：《书摊梦寻》，北京燕山出版社 1996 年。

姜丽静：《历史的背影：一代女知识分子的教育记忆》，教育科学出版社 2012 年版。

蒋梦麟：《西潮·新潮》，岳麓书社 2000 年版。

金冲及：《二十世纪中国史纲》（下册），社会科学文献出版社 2009

年版。

金宏达、于青编:《张爱玲文集》（第 1 卷），安徽文艺出版社 1992 年版。

金耀基:《大学的理念》，生活·读书·新知三联书店 2001 年版。

金耀基:《金耀基自选集》，上海教育出版社 2002 年版。

K：

课程教材研究所编:《20 世纪中国中小学课程标准·教学大纲汇编（语文卷）》，人民教育出版社 2001 年版。

孔范今主编:《中国现代文学史》，人民教育出版社 2012 年版。

昆明市政协文史学习委员会编:《抗战时期文化名人在昆明（二）》，云南人民出版社 2002 年版。

L：

老舍:《大悲寺外》，《老舍小说全集》（第十卷），长江文艺出版社 1993 年版。

老舍:《老舍全集》，人民文学出版社 2008 年版。

老舍:《文学概论讲义》，复旦大学出版社 2004 年版。

李斌:《民国时期中学国文教科书研究》，北京大学出版社 2016 年版。

李光荣:《民国文学观念：西南联大文学例论》，商务印书馆 2014 年版。

李光荣:《西南联大与中国校园文学》，人民出版社 2014 年版。

李光荣、宣淑君:《季节燃起的花朵：西南联大文学社团研究》，中华书局 2011 年版。

李光荣、宣淑君:《语言文学大师风采》，云南教育出版社 2012 年版。

李光荣编:《西南联大文学作品选》，人民文学出版社 2011 年版。

李广田:《李广田全集》（第六卷），云南人民出版社 2010 年版。

李广田:《引力》，宁夏人民出版社 1983 年版。

李国钧主编:《中国教育大系：历代教育制度考》，湖北教育出版社 1994 年版。

李华兴主编:《民国教育史》，上海教育出版社 1997 年版。

李辉:《中国文人的命运》，郑州大学出版社 2006 年版。

李劼人：《李劼人选集》（第三卷），四川人民出版社 1981 年版。

李欧梵：《中国现代文学与现代性十讲》，复旦大学出版社 2002 年版。

李强：《自由主义》，中国社会科学出版社 1998 年版。

李世涛：《知识分子立场：自由主义之争与中国思想界的分化》，时代文艺出版社 2000 年版。

李书磊：《1942：走向民间》，山东教育出版社 1998 年版。

李新：《中华民国史》第一编（上），中华书局 1981 年版。

李杏保、顾黄初：《中国现代语文教育史》，四川教育出版社 1997 年版。

李振东：《北大的校长们》，中国经济出版社 2003 年版。

李宗刚：《新式教育与五四文学的发生》，齐鲁书社 2006 版。

李宗刚、谢慧聪编：《杨振声研究资料选编》，山东人民出版社 2016 年版。

李宗刚编：《炮声与弦歌》，人民出版社 2014 年版。

梁启超：《饮冰室合集》，中华书局 1989 年版。

梁启超：《中学以上作文教学法》，首都经济贸易大学出版社 2012 年版。

梁实秋：《梁实秋怀人丛录》，中国广播电视出版社 1991 年版。

梁实秋：《梁实秋自传》，江苏文艺出版社 1996 年版。

梁实秋：《偏见集》，上海书店 1988 年版。

林非、刘再复：《鲁迅传》，中国社会科学出版社 1981 年版。

凌宇：《从边城走向世界》，岳麓书社 2006 年版。

刘殿祥编选：《杨振声代表作》，华夏出版社 1999 年版。

刘国正主编：《叶圣陶语文教育文集》，教育科学出版社 1980 年版。

刘虹：《中国选士制度史》，湖南教育出版社 1992 年版。

刘介民：《闻一多：寻觅时空最佳点》，文津出版社 2005 年版。

刘景超：《清末民初女子教科书的文化特性》，知识产权出版社 2015 年版。

刘克敌：《困窘的潇洒：民国文人的日常生活》，广西师范大学出版社 2013 年版。

刘香：《边缘的自由》，山东人民出版社 2012 年版。

刘小蕙：《父亲刘半农》，上海人民出版社 2000 年版。

刘秀生、杨雨青：《中国清代教育史》，人民出版社 1994 年版。

刘宜庆：《绝代风流：西南联大生活录》，北京航空航天大学出版社 2009 年版。

刘宜庆：《浪淘尽：百年中国的名师高徒》，华文出版社 2010 年版。

刘云杉：《从启蒙者到专业人》，北京师范大学出版社 2006 年版。

刘运峰编：《鲁迅全集补遗》，天津人民出版社 2006 年版。

柳亚子等：《高山仰止——社会名流忆鲁迅》，河北教育出版社 2000 年版。

楼适夷主编：《中国抗日战争时期大后方文学书系》，重庆出版社 1989 年版。

鲁迅：《鲁迅全集》（共 16 卷），人民文学出版社 1981 年版。

鲁迅：《鲁迅书信集》，人民文学出版社 1976 年版。

栾梅健编：《哀情巨子——鸳蝴派开山祖——徐枕亚》，南京出版社 1994 年版。

罗岗：《危机时刻的文化想象——文学·文学史·文学教育》，江西教育出版社 2005 年版。

罗庸讲述，郑临川记录，徐希平整理：《罗庸西南联大授课录》，北京出版社 2014 年版。

骆宾基：《萧红小传》，黑龙江人民出版社 1981 年版。

M：

马崇淦编，潘筱兰辑：《民国中学生作文》，首都经济贸易大学出版社 2011 年版。

马蹄疾：《鲁迅讲演考》，黑龙江人民出版社 1981 年版。

毛华轩点注：《茅盾少年时代作文》，光明日报出版社 1984 年版。

《茅盾全集》（第 14 卷），人民文学出版社 1987 年版。

茅盾：《我走过的道路》（上），人民文学出版社 1997 年版。

茅盾编：《茅盾文艺杂论集》，上海文艺出版社 1981 年版。

孟祥才、胡新生：《齐鲁思想文化史——从地域文化到主流文化》，山东大学出版社 2002 年版。

孟悦、戴锦华：《浮出历史地表》，河南人民出版社 1989 年版。

民国文林：《细说民国大文人：那些思想大师们》，现代出版社 2010

年版。

缪名春、刘巍编:《老清华的故事》,江苏文艺出版社 1998 年版。

N:

南妮编:《童言无忌——张爱玲小品精萃》,上海书店出版社 1994 年版。

P:

潘克明编,洪深著:《洪深代表作》,郑州黄河文艺出版社 1986 年版。

潘艳慧:《〈新青年〉翻译与现代中国知识分子的身份认同》,齐鲁书社 2008 年版。

裴毅然:《中国知识分子的选择与探索》,河南人民出版社 2004 年版。

浦江清讲述,浦汉明、彭书麟整理:《浦江清讲明清文学》,北京出版社 2014 年版。

浦薛凤:《浦薛凤回忆录》,黄山书社 2009 年版。

Q:

齐鲁大学校友会编:《齐鲁大学八十八年 (1864—1952) ——齐鲁大学校友回忆录》,现代教育出版社 2010 年版。

钱谷融主编:《林琴南书话》,浙江人民出版社 1999 年版。

钱理群、温儒敏、吴福辉:《中国现代文学三十年》(修订本),北京大学出版社 1998 年版。

钱理群主编:《二十世纪中国文学与大学文化丛书》,广西师范大学出版社 2000 年版。

清华大学校史研究室编:《清华大学九十年》,清华大学出版社 2001 年版。

清华大学校史研究室编:《清华大学史料选编·解放战争时期的清华大学 (1946—1948)》(第四卷),清华大学出版社 1994 年版。

R:

柔石:《二月》,中国青年出版社 2004 年版。

S:

桑农:《读书抽茧录》,上海辞书出版社 2013 年版。

《山东大学人物志》编委会编:《山东大学英才录》,山东大学出版社 1996 年版。

《山大年刊》山大二五年刊编辑委员会编,国立山大二五级级会发行,1936 年出版,现存国家图书馆和青岛市档案馆。

《山东大学百年史》编委会编:《山东大学百年史:1901—2001》,山东大学出版社 2001 年版。

《山东大学百年学术集粹》编委会编:《山东大学百年学术集粹·文学卷》,山东大学出版社 2001 年版。

山东大学档案馆编:《山东大学大事记(1901—1990)》,山东大学出版社 1991 年版。

山东大学青岛校友会编:《山东大学(青岛)人物志》,海洋出版社 1991 年版。

山东大学校刊编辑室编:《山东大学建校五十五周年画册(1926—1981)》,1981 年版。

山东大学校史编写组:《山东大学校史》(1901—1966),山东大学出版社 1986 年版。

山东大学校史编写组编:《山东大学校史资料》(第 1—7 期),内部出版。

山东大学校友会编:《山东大学校友名人录》,山东大学出版社 1996 年版。

山东省政协文史资料委员会编:《悠悠岁月桃李情——山东大学九十年》,中国文史出版社 1991 年版。

邵迎建:《传奇文学与流言人生》,生活·读书·新知三联书店 1998 年版。

邵迎武:《南社人物吟评》,社会科学文献出版社 1994 年版。

沈从文:《沈从文全集》(第 1、8、16 卷),北岳文艺出版社 2002 年版。

沈从文:《沈从文小说选》,人民文学出版社 1982 年版。

沈卫威:《民国大学的文脉》,人民文学出版社 2014 年版。

师陀：《师陀全集》（第 1 卷上册），河南大学出版社 2004 年版。

施立松：《民国风月·未跳完的狐步舞》，浙江文艺出版社 2010 年版。

施蛰存：《沙上的脚迹》，辽宁教育出版社 1995 年版。

时毛编：《民国模范作文》，新星出版社 2012 年版。

舒济编：《老舍和朋友们》，生活·读书·新知三联书店 1991 年版。

舒济编：《老舍书信集》，百花文艺出版社 1992 年版。

舒新城：《中国近代教育史资料》，人民教育出版社 1981 年版。

水如编：《陈独秀书信集》，新华出版社 1987 年版。

司马长风：《中国新文学史》，昭明出版社 1982 年版。

宋荐戈：《中华近世通鉴·教育专卷》，中国广播电视出版社 2000 年版。

宋永毅：《老舍与中国文化观念》，学林出版社 1988 年版。

苏雪林：《苏雪林文集》（第二卷），安徽教育出版社 1996 年版。

苏雪林：《我们的八十年》，时报文化出版企业公司 1991 年版。

苏云峰：《从清华学堂到清华大学》，生活·读书·新知三联书店 2001 年版。

孙昌熙、张华编选：《杨振声选集》，人民文学出版社 1987 年版。

孙德喜：《历史的误会——现代文坛上的人和事》，青岛出版社 2012 年版。

孙洁：《世纪彷徨：老舍论》，百花洲文艺出版社 2003 年版。

孙瑛：《鲁迅在教育部》，天津人民出版社 1979 年版。

孙玉蓉编：《俞平伯年谱》，天津人民出版社 2001 年版。

孙中山：《孙中山全集》（第 2、5、6 卷），中华书局 1985 年版。

T：

唐金海、孔海珠等编：《茅盾专集》（第 1 卷·上、下册），福建人民出版社 1983 年版。

唐弢等：《鲁迅著作版本丛谈》，书目文献出版社 1983 年版。

W：

汪晖、陈燕谷主编：《文化与公共性》，生活·读书·新知三联书店 1998 年版。

《王瑶先生纪念集》编辑小组编：《王瑶先生纪念集》，天津人民出版社1990年版。

王彬彬：《中国现代大学与中国现代文学》，上海人民出版社2011年版。

王德威：《现代中国小说十讲》，复旦大学出版社2003年版。

王继权、周榕芳编：《台湾·香港·海外学者论中国近代小说》，百花洲文艺出版社1991年版。

王杰、祝士明：《学府典章——中国近代高等教育初创之研究》，天津大学出版社2010年版。

王珞：《沈从文评说八十年》，中国华侨出版社2004年版。

王西彦：《神的失落》，江苏人民出版社1983年版。

王学珍、郭建荣主编：《北京大学史料》（4），北京大学出版社2000年版。

王瑶：《精神的魅力》，北京大学出版社1988年版。

王瑶：《王瑶全集》（第5卷），河北教育出版社2000年版。

王瑶：《中国现代文学史论集》，北京大学出版社1998年版。

王元忠主编：《青岛海洋大学大事记》，青岛海洋大学出版社1999年版。

闻黎明：《闻一多传》，人民出版社1992年版。

闻黎明、侯菊坤编：《闻一多年谱长编》，湖北人民出版社1994年版。

闻奇、周晓云：《清华精神九十年》，民族出版社2001年版。

闻一多：《闻一多全集》（第12卷），湖北人民出版社1993年版。

闻一多：《闻一多书信选集》，人民文学出版社1986年版。

吴福辉、钱理群主编：《张资平自传》，江苏文艺出版社1998年版。

吴立昌：《"人性的治疗者"·沈从文传》，上海文艺出版社1993年版。

吴立昌：《沈从文——建筑人性神庙》，复旦大学出版社1991年版。

吴世勇：《沈从文年谱（1902—1988）》，天津人民出版社2006年版。

吴秀明主编：《郁达夫全集》（第一卷），浙江大学出版社2007年版。

X：

西南联大《除夕副刊》主编：《联大八年》，新星出版社2010年版。

西南联大校史组编：《国立西南联大校史》，北京大学出版社1998

年版。

夏丏尊、叶圣陶：《文章讲话》，中华书局 2007 年版。

萧红、俞芳等：《我记忆中的鲁迅先生——女性笔下的鲁迅》，河北教育出版社 2000 年版。

萧乾：《皈依》，京华出版社 2005 年版。

萧乾：《人生百味》，中国世界语出版社 1999 年版。

萧乾：《未带地图的旅人——萧乾回忆录》，中国文联出版公司 1991 年版。

《谢冰莹文集》，安徽文艺出版社 1999 年版。

谢本：《中华民国史档案资料汇编》（第 1 辑），江苏人民出版社 1981 年版。

谢泳：《教授当年》，百花文艺出版社 1998 年版。

谢泳：《西南联大与中国现代知识分子》，湖南文艺出版社 1998 年版。

谢泳、智效民等：《逝去的大学》，同心出版社 2005 年版。

熊复主编：《中国抗日战争时期大后方出版史》，重庆出版社 1999 年版。

熊明安：《中华民国教育史》，重庆出版社 1990 年版。

徐静波编：《梁实秋批评文集》，珠海出版社 1998 年版。

徐有明：《袁大总统书牍汇编》，新中国图书局 1931 年版。

徐枕亚：《枕亚浪墨初集》，清华书局 1931 年第 15 版。

许纪霖：《寻求意义：现代化变迁与文化批判》，上海三联书店 1997 年版。

许寿裳：《挚友的怀念——许寿裳忆鲁迅》，河北教育出版社 2000 年版。

许子东等编：《再读张爱玲》，山东画报出版社 2004 年版。

薛绥之主编：《鲁迅生平史料汇编》第三辑，天津人民出版社 1983 年版。

Y：

严薇青：《回忆在北大二院听鲁迅先生讲演》，《鲁迅在北京（二）》，山东师范学院聊城分院，1978 年版。

阎纯德主编：《中国现代女作家》，黑龙江人民出版社 1983 年版。

阳翰笙等:《洪深:回忆洪深专辑》,中国文史出版社1991年版。

杨东平:《艰难的日出——中国现代教育的20世纪》,上海文汇出版社2003年版。

杨东平编:《大学精神》,辽海出版社2000年版。

杨联芬:《晚清至五四:中国文学现代性的发生》,北京大学出版社2003年版。

杨振声:《她的第一次爱》,华夏出版社2003年版。

姚丹:《西南联大历史情境中的文学活动》,广西师范大学出版社2000年版。

叶圣陶:《倪焕之》,人民文学出版社1962年版。

叶圣陶:《叶圣陶语文教育文集》,人民教育出版社1994年版。

叶圣陶:《怎样写作》,中华书局2007年版。

易社强(作者),饶佳荣(译者):《战争与革命中的西南联大》,《联大八年——西南联大〈除夕副刊〉》,新星出版社2010年版。

于青、金宏达编:《张爱玲研究资料》,海峡出版社1994年版。

俞芳:《我记忆中的鲁迅先生》,《鲁迅在北京(二)》,山东师范学院聊城分院,1978年版。

俞平伯等:《最完整的人格——朱自清先生哀念集》,北京出版社1988年版。

喻本伐、熊贤君:《中国教育发展史》,华中师范大学出版社2000年版。

岳南:《南渡北归》,湖南文艺出版社2011年版。

Z:

臧克家:《甘苦寸心知》,四川人民出版社1982年版

臧克家:《我的诗生活》,读书出版社1947年版。

臧克家:《乡土情深》,山东大学出版社1985年版。

臧克家:《臧克家回忆录》,中国工人出版社2004年版。

臧克家:《臧克家散文小说集》(上、下),长江文艺出版社1982年版。

臧克家:《臧克家文集》,山东文艺出版社1985年版。

翟瑞青:《现代作家和教育》,国际文化出版公司1999年版。

张爱玲:《张爱玲典藏全集》,哈尔滨出版社2003年版。

张春常、李秋毅主编：《济南师范学校百年史》，齐鲁书社 2002 年版。

张光芒：《启蒙论》，三联书店 2002 年版。

张桂兴：《老舍文艺论集》，山东大学出版社 1999 年版。

张桂兴：《老舍与第二故乡》，青岛海洋大学出版社 2000 年版。

张桂兴：《老舍资料考释》，中国国际广播出版社 2000 年版。

张灏：《思想与时代》，上海文艺出版社 2002 年版。

张恨水：《啼笑因缘》，人民文学出版社 2009 年版。

张炯、邓绍基等主编：《中国文学通史·现代文学》（第 9 卷），江苏文艺出版社 2013 年版。

张炯主编：《丁玲全集》第 5 集，河北人民出版社 2001 年版。

张菊香编选：《周作人代表作》，黄河文艺出版社 1987 年版。

张立慧、李今编：《巴金研究在国外》，湖南文艺出版社 1986 年版。

张玲霞：《清华校园文学论稿（1911—1949）》，清华大学出版社 2002 年版。

张隆华编：《中国语文教育史纲》，湖南师范大学出版社 1991 年版。

张曼菱：《西南联大启示录》，人民文学出版社 2003 年版。

张瑞璠主编：《中国教育哲学史》第 4 卷，山东教育出版社 2000 年版。

张维：《李广田传》，云南大学出版社 1990 年版。

张心科：《民国儿童文学教育文论辑笺》，海豚出版社 2012 年版。

张心科：《清末民国儿童文学教育发展史论》，北京师范大学出版社 2011 年版。

章衣萍：《作文讲话》，首都经济贸易大学出版社 2012 年版。

赵锋：《民国教育》，山西教育出版社 2015 年版。

赵焕亭：《中国现当代文学与文学教育研究》，人民出版社 2012 年版。

赵家璧主编：《中国新文学大系》，上海良友图书印刷公司 1935 年版。

赵新林、张国龙：《西南联大：战火的洗礼》，上海教育出版社 2000 年版。

赵园：《艰难的选择》，上海文艺出版社 1986 年版。

郑天挺：《联大岁月与边疆人文》，南开大学出版社 2004 年版。

直隶教育厅：《中国民国七年份直隶教育统计图表（第三编）》，1918 年版。

《中国抗战大后方历史文化丛书》（全 100 册），重庆出版社 2015 年版。

中国蔡元培研究会编：《蔡元培全集》（1—17），浙江教育出版社 1998 年版。

中国科学院山东分院历史研究所：《山东省志资料》，山东人民出版社 1959 年第 2 期版。

中国人民政治协商会议全国委员会文史资料委员会编：《文化史料（丛刊）》第三辑，文史资料出版社 1982 年版。

中国社会科学院近代史研究所中华民国史组编：《胡适来往书信选》（上），中华书局 1979 年版。

中国社会科学院近代史研究所民国史研究室等编：《一九三〇年代的中国》（下册），社会科学文献出版社 2006 年版。

中国社会科学院文学研究所《中国近代文学百题》编写组编：《中国近代文学百题》，中国国际广播出版社 1989 年版。

中央教育科学研究所编：《叶圣陶语文教育论集》，教育科学出版社 1980 年版。

钟敬文、林语堂等：《永在的温情——文化名人忆鲁迅》，河北教育出版社 2000 年版。

钟叔河、朱纯编：《过去的大学》，长江文艺出版社 2005 年版。

钟叔河编：《周作人文选（1930—1936）》，广州出版社 1995 年版。

周纪焕：《现代作家语文教育思想论》，语文出版社 2008 年版。

周令飞主编：《鲁迅影像故事》，人民文学出版社 2011 年版。

周棉：《冯至传》，江苏文艺出版社 1993 年版。

周作人：《鲁迅的故家》，河北教育出版社 2002 年版。

朱德发：《朱德发文集》（1—10 卷），山东人民出版社 2014 年版。

朱栋霖、朱晓进、龙泉明主编：《中国现代文学史 1917—2000》，北京大学出版社 2007 年版。

朱洪：《陈独秀风雨人生》，湖北人民出版社 2004 年版。

朱洪：《中共首任总书记陈独秀》，当代中国出版社 2011 年版。

朱乔森编：《朱自清全集》，江苏教育出版社 1998 版。

朱有瓛主编：《中国近代学制史料》第二辑上册，华东师范大学出版社 1987 年版。

朱有瓛主编：《中国近代学制史料》第一辑上册、第三辑下册，华东师范大学出版社 1983 年版。

朱自清：《朱自清选集》，人民文学出版社 2004 年版。

庄俞编：《最近三十五年之中国教育》，商务印书馆 1931 年版。

卓如：《冰心传》，海峡文艺出版社 2000 年版。

卓如编：《冰心全集》（1—8），海峡文艺出版社 1994 年版。

子通、亦清编：《张爱玲文集·补遗》，中国华侨出版社 2002 年版。

左松涛：《近代中国的私塾与学堂之争》，生活·读书·新知三联书店
2017 年版。

国外参考书目：

［美］埃·弗洛姆：《爱的艺术》，康革尔译，华夏出版社 1987 年版。

［美］本杰明·史华兹：《寻求富强：严复与西方》，叶凤美译，江苏人
民出版社 1996 年版。

［英］彼得·卡尔佛特：《革命与反革命》，张长东等译，吉林人民出版
社 2005 年版。

［加］大卫莱昂：《后现代性》，郭为桂译，吉林人民出版社 2004 年版。

［法］丹纳：《艺术哲学》，傅雷译，安徽文艺出版社 1999 年版。

［美］费正清：《剑桥中国晚清史》（上、下卷），中国社会科学院历史
研究所编译室译，中国社会科学出版社 1985 年版。

［美］费正清：《剑桥中国晚清史》（下卷），中国社会科学院历史研究
所编译室译，中国社会科学出版社 1993 年版。

［美］费正清、费维恺编：《剑桥中华民国史》（下），中国社会科学出
版社 1994 年版。

［奥］弗洛伊德：《弗洛伊德后期著作选》，林尘等译，上海译文出版社
1986 年版。

［波］弗·兹纳涅茨基：《知识人的社会角色》，郏斌祥译，译林出版社
2000 年版。

［德］哈贝马斯：《公共领域的结构转型》，曹卫东、王晓珏等译，学林
出版社 1999 年版。

［德］黑格尔：《精神现象学》上卷，贺麟、王玖兴译，商务印书馆
1979 年版。

［德］黑格尔：《历史哲学》，王造时译，上海书店出版社 2001 年版。

［美］吉尔伯特·罗兹曼主编：《中国的现代化》，陶骅等译，上海人民

出版社 1989 年版。

〔英〕吉登斯：《现代性与自我认同：现代晚期的自我与社会》，赵旭东、方文译，生活·读书·新知三联书店 1998 年版。

〔美〕杰罗姆·B. 格里德尔：《知识分子与现代中国》，单正平译，南开大学出版社 2002 年版。

〔美〕金介甫：《沈从文传》，符家钦译，时事出版社 1990 年版。

〔德〕卡尔·雅斯贝尔斯：《现时代的人》，周晓亮、宋祖良译，社会科学文献出版社 1992 年版。

〔美〕科塞：《理念人》，郭方等译，中央编译出版社 2001 年版。

〔日〕铃木贞美：《文学的概念》，王成译，中央编译出版社 2011 年版。

〔英〕麦克·F. D. 扬：《知识与控制———教育社会学新探》，谢维和、朱旭东译，华东师范大学出版社 2002 年版。

〔美〕尼姆·威尔士（斯诺前妻海伦·福斯特的笔名）：《〈活的中国〉附录一：现代中国文学运动》，文洁若译，《新文学史料》1978 年第 1 期。

〔英〕齐格蒙·鲍曼：《立法者与阐释者——论现代性、后现代性与知识分子》，洪涛译，上海人民出版社 2000 年版。

〔美〕唐德刚：《从晚清到民国》，中国文史出版社 2015 年版。

〔美〕夏志清：《中国现代小说史》，刘绍铭等译，复旦大学出版社 2005 年版。

〔美〕徐中约：《中国近代史》，世界图书出版公司 2008 年版。

〔美〕叶文心：《民国时期校园大学文化：1919—1937》，冯夏根等译，中国人民大学出版社 2012 年版。

〔英〕约翰逊：《知识分子》，杨正润等译，江苏人民出版社 1999 年版。

〔美〕周明之：《胡适与中国现代知识分子的选择》，雷颐译，广西师范大学出版社 2005 年版。

后　记

　　本书是我主持的国家社科基金课题的结题成果，也是我近年来用心较为专一的书稿。

　　为了完成这部书稿，很多夜晚，我是在辗转反侧中熬过的；很多白昼，我是在绞尽脑汁中度过的。在经过了诸多的辗转反侧与绞尽脑汁之后，这部停留在我想象中的书稿，终于缓缓地揭开了其朦胧的面纱，变得日渐清晰起来。在2010年初春时节，我开始酝酿这个选题，并以国家社科基金课题申报书的形式呈现出来。值得感谢的是，我的这一课题得到了相关专家的认同，并最终被确立为国家社科基金规划课题。

　　国家社科基金规划课题作为我国社科领域中最具权威性的课题，要获得诸多评审专家的认同并最终立项固然不易，但要做好这个课题难度更大。完成课题的过程是把朦胧的思想外化为文字的过程，这恰如一个人的万里跋涉——万里的征程就铺展在眼前，我们要抵达想象中的圣地，需要迈出坚实的脚步。我们前进一步看不到远在万里之遥的圣地，但不勇敢地往前迈出坚实的脚步，肯定无法抵达圣地。

　　在课题研究与写作的万里征程上，我发现，要把思想转化为文字，其间的距离是不可以道里计的。这不仅需要我们查阅有关的文献资料，还需要我们借鉴先贤的研究成果，唯此，我们才能真正地站在先贤的肩膀上，透视那片被既有的地平线遮蔽了的学术世界。实际上，那片被既有的地平线遮蔽了的学术世界，也只能以其混沌的形式呈现在人们的眼前。要想洞穿形式背后的思想，就需要我们具有透过形式进行整合的思想能力。在这一整合过程中，我们既背负着无法整合的痛楚与无奈，也深藏着得以整合的喜悦与畅快。也许，正是在这样的痛楚与无奈、喜悦与畅快中，学术研究不再是如苦行僧一般单调乏味，而是如收获者一般充实愉悦。

　　当然，在永不停歇地跋涉之后，我终于抵达万里之外的圣地了。原来仅有1万字左右的课题申报书终于幻化为一部四十万字的书稿。然而，当我认真地端详着这部即将出版的书稿时，蓦然发现，我的研究还留有很多的遗憾，很多的思想还没有行之笔端，也没有转化为承载起自己思想的文字，这也许正是许多人认为所有的现实存在都有其局限性的原因所在。其实，当我们把自己的研究成果与自己想象中的成果比较时，自然会发现其有诸多的局限性，但是，当我们把自己的研究成果与当初朦胧的蓝图比较时，还会发现其有诸多的超越性——毕竟，这部依然存在着局限性的著作，从孕育到诞生的过程，既是朦胧的思想逐渐清晰的过程，也是自我的人生浴火重生的过程。实际上，"做"总比"想"重要，迈出坚实的脚步总比固守着一隅要好。从这样的意义上说，著作是写出来的，不是想出来的。

值得庆幸的是，我在即将结束这次万里跋涉之后，依然无法让自己停顿下来。横亘在我脚下的，是又一次即将开始的万里跋涉——我申报的国家社科基金规划课题"共和国教育中国当代文学"已经获得立项，这意味着，我将继续跋涉，通过迈出坚实的脚步，才能再次抵达我想象中的又一个圣地。我真诚地期待着，在新的万里跋涉中，再次完成对自我的超越。

在过去的岁月里，我得到了诸多师友的关心和鼓励，这正是我能够永不懈怠地跋涉向前的动力。像我的博士生导师朱德发教授、硕士生导师蒋心焕教授、《山东师范大学学报》副主编翟德耀编审、山东师范大学国家重点学科带头人魏建教授，以及期刊界诸多同人，都以不同的形式给跋涉中的我以继续前行的力量。尤其是恩师朱德发先生，冒着 2017 年的酷暑，写就了一篇饱含无限期待之情的序，为我的学术研究再上层楼提供了动力。这是我永远铭记在心的。

这部书稿作为国家社科基金规划课题，得到了全国哲学社会科学规划办公室的立项及资助；这部书稿的出版，得到了我所供职的山东师范大学文学院"双一流"学科建设经费的资助，也得到了中国社会科学出版社的鼎力支持，这些都是我要特别鸣谢的。

李宗刚

2017 年 8 月